정치와 비전

Politics and Vision : Continuity and Innovation in Western Political Thought
by Sheldon Wolin

정치와 비전 1
서구 정치사상사에서의 지속과 혁신

1판 1쇄 | 2007년 12월 15일
1판 2쇄 | 2013년 10월 15일

지은이 | 셸던 월린
옮긴이 | 강정인·공진성·이지윤

펴낸이 | 박상훈
주간 | 정민용
편집장 | 안중철
편집 | 최미정, 윤상훈, 이진실, 장윤미(영업 담당)
업무지원 | 김재선

펴낸 곳 | 후마니타스(주)
등록 | 2002년 2월 19일 제300-2003-108호.
주소 | 서울 마포구 합정동 413-7번지 1층 (121-883)
전화 | 편집_02.739.9929 제작·영업_02.722.9960 팩스_02.733.9910
홈페이지 | www.humanitasbook.co.kr

인쇄 | 천일_031.955.8083 제본 | 일진_031.908.1407

값 18,000원

ISBN 978-89-90106-52-0 04100
      978-89-90106-90-2 (세트)

이 도서의 국립중앙도서관 출판시도서목록(CIP)은 e-CIP 홈페이지(http://www.nl.go.kr/ecip)에서
이용하실 수 있습니다(CIP제어번호: CIP2007003817).

정치와 비전 1

서구 정치사상사에서의 지속과 혁신

셸던 월린 지음 강정인·공진성·이지윤 옮김

Politics and Vision

Continuity and Innovation in Western Political Thought

후마니타스

일러두기

1. 인명이나 지명 등 외래어 표기는 외래어 표기법을 따랐으나, 관례화되었거나 널리 사용되어 굳
   어진 표기는 그대로 사용했다.
2. 본문에서 사용하고 있는 [ ]는 옮긴이의 첨언이며, 긴 첨언이나 옮긴이의 설명은 각주로 표기했
   으며, [옮긴이]라 표시했다. 나머지는 윌런의 첨언이나 설명주다.

증보판 서문

『정치와 비전』Politics and Vision(1960)이 처음 출간된 지 거의 반세기가 흘렀다. 이 때문에 현재의 증보판을 초판이 중단했던 곳에서 아무런 이음매를 남기지 않고 다시 시작하기란 어려운, 어쩌면 불가능한 일이 되고 말았다. 놀라운 일은 아니지만, 그동안 일어난 공적인 사건과 나 자신이 겪은 경험이 정치와 정치 이론에 대한 나의 사고에 상당한 영향을 미쳤다. 따라서 원래의 장들을 손대지 않은 채 놔두고, 새로운 장들만 제2부*로 추가했다. 이런 사실이 초판에서 내가 다룬 주제에 대한 우리의 지식을 상당히 넓혀 준 많은 훌륭한 역사적 연구가 있었다는 점을 무시하려는 것으로 받아들어서는 결코 안 될 것이다.

---

* [옮긴이] 원래 『정치와 비전』의 초판은 제10장 "조직화의 시대 그리고 정치의 승화"로 끝을 맺으며, 증보판은 제11장 "근대 권력에서 탈근대 권력으로"에서 제17장 "탈근대적 민주주의: 가상적인가 아니면 탈주적인가?"로 끝을 맺는 일곱 개 장을 제2부로 추가하고 있다. 하지만 이 역서는 원서의 방대한 분량을 고려해서 제1장~제6장까지를 제1권으로, 제7장~제10장까지를 제2권으로, 증보된 제11장~제17장까지를 제3권으로 옮긴다.

초판에 대한 수정은 인쇄상의 오류를 바로잡는 것으로 국한했다. 나는 이제는 시대착오적인 것으로 보이는 일정한 용어들을 그대로 남겨 두었다. 인간을 일반적으로 지칭하는 데 포괄적으로 사용되는 '남자'man라는 단어를 예로 들 수 있겠다. 이 때문에 느끼는 난처함은 우리의 통상적인 이해가 어떻게 변화했는지를 상기시켜 주는 일반적인 예가 될 것이고, 또한 이를 통해 독자는 저자 자신의 이해와 정치적 신념의 진화에 주목할 수 있을 것이다. 그런 이해와 신념은 자유주의에서 민주주의로의 전환으로 요약될 수 있을 법하다. 초판의 부제는 40년 전의 세계관을 매우 잘 요약하고 있는데, 그 부제에서 정치와 이론의 매개 변수는 '지속'과 '혁신'으로 설정되었다. 근대의 기업에 초점을 맞춘 제10장을 제외하고, 이전의 장들은 현재를 분석하기보다는 과거를 해석하는 데 일차적인 관심을 두고 있었다. 이제 새롭게 추가된 장들은 그런 해석을 부정하기보다는 그런 해석들을 현대의 정치 세계에 직접 적용하려는 시도의 일환이다. 증보판과 초판을 통일시키는 기본적인 신념은 만약 우리가 우리 시대의 정치에 제대로 대처하고자 한다면 과거 이론에 대한 비판적인 지식이 우리의 사유를 예리하게 하고 우리의 감수성을 키우는 데 비할 바 없이 도움이 될 수 있다는 것이다.

그렇게 볼 때, 증보판은 수정이 아니라 초판에서 논의된 것들과는 현저히 다른 형태로 정치와 [정치의] 이론화 작업을 그려 내는 것이다. 하지만 그것은 또한 내가 정치사상사를 주제로 연구하고 가르치며 배운 바를 현대 정치에 적용하려는 시도이기도 하다. 우리가 정치 이론이 역사적으로 취해 온 다양한 형태를 충분히 숙달한다면, 그것은 정치적인 것과 정치에 대한 근본적으로 상이한 개념들이 근대와 현대에 출현할 때 그것들을 식별하는 데 장애가 되기는커녕 오히려 도움이 될 것이다.

돌이켜 보건대, 『정치와 비전』은 하나의 전체주의 체제에 대한 연합국의 승리와 다른 전체주의 체제의 붕괴 중간쯤에 처음으로 출간되었다. 소련 공산주의의 패배는 막판 게임이 유행하는 시대에 일어난 몇 가지 막판 게임 중의 하나였다. 좀 더 덜 명백한 것은 자원의 방대한 동원 체계를 갖추고, '전쟁 수행 노력'에 필수적이라고 옹호되어 온 꽉 짜인 체계적인 국내의 통제 체계를 발전시켜 온 승자들의 결말이다. 새로운 장들을 관통하는 주제를 형성하는 한 가지 질문은 이렇다. 자유민주주의가, 인간사에서 가장 고도로 권력이 집중된 것으로 널리 인지된 체제에 맞서, 거의 반세기 동안 준동원 상태에서 '총체적 전쟁'을 수행하면서도, 그 자체가 심대한 변화, 심지어 체제 변화를 겪지 않는다는 것이 대체 가능한 일인가?

내가 믿는 바는 전체주의 체제와의 투쟁 경험이 기존의 논자들이 시인한 것보다 훨씬 더 깊숙이 미국 정치 엘리트의 실천과 가치에 내면화되었고, 오늘날 그 영향력은 훨씬 더 강화되었다는 것이다. 비슷하게 데모스^{demos} 역시 시민에서 간헐적인 투표자로 변모했다. 미국의 정치체제를 '전체주의 체제'라고 주장하지 않으면서도, 나는 이 체제에 대해 전체주의라는 용어를 극단적인 이념형으로 사용할 것이다. 이는 전체화하는 권력—나는 이를 '전도된 전체주의'라는 관념 안에 포섭하고자 한다—을 지향하는 일정한 경향을 지칭하려는 것인데, 그런 경향은 새로운 그러나 아직은 잠정적인 체제인 '초강대국'^{superpower}에서 절정에 이르렀다.[2]

나는 초강대국이 뻔뻔스러운 아메리카 제국의 등장에 의해 온전히 실현되었다고 주장하지는 않는다. 나치 독일이 완벽히 실현된 전체주의가 아니었던 것처럼 말이다. 두 경우 모두 '전체주의'와 '초강대국'이라는 용어는 그것들이 대체한 체제들—독일의 바이마르 의원내각 체제와 미국의 자유민주주의—의 이상을 부정하려는 열망을 지칭한다. 하지만 베버^{Max Weber}가 강조한 것처럼, 이념형은 "현실에서 그리고 역사적으로 매우 중요한 방식으로 출현할 수 있으며, 출현해 왔다."[3]

내가 '전도된 전체주의'라는 용어를 만들어 낸 것은 상호 대조적인, 그러나 반드시 대립적이지 않은 두 가지 경향의 특이한 조합을 강조하기 위함이다. 2차대전 이후 많은 서유럽 국가들에서는 물론 미국에서도 시민들을 단속하고, 처벌하고, 측정하고, 지시하고, 그들에게 영향을 미치는 정부의 능력이 증대해 왔다. 그러나 동시에 그와 같은 통제를 약화시키는 것으로 보이는 자유민주적 변화들, 예를 들어 인종, 젠더, 종족 또는 성적 취향에 근거한 차별적인 관행을 폐지하고자 하는 조치들이 있었다. 하지만 만약 이들 및 다른 개혁들이 시민들의 권력 강화를 가져오는 데 이바지했다면, 그것들은 또한 [민주적인 - 옮긴이] 반대 진영을 분열시키고 파편화시키는 데도 일조했고, 이로 말미암아 효과적인 다수를 형성하는 것을 어렵게 만들었으며, 그 결과 분할을 통해 통치하기 쉽게 만들었다.

이념형으로서 초강대국은 팽창적 권력 체계로서 스스로 자신에게 부과하기로 선택한 한계 이외에는 어떤 한계도 받아들이지 않는 체계로 규정될 수 있다. 그 체계는 '민주적' 국가의 정치적 권위, 곧 합법적 권력을 근대 과학 기술 및 기업 자본의 복합체로 대표되는 권력들과 결합시킨다. 이런 사실상의 권력이 초강대국에 이바지하는 독특한 요소는 동력dynamic(이 말은 그리스어 *dynameis* 또는 '권력'에서 유래한다), 곧 추진력이다. 그 권력은 누적적이고, 지속적으로 새로운 형태로 진화하며, 자기 갱신적이다. 그 효과는 '본국'에 있는 사람들뿐만 아니라 근접한 또는 멀리 떨어진 사회에 있는 사람들의 삶까지도 의미심장하게 변화시킨다.

이와 같은 특성을 인식한 역사가들은 대체로 이런 권력들의 역사를 과학적, 기술적 또는 경제적 '혁명'의 연속으로 서술한다. 또한 이런 권력들은 전쟁을 수행하고, 자국의 인구를 통제하고, 그 시민들의 복지를 개선하는 데에서 전대미문의 수단을 정부에 제공해 왔다. 이런 권력들은 문명의 역사만큼이나 오래된 것이지만, 이런 권력들을 조직화하고 체계적으로 결속시키는 방법이 완벽한 경지에 도달한 것은 오직 우리 시대에 들어와서다.

그 결과로 나타난 것은 사실상 마음 내키는 대로 권력들을 산출하고 그것들을 세계의 어느 곳이든 또는 세계를 넘어서까지도 신속하게 투사할 수 있는 독특한 능력이다. 이 점에서 이런 권력은 정치 혁명과 매우 시사적인 대조를 제공한다. 근대의 정치 혁명은 권력의 누적이 아니라 불만의 누적, 부정적인 것의 누적을 표상하는 경향을 취해 왔던 것이다.

초강대국을 구성하는 모든 요소 가운데, 오직 국가만이 정치적 정당성, 곧 권위 또는 합법적인 권력을 주장할 수 있다. 그리고 오직 국가만이 순순히 복종하는 시민에 의지할 수 있다. 근대 시기에 대중 선거는 국가가 법률과 규칙을 제정하고, 처벌·징집·과세할 수 있는 권위를 획득함과 동시에, 시민들의 고분고분한 순응을 보장하는 정치적 수단이다. 시민들의 정치 공동체와 국가 사이에 공식적인 연계를 유지하고, 이를 통해 민주주의의 현존을 다소간 신빙성 있게 만드는 것은 초강대국을 형성하는 합법적인 정치적 권위와 비정치적인 사실상의 권력들의 공생을 정당화하는 데 핵심이었다. 초강대국 아래에서 권력들 사이의 협력은 한편으로는 그런 권력들을 추동하는 전체성에 대한 열망과 다른 한편으로는 헌정적 한계와 민주적 책임 및 참여로 표상되는 제한된 권위라는 이상 사이에 긴장을 조성한다.

초강대국의 중요성에 대한 강조와 함께, 나는 서로 다른 대규모 권력 구성체들에 대해 새로운 장들을 추가했다. 그런 권력 구성체들은 마르크스Karl Marx, 니체Friedrich Nietzsche, 베버에 의해 포착되었으며 20세기와 21세기에 전체화하는 체계 속에 실현되었다. 나는 과거 천 년의 말기와 새 천 년의 벽두에 즈음해 권력의 진화에 '단절'이 일어났다는 점을 지적할 것이다. 그 진화는 근대 권력에서 탈근대 권력으로의 이행을 의미한다.

20세기는 근대 권력의 전성기로 특징지어질 법하다. 세계에서 지배적인 국가 체계들이 거대 권력에 대한 홉스Thomas Hobbes적인 비전을 완성하고, 또 소진한 시대였기 때문이다. 그 구체화는 행정적 또는 관료적 국가이며, 그 도구는 정부 규제였다. 온정적 복지국가(미국의 뉴딜, 영국의 전후 노동당 정부), 권위주의적 국가(프랑코의 스페인, 비시의 프랑스, 페론의 아르헨티나) 또는 자칭 전체주의 체제(무솔리니, 스탈린, 히틀러) 중 어떤 것에 의해 대표되었든지 간에 국가는 일차적으로 정부나 정당의 관료제 규모와 범위를 확대함으로써 정치권력을 행사했다. 19세기 후반부터 시작해서 경제적 권력은 주로 고도로 관료화된 기업(트러스트, 독점체, 카르텔)에 의해 행사되었다. 국가 제도와의 밀접한—그리고 부패한—관계 덕분에 기업들은 그들의 활동과 구조에 정부의 규제를 부과하려는 간헐적인 시도를 쉽게 피하거나 견뎌 낼 수 있었다. 뉴딜의 시대(1933~1941)에는 정부가 기업과 금융 시장을 규제하고자 진지하게 노력했다. "거대한 사업은 …… 거대한 정부를" 정당화한다고 주장되었다. 이 기간에 정부와 경제는 권력을 집중하고자 했다. 정부와 관료제가 수도에 '자리'를 차지하고 있었다면, 기업은 그 '본부'를 두고 있었다. 두 가지 경우 모두 권력은 '중심'으로부터 하급 단위로 흘러가는 것으로 이해되었다.

탈근대 권력은 거추장스러운 관료제를 '더욱 날렵한' 구조로 대체하려는 협력적 시도를 의미하며, 초강대국은 그 권력을 구현하고자 출현한 표상물 가운데 하나이다. 그런 구조의 장점은 변화하는 조건에 신속히 적응하도록 고안되었다는 점이다. 그 조건이 시장에 관한 것이건, 정당 정치에 관한 것이건 또는 군사 작전에 관한 것이건 말이다. 클린턴 백악관의 이른바 전쟁 상황실과 '신속 대응팀'이라는 군사 교리 사이에는 간명하면서도 다소 우스꽝스러운 유추가 있다. 군대가 지구 위의 어느 곳이건 '분쟁 지역'에 엘리트 부대를 신속하게 배치할 준비가 되어 있는 것처럼, 클린턴 행정부의 최고 전략가들은 언론이나 야당이 제기한 어떤 비난에 대해서든 즉각적으로 반격할 태세가 되어 있다. 지난 세기에는 스탈린이나 히틀러 정권에 거대한 '야수'behemoth나 '괴수'leviathan라는 형용사를 붙이는 것이 보통이었지만, 이제 그런 명칭들은 부적절해 보인다. 이는 단순히 그런 독재 정권들이 사라졌기 때문만이 아니라 그들의 권력 양식이 시대착오적인 것으로 되었기 때문이다. 정부의 관료제는 '군살을 빼고', 더욱 많은 권위를 하급 단위에 이양하며, 그들의 서비스와 기능을 민영화하고, 예전부터 으레 존중받아 왔지만 시간 소모적이고 예측 불가능한 입법 과정보다는 될 수 있으면 행정 명령을 통해 통치하도록 권장된다.

이와 동시에 거대한 기업들은 오늘날의 신속한 통신 수단을 활용해 왔는데, 하급 부서들을 폐기하거나 재조직하고, 노동력을 감축하며, 공급자와의 계약을 재조정하고, 이른바 가족들과 더 많은 시간을 보내기를 원하는 비효율적인 경영진을 갑자기 해임하는 등 요동치는 금융 시장이나 유동적인 경제 상황에 대해 사실상 즉각적으로 반응한다. 이처럼 새로운 사태 전개의 결과, 사실상의 권력체들은 초강대국으로 하여금 그 핵심적 권력을 유지하면서 동시에 그 권한을 이전하거나 군살을 제거함으로써 그 행동반경을 확대할 수 있게 했다. 그리하여 초강대국은 더욱 많은 유연성을 확보하는 한편 효율성을 증대시키게 되었다.

탈근대 권력, 초강대국은 '제국'과 '정복'이라는 전통적인 경로를 기피한다. 이런 것들은 다른 사회를 흡수하여 영구적으로 차지하고 정복된 영토의 일상사에 대한 책임을 떠맡기 위해 침략하는 전략을 함축하기 때문이다. 지배domination(이 말은 라틴어 *dominatio*, 또는 주인됨, 무책임한 권력, 전제에서 유래한다)를 위한 '명령 체제'a command regime와 달리, 초강대국은 우세predominance, 압도, 권력의 우위 등의 용어로 이해되는 것이 좀 더 적절하다. 이 용어들은 역동적이고 변화하는 성격과 무엇보다도 권력의 경제, 즉 자원 배분의 합리적 구조를 시사하기 때문이다. 초강대국은 [침입한 지역에서-옮긴이] 기존의 체계를 활용하고 단지 필요할 때만 새로운 체계를 도입하거나 부과하고, 적절한 시기에 포기하거나 '계속 이동'할 수 있는 능력에 의존한다.

초강대국의 출현과 유럽 국가들의 쇠퇴하는 권력은 미국 정치의 변천을 좀 더 자세히 고찰할 것을 요구하는 듯하다. 미합중국은 단지 '세계사에서 가장 강력한 권력'으로 선언되는 데 그치지 않고, 역설적으로 가장 성공적인 민주주의의 최선의 본보기로 선언된다. 따라서 나는 초강대국 및 제국이 민주주의와 어떤 실질적인 의미에서 양립 가능하다는 가정을 비판적으로 검토해 왔다.

나는 근래에 점증하고 있는 새로운 양식의 이론화에 포괄적인 설명을 제시하려 하지 않았다. 대신 새로운 장들은 지난 150년을 규정하는 정치적 사실로서의 권력, 그리고 일부 주요 이론가들이 그것에 반응하고, 그것에 이바지하며, 심지어 그에 대한 논의를 회피하는 방식에 초점을 맞추고 있다.

따라서 마르크스와 니체에 관한 장들은 각각 경제적 권력과 문화적 권력을 다루고 있다. 나는 실체화된, 전체화하는 체계로서 '경제'에 대한 이론적 관심을 예시하고자 마르크스를 선택했다. 자본주의의 붕괴와 공산주의의 출현을 예견하면서, 마르크스는 강력한 자본주의의 형태를 예상했는데, 그 자본주의는 너무나 강력한 나머지 그의 비전과 달리 그만 공산주의에 승리를 거두고 말았다. 그렇다 하더라도 마르크스 역시 프롤레타리아트를 이론적으로 구성하면서 정치적으로 적극적인 데모스라는 휴면 중이던 이상을 일깨우려고 시도한 근대 이론가로서 기억되어야 한다. 정치로서의 문화에 대한 이론을 발명했다고 일컬어질 수 있는 니체는 양극적인 대립물인 전체주의와 탈근대주의라는 전망을 조합했다. 공산주의적 전체주의는, 그것이 소련식 유형이든 중국식 유형이든, 지배적인 '통치 계급'에 저항하는 약하고 착취당하는 계급과 스스로를 동일시한 운동으로서 혁명이라는 근대적 이해를 본래 따르고 있었다. 나치 전체주의는 혁명에 대한 근대적 개념의 명확한 전도顚倒를 표상했다. 니체와 마찬가지로 그것은 강한 자와 스스로를 동일시했고, 약자——유대인, 집시, 슬라브족, 동성애자, 사회민주주의자, 공산주의자, 노동조합주의자, 병자, 장애인, 정신질환자──를 겨냥했다.

본래, 전체주의와 투쟁하는 역사적 과업은 자유주의의 어깨에 떨어졌다. 또한 1930년대부터 1960년대에 이르기까지 자유주의는 자본주의의 과잉을 규제하고 그 피해자들을 구제하는 등 자본주의의 정치적 양심 역할을 했다. 냉전과 공산주의에 대한 십자군 기간(1945~1988) 동안, 자유주의의 사회민주주의적 측면은 점차 약화되었다.4 21세기의 시작과 함께 자유주의적 정치는 중도주의의 바다에서 표류하고 있는데, 자유주의적 정치인들은 스스로 '재정적으로는 보수주의자, 사회적으로는 자유주의자'라고 자처하고, 그 이론가들은 갈수록 정교한 권리의 개념을 고안하는 한편 어떻게 '민주적 심의'가 대학원 철학 세미나를 흉내 낼 수 있느냐는 문제에 몰두하고 있다. 민주주의의 현재적 지위는 자유주의의 정치적 운명의 현저한 쇠락 그리고 민주적 이상과 자유주의 간의 결속이 희석된 것에 의해 준비되었다.

자유주의의 이론적 궤적은 지난 세기에 고전으로 공인된 두 개의 저작, 포퍼Karl Popper의 『열린사회와 그 적들』*The Open Society and Its Enemies*(1943)과 롤즈John Rawls의 『정의론』*A Theory of Justice*(1971)을 통해 추적할 수 있다. 나의 분석은 이 이론들에서 정치적 실질實質이 축소된 것에 초점을 맞추고 있다. 그것은 포퍼와 롤즈 두 사람이 권력의 공유와 적극적인 시민이라는 민주적 이상을 상대적으로 무시함으로써 자유주의와 민주주의 사이의 분열이 조성되고 있음을 보여 줄 따름이라는 것이다. 또 두 사람 모두 단순한 권력의 체계로서뿐만 아니라 전체화하는 경향이 있는 체계로서 자본주의의 정치적 중요성을 제대로 포착하는 데 실패했다는 것이다. 포퍼와 롤즈에 대한 논의 중간에 나는 듀이John Dewey에 대한 설명을 첨가했다. 이는 포퍼가 과학과 기술의 비정치적 성격을 강조한 것 그리고 롤즈가 정치를 협소하게 다룬 것과 대조하기 위해서다.

함께 고려할 때, 이 세 명의 사상가들은 근대 권력의 가능성을 개관한다. 포퍼는 근대 과학과 기술의 잠재적인 사회적·경제적 이득을 인식했지만, 나치 정권이 그것을 활용한 것에 깊이 상심한 나머지 그 이득을 현실화하기를 망설였다. 롤즈는 권력에 대한 자유주의적 개념화를 완성했다고, 아마도 소진했다고 일컬어질 수 있다. 그의 이론에서 정밀하게 검토되는 유일한 권력 형태는 중앙정부의 제도에 맡긴 것으로서 일차적으로 입법과 행정을 통해 행사되는 정당한 권위로서의 권력이다. 현대 자본주의의 정치적·사회적 결과에 대해 당혹감을, 때로는 실망을 느끼면서 그는 사회적 불공정과 불평등을 개선할 수 있는 일정한 도덕적 원리로 대응했다. 동시에 그는 권력의 행사를 통제하고자 입헌적 구조 그리고 법원에 의한 헌법 구조 그리고 권위적 해석에 기댔다. 그러나 그는 근대 권력의 동학을 제대로 분석하지는 못했다. 이와 대조적으로 듀이에게 과학과 기술 및 자본의 점증하는 체계화는 자본이 아니라 민주주의를 통합의 동인으로 만들어야 한다는 거대한 도전을 제기했다.

　　탈근대 사회에서 권력의 강제성—곧 폭력이라는 전통적 위협—은 추상적인, 비물질적인 권력에 의해 무색해지고 있다. 탈근대 권력은 정보의 산출·통제·수집·저장과 그 정보의 사실상의 즉각적인 전송을 포함한다. 통신은 현존함이 없이도 가능한 집중화된 통제에 대한 유례없는 잠재력과 함께 비인격화된 관계, 상호 연계된 네트워크의 광대하지만 빈틈없이 통합된 팽창을 의미한다.[5] ‘전 세계를 전산망으로 연결하는 것’은 탈근대적 ‘지구화’의 표현에 불과하며, 다른 영역인 ‘외교 문제’—이론적으로 국가가 담당하는[6]—가 이제 기업과 공공연하게 제휴하고 있다는 점을 시사할 따름이다.[7] 그러나 탈근대적 조건은 권력의 역설을 품고 있다. 중앙 집중화된 권력의 잠재력이 커짐에 따라, 중앙 집중화의 가장 악명 높은 실천자인 국가는 그 자신의 가장 독특한 요소를 더 이상 가지고 있지 않게 된 것이다.

"일정한 영토 내에서 **물리적 힘의 정당한 사용**"과 "폭력을 사용할 수 있는 '권리'의 유일한 원천"(베버)에 대한 국가의 전통적 독점은 그 대립물인 분산화된 '테러리즘'에 의해 반복적으로 시험받고 있다.

탈근대 국가들 가운데서 부와 권력은 급속하게 상층에 있는 소수의 계급과 상대적으로 적은 수의 '선진사회'에 집중되고 부자와 빈자의 격차가, 사회 내에서건 국가들 사이에서건, 점차 확대되는 한편, 그로 말미암아 초래되는 권력의 집중은 경제적·정치적·사회적·문화적 분산이라는 대조적인 현상을 수반하고 있다. 거대한 다국적 기업 하나하나는 무수한 중소기업가 및 새로 시작한 벤처 기업가들과 연계되어 있다. 국민 국가는 '다원성으로부터 통일성으로'의 이행을 자랑하지만, 현실의 많은 집단—페미니스트, 다문화주의자, 종족성 옹호자, 환경주의자—은 '통일성으로부터 다원성으로'의 이행을 주장하고 있다. 탈근대 권력은 집중과 해체의 양상을 동시에 보여 주고 있다.

명백히 이런 사태 전개는 이 책의 초판에 채용된 정치적 개념에 도전하고 있다. 재개념화가 필요한 것은 단순히 국가나 정치만이 아니라 자본의 지구화와 기업의 지배적 역할에 의해 문제시되고 있는 다수의 전래된 관념들이다. 시민의 역할과 민주주의의 전망 역시 이 목록에서 뺄 수 없다.

내 희망은 현재의 작업이 어느 정도 새로운 세대의 정치 이론가들에게 정치적인 것의 재정의와 민주 정치의 재활성화라는 끝없는 작업에 매진하도록 고무하는 것이다.

새로운 이 증보판은 나의 친구 메이어Arno J. Mayer의 비판적인 논평과 나의 편집자 말콤Ian Malcolm에게 많은 것을 빚지고 있다.

서문

이 책에서 나는 정치철학의 지속적이고 변화하는 관심의 일단을 서술하고 분석하고자 시도했다. 오늘날 많은 지식인 집단 사이에서 전통적인 형태의 정치철학에 관해 강한 적대감, 심지어 경멸감마저 존재하고 있다. 내 희망은 이 책이 비록 정치철학 전통에 그나마 남아 있는 것을 기꺼이 내던지고자 하는 자들을 제지하지는 못할지라도 적어도 우리가 내버리려고 하는 것이 과연 무엇인지를 분명히 보여 주는 것이다.

이 저작에서 역사적 접근법을 사용하고 있지만, 정치사상에 대한 포괄적이고 상세한 역사를 제공하는 것이 내 의도는 아니었다. 전반적으로 역사적 접근을 선택한 것은 그 접근법이 정치철학의 우선적인 관심사와 지적 작업으로서의 성격을 이해하는 데 최선의 방법을 제공해 준다는 믿음에서 비롯된 것이기도 하다. 또한 역사적 관점이 현재 우리가 처한 곤경의 속성을 드러내는 데 다른 어떤 관점보다 효과적이라는 것이 내 신념이다. 설사 역사적 관점이 정치적 지혜의 원천은 아니라 해도 그것은 적어도 그 전제 조건이기 때문이다. 독자는 표준적인 역사에 보통 포함되는 아주 많은 주제와 사상가들이 빠져 있다는 점, 그리고 실제로 다루는 주제와 사상가의 경우에도 종종 지배적인 해석에서 상당히 벗어나 있다는 점을 쉽게 발견할 것이다. 중세 정치사상이 대부분 그런 것처럼 의미심장한 생략이 있을 때, 그런 생략이 내 입장에서 그것에 대한 부정적인 판단을 내린 증거로 받아들여져서는 안 되며, 해석을 일차적인 목적으로 하는 작업에 불가피하게 수반되는 것으로 이해되어야 할 것이다.

내가 지고 있는 많은 지적인 빚을 밝히는 것은 즐거운 일이다. 오벌린 대학교의 루이스John D. Lewis와 아르츠Frederick B. Artz에게는 결코 갚을 수 없는 빚을 지고 있다. 학부 시절부터 현재에 이르기까지 그들은 선생, 학자, 친구로서 역할을 다해 주었으며, 이런 종류의 작업을 수행하는 내게 많은 격려를 아끼지 않았다. 다음과 같은 분들에게도 감사를 드리고 싶다. 캘리포니아 대학교 로스앤젤레스 캠퍼스의 젠킨Thomas Jenkin 교수와 하버드 대학교의 하츠Louis Hartz 교수가 이 책의 전체 초고를 읽고 개선을 위해 좋은 지적을 해 주었다. 나의 동료 제이콥슨Norman Jacobson 교수와는 내 책의 일부 문제들에 관해 논의한 적이 있는데, 그와의 대화는 무한한 지적 자극을 주었다. 프랭어Robert J. Pranger 선생은 내가 수많은 참고문헌을 일일이 확인해야 하는 지루한 작업을 덜어 주었을 뿐만 아니라 마지막 장의 초기 생각들에 대해 좋은 비판을 해 주었다. 무엇보다도 또 다른 나의 동료인 샤아John Schaar 교수의 세련된 취향과 지적인 능력은 이 저작이 가진 장점이 무엇이든 거기에 커다란 이바지를 했다.

나는 이 책의 타자를 맡아 준 길핀Jean Gilpin, 디에노Sylvia Diegnau, 영Sue K. Young, 특히 바반Francine Barban에게도 그들의 숙련된 기술과 협조, 인내심에 감사를 드린다. 나는 『미국정치학회보』American Political Science Review의 편집자가 이 책의 제5장과 제6장의 바탕이 된 두 편의 논문을 다소 변형된 형태로 재출간하는 것을 허락해 준 데 대해 감사를 표현하고 싶다. 이 연구의 주요 부분은 록펠러 재단의 넉넉한 재정 지원으로 내가 정상적인 강의 의무를 면제받을 수 있었기 때문에 가능했다.

S. S. W.

버클리, 1960년

제1장

정치철학과 철학

고정된 뜻을 지닌 얼마 안 되는 어휘로
…… 복잡한 사물들에 관한 다양한 의미를 표현하는 것
— 배젓Walter Bagehot

1. 탐구 형식으로서 정치철학

이 책은 정치철학이라는 담론의 특별한 전통에 관한 것이다. 이 책에서
나는 그 전통의 일반적 특성, 그 전통을 형성하는 데 이바지한 인물들의 다
양한 관심사, 그 전통의 발전에서 나타난 주요 윤곽에 특징을 부여해 온 변
화에 대해 논의할 것이다. 동시에 나는 정치철학 자체의 작업에 관해 무언
가 말하고자 노력할 것이다. 의도에 대한 이런 서술은 그 논의가 정치철학
의 정의와 함께 시작할 것이라는 기대를 자연스럽게 수반한다. 하지만 이
런 기대를 충족시키고자 하는 시도는 별다른 효과를 거두지 못할 것이다.
이는 단순히 두세 개의 문장으로는 책 전체의 의도를 충분히 설명할 수 없
을 뿐만 아니라 정치철학은 영구적인 속성을 지닌 본질이 아니기 때문이기
도 하다. 대신 정치철학은 복합적인 활동으로서, 공인된 대가들이 그것을

실천한 많은 방식을 분석함으로써만 가장 잘 이해될 수 있다. 한 사람의 철학자 또는 한 역사적 시대가 정치철학을 결론적으로 정의했다고 말할 수는 결코 없다. 이는 한 화가나 한 화풍이 회화가 의미하는 모든 것을 실천했다고 말할 수 없는 것과 마찬가지다.

만약 정치철학에 어떤 위대한 철학자가 표현해 온 것보다 더 많은 것이 있다고 한다면, 정치철학이란 그 활동의 특징이 오랜 시간에 걸쳐 가장 명료하게 드러난다고 믿는 데 대한 모종의 정당화가 가능하다. 약간 달리 진술한다면, 정치철학은 다양하고 복잡한 전통을 이해할 때 사용하는 것과 같은 방식에 따라 이해되어야 한다는 것이다.

정치철학을 간단한 정의로 환원하는 것이 가능하지는 않지만, 정치철학을 다른 형태의 탐구 형식과 연결하며 또 그것으로부터 구분시키는 정치철학의 특징을 조명하는 것은 가능하다. 나는 이런 성찰을 다음과 같은 표제 아래에서 논의할 것이다. 그것은 철학에 대한 정치철학의 관계, 활동으로서의 정치철학이 갖는 특징, 그 주제와 언어, 관점 또는 비전의 각도라는 문제, 그리고 전통이 작동하는 방식 등을 말한다.

플라톤이 개인의 선한 삶의 본성에 대한 탐구가 선한 공동체의 본성에 대한 탐구와 (평행하는 것이 아니라) 수렴하면서 필연적으로 연관되어 있다고 처음 인지한 이래, 정치철학과 철학 일반 사이에는 긴밀하고 지속적인 연관이 존재해 왔다. 뛰어난 철학자들은 대부분 정치사상의 본체에 풍성하게 이바지해 왔을 뿐만 아니라 정치 이론가들에게 많은 분석 방법과 판단 기준을 제공해 왔다. 역사적으로 철학과 정치철학의 주된 차이는 방법이나 성향의 문제라기보다는 전문화의 문제였다. 이런 연계 덕분에 정치 이론가들은 체계적인 지식에 대한 철학자들의 근원적인 추구를 자신의 일로 받아들였다.

나아가 또 다른 근본적인 의미에서 정치 이론은 철학과 연결되어 있다.

진리를 발견하는 방법에서 철학은 가령 신비적 비전, 비밀 의식, 양심이나 사적인 감정의 진리 등과 같은 다른 방식과 구분된다. 철학은 공개적으로 도달하고 공개적으로 증명할 수 있는 진리를 다룬다고 주장한다.1 동시에 무엇이 정치적인가를 규정하는 본질적인 속성 중의 하나, 곧 자신의 주제에 대한 정치 이론가의 견해를 강력하게 주조하는 것은 그것이 '공적인 것'에 대해 갖는 관계이다. 키케로Cicero가 공영체共榮體, the commonwealth를 레스 푸블리카res publica, 곧 '공적인 것' 또는 '인민의 재산'이라고 불렀을 때 그는 이 점을 염두에 두고 있었다. 사회에 있는 모든 권위적인 제도 가운데, 정치적 배치arrangement는 공동체 전체의 '공통적'인 것에 관해 관심을 두는 유일무이한 것으로 선택되었다. 예를 들어, 국가 방위, 치안 유지, 정의의 시행 및 경제적 규제와 같은 일정한 기능은 정치제도의 일차적인 책임으로 선언되었다. 그 주된 논거는 이런 기능이 봉사하는 이익과 목표가 공동체의 전체 성원에게 유익하다는 점이었다. 정치 질서의 권위에 필적한 적이 있었던 유일한 제도는 중세의 가톨릭 교회였다. 하지만 이는 교회가 정치적 통치 양식regime의 속성을 떠맡음으로써 종교적 기관 이외의 다른 무언가가 되었기 때문에 가능한 것이었다. 철학자들 역시 정치제도와 공적 관심 사이에 존재하는 긴밀한 연관을 자신의 연구 활동으로 떠맡았으며, 정치철학은 공동체 전반과 관련된 사안에 대한 성찰을 의미해 왔다.

따라서 공적 사안에 대한 탐구가 공적 유형의 지식에 합당한 표준에 따라 수행되어야 한다는 점은 지극히 적절한 것이다. 다른 대안을 선택하여 정치적 지식을 사적인 방식의 인식과 연계하는 것은 부적절하고 무모한 일이었을 것이다. 양자의 올바른 연계를 보여 주는 극적인 상징은 단지 소수의 사제만이 신비스럽게 인식할 수 있었던 12동판법*을 모두가 접근할 수 있는 공적인 형태의 지식으로 공개해야 한다는 로마 평민들의 요구였다.

2. 형식과 실질

정치철학의 연구 주제로 눈을 돌려 보면, 정치학 문헌의 대작들을 잠시만 훑어보아도 일정한 화두가 지속적으로 출현하는 것을 목격할 수 있다. 많은 사례를 들 수 있지만, 여기서는 예를 들어 치자와 피치자 간의 권력관계, 권위의 본성, 사회적 갈등으로 야기된 문제들, 정치적 행위의 목표로서 일정한 목적이나 의도의 지위, 정치적 지식의 속성 등 단지 몇 가지만을 언급하는 것만으로도 충분하다. 정치철학자들이 이런 모든 문제에 대해 동일한 정도로 관심을 두지는 않았다. 하지만 문제들의 정체성에 대해서는 충분히 광범위한 합의가 있었으며, 이는 정치철학자들이 지닌 관심에 일정한 지속성이 있었다는 믿음을 정당화해 준다. 철학자들이 종종 제시된 어떤 해결책들에 대해 격렬히 반발해 왔다는 사실이 공통된 주제의 존재에 대해 의문을 제기하게끔 하지는 않는다. 중요한 것은 만장일치로 나타나는 반응이 아니라 관심의 지속성이다.

한편, 주제에 대한 합의는 특정한 분야의 지식을 확장하는 데 관심을 두는 자들이 그들의 연구에서 무엇이 적합하고 무엇이 배제되어야 하는가에 대한 공통된 이해理解를 공유한다는 점을 상정한다. 정치철학과 관련해 이는 철학자가 무엇이 정치적이고 무엇이 아닌지에 대해 명백한 상을 갖고 있다는 점을 의미한다. 예를 들어 아리스토텔레스는 『정치학』*Politics*의 모두에서 정치가*politikos*

---

* [옮긴이] 12동판법은 기원전 451년에서 450년 사이에 10인위원회(*decemviri*)가 만들어 제정한 로마 최고(最古)의 성문법으로, 법에 관한 지식과 공유지 사용을 독점했던 귀족이 평민의 요구에 타협한 결과 제정되어 광장에 공시되었다. 비밀에 부쳐졌던 관습법과 판례법의 일부가 성문화되어 공시되었다는 점에서 의미가 있지만, 귀족층이 주도하여 제정했으므로 여전히 귀족 계급 및 가부장의 특권, 가혹한 채무법, 귀족과 평민의 통혼 금지 규정 등이 포함되어 있어서 평민들의 불만을 완전히 잠재우지는 못했다.

의 역할이 노예 주인이나 집안의 가부장 역할과 혼동되어서는 안 된다고 주장
했다. 전자는 엄격한 의미에서 정치적인 데 반해 후자는 그렇지 않다는 것이었
다. 아리스토텔레스가 제기한 논점은 여전히 긴요한 중요성을 지니고 있는데,
여기에는 무엇이 정치적인가에 대한 명확한 관념을 보존하는 작업의 어려움
이 함축되어 있으며, 이는 이 책의 기본 주제이기도 하다. 아리스토텔레스는
현실에서는 분리할 수 없는 주제를 분리하려고 하는 가운데 정치철학자가 의
당 경험하는 곤란함을 내비치고 있었던 것이다. 그런 어려움에는 두 가지 주된
이유가 있다. 첫째, 예를 들어 정치제도는 비정치적인 제도의 교란적인 영향력
에 노출되어 있기 때문에 어디서 정치적인 것이 시작하고 어디서 비정치적인
것이 멈추게 되는지를 설명하는 것은 곤혹스러운 문제가 된다. 둘째, 정치적
사안에 대해 이야기할 때 사용하는 동일한 단어와 관념을 비정치적 현상을 서
술할 때에도 중복해서 활용하는 경향이 많다. 수학이나 자연과학에서 기술적
인 용어를 엄격하게 사용하는 것과 대조적으로 '아버지의 권위', '교회의 권위',
'의회의 권위'와 같은 구절들은 사회적·정치적 논의에 만연된 중복적 용어 사
용의 한 증거이다.

   이는 정치철학자가 자신의 주제의 독특성을 주장하고자 할 때 부딪히
는 기본적인 문제 가운데 하나를 제기한다. 무엇이 정치적인 것인가? 예를
들어 정치적 권위를 다른 형태의 권위와, 정치사회의 구성원됨을 다른 유
형의 결사체의 구성원됨과 구분하는 것은 과연 무엇인가? 이런 문제에 대
한 답변을 추구하는 과정에서 많은 철학자가 정치철학을 무엇이 정치적인
가에 관련된 담론의 지속적인 형태로 개념화하는 데, 그리고 정치철학자를
정치적인 것에 관해 철학적 작업을 하는 자로 형상화하는 데 이바지했다.
그들은 이 작업을 어떻게 수행해 왔는가? 어떻게 그들은 일정한 인간의 행
위와 상호작용, 제도와 가치를 추려 내어 그것들을 '정치적'이라 규정해 왔
는가? 가령 투표나 입법과 같은 일정한 유형의 상황이나 활동을 정치적이

라고 부를 수 있게 하는 독특한 공통의 특색은 과연 무엇인가? 주어진 행위나 상황을 정치적이라 부르려면 그것이 어떤 조건을 충족시켜야 하는가?

무엇이 정치적인가의 영역을 정의하는 과정은 어떤 의미에서 다른 탐구 영역에서 일어났던 것과 크게 다르지 않았다. 누구도 예를 들어 물리학이나 화학의 영역이 단지 갈릴레이Galileo Galilei나 라부아지에Antoine Laurent Lavoisier에 의해 발견되기만을 기다릴 정도로 자명하고 확정된 형태로 존재해 왔다고 진지하게 주장하지는 않을 것이다. 만약 탐구 분야가 중요한 차원에서 정의定義의 산물이라는 점을 우리가 받아들인다면, 정치적인 것의 영역은 그 경계가 누대에 걸친 정치적 논의에 의해 구획되어 온 영역이라고 볼 수 있다. 다른 분야의 윤곽이 변해 온 것과 마찬가지로 무엇이 정치적인가에 대한 경계 역시 인간의 삶과 사고를 어떤 때는 좀 더 많이, 어떤 때는 좀 더 적게 포함하는 유동적인 것이었다. 현대의 전체주의 시대는 "이 시대는 정치적 시대이다. 전쟁·파시즘·수용소·곤봉·원자폭탄 등이 우리가 생각하는 것이다"라는 개탄을 토로하게 한다. 좀 더 평화로운 다른 시대에 정치적인 것은 덜 편재적이다. 그리하여 아퀴나스Thomas Aquinas는 "인간은 그 전체성이나 그가 가진 모든 것에서 …… 정치적 교제를 위해 형성되지는 않는다"라고 서술할 수 있는 여유가 있었다.[2] 하지만 내가 제창하고자 하는 바는 정치의 영역이 의미심장하고 근본적인 의미에서 창조된 분야라는 점이다. 일정한 활동과 배치를 정치적인 것으로 지정하는 것, 그런 것들에 대해 우리가 전형적으로 생각하는 방식, 그리고 우리가 우리의 관찰과 반응을 의사소통하기 위해 사용하는 개념들 가운데 어떤 것도 사물의 본성에 각인된 것이 아니며 정치철학자들의 역사적 활동으로부터 생겨난 유산이다.

이런 언급을 통해 나는 정치철학자들이 그가 선택한 것을 무엇이든지 '정치적'이라고 부를 만큼 자유로웠다거나 시인 케임즈Henry Home, Lord Kames 경의 말처럼, 정치철학자가 "아무런 현실적인 근거도 없이 이미지를 만들어 내는 데" 분주했다고 시사하려는 것은 아니다. 우리가 정치적이라고 지정하는 현상이 이론가에 의해 문자 그대로 '창조된' 것임을 암시하려는 것도 아니다. 확립된 관행이나 제도적인 배치가 정치적 논자들에게 기본적인 자료를 공급해 왔다는 점은 물론 인정되어야 하는데, 나는 이 점에 대해 곧 논의할 것이다. 실로, 한 이론가가 다루는 많은 주제는 기존의 언어 관행에서 그런 주제들이 정치적인 것으로 지칭된다는 간단한 사실로 말미암아 연구 주제로 포함된 것이기도 하다. 다른 한편 우리가 정치적인 분석에서 사용하는 관념이나 범주들이 제도적 '사실들'과 동일한 질서에 속하는 것은 아니며, 따라서 사실들에 '포섭되어' 있는 것이 아니라는 점 역시 참이다. 대신 그것들은 추가적인 요소, 곧 정치 이론가에 의해 창조된 무언가를 표상한다. '권력', '권위', '동의' 등과 같은 개념들은 비록 정치적 사물에 관한 무언가 의미심장한 측면을 지칭할 것을 의도하기는 하지만, 진정한 '사물들'이 아니다. 그것들의 기능은 정치적 사실들을 분석, 비판 또는 정당화하기 위한 목적, 또는 이 세 가지를 조합한 목적을 위해 정치적 사실들을 의미 있게 만드는 것이다. 정치적 개념들이 가령 "어떤 사람을 시민으로 만드는 것은 그가 향유하는 권리나 특권이 아니라 신민과 주권자 사이의 상호의무이다"라는 주장의 형태로 표현될 때, 그런 진술의 유효성은 정치적 삶에 관련된 사실을 지칭함으로써 해결될 성질의 것은 아니다. 진술의 형식이 불가피하게 사실에 대한 해석을 지배하기 때문에, 이것은 순환적인 과정이 될 것이다. 약간 달리 표현한다면, 정치 이론은 정치적 관행 또는 그것이 어떻게 작동하는가보다는 그 의미에 관심을 기울인다. 따라서 보댕 Jean Bodin을 인용한 위의 진술에서 법이나 관행에 의해 사회의 구성원이 주권자에게 일정한 의무를 부담한다거나 주권자가 구성원에게 의무를 부담한다는 사실은 이런 의무들이 구성원됨에 관해 그리고, 보댕의 논변에서 나중 부분에 나오는 것처럼, 주권자의 권위와 그 조건에 관해 무언가 중요한 것을 시사하는 방식으로 이해될 수 있다는 사실만큼 중요하지 않다. 달리 말하면, 구성원됨의 개념은 보댕에게 일정한 관행이나 제도들 간의 함의나 상호 연관성―그런 사실 자체에 근거해서는 자명하지 않은―을 끌어내도록 허용했던 것이다. 그런 개념들이 그 의미에서 다소간 안정적이 되면, 그것들은 우리가 정치적 상황을 이해하거나 또는 그것을 판단하고자 할 때, 우리에게 일정한 사물을 보도록 하거나 일정한 고려를 염두에 두도록 '지시하는' 지침으로 기능한다. 이런 식으로 우리의 정치적 이해를 구성하는 개념과 범주는 우리가 정치 현상 간의 연관성을 그려 내는 데 도움을 준다. 그 개념들은 그렇지 않으면 가망이 없을 정도로 혼돈 상태에 빠진 활동들로 보이는 것에 일정한 질서를 부여한다. 그것들은 우리와, 우리가 지적으로 이해할 수 있도록 만들고자 하는 정치 세계를 매개한다. 그것들은 일정한 인지의 영역을 창출하고 부적절한 현상으로부터 적절한 현상을 분리하는 데 도움을 준다.

3. 정치적 사유와 정치적 제도

정치 현상에 의미를 부여하고자 하는 정치철학자의 시도는, 철학자들이 철학적으로 연구를 하든 하지 않든 간에 존재하는 일정 정도의 질서, 일정 정도의 배치가 사회에 있다는 사실에 의해 도움을 받기도 하고 한계지어지기도 한다. 달리 말하면 정치철학 주제의 경계와 실체는 기존 사회의 관행에 의해 주로 확정된다. 관행이라는 것은 공적 사안을 다루고자 정규적으로 사용되는 제도화된 과정과 확립된 절차를 의미한다. 정치 이론에서 중요한 것은 이처럼 제도화된 관행이 인간의 행위에 질서를 부여하고 방향을 제시하며 사건의 성격을 결정하는 데에서 근본적인 역할을 한다는 점이다. 제도와 습성화된 관행이 수행하는 조직화의 역할은 '자연' 또는 현상의 영역을 창조한다. 그것은 대체로 자연과학자가 직면하는 자연에 유추될 수 있다. 아마도 나는 제도의 기능에 관해 무언가를 서술함으로써 [자연과학자의 연구 대상이 자연이듯이, 정치 이론가의 연구 대상인-옮긴이] '정치적 자연'political nature의 의미를 해명할 수 있을 것이다.

주어진 사회에서 정치제도의 체계는 권력과 권위의 배치를 표상한다. 체계의 내부에 있는 어떤 지점에서 일정한 제도는 전체 공동체에 적용할 수 있는 결정을 내리는 권위를 갖는 것으로 인정된다. 이런 기능의 행사는 자신들의 이익과 목표가 내려진 결정에 의해 영향을 받는다고 느끼는 집단과 개인들의 시선을 자연스럽게 끌게 된다. 이런 인식으로 말미암아 정치제도에 대해 일정한 행동을 취하게 될 때, 그 활동은 '정치적'이 되며, 따라서 정치적 자연의 일부가 된다. 주도적 행위는 제도 자체 또는 그 제도를 운영하는 사람들에 의해 발생할 수 있다. 가령 모직물 제조를 규제한다든지 또는 일정한 교리를 전파하는 것을 금지한다든지 하는 공적인 결정은 이런 활동을 정치 질서에 결부시키는 효과가 있고 그것을 적어도 부분적으로는 정치 현상으로 만든다. 이런 식으로 인간 활동이 '정치적'이 되는 방식을 증식시킬 수 있지만, 주된 논점은 정치제도에 의해 수행되는 '관계 짓는' 기능이다. 공직자가 결정을 내리고 집행하는 것을 통해 흩어진 활동들이 서로 결합하고, 새로운 일관성을 부여받으며, 그것들의 미래 경로가 '공적' 고려에 의해 조형된다. 이런 식으로 정치제도는 정치적 자연에 추가적인 차원을 제공한다. 정치제도는 말하자면 '정치적 공간' 또는 사회의 긴장하는 세력들이 관계를 맺게 되는 소재지—법정, 의회, 정부의 청문회, 정당의 전당대회와 같은—를 규정하는 데 봉사한다. 또한 그것들은 그 안에서 결정, 결의안, 타협이 일어나는 '정치적 시간' 또는 한정된 시기를 규정하는 데 봉사한다. 그리하여 정치적 배치는 개인과 집단의 활동이 시·공간적으로 연결되는 무대를 제공한다. 예를 들어, 전국적인 사회보장제도가 작동하는 방식을 고려해 보자. 세무 공무원은 지난해 기업의 소득에서 세금을 걷는다. 그리하여 세입은 사회보장제도 또는 연금제도를 확립하는 데 사용되며, 그 제도를 통해 그렇지 않았더라면 기업과 연관되지 않았을 노동자에게 이익을 제공한다. 그러나 노동자는 4반세기가 지나 비로소 해당 이득을 실제로 누릴 수도 있다. 여기서 정치제도는 세무서의 형태로 존재하면서, 그렇지 않았더라면 연결되지 않았을 일련의 활동들을 통합하고 오랜 시간에 걸쳐 그런 활동들에 의미를 부여한다.3

현대의 어떤 철학자는 우리의 사유에서 사용되는 개념과 상징을 통해 우리는 "단어의 시간적 질서"가 "사물의 관계적 질서"를 의미하게 한다고 말한 바 있다.4 우리가 이를 정치적 사안에 적용한다면, 우리는 정치제도가 정치적 자연에 속하는 '사물들' 혹은 현상들의 내면적 관계를 제공하며 정치철학은 이런 '사물들'에 관해 의미 있는 주장을 제기하는 것을 추구한다고 말할 수 있다. 달리 말하면, 제도는 정치 현상 간에 존재하는 이전의 응집성을 확고하게 한다. 그러므로 정치철학자가 사회에 대해 성찰할 때, 그는 데모크리토스Democritus적인 진공 속에서 충돌하는 단절된 사건이나 활동의 소용돌이가 아니라 이미 응집성과 상관성을 부여받은 현상에 직면하게 되는 것이다.

4. 정치철학과 정치적인 것

하지만 정치철학에서 위대한 이론은 대부분 위기 시, 곧 정치 현상이 제도적 형태에 덜 효과적으로 통합되어 있을 때 공식화되었다. 제도의 해체는 현상을 방출한다고 말할 수 있는데, 이는 정치 행위나 사건이 임의적 성격을 띠게 하며, 낡은 정치 세계의 일환이었던 관습적 의미를 파괴한다. 그리스적 사유가 정치적 삶을 괴롭히는 불안정성에 최초로 몰두하게 된 시대이래로 서구의 정치철학자들은 정치적 관계의 망이 해체되고 충성의 유대가 깨졌을 때 도래하는 황폐한 상황에 고뇌하게 되었다. 이런 관심의 증거는 그리스와 로마의 저술가들이 정부 형태가 운명적으로 따르게 되어 있는 규칙적인 순환을 끊임없이 논했다는 점, 마키아벨리Niccolò Machiavelli가 인간이 능숙하게 다룰 수 있는 정치적인 우발 사태와 단지 무력하게 대처할 수밖에 없는 사태를 정교하게 구분하려 한 점, 순조롭게 기능하는 정치 체계에 특징적인 안정된 관계와 제도적 형태가 결여된 상태를 묘사하는 17세기에 등장한 '자연 상태'의 개념, 인간이 정치의 흥망성쇠를 견뎌 낼 수 있는 영구적인 공영체를 일거에 창조할 수 있는 정치 과학을 세우기 위해 바친 홉스의 집요한 노력 등에서 발견될 수 있다. 비록 정치철학의 과제가 이런 혼란기에는 훨씬 더 복잡해지지만, 예를 들어 플라톤, 마키아벨리, 홉스의 이론은 실제 세계의 무질서와 무질서의 포섭자로서 정치철학자의 역할 간에 존재하는 '도전과 반응'이라는 관계를 보여 주는 증거이다. 이제 정치철학자의 임무는 단순히 비판과 해석의 임무에 한정되지 않고 산산조각이 된 의미의 세계와 그에 수반하는 제도적 표현을 재구축해야 하는 것이기 때문에 그 가능성의 범위는 무궁무진해 보인다. 요컨대 그는 정치적 혼돈으로부터 [질서와 조화의 구현으로서 - 옮긴이] 정치적 우주를 창출해야 한다.

극단적인 정치적 해체의 상황은 질서의 추구를 더욱더 긴박한 과제로 만들지만, 덜 영웅적인 시대에 저술하는 정치 이론가 역시 질서를 연구 주제의 근본적인 문제로 받아들여 왔다. 어떤 정치 이론가도 무질서한 사회를 제창한 적은 없으며, 삶의 양식으로 영구 혁명을 제안한 적은 없다. 가장 기초적인 의미에서 질서는 문명화된 삶을 가능케 하는 평화와 안전의 조건을 상징해 왔다. 성 아우구스티누스St. Augustine는 인간의 초월적인 운명에 대한 압도적인 관심에도 불구하고 구원에 대한 준비가 세속적 상황—평화와 안전에 대한 기본적인 요구가 정치 질서에 의해 충족되는—을 전제로 한다는 점을 외면하지 않았다. 그가 심지어 이교도의 정치체 역시 어느 정도 가치가 있다고 시인한 것은 바로 이런 인식에서 비롯된 것이었다. 질서에 대한 관심은 정치 이론가의 용어에도 흔적을 남겨 왔다. '평화', '안정', '조화' 및 '균형'과 같은 단어들은 모든 주요 이론가들의 저술에서 발견된다. 비슷한 이유로, 모든 정치적 탐구는 질서의 유지를 촉진하거나 방해하는 요인들에 일정하게 향해 있다. 정치철학자는 다음과 같은 질문을 던져 왔다. 사회적 삶의 기초를 유지하는 데 있어 권력과 권위의 기능은 무엇인가? 질서의 유지는 구성원들에게 예의civility의 규칙으로서 무엇을 요구하는가? 평화와 안정이 유지되기 위해서는 통치자와 피치자에게 공히 어떤 종류의 지식이 있어야 하는가? 무질서의 원천들은 무엇이며 그것들은 어떻게 통제될 수 있는가?

동시에, 중요한 예외가 있기는 하지만, 대부분의 정치적 논자들은 아리스토텔레스의 명제를 어떤 형식으로든 받아들여 왔다. 그 명제란 결사체의 삶을 사는 인간은 단순한 삶만이 아니라 선한(또는 좋은) 삶을 원한다는 것이다. 즉 인간에게는 일정한 원초적인, 거의 생물학적인 욕구의 만족을 넘어서고자 하는 열망—대내적 평화, 외부의 적에 대한 방위, 생명과 소유물의 보호와 같은—이 있다는 것이다. 아우구스티누스가 정의했듯이, 질서는 삶의 보호에서부터 시작하여 최상의 유형의 삶의 향유까지 이르는 좋은 것들goods의 위계질서를 포함한다. 정치철학의 전 역사에 걸쳐 질서라는 이름 아래에 무엇이 포함되어야 하는가에 대해서는 다양한 관념이 존재해 왔다. 그런 관념들에는 개인의 자아 완성이라는 그리스적 관념에서부터, 일종의 '영혼의 구원(또는 복음)을 위한 예비'*preparatio evangelica*라는 기독교적인 정치 질서의 개념을 거쳐, 정치 질서는 영혼이나 정신과 아무런 관계가 없다는 근대적인 자유주의적 견해까지 포함된다. 특정한 강조와 상관없이 질서에 대한 관심은 정치 이론가로 하여금 정치사회에 적합한 종류의 목표와 목적을 고찰하게 했다. 이로 말미암아 우리는 정치철학의 주제에 관련된 두 번째로 광범위한 측면에 도달하게 된다. 어떤 부류의 사물들이 정치적 사회에 적합한 것이며 이는 왜 그런가?

정치철학과 철학의 관계를 앞에서 논의하면서 우리는 정치철학이 공적인 사안을 다룬다는 논점을 간략히 언급한 바 있다. 여기서 '공적인', '공통의' 그리고 '일반적인'이라는 단어들은 그 사용에서 오랜 전통을 지니고 있으며, 그 결과 그 단어들은 정치적인 것과 동의어가 되었다는 점을 지적하고 싶다. 이런 이유로 그 단어들은 정치철학의 주제에 대해 중요한 단서로 기능한다. 그리스에서 처음 시작했을 때부터 서양의 정치 전통은 정치 질서를 사회의 모든 구성원이 모종의 이해관계를 가진 관심사를 다루기 위해 창조된 공통의 질서로 보아 왔다. 정치적이면서 동시에 공통적인 질서에 대한 개념은 플라톤의 대화편 『프로타고라스』*Protagoras*에 가장 명료하게 진술되어 있다. 그 대화편에는 신들이 인간에게 육체적 생존에 필요한 기예와 재능을 주었다고 서술되어 있다. 하지만 인간이 도시를 건설하게 되자, 갈등과 폭력이 지속적으로 분출하고 이로 말미암아 인류는 잔인하고 야만적인 상태로 되돌아갈 위험에 처하게 되었다. 그때 프로타고라스는 인간들이 서로 파괴할 것을 두려워하게 된 신들이 어떻게 해서 정의와 덕을 제공하기로 결정했는지를 묘사하고 있다.

제우스는 전체 인류가 전멸할 것을 두려워하게 되었으며, 그리하여 헤르메스를 그들에게 보내어 도시에 질서를 부여하는 원리 및 우애와 화해의 유대로서 존중과 정의를 전달하게 했습니다. 헤르메스가 사람들에게 정의와 존중을 어떻게 분배해야 하느냐고, 즉 '그것들을 [보통의 다른 - 옮긴이] 기예들이 분배되는 방식으로, 곧 선택된 소수에게만 나누어 주어야 하는가 [아니면 …… 모두에게 배분해야 하는가?'라고 제우스에게 물었습니다. "모두에게"라고 제우스가 답하면서 [다음과 같이 덧붙였습니다 - 옮긴이]. "나는 그들 모두가 자기 몫을 갖기를 바라네. 만약 기예들과 마찬가지로 소수의 사람만이 그 덕들을 공유한다면 도시는 더는 존속할 수 없기 때문이네."[5]

정치 질서의 '공통성'은 정치 이론가들이 자신의 연구에 적합하다고 선택한 주제의 범위 그리고 이 주제들이 정치 이론에서 다루어져 온 방식 모두에 반영되어 왔다. 이론가들의 기본적인 믿음 속에서는 다음과 같은 것들이 발견된다. '정치적 지배는 공동체의 모든 구성원에 의해 공유되는 일반 이익에 관계되어 있다.' '정치적 권위는 그것이 그 공통의 속성에서 고려된 사회의 이름으로 표명된다는 점에서 다른 형태의 권위와 구분된다.' '정치사회의 구성원됨은 공동의 관여라는 삶의 상징이다.' '정치적 권위가 주재하는 질서는 전체적으로 사회의 모든 범위에 걸쳐 행사되어야 한다.' 이런 그리고 유사한 주제에 의해 제기되는 광범위한 문제는 정치 이론가들이 다루는 대상과 활동이 고립된 것이 아니라는 사실에서 비롯된다. 사회 구성원은 일반 구성원과 일정한 이익을 공유하기도 하지만 그 자신이나 그가 속한 일정한 집단에만 특유하게 해당하는 이익도 가지고 있다. 비슷하게 정치적 권위는 사회의 여러 권위 가운데 하나일 뿐만 아니라 일정한 사안에 대해서는 이들과 경쟁하는 처지에 있음을 깨닫게 되기도 한다.

정치적인 것이 서로 교차하는 고려 사항들로 구성된 상황에 내재한다는 사실은 무엇이 정치적인가를 정의하는 과제가 지속적이라는 점을 시사한다. 이 점은 이제 우리가 정치철학의 주제에 관련된 또 다른 측면, 즉 정치 활동 또는 정치에 시선을 돌리게 되면 더욱 명백해진다. 이 연구의 목적상 나는 '정치'politics가 다음을 포함하는 것으로 정의하겠다. ① 집단들, 개인들 또는 사회들 사이에서 경쟁적 이득을 추구하는 데 집중된 활동의 형태. ② 변화와 상대적 희소성의 상황에서 일어난다는 사실에 의해 조건 지워지는 활동의 형태. ③ 이득의 추구가 의미심장한 방식으로 전체 사회 또는 그 실질적인 부분에 영향을 미칠 정도의 중요한 결과를 산출하는 활동의 형태. 지난 2,500년 동안의 대부분 기간에 걸쳐 서구의 공동체들은 안팎에서 빚어진 변화에 따라 급격한 재조정을 겪도록 강요당했다. 이런 현상의 반영으로서 정치는 사회가 끊임없이 재조정을 해야 할 필요성을 표현하는 활동이 되었다. 변화의 효과는 사회집단의 상대적 위상을 교란할 뿐만 아니라 개인과 집단이 투쟁하는 목표를 수정하게 마련이다. 그리하여 한 사회의 영토적 팽창은 부와 권력의 새로운 원천을 개방하기도 하는바, 이는 다양한 국내 집단의 경쟁 관계상의 지위를 흔들어 놓는다. 경제적 생산양식의 변화는 부와 영향력의 재분배를 가져오며, 새로운 질서로 말미암아 자신의 지위가 위협받는 자들의 항의와 소동을 낳기도 한다. 로마에서 일어난 것처럼 인구의 급격한 증가와 새로운 종족의 유입은 정치적 특권의 확대에 대한 요구를 불러일으키기도 하며, 이런 요구는 정치적 조작을 위한 유인을 제공하기도 한다. 아니면 종교적 예언자가 출현하여 새로운 신앙을 선포하고, 시간과 습관이 으레 그렇게 기대하게끔 엮어 온 낡은 의식과 신앙을 근절할 것을 촉구하기도 한다. 어떤 한 시각에서 볼 때 정치 활동들은 사회에서 일어나는 근본적인 변화에 대한 반응이기도 하다. 그러나 다른 시각에서 보면 정치 활동들은 그 자체가 갈등을 촉발하기도 하는바, 이는 그것들이 개인과 집단이 자신들의 열망과 욕구에 부합하는 방식으로 상황을 안정시키고자 추구하는 행위들의 교차 영역을 표상하기 때문이다. 그러므로 정치는 갈등의 원천이자 동시에 갈등을 해결하고 재조정을 촉진하고자 하는 활동 양식이기도 하다.

지금까지의 논의를 요약한다면, 정치철학의 주제란 대체로 정치를 질서의 요구와 양립할 수 있게 만들고자 하는 시도로 구성되어 있다는 것이다. 정치철학의 역사는 이런 주제를 둘러싼 대화였다. 어떤 때는 철학자의 비전이 정치를 말소해 버린 질서이기도 했고, 그리하여 정치, 정치적이라는 말로 의미했던 것이 대부분 사라진 정치철학을 산출하기도 했다. 다른 때에는 정치철학자가 정치에 너무나 많은 것들을 포함시킨 결과 질서의 문제를 소홀히 한 것처럼 보이기도 했다.

5. 정치철학의 용어

지식 체계의 중요한 특징 가운데 하나는 그것이 어느 정도 전문화된 언어로 전달된다는 것이다. 여기서 전문화된 언어란 단어들이 일정하게 특별한 의미로 사용되고 어떤 개념과 범주들은 해당 주제를 이해하는 데 근본적인 것으로 취급된다는 점을 의미한다. 지식 체계의 이런 측면은 그 언어나 용어에 집약된다. 대체로 전문화된 언어는 가능하면 정확하게 의미와 정의를 표현하고자 의식적으로 구성된 것이기에 인위적인 창조물이다. 예를 들어 수학자들은 고도로 복합적인 부호 및 상징의 체계와 함께 그것들의 조작을 지배하는 일련의 승인된 관행을 발전시켜 왔다. 물리학자들 역시 설명과 예측을 용이하게 하기 위해 특별한 개념 정의를 많이 채용한다. 정치 이론가의 언어는 그 나름의 특이함을 지니고 있다. 하지만 비판자들은 전통적인 정치적 개념의 모호함을 과학적 담론의 특징인 정밀성과 대조하며 이를 비판하거나, 정치 이론의 낮은 예측 능력을 과학 이론의 커다란 성공과 대비하면서 불평을 제기해 왔다.

정치 과학이 진정한 과학이며 진정한 과학일 수 있는지를 둘러싼 지루한 논쟁에 추가로 [새로운 주장을-옮긴이] 더 보탤 생각은 없지만, 정치 이론가들이 자신들의 전문화된 용어를 통해 표현하려고 했던 바를 간략히 서술함으로써 약간의 오해를 불식하고자 한다. 우리는 몇몇 정치철학자들로부터 선택된 몇 가지 특징적인 진술을 인용함으로써 시작하고자 한다.

인간의 안전은 그것이 권력과 결부되지 않으면 불가능하다(마키아벨리).

공포나 테러와 같은 부자연스러운 토대 위에 구축된 권력에 대한 진정한 충성은 있을 수 없으며 오직 저항의 영원한 불씨만이 남아 있을 뿐이다(핼리팩스Charles Montague Halifax).

인간은 사회생활을 하자마자 [자연 상태에서 느끼던-옮긴이] 자신의 연약함을 더는 느끼지 않게 된다. 그리하여 그들 사이에 존재하던 [연약함에 근거한-옮긴이] 평등이 [자신감에서 비롯된 상호 간의 경쟁이 격화됨으로써-옮긴이] 사라지게 되며, 이어서 전쟁 상태가 개시된다(몽테스키외Montesquieu).

주지하다시피, 위의 인용문에 포함된 언어와 개념들은 과학적 실험이 요구하는 엄격한 시험을 감당해 내기에는 너무나 모호하다. 엄격한 의미에서 '자연 상태' 또는 '시민사회'와 같은 개념은 심지어 관찰 대상도 될 수 없다. 그렇다고 이 개념들이나 정치 이론의 다른 개념들이 정치적 경험의 세계를 서술하는 것을 피하기 위해 의도적으로 채용되었다고 결론을 내리는 것은 잘못된 일이다. 마키아벨리를 인용한 문장은 인간의 생명과 소유물은 사회의 통치자가 법과 질서를 집행할 만한 권력을 가지지 못할 때는 안전하지 못하다는 사실을 시사한다. 다른 한편 '안전'은 사람들이 대부분 자신의 생명과 재산을 안심하고 확보할 수 있는 조건을 선호한다는 사실에 대한 약어적 표현이다. 전체적으로 볼 때, 마키아벨리의 문장은 두 개의 핵심 개념으로 구성된 일반화를 기술한다. 그것은 권력과 안전인데 양자는, 말하자면, 그 실천적 함의에 대한 상식적인 이해를 '담고' 있다. 그러므로 안전은 일정한 활동, 곧 사회의 구성원들이 강제로 빼앗기지 않으리라는 완벽한 인식과 함께 소유물을 사용하고 누린다는 점을 시사한다. 마찬가지로, 효과적인 권력의 행사는 법의 선포 및 처벌 등과 같은 친숙한 조치를 통해 수행될 것이다. 하지만 우리의 상식에 일견 명백하지 않은 것은 권력과 안전 사이의 긴밀한 연관성이다. 바로 이 점이야말로 정치 이론가가 확립하고자 하는 바이다. 개념과 특별한 언어의 사용은 이론가로 하여금 다양한 공통의 경험과 실천—가령 안전의 향유 및 권력의 행사와 연관된 경험과 실천—을 한데 결합하고 나아가 그것들 간의 상호 연관성을 보여 주는 것을 가능케 한다.

비록 이런 일반화가 중요한 사항들을 진술하고 있지만, 물리학 법칙이 그런 것처럼 엄밀한 예측을 허용하지는 않는다. 이런 작업을 감당하기에 그 개념들은 너무나 일반적이고 증거는 앞에서 인용한 주장을 지지하기에는 너무나 빈약하다. 물론 이런 언급이 경험적 테스트를 감당할 수 있는 정치에 관한 엄밀한 명제를 정식화하는 것이 불가능하다고 말하려는 것은 아니다. 다만, 전통적으로 정치 이론가의 주의를 끌어 온 진술의 종류들은 그런 것이 아니었다는 점을 지적하고자 할 뿐이다. 따라서 자신들이 결코 의도하지 않았던 작업을 잘못 수행했다는 이유로 이론가들을 낮게 평가하는 것은 적절하지 않다. 차라리 정치 이론가들이 예측과 비슷한 그러나 덜 엄격한 작업을 시도한 것은 아닌지 묻는 것이 훨씬 더 유용할 것이다. 예측 대신에 나는 먼저 이론가들이 경고를 발하는 것을 의도했다고 시사하고 싶다. 마키아벨리는 효과적인 통치 권위가 없을 때에는 안전을 확보할 수 없다고 경고한다. 핼리팩스는 공포에 지나치게 의존하는 권위는 종국적으로 저항을 촉발한다고 경고한다. 비록 각각의 경고가 예측과 유사한 점을 지니고 있지만, 그것은 두 가지 점에서 다르다. 첫째, 과학적 예측은 중립적인 데 반해, 경고는 유쾌하지 않은 또는 바람직하지 않은 결과를 함축한다. 둘째, 경고는 경고를 받은 당파나 인간과 어느 정도 관련이 있는 사람에 의해 보통 발해진다. 요컨대 경고는 예측에는 빠져 있는 헌신의 징표가 있다. 경고를 발하는 이런 기능에 조응하여 정치 이론의 언어는 경고 신호를 표현하고자 고안된 많은 개념을 담고 있다. 가령 '무질서,' '혁명,' '갈등' 및 '불안정'을 그 예로 들 수 있겠다.

하지만 정치 이론의 사명은 단지 재앙을 예측하는 것에 그치지 않는다. 그것은 가능성을 다루기도 하는바, 어떤 이유에서든 좋거나 바람직하다고 생각하는 목표를 달성하는 데 필요한 또는 충분한 조건을 진술하고자 노력한다. 따라서 마키아벨리의 언급은 경고와 동시에 가능성을 내포하고 있다. 다시 말해 권력은 안전을 성취하는 조건이지만, 비효과적인 권력은 불안을 조성한다는 것이다.

위에서 제시된 논변에 대한 명백한 반론은 그 논변이 정치 이론가에게 명제들을 제시하고 개념들을 사용할 수 있는 입지를 부여하지만, 그것들은 엄격한 경험적 기준에 따라 참인가 거짓인가를 판단할 수 없다는 것이다. 이 반론은 그것이 대부분의 정치 이론에 담긴 수많은 진술과 개념에 관한 것인 한 쉽게 수긍이 간다. 하지만 그 반론은 경험적 테스트가 어떤 진술이 의미 있는가 아닌가를 결정하는 유일한 방식이라고 가정하기 때문에, 결정적인 반론이 될 수 없다. 정치 이론의 과학적 결함을 장황히 논하기보다는 정치 이론을 다른 부류의 담론에 속한다고 고려하는 편이 훨씬 더 유용할 것이다. 이런 제안에 근거하여 우리는 우리의 목적에 합당한 카르납Rudolf Carnap이 제기한 제안을 채택할 수 있다.6 카르납은 일상 화법이나 과학적 논의 모두에 사용되는 일정한 표현들을 다루기 위해 '해명'explication이라는 용어를 제안한 바 있다. 해명은 엄격한 논의에 이상적으로 적합한 의미들보다 덜 엄밀한 의미를 사용하지만, 그 의미들은 매우 편리하고, 재정의되어 좀 더 엄밀하게 다듬어진다면 일정한 이론 내에서 매우 유용한 기능을 수행할 수 있다. 그런 단어들의 사례로는 '법칙', '원인' 및 '진리'를 들 수 있을 것이다. 이 단어들이 명제로서 제기될 때, 그것들은 참이나 거짓으로 판명될 수 없다. 정치 이론의 언어에는 일정한 문제들을 해명하기 위해 사용되는 개념들이 풍부하게 존재한다. 대체로 그 개념들은 일상적으로 사용되는 것들과 비슷하지만, 재정의되고 다듬어지면 좀 더 유용하게 사용될 수 있다. 정치 이론가가 사용하는 단어들은 통상의 용례를 따르지만, 그렇다고 반드시 통상의 의미로만 국한되는 것은 아니다. 예를 들어, 아리스토텔레스는 좋은 시민을 '통치하고 통치받는 데 필요한 지식과 능력을 가진 자'로 정의했는데, 그 정의는 아테네인들에게 친숙한 것을 다분히 포함하고 있었다. 동시에 아리스토텔레스가 명료히 하고자 하는 쟁점들은 당시 일반적으로 용인된 의미를 개조하고 재구성할 것을 요구했다. 정치 이론의 언어에서 다른 핵심적인 개념들의 형성 과정 역시 이 같은 절차를 따랐다. 다시 말해 '권위', '의무', '정의'와 같은 개념들은 통상적인 의미 및 경험과 중복되지만, 체계적인 담론의 요구 조건을 충족시키고자 개조되었다.

지금까지 이 논점은 다소 장황하게 강조되었는데, 이는 정치 이론의 개념과 정치적 경험 간의 연관성을 부각하기 위해서였다. 이 연관성은 정치 이론이 단순히 자의적인 구성물이 아니라는 점을 시사하는바, 이는 정치 이론의 개념들이 경험과 접촉점을 유지하기 때문이다. 예를 들어 홉스가 공식화한 이론과 같은 체계적인 이론은 상호 연관된 그리고 (이상적으로는) 일관된 개념들의 그물망으로 구성되어 있으며, 그 개념들 중의 어느 것도 경험과 동일하지는 않지만, 그렇다고 어떤 개념들도 경험으로부터 전적으로 단절되어 있지 않다. 아마도 이 전 과정은 발생론적인 설명을 통해서 더 잘 이해할 수 있다. 정치 이론의 전문 용어들은 대부분 발전의 초기 단계에서는 그 의미를 표현하기 위해서 일상 언어의 용어에 의존한다는 일반 원칙에서 결코 예외가 아니다. 예를 들어, 초기 그리스의 정치적 사유에서 개념은 일상적인 용법을 준거로 이해될 수 있었으며 그 이상을 넘어서지 않았다. 플라톤과 아리스토텔레스에 의해 예시된 것처럼 정치적 사유가 체계화됨에 따라 정치 이론의 언어는 좀 더 전문화되고 추상화되었다. 이론가는 일상 화법의 언어를 수정하고 재정의함으로써 자신의 관념을 일상적인 용법이 허용하지 않는 엄밀성, 일관성 및 범위를 가지고 서술할 수 있었다. 하지만 정교화된 개념과 예전의 용법 사이를 연결하는 맥락은 존속했다. 정의*diké*의 개념은 그것이 정치적 개념이 되기 전에 이미 오랜 시간에 걸쳐 진화를 거쳤다고 종종 지적되어 왔다. 호메로스*Homer* 시대에는 그 개념이 '사물이 정상적으로 일어나는 방식'을 '보여 주다', '지적하다', 또는 적시하다와 같은 몇 가지 의미를 지니고 있었다. 헤시오도스*Hesiod*의 『노동과 나날』 *Works and Days*에서 그것은 정치적 용법으로 전용되었다. 헤시오도스는 '비뚤어진' 다이케*diké*를 사용한 군주에게 경고했으며, 사람들에게 인간은 다이케의 지배를 모르는 동물과 구분된다는 점을 상기시켰다.7 플라톤과 아리스토텔레스의 철학에서 정의의 개념은 훨씬 추상적인 방식으로 공식화되었기에 보통의 의미와 동일하다고 거의 말할 수 없었다. 하지만 플라톤의 『국가』*The Republic*에서 정의에 대한 논의가 몇 명의 대화자들이 정의에 대한 보통의 관념들을 제시하는 것으로 시작했다는 점은 주목할 만한 가치가 있다. 이 관념들 가운데 일부는 폐기되었지만, 다른 관념들은 불충분한 것으로 취급되었다. 불충분하다 함은 그것들이 정의正義의 좀 더 포괄적이고 추상적인 정의定義——우리는 이 정의定義를 대화편과 결부시킨다——에 수정된 형태로 포섭되었다는 점을 말한다. 이런 식으로 플라톤은 정의의 개념을 구축했는바, 그것은 여러모로 전통적인 보통의 용법과 연결되어 있었다.

정치 이론가의 용어가 일상 언어와 경험의 자취를 담고 있지만, 그것은 주로 이론가의 창조적인 노력의 산물이다. 그의 용어를 구성하는 개념들은 그의 이론이 지닌 의미의 전반적 구조에 적합하게 조형된 것이다. 의미의 이런 구조는 법, 권위, 질서와 같은 정치적 개념뿐만 아니라 철학적이고 정치적인 관념들의 미묘한 복합물, 즉 은폐된 또는 잠재적인 형이상학을 담고 있다. 일정 정도의 포괄성을 목표로 하는 모든 정치 이론은 '시간', '공간', '현실' 또는 '에너지'에 관한 모종의 함축적이거나 명시적인 명제를 채택해 왔다. 비록 이것들은 대부분 형이상학자들의 전통적인 범주이지만, 정치 이론가들은 형이상학자들이 그런 것과 같은 방식으로 자신의 명제를 서술하거나 개념을 공식화하지 않는다. 이론가의 관심은 자연현상의 세계가 아니라 정치 현상의 세계를 지칭하기 위한 범주로서 공간과 시간에 대한 관심이었다. 만약 그가 이런 사안에 대해 엄밀하고 명시적이기를 원한다면, 그는 '정치적' 공간, '정치적' 시간 등으로 서술할 것이다. 그러나 잘 알려진 것처럼, 이런 형태의 용어법을 쓴 이론가는 있다고 해도 거의 없다. 오히려 정치 이론가는 동의어를 사용해 왔다. 예컨대 정치적 공간 대신에 그는 도시, 국가, 민족에 관해 기술했을 것이다. 시간 대신에 그는 역사나 전통을 언급했을 것이다. 에너지 대신에 그는 권력에 대해 이야기했을 것이다. 이런 범주의 복합체를 우리는 정치 형이상학이라 부를 수 있다.[8]

정치 이론에 내재해 있는 형이상학적 범주들은 정치적 공간이라는 관념을 통해 예시될 수 있다. 우리는 이 관념이 어떻게 해서 민족의식의 진화 과정에서 고대 세계에 그 기원을 두고 있는지를 지적함으로써 출발할 수 있다. '분리된 인민'a separate people이라는 헤브라이적 관념, 헬레네와 야만에 대한 그리스의 구분, 로마의 풍습과 제도Romanitas에 대한 로마인들의 긍지, 기독교 세계라는 중세적 관념, 이 모든 것들은 독특한 정체성이라는 의식을 부각시키는 데 이바지했는데, 한편 이 정체성은 일정한 지리적 영역 및 특정한 문화와 결부되었다.

그러나 정치적 공간이라는 개념은 단순히 행위와 사건의 특정하고 분화된 맥락의 '내부'와 대체로 미지의 그리고 분화되지 않은 '외부'에 대한 구분 이상의 것에 관련되어 있었다. 그것은 또한 공통의 문화적 정체성을 지닌 많은 수의 인간이 일정한 지역을 영유했다는 사실로부터 비롯되는 문제를 해결하기 위한 배치라는 핵심적인 문제와 맞닿아 있기도 했다. 만약 우리가 권력의 장엄한 위계, 합리적인 제도적 배치 그리고 행동을 순조롭게 규율하는 확립된 상규 등으로 구성된 정치사회에 대한 우리의 세련된 관념을 당분간 제쳐 놓고, 그것들을 일정한 영역, 곧 개인과 집단의 계획, 야심 및 행위가 끊임없이 서로 부딪히는—충돌하고, 가로막고, 응집하고, 분열하는—'정치적 공간'으로 생각한다면, 우리는 마찰을 줄이는 데에서 탁월한 효과를 발휘하는 이런 배치의 역할을 좀 더 잘 이해할 수 있게 된다. 권리와 의무, 계급과 사회적 구분, 법적·초법적 억제와 금지, 혜택과 처벌, 허용과 금기의 체계 등 다양한 수단을 통해서 사회는 그 공간을 구조화하고자 한다. 이런 배치들은 인간의 활동이 무해하게 또는 유익하게 나아갈 수 있는 길을 획정하는 데 봉사한다. 우리는 이런 의미의 구조화된 공간이 대부분의 정치 이론에 반영되어 있는 것을 발견할 수 있다. 이 점은 홉스에 의해 인상적으로 예시되었다.

> 무엇이든 그렇게 묶여 있거나 둘러싸여 있는 것이 무언가 외부 물체의 저항에 의해 결정된 일정한 공간을 제외하고 더는 움직일 수 없다면, 그것은 더 나아갈 수 있는 자유가 없다고 우리는 말한다. …… 따라서 신민의 자유는 오직 주권자가 신민의 행위를 규제함에 있어서 생략한 사항들에 대해서만 존재한다. 그런 것은 가령 물건을 사고파는 자유, 달리 말해 서로 계약을 맺는 …… 자유이다.[9]

비슷한 어조로 로크John Locke는 법적 제약의 유용성을 이렇게 방어한다. "습지나 벼랑으로부터 우리를 지키기 위해 둘러싸는 것을 감금이라는 이름으로 부르는 것은 잘못된 것이다."[10]

우리가 앞에서 추론했듯이 정치적 공간은 인간의 에너지가 기존의 배치에 의해 통제될 수 없을 때 문제가 된다. 종교개혁과 그 직후, 중세의 정치사회에 의해 조형된 구조적 원칙을 위협한 것은 바로 종교적인 활력이었다. 18세기에 중상주의라는 정교한 그물망에 의해 속박을 받은 것은 바로 기업가의 야심이었다. "우리는 아무런 시혜를 원하지 않는다. 우리는 안전하고 개방된 길만을 필요로 할 뿐이다."[11] 중농주의자들, 스미스Adam Smith 및 벤담Jeremy Bentham의 이론은 새로운 길을 닦고 공간적 차원을 재정의함으로써 [중상주의의 속박에 대해 – 옮긴이] 반응했다. 이런 분석을 계속 활용하여, 어떻게 해서 맬서스Thomas Robert Malthus가 인구 증가로부터 분출되는 증대하는 압력을 경고함으로써 자유주의 경제학자들의 공간 이론을 문제시했는가를 보여 주는 것도 가능할 것이다. 나아가 마르크스주의와 같은 19세기의 거대한 혁명 운동을 부르주아 산업사회가 창조한 공간 구조의 재조직화에 대한 요구 또는 그것에 대한 명시적인 도전으로 해석하는 것도 가능할 것이다. 만Thomas Mann의 『파우스트 박사』*Dr. Faustus*와 같은 소설은 19세기 말의 세기 전환기 세대의 관점, 곧 국가적 및 국제적 배치가 부과한 제한에 대해 질식할 것 같은 좌절감을 표상하는 것으로 볼 수 있다.

새로운 획기적인 진전이 임박한 것으로 보였다. …… 우리는 이런저런 생각으로 터질 것 같았다. '이 시대는 독일의 세기이다.' …… '세계에 우리의 각인을 찍고 우리가 지도자가 될 차례이다.' …… '120년 전에 시작된 부르주아 시대의 말기에 세계는 바야흐로 우리의 이미지에 따라 갱신될 참이다.'[12]

6. 비전과 정치적 상상력

정치적 공간에 대한 우리의 논의는 정치철학의 다른 측면에 대한 단서
를 제공한다. 공간에 대한 다양한 관념은 각각의 이론가가 문제를 서로 다
른 관점, 특정한 비전의 시각에서 보았다는 점을 적시한다. 이는 정치철학
이 정치 현상을 '보는' 형태를 구성하며 현상이 시각화되는 방식은 대체로
관찰자가 어디에 '서 있는가'에 달렸다는 점을 시사한다. 내가 여기서 논의
하고자 하는 '비전'에는 상호 구분된 그러나 연관된 두 가지 의미가 있다.
두 가지 의미는 모두 정치 이론에서 중요한 역할을 했다. 비전은 보통 인지
행위를 의미하는 데 사용된다. 따라서 우리는 연설자가 정치 집회에서 연
설하는 것을 본다고 말한다. 이런 의미에서 '비전'은 대상이나 사건에 대한
기술적記述的인 보고이다. 그러나 또한 '비전'은 미적 비전이나 종교적 비전
에 대해 이야기할 때처럼 또 다른 의미로도 사용된다. 이 두 번째 의미에서
가장 중요한 것은 기술적인 것이 아니라 상상적인 것이다.

16~17세기에 과학 혁명이 일어난 이래, 감정에 동요되지 않는 보고에
몰두하는 이 첫 번째 유형의 '객관적인' 비전이 보통 과학적 관찰과 결부되
어 왔다. 과학에 대한 이런 관념이 과학 이론의 구축에서 상상력이 담당하
는 역할을 과소평가함으로써 오류를 범하고 있다는 점은 이제 어느 정도
널리 알려졌다. 그렇다 하더라도 과학자는 '실재'에 대한 있는 그대로의 보
고를 제공하고자 노력한다는 점에서 고도로 숙련된 보고자와 유사하다는
믿음이 집요하게 유지되고 있다. 이런 관념은 정치 이론가에 대한 비판으
로 반복해서 사용되었다. 예를 들어 스피노자Benedict de Spinoza는 정치 이론
가를 풍자가라고 비난했다. 그는 정치 이론가가 "이론은 실천과 어긋난 것
으로 상정된다"라고 가정하며, "그들은 인간을 있는 그대로 보는 것이 아니
라 그렇게 되기를 바라는 대로 그려 낸다"라고 서술한다. 비록 스피노자가

많은 정치 이론가가 정치적 사실을 '실제로' 존재하는 바대로 보려고 진지하게 노력해 왔다는 점을 간과하기도 했겠지만, 그가 대부분의 정치 이론가에 의해 제시된 사회의 상이 '실재적인' 또는 사실에 충실한 것이 아니라고 말한 점은 상당히 옳다. 그러나 문제는 '그런 상들이 참으로 풍자의 성격을 지니는가'이다. 왜 대부분의 정치적 저술가들은 심지어 콩트Auguste Comte 와 같이 과학적인 저술가를 공언하는 사람까지 포함해서 정치 질서에 대한 올바른 유형을 상상해야 한다고 느끼게 되는가? 그들은 자신들의 재현물에 상상적인 차원을 추가함으로써 이론적으로 어떤 통찰을 얻기를 희망했는가? 요컨대 그들은 정치 이론의 기능을 무엇으로 생각했는가?

우리는 정치 이론가들이 자신들의 이론에 상상력이나 공상을 주입한 사실을 알지 못했을 것이라는 추론을 쉽게 일축할 수 있다. 그들 스스로 이 점을 잘 알고 있었을 것이라는 데 대해서는 너무나 많은 증언이 있다.[13] 오히려 그들은 공상, 과장, 심지어 기상천외한 환상이 때로 우리에게 그렇지 않았더라면 명백하지 않았을 사물들을 보게 해 준다는 점을 믿었다. 상상적인 요소들은 콜리지Samuel Taylor Coleridge가 시작詩作에서 상상력에 부여한 것과 비슷한 역할을 정치철학에서 수행해 왔다. 그것은 "모든 것을 하나의 우아하고 지적인 전체로 형성하는" 유연한 "조형적"esemplastic 힘이다.[14] 예를 들어 홉스가 다중의 인간이 정치사회를 형성하기로 자기 의식적으로 합의하는 것을 묘사했을 때, 그는 그런 행위가 결코 '실제로' 일어난 적이 없었다는 점을 매우 잘 알고 있었다. 그러나 이와 같은 공상적인 상像, picture을 통해 그는 독자들이 정치 질서가 기초해 있는 모종의 기본적인 가정을 보는 데 도움을 주고자 했던 것이다. 홉스는 대부분의 정치철학자처럼 공상적인 진술이 입증이나 반증의 대상인 명제와 같은 지위를 누리고 있지 않다는 점을 알고 있었다. 공상은 입증도 반증도 되지 않는다. 대신 그것은 정치적 사안을 조명하려는, 곧 우리가 정치적 사안에 대해 좀 더 현명해지도록 도움을 주려는 것이다.

그와 동시에 정치사상가들은 대부분 상상력이 이론화에 필수적인 요소라고 믿었다. 정치 현상을 지적으로 다룰 수 있게 만들려면 그 현상이 이른바 '정정된 온전함'corrected fullness으로 제시되어야 한다는 점을 그들이 잘 알고 있었기 때문이다. 이론가들은 정치적 삶에 대한 축소된 상, 곧 이론가의 목표와 무관한 것들은 삭제된 상을 우리에게 제시해 왔다. 이렇게 하는 것이 필요한 이유는 정치 이론가들 역시 다른 인간과 마찬가지로 직접적으로 모든 정치적 사물을 '보는' 것이 불가능하다는 사실에서 비롯되기도 한다. 직접적인 관찰의 불가능성은 이론가들로 하여금 아무것도 볼 수 없는 곳에서 일정한 현상을 추상화하고 상호 연계성을 제공함으로써 사회를 요약하도록 강제한다. 상상력은 친숙한 방식으로는 결코 '알' 수 없는 세계를 이해하는 이론가의 수단이다.

만약 정치적 사유에서 상상적인 요소가 단지 방법론적 편의, 곧 이론가들로 하여금 그의 질료를 좀 더 효율적으로 다룰 수 있게 하는 수단에 불과하다면, 우리가 그것을 그토록 주목하지 않아도 되었을 것이다. 상상력은 모델의 구성보다 훨씬 더 많은 것과 관련되어 있다. 그것은 이론가의 근본적인 가치를 표현하는 매체 역할을 했다. 다시 말해, 그것은 정치 이론가가 역사를 초월하고자 할 때 사용하는 수단이었다. 플라톤은 내가 여기서 말하는 상상력이 풍부한 비전을 예술성의 극치로 표현했다. 정치가의 신적인 기예에 의해 지도되어 선의 이데아를 지향하며 나아가는 정치 공동체에 대한 상을 통해 플라톤은 본질적으로 지식 체계론적architectonic [논리적으로 질서가 부여된 구조적―옮긴이]인 비전의 형태를 시현했다. 지식 체계론적인 비전은 정치적 상상력이 총체적인 정치 현상을 정치 질서의 바깥에 놓인 선善의 비전에 맞게 조형하려는 것이다. 정치 현상에 총체적인 질서를 부여하고자 하는 충동은 서구 정치사상사의 경로에서 다양한 형태를 취해 왔다. 플라톤의 경우 지식 체계론적인 충동은 본질적으로 미학적 모형을 취했다. "…… 참된 입법자는 활잡이와 같이 어떤 영구적인 미가 항상 깃들어 있는 그런 곳을 겨냥한다."[15] 아퀴나스의 정교하게 손질된 체계에서도 그와 동일한 지식 체계론적인 성격이 다시 발견된다. 즉 아퀴나스가 묘사한 모든 피조물을 아우르는 우뚝 솟은 대성당 내에서 정치 질서 역시 적합한 자리를 부여받는다. 다른 시대에 질서를 부여하는 비전은 종교적인 급진성을 띠고 있기도 했다. 17세기 영국에서 일어난 사례를 들 수 있는데, 천년왕국설을 신봉하는 종파들은 찬란한 새 예루살렘이 당시 부패가 극에 달한 질서를 대체하기를 꿈꾸었다. 그렇지 않으면, 다른 한편, 그 비전은 헤겔Georg Wilhelm Friedrich Hegel의 비전처럼 그 기원을 역사의 관점에서 취할 수도 있다. 헤겔의 비전에서 정치 현상은 궁극적인 지향점을 향해서 그것을 조형해 가는 압도적 목표에 휩쓸려 들어감에 따라 시간적 깊이, 역사적 차원을 획득한다. 최근에는 [정치] 외부로부터의 비전이 빈번히 경제적 고려에 의해 채색되어 왔는데, 이는 시대상을 적절히 반영하고 있다. 이런 견해에 따르면 정치 현상은 경제적 생산성의 요구에 속박되며, 정치 질서는 기술적 진보의 도구가 된다.

> …… 우리의 사고와 노력의 유일한 목표는 산업에 가장 유리한 종류의 조직[을 만드는 것 – 옮긴이]임이 분명하다. …… 산업에 유리한 종류의 조직은 일정한 정부에 존재하는데, 그런 정부에서 정치권력은 그 유용한 작업이 방해받지 않도록 하는 데 필요한 것 이상으로 강제를 가하거나 활동을 하지 않는다.[16]

지식 체계론적인 충동에 의해 표명된 형태가 무엇이든 그 결과물은 정치철학에 대한 관점에 서로 다른 차원을 제공해 왔다. 바로 미학적 미, 종교적 진리, 역사적 시간, 과학적 엄밀성, 경제적 진보의 차원이다. 이 모든 차원은 미래학적 성격, 곧 정치 질서를 언젠가 도래할 시대에 투영하는 성격을 지니고 있다. 이런 지적은 공공연히 개혁주의적이거나 심지어 혁명적인 정치 이론뿐만 아니라 보수주의적인 이론에도 적용된다. 예를 들어 버크Edmund Burke의 보수주의는 현재까지 지속되어 온 과거를 미래로 투영하려는 시도이며, 심지어 메스트르Joseph de Maistre와 같은 공인된 반동주의자 역시 '잃어버린 과거'를 그것이 미래에 복원될 것이라는 희망으로 되찾고자 했다.

대부분의 이론가에게 이론화를 통해 정치적 삶을 상상적으로 재질서화하는 것은 우리가 정치를 이해하는 데 도움이 되는 것만으로 국한되지 않는다. 스피노자가 주장한 것과 반대로 정치사상가들은 대부분 '정치적'이라는 바로 그 이유 때문에 정치철학은 정치적 상상력을 통해 포착한 가능성과 구현된 정치적 실존 간의 간극을 줄이는 데 헌신한다고 믿었다. 플라톤은 정치적 행위가 그 성격상 고도로 목적 지향적이기 때문에 대체로 의식적이며 심의적이라는 점을 인식했다. 행위를 하기 전에 '협의를 하는 것'은 아테네의 정치인은 물론 호메로스 시대 왕의 활동에도 특징적이었듯이 정치 활동의 독특한 필요조건으로 보였다. 그런데 지성적이고 고귀하게 행동한다는 것은 그 행위가 의도되고 있는 즉각적인 상황보다 더 넓은 관점을 요구했다. 지성과 고귀함은 일시적으로 요구되는 성품이 아니라 사물에 대한 좀 더 포괄적인 비전의 산물이었다. 좀 더 포괄적인 이런 비전은 정치사회를 그 정정된 온전함 속에서, 곧 있는 그대로가 아니라 가능할 법한 대로, 사유하는 것에 의해 제공되었다. 정치 이론이 사회를 과장된, '비현실적인' 방식으로 제시한다는 바로 그 이유 때문에 그것은 행위에 대한 필수적인 보완물이었다. 행위가 기존의 사태에 대한 개입을 수반한다는 바로 그 이유 때문에 행위는 그 실현을 간절히 원하도록 하는 가능성을 강화하는 관점을 절실히 필요로 했다.

비전의 이처럼 초월적인 형태를 과학자들은 근대에 이르러서야 비로소 공유하기 시작했다.[17] 초기에 과학자들이 천체의 조화를 시적 어조로 묘사했을 때, 그들의 비전은 정치철학의 본질적인 요소를 결여하고 있었다. 즉 거기에는 인간의 통제에 복종하는 질서 그리고 사유와 행위의 조합을 통해 변모될 수 있는 질서에 대한 이상이 담겨 있지 않았다.

7. 정치적 개념과 정치적 현상

정치 이론에서 상상력의 사용이 정치 질서를 재현적 유사성의 관점에서 묘사하는 것을 배제했지만, 그렇다고 해도 이론가에 의해 채용되는 범주에 내재하는 한계로부터 이론화의 작업을 해방시키지는 못했다. 모든 정치철학은 그 범주들이 아무리 세련되고 다양할지라도 필연적으로 제한된 관점을 표상하며, 그런 관점으로부터 정치적 자연의 현상을 관찰할 수밖에 없다. 그것이 산출하는 진술이나 명제는, 카시러Ernst Cassirer의 말에 따르면, "실재의 약어"abbreviations of reality로서 정치적 경험의 방대한 범위를 온전히 다 묘사하지는 못한다. 정치철학의 개념과 범주들은 정치 현상을 포착하고자 던진 그물에 비유될 수 있으며, 거기서 정치 현상은 특정한 정치사상가에게 의미 있고 적절하게 보이는 방식에 따라 포착되고 분류된다. 그러나 그 전 과정에서 그는 특정한 그물을 선택했으며, 그것을 선정된 장소에 던져 왔다.

우리는 역사적인 사례에 주의를 돌림으로써 이 과정이 작동하는 것을 관찰할 수 있다. 17세기 영국의 정치적 격동기에 살았던 홉스와 같은 철학자에게 정치철학의 긴박한 임무는 안정된 정치 질서를 창출하는 데 필요한 조건을 정의하는 일이었다. 이 점에서는 그가 동시대인들 가운데 유일무이한 사람이 아니었지만, 그 자신이 아주 엄격하고 체계적인 사상가였기 때문에, 평화의 조건을 탐색하는 과정에서 보여 준 그 철저함은 동시대인들 가운데 타의 추종을 불허했다. 그 결과, '평화'나 '질서'와 같은 범주가 홉스 철학에서 자력磁力을 띤 중심이 되었으며, 그 중심은 홉스가 질서의 문제와 일정한 연관이 있다고 생각한 현상들만을 자신의 궤도로 끌어들였다. 물론 그가 놓치거나 별로 주목하지 않은 것들이 적지 않게 있다. 그런 것으로는 사회 계급의 영향, 외교 관계의 문제, (좁은 의미에서) 정부의 행정 사안 등을 들 수 있다.

그러므로 일정한 정치적 범주의 사용은 '사변적인 배타성'이라는 원리를 작동시킨다. 사변적 배타성을 통해 정치 현상의 일정한 측면과 일정한 정치적 개념이 고려를 위해 부각되고, 다른 요소들은 사라지는 것이 허용된다. 화이트헤드Alfred North Whitehead가 말했듯이, "각각의 고려 양식은 일종의 탐조등으로서 어떤 사실들은 명료하게 밝히는 한편, 그 나머지는 생략된 배경 속으로 밀어낸다."[18] 하지만 선별성은 단순히 선택의 문제이거나 아니면 특정 철학자의 특이한 성격의 문제는 아니다. 철학자의 사고는 그의 사회를 요동시키는 문제에 크게 영향받기 때문이다. 만약 그가 동시대인들의 주의를 끌고자 소망한다면, 그는 그들의 문제를 다뤄야 하고 그들의 관심사가 부과한 논쟁의 조건을 받아들여야 한다.

8. 담론의 전통

정치철학자의 사변적 자유에 대한 모든 제약 가운데 정치철학의 전통 그 자체만큼 강력한 것은 없다. 철학적 사색을 할 때 이론가는 논쟁에 들어가는데, 그 논쟁의 조건은 대체로 미리 정해진 것이다. 이전의 많은 철학자가 정치적 담론의 단어와 개념을 수집하고 체계화하는 작업에 종사해 왔다. 시간이 흐름에 따라 이 수집물은 더욱 정제되어 문화적 유산으로 전승된다. 이런 개념들은 가르쳐지고 논의되었으며, 성찰의 대상이 되고 또 빈번히 변화를 겪어 왔기 때문이다. 간략히 말해 그것들은 상속된 지식의 체계가 된다. 그것들이 한 시대에서 다른 시대로 전해질 때, 그것들은 특정한 철학자의 이론 내에서 보수적인 요인으로 작용하는바, 과거의 통찰·경험·성취를 보존하고 서구의 정치적 대화에 참여하는 자들에게 일정한 규칙과 용례를 준수하도록 강제한다.[19] 전통은 홉스, 벤담 및 마르크스와 같이 가장 개인주의적인 반항아들조차도 전통을 상당히 많이 받아들이지 않을 수 없게 만들 만큼 강인하며, 그리하여 그들 역시 전통을 파괴하거나 전적으로 새로운 토대 위에 그것을 구축하는 데 성공하지 못했다. 대신 그들은 단지 전통을 확충했을 뿐이다. 전통의 강인함에 대한 가장 탁월한 증언 가운데 하나는 흔히 전통에 대한 최대의 적이라고 알려진 저술가인 마키아벨리에 의해 제공된다. 그는 공직에서 추방된 시기에 쓴 글에서 영구적인 대화에 참여하는 것이 무엇을 의미하는가를 생생히 그려 낸다.

저녁에는 집에 돌아와 서재에 들어간다. 들어가기 전에 나는 온종일 입었던 진흙과 먼지가 묻은 옷을 벗고 궁정에서 입는 옷으로 차려입는다. 그렇게 적절히 단장한 후, 고대인들이 사는 고대의 궁정에 들어가면 그들은 나를 반긴다. 그리고 거기서 나만의 음식, 그 때문에 내가 태어난 음식을 먹는다. 나는 그들과 얘기하는 것을 주저하지 않으며, 그들의 행적에 대해 궁금한 것이 있으면 그 이유를 캐묻는다. 그들은 정중하게 답변을 한다. 나는 네 시간 동안 거의 지루함을 느끼지 않으며, 모든 근심과 가난의 두려움을 잊는다. 죽음도 나를 두렵게 하지 않는다. 나 자신을 전적으로 고대인들에게 맡긴다. 우리가 읽은 것을 기록해 놓지 않으면 지식이란 있을 수 없다고 단테^{Alighieri Dante}가 말했기 때문에, 나는 그들과의 대화를 통해 얻은 성과를 기록해서 『군주국에 관하여』^{De Principatibus}라는 소책자를 썼다. 그 책에서 나는 가능한 한 깊이 이 주제를 성찰했는데, 군주국이란 무엇이고, 어떤 유형들이 있으며, 어떻게 군주국을 획득하고

유지할 수 있는가 그리고 왜 잃게 되는가의 문제를 논의했다.[20]

　정치사상의 지속적인 전통은 정치사상가와 정치적 행위자 모두에게 많은 이득을 제공한다. 그것은 그들에게 풍경이 이미 잘 탐사된 곳에서는 친숙한 세계로 여행한다는 느낌을 준다. 그리고 잘 탐사되지 않은 곳에서도 대안적인 경로에 대한 다양한 시사점을 던져 준다. 그것은 또한 동시대인 사이에서 비록 서로 다른 언어로 번역될 때라도 공통의 언어에 기반을 둔 의사소통을 허용한다. 정치의 개념과 범주는 편리한 '속기'shorthand 또는 상징적 언어로 기능하는데, 이를 통해 한 사용자는 다른 사용자가 '시민적 권리', '자의적인 권력', 또는 '주권'을 지칭할 때 그가 말하고자 하는 바를 이해할 수 있게 된다. 나아가 이런 방식으로 사회적인 경험은 공유될 수 있으며 사회적인 응집성은 강화된다. 또한 정치철학의 전통은 새로운 정치적 경험을 기존 사물의 구도에 적응시키는 지속적인 작업에 이바지한다. 정치 개혁가들은 자신들이 제안하는 변화가 기존의 사상과 실천에 전적으로 부합하는 연속물이라고 사람들을 납득시킬 수 있을 때 성공을 거두며, 이런 사례들은 한 권의 책을 쓰기에 충분할 것이다. 마지막으로 정치사상의 전통이 과거와 현재를 연결하는 고리를 제공한다는 점이 언급되어야 한다. 후대의 정치사상가들이 일반적으로 공통의 정치 용어를 계속 사용하고, 핵심적인 문제들을 정치적 탐구의 적절한 주제로 받아들여 왔다는 사실은 이전 세기의 정치사상을 흥미롭고 이해 가능하게 만드는 데 이바지해 왔다. 이와 대조적으로 과학 분야에서는 명백한 불연속성이 발견되기 때문에 근대 과학자가, 예를 들어 증거나 영감을 얻고자, 중세의 과학을 정정하는 일이란 거의 없다. 이런 지적이 이른바 철학에 대한 과학의 우월성과 아무런 관련이 없음은 물론이다. 이는 정치사상의 전통이 발견의 전통이 아니라 시간에 걸쳐 확대된 의미의 전통이라는 점을 지적하고자 언급된 것일 뿐이다.

9. 전통과 혁신

각각의 정치사상가를 구속하는 사변적 지평을 강조하면서도 사상사에서 일어난 바 있는 고도로 독창적이고 창의적인 반응을 무시하지 않는 것이 중요하다. 공통의 정치적 경험을 지배적인 시각보다 약간 다른 시각에서 봄으로써, 예전의 질문을 참신한 방식으로 재구성함으로써, 사유와 언어의 보수적인 경향에 반기를 듦으로써, 특정한 사상가는 기존의 사유 방식을 해체하고 당대인들과 후세인들에게 정치적 경험을 재사유해야 할 필요성을 강조하는 데 이바지해 왔다. 그리하여 플라톤이 "정의란 무엇이며 정치 공동체에 대한 정의의 관계는 무엇인가?"라는 질문을 던졌을 때, 일련의 신선한 질문들이 창조되었고, 철학적 사변의 새로운 노선이 제시되었다. 『사회계약론』*the Social Contract*의 첫 문장이나 『공산당 선언』*Communist Manifesto*의 마지막 문장*에 대해서도 같은 말을 할 수 있을 것이다.

참신성이 이론가가 적극적으로 자기주장을 강력하게 표현하는 기능만을 하는 것은 아니다. 마르실리우스*Marsilius of Padua*, 홉스, 루소*Jean Jacque Rousseau* 및 마르크스와 같은 사상가들과 연관된 사상의 혁신은 그들이 새롭고 상이한 것으로 개진한 것 못지않게, 기본적이고 통일적인 가정의 차원에서 그들이 거부하고 암묵적으로 생략한 것으로부터도 나온다. 마르실리우스가 교황권을 노골적으로 비난했을 때, 마찬가지로 홉스가 공포의 역할을 강조했을 때, 그들이 독창적이었던 것은 아니다. 그리고 레닌*Vladimir Ilich Lenin*이 한때 증언한 것처럼, 마르크스의 주요한 사상은 대부분 이전의 저술가들로

---

* [옮긴이] 루소의 『사회계약론』은 "인간은 본래 자유로운 존재로 태어났다. 그러나 그는 어디서나 쇠사슬에 묶여 있다"는 문장으로 시작한다. 그리고 마르크스의 『공산당 선언』은 "만국의 프롤레타리아여, 단결하라"는 문장으로 끝맺고 있다.

소급될 수 있다. "창의성은 참신성의 원칙이다"[21]라는 화이트헤드의 언명이 가진 진실성이 무엇이든, 정치 이론의 역사에서 천재성이 항상 전례 없는 독창성의 형태를 띤 것은 아니었다. 때로 천재성은 기존의 관념을 좀 더 체계적이거나 예리하게 강조한 데서 발견된다. 이런 의미에서 천재성은 상상력이 풍부한 재발견이다. 다른 한편, 때로 천재성은 기존의 관념을 취해서, 관념의 집합을 유기적 복합체로 만드는 연결망으로부터 그것을 차단하는데서 드러나기도 한다. 그런 연결망 또는 통일적인 원칙은 특정한 관념을 일반 이론으로 통합할 뿐만 아니라 그들 사이에 강조점을 배분한다. 만약 통일적인 원리가 제거되면, 복합체 내에 있던 평범하고 무미건조한 명제들이 갑자기 급진적인 함의를 띠게 된다. 그리하여 아퀴나스가 한 것처럼 세속의 지배자는 법의 강제력*vis coactiva* 아래에 있어서는 안 된다고 말하는 것과 마르실리우스가 한 것처럼 정치 질서의 권력은 어떤 인간적 제도에 의해서도 방해받아서는 안 된다고 주장하는 것 사이에는 엄청난 차이가 있게된다. 전자의 진술은 종교가 인간의 모든 다른 활동에 대한 지침으로 간주되고 교회가 제도적 수호자로서 기독교의 통일적인 가정假定을 보호하고 개진하고자 확립된 전적으로 통합된 복합체에서 이루어진 것이었다. 다른 한편, 마르실리우스의 발언은 비록 기독교 교의를 건드리지는 않았지만 교회의 제도적 수호자로서의 독립성을 감소시키고 그리하여 정치 질서를 외부의 견제로부터 해방시킬 것을 목적으로 하는 체계적인 주장의 일환으로 제기된 것이었다.

모든 것을 통합하는 가정이 제거될 때, 관념의 체계는 균형을 잃게 되는데, 이로 말미암아 종속적인 관념이 빛을 발하고 일차적인 관념이 이차적인 중요성을 띤 배경으로 후퇴한다. 이는 정치 이론이 강세와 억양을 할당하는 일종의 상징적인 원칙에 의해 상호 구속력을 갖게 된 일련의 개념들—가령 질서, 평화, 정의, 법 등—로 구성되어 있기 때문에 일어난다. 상징적 원리의 제거나 의미심장한 변화 또는 한 개 혹은 몇 개의 개념에 대한 과장된 강조는 상이한 종류의 이론으로 귀결된다.

특정한 정치철학자의 독창성은 다른 방향으로부터 촉진되기도 한다. 역사가 결코 스스로 반복하지 않듯이, 한 시대의 정치적 경험 역시 다른 시대의 경험과 결코 엄밀하게 똑같을 수 없다. 그러므로 정치적 개념과 변화하는 정치적 경험의 상호작용 속에서 정치철학의 범주에 수정이 발생하게 마련이다. 부분적으로 이런 사실이 우리가 목격하는 멋있는 장면—종종 역사적으로 상이한 지점에 위치한 두 명의 정치 이론가가 동일한 개념을 매우 상이한 사물을 의미하기 위해 사용하는—이 자주 일어나는 이유를 설명한다. 그 경우 각 사상가는 상이한 일련의 현상에 대해 반응하고 있는 셈이다. 그 결과 중요한 정치철학은 각각 어느 정도 전통적인 성격은 물론 일정하게 특이한 성격도 지니고 있게 된다.

이는 대부분의 공식적인 정치적 사변은 두 개의 상이한 차원에서 동시에 전개되어 왔다고 말함으로써 달리 요약될 수 있다. 한 차원에서 모든 정치철학자는 제각기 자기 시대의 긴요한 문제라고 자신이 생각한 것에 관심을 가져 왔다. 정치적인 문제를 영원성의 관점에서 설정함에 있어 아퀴나스를 능가한 사상가는 거의 없다. 하지만 그는 동시대인들을 가장 괴롭힌 쟁점, 영적 권력과 세속적 권력의 적절한 관계를 어떻게든 논의하지 않을 수 없었다. 어떤 정치사상가든 전적으로 머나먼 미래에 대해서만 말하지 않은 것과 마찬가지로 오직 과거에만 관심을 기울이지도 않는다. 두 경우 그가 치러야 할 대가는 '이해되지 못하는 것'unintelligibility이다. 이것은 한편으로 모든 정치철학자가 어느 정도 당대에 개입하고자 하는 참여자engagé이며, 따라서 정치철학의 모든 저작은 당대를 향한 시사 논평이라는 점을 의미한다. 그러나 또 다른 차원에서 많은 정치적 저작들은 시대 상황에 대한 저술livres de circonstance 이상의 무언가로 의도된 것이며, 서구 정치철학의 지속적인 대화에 대한 공헌을 지향해 왔던 것이다. 이는 한 정치사상가가 이미 오래전에 죽은 다른 사상가를 아주 호되게 비판하는 것을 우리가 자주 목격하게 되는 이유를 설명해 준다. [이런 이유로—옮긴이] 애덤스John Adams는 『미국 헌법의 옹호』A Defense of the Constitutions of America(1787)에서 상대적으로 잘 알려지지 않은 17세기의 팸플릿 저자인 니덤Marchamont Needham의 사상에 대해 반감을 표출할 수 있었다. 또한 로크의 『통치론』Two Treatises of Civil Government은 모든 교과서 집필자에 의해 로크 시대의 특정한 사건, 곧 명예혁명을 합리화하기 위해 집필된 정치적 문헌의 본보기로 보통 사용된다. 하지만 조심스러운 독자라면 로크가 동시에 홉스—반세기 일찍 일어난 또 다른 혁명에 주된 관심을 가지고 저작을 남긴—를 반박하기 위해 부심하고 있었다는 점을 놓칠 수 없다. 마지막으로 혹자는 근년에 포퍼가 플라톤을 상대로 제기한 격렬한 논박을 지적할 수도 있을 것이다.

앞에서 제시한 예시들에 대해서는 해당 정치사상가가 서구의 정치적 사변의 전통에 이바지하는 데에는 관심이 없었으며, 오히려 정치사상가들은 에너지의 상당한 분량을 지속적이면서도 동시대적인 영향력을 가진 것처럼 보이는 일정한 관념들을 반박하는 데 바쳤다는 점에서 잘못된 것이라고 말해질 법도 하다. 이에 대한 답변은 간단하다. 누구나 인정하듯이, 이 점이 바로 정치적 전통의 정의, 곧 '지속적이면서도 동시대적인 영향력'이 아닌가? 전체를 팽개치려 하지 않고 전통적인 과오를 '정정'하려는 형태를 일반적으로 취하는 것이 바로 기여가 아닌가? 달리 표현하자면, 비판적인 정치사상가가 과거로부터 지속된 관념을 분석하고자 할 때, 그는 다소 복잡한 과정에 관계하게 된다. 그 자신이 시공간의 일정한 지점에 위치한 사상가로서 그는 과거의 시공간적 상황을 반영하는 관념들에 관여하게 된다. 더욱이 해당 관념은 이전의 정치사상 및 그 상황과 비슷하게 관계된다. 과거로부터 지속된 관념을 다루면서 정치철학자는 불가피하게 그 자신의 사유에 과거의 관념 및 그 상황—이들 역시 이전의 선례에 비슷하게 연루되어 있다—을 감염시킨다. 이런 의미에서 과거는 결코 통째로 대체되지 않으며, 인간의 사고가 일견 그 시대의 특이한 문제에 몰두하고 있는 것처럼 보이는 바로 그 순간에도 끊임없이 재포착된다. 그 결과는, 거스리William Keith Chambers Guthrie의 표현을 빌리면, 부분적으로 새롭고 부분적으로 물려받은, 옛것은 새로운 것으로 정제되고 새로운 것은 옛것에 의해 영향을 받는, "다양한 요소들의 공존"이다.22 그러므로 정치사상에서 서구의 전통은 두 가지의 다소 모순된 경향을 드러내 왔는데, 하나는 과거로의 무한한 회귀 경향이고 다른 하나는 누적의 경향이다. 혹시 후자가 기계적인 진보의 관념과 너무 유사하게 들린다면, 우리는 통찰의 새로운 차원들을 획득하는 경향이 있었다고 말할 수 있다.

이 두 가지 경향을 조명하는 한 가지 방법은 운명fortuna 또는 우연이라는 고전적인 관념을 택해서 그것이 먼저 성 아우구스티누스에 의해 그리고 그보다 1,000년이나 후에 살았지만 아우구스티누스의 사상에 의해 깊은 영향을 받은 칼빈Jean Calvin에 의해 어떻게 비판적으로 취급되었는지를 알아보는 것이다. 투키디데스Thucydides, 폴리비우스Polybius 및 로마의 역사가들 일반에게, 운명은 인간사에서 예측 불가능한 요소, 최선으로 짜여진 계획과 계산을 무너뜨리는 방해물을 상징했다.23 확실히 본능적으로 아우구스티누스는 이 관념을 기독교가 극복해야 하는 고전적인 정신의 표본으로 추려 냈다. 그는 계시된 목적을 향해 자연과 역사를 안내하는 신에 대한 기독교적 지식이 이 관념을 대체하게 되었다고 주장했다.24 그러나 이후 칼빈이 예리하게 주목한 것처럼, 기독교적 관념인 신의 섭리는 운명을 제거하기는커녕 실제로는 그것을 포섭했다. 다시 말해 기독교적 관념은 예측 불가능한 운명을 불가사의한 섭리로 대체했던 것이다.25 그러나 이 문제에 대한 칼빈의 관심은 아우구스티누스를 도와 고대의 이교도들을 반박하는 것이 아니라 이전에 아우구스티누스가 공격한 고전적인 관념을 부흥시킨 당시 르네상스기 인문주의자들을 공격하는 것이었다. 이 본보기에서 우리는 두 개의 평행적인 연속성을 보게 된다. 그 연속성이란 고전기-르네상스기의 운명이라는 관념 그리고 좀 더 상위의 운명이라는 이름으로 그것을 아우구스티누스-칼빈이 거부한 것이다. 아우구스티누스로 시작하여 대화에 참여한 각 사상가는 자신의 선행자의 작업을 기초로 추진했고, 각각은 독특한 요소, 상이한 차원을 첨가했다. 이 모든 것의 교훈은 엘리엇의 다음 시구에 담겨 있다.

> 현존의 시간과 과거의 시간은
> 아마도 미래의 시간에 현존하리.
> 미래의 시간은 과거의 시간에 담겨 있으리.
> 모든 시간이 영구적으로 현존한다면
> 모든 시간은 되살릴 수 없네.
> …… 그렇다면 과거와 미래가 한데 모인 곳에서는
> 모든 시간을 고정된 것이라 부를 수 없네 ……26

누대에 걸쳐 정제되어 온 관념과 개념은 절대적인 정치적 지혜의 보고가 아니라 차라리 의사소통을 촉진하고 이해에 방향을 부여하는, 지속적으로 진화하는 문법과 용어로 보아야 할 것이다. 이런 언급은 사상의 유산이 단지 일시적인 유효성을 지닌 진리만을 담고 있다는 것을 의미하지 않는다. 그것은 한 관념의 유효성이 의사소통의 형태로서 그것이 지닌 효과성과 분리될 수 없다는 것을 의미한다.

정치사상의 전통에 의해 수행된 기능은 또한 그 전통의 역사적 발전 과정에 대한 연구에 정당성을 부여한다. 플라톤, 로크 또는 마르크스의 저술을 연구하는 것은 현실에서 우리로 하여금 상당히 안정된 용어와 일련의 범주에 익숙하게 하는 것이며, 이런 용어와 범주들은 우리를 특정한 세계, 곧 정치적 현상의 세계에 정향定向되도록 돕는다. 그러나 이보다 더 나아가, 정치철학의 역사는, 우리가 볼 것처럼, 잇따른 사상가들이 정치의 분석과 이해에 새로운 차원을 추가한 것이므로 그 전개 과정에 대한 탐구는 골동품 애호가의 사업이라기보다는 정치 교육의 한 형태인 것이다.

제2장

플라톤 : 정치철학 대 정치

이제까지 감지된 것을 정교한 기예에 의해서 재생산하는 것,
그리고 "마음속에 떠다니는 흔들거리는 이미지들을 지속적인 사유로
고정시키는 것."

— 쇼펜하우어Arthur Schopenhauer

1. 정치철학의 발명

앞에서 지적한 것처럼, 정치철학과 정치적 자연은 역사를 지니고 있다.
즉 각각은 기원이 있다고 말할 수 있다. 그러나 기원에 대한 문제들은 기원
이 후대의 발전에 영향을 미치지 않는다면 골동품으로만 중요할 따름이다.
정치철학은 그 기원이 아주 중요한 것이어서, 정치사상사가 본질적으로 그
기원에 관한—때로는 호의적인, 때로는 적대적인—주석과 논평의 연속
이라고 해도 과장이 아니다.

우리가 정치철학의 발명과 정치적 자연이라는 영역의 경계 설정에 관
해 공을 돌려야 할 사람들은 그리스인들이다. 기원전 6세기 그리스 철학의
발전 이전에 인간은 자신과 사회를 자연의 통합적인 부분으로서, 동일한
자연적·초자연적 힘에 지배당하는 것으로 생각했다. 자연, 인간, 사회는 단

절 없는 연속체를 구성했다. 모두가 동일한 안정성을 누렸고, 또 모두가 분노한 신의 폭력에 시달렸다. 철학의 발생 이전 시대에 자연적 사건이나 사회적 사건 모두에 대한 설명은 '신화'의 형태를 띠었다. 인간들은 사물이 '어떻게' 작동하는가에 관심이 있었던 것이 아니라, 어떤 초인적인 섭리가 사물을 지배하고 있는가에 관심이 있었다.[1] 정치 현상들은 여타의 다른 현상들과 분화되지 않았으며, 독립된 사유의 형태로서 정치적 '설명'은 아직 미지의 상태로 남아 있었다.

정치철학 성립의 오랜 여정에서 최초의 진전은 자연에 대한 인간의 태도가 급격한 변화를 겪으면서 나타났다. 이것은 기원전 5세기와 6세기 그리스 철학자들의 위대한 업적이었다. 그들은 자연을 인간 지성으로 이해할 수 있는 그 무엇으로서, 곧 신들의 변덕에 의존하지 않고 합리적으로 설명할 수 있는 그 무엇으로서 접근했다.[2] 이런 진전이 이루어지자, 곧 자연현상과 마찬가지로 정치적이고 사회적인 모든 현상에 대한 합리적인 설명을 위한 길이 열리게 되었다. 그렇다 하더라도 이 단계에서 그리스 사상가들은 물질적 자연계와 사회를 명확히 구분하지 않았다. 두 영역 모두 동일한 '법칙'에 의해 지배되었던 것이다. 그러므로 엠페도클레스Empedocles에게는 사랑과 증오(또는 투쟁) 사이의 긴장이 모든 창조 과정을 통해 관철되고 있는 동적인 원리를 구성했다.[3] 여기서 여타의 소크라테스 이전 철학자들에서와 마찬가지로, 투쟁하고 있는 사물들의 다양성은 그들의 본질적인 통일성에 비해 단지 표면적인 것으로만 여겨졌다. 따라서 설명의 원리는 현상으로 구성된 수많은 '유형들'에 대한 지식으로부터 도출되는 것이 아니라, 서로 적대하는 대립물들의 기초가 되는 통일성에 대한 인식에서 도출되는 것이었다.[4] 자연과 사회에 공통적으로 관철되는 원리에 대한 이런 관념은 헤라클레이토스Heraclitus의 단편 속에서 다음과 같이 나타난다. "호메로스는 '신들과 인간들로부터 투쟁이 사라져야 하지 않겠는가'라고 말함으로써 오류를 범했다. 그는 이런 말을 통해 자신이 우주의 파괴를 기도하고 있다는 점을 알지 못했다. 왜냐하면 만약 그 기도가 받아들여진다면 모든 사물들은 …… 사멸해 버리고 말 것이기 때문이다."5 또 다른 단편에서 다음과 같은 구절을 볼 수 있다. "따라서 우리는 (모든 것에) 공통적인 것(곧, 보편적 법칙)을 따라야 하고 …… 우리는 도시가 법률Nomos에 기초한 것처럼, 모든 것에 공통적인 것을 우리의 힘의 기초로—그것도 훨씬 강력하게—삼아야 한다. 왜냐하면 모든 인간의 법률은 신성한 어떤 유일자에 의해서 성장하게 되었기 때문이다. 왜냐하면 그 유일자는 그가 의욕하는 대로 통치하고, 모든 것에 충분하거나 충분한 것 이상이기 때문이다."6

우리의 연구에서 그리스인들이 최초의 자연 세계에 정치적·사회적 개념들을 적용함으로써 자연철학에 도달했는지, 아니면 그와는 반대로 자연에 대한 이전의 사유로부터 정치적·사회적 관념들을 도출했는지 하는 의문은 그다지 중요하지 않다.7 핵심적인 것은 초기의 그리스 철학에서 정치철학과 정치라는 특별한 분야의 출현이 '자연' 내의 모든 현상들을 포괄하여, 그들의 운동을 공통의 통일적 원리로써 설명하려는 시도로 말미암아 지연되었다는 점이다. 그러므로 우리의 질문은 그리스인들이 사회의 원리를 자연에 적용했는가 또는 그 반대였는가가 아니라 언제 그들이 양자의 차별성을 깨달았는가이다.

플라톤의 대화편 『파에돈』Phaedo의 논의는 후자의 질문에 대한 설명을 어느 정도 제시하고 있다. 대화편의 전반부에서, 소크라테스는 자신의 진리에 대한 추구가 어떻게 해서 초기 '자연철학자들'의 사상에 열렬히 몰두하게 되었는가를 기술하고 있다. 그런데 그는 지적 확신 대신 깊은 실망에 빠지게 되었고, 그 결과 그의 호기심은 자연으로부터 인간과 사회로 전환되었다.8 소크라테스의 설명에서 중요한 요지는 그 자신의 철학적 세계관의 변화가 자신이 제기한 질문에 대해서 이전의 '자연'철학이 뾰족한 해답을 제시할 수 없었다는 데서 비롯되었다는 사실이다. 그의 불만은 만약 철학이 정말로 우주의 본질을 설명하려고 한다면, 그것은 필연적으로 최선의 질서의 본질을 설명해야만 한다는 것이었다. 예를 들어, 만약 지구가 우주의 중심으로 선언된다면, 왜 이것이 최선의 배열인지를 증명하는 것이 철학자의 책임이었다. 말하자면, 왜 선한 것이 구속력을 가지는지를 증명해야 한다는 것이었다.9

비록 현대의 독자들에게 소크라테스의 이런 비판이 이상하게 들릴지 모르지만, 그 비판의 중요한 측면은 소크라테스가 사용했던 방법에 있다. 아낙사고라스Anaxagoras와 같은 자연철학자들이 그들의 세계관 이면에 존재하는 논리적 필연성을 증명하고자 열중했다면, 소크라테스는 철학의 문제를 본질적으로 윤리적 개념을 통해 접근했다. 바꿔 말하면, 그의 방법은 실제로 자연이 아니라 인간과 사회에 관한 해답을 이끌어 내고자 채택된 것이었다. 정치철학은 자연이 결코 해답을 제시할 수 없는 윤리적 질문의 형식으로 나타났던 것이다. 즉 인간에 관한 질문들은 자연에 관한 질문들과 엄격하게 동일 연장선 위에 놓여 있는 것은 아니라는 것이었다.

그렇지만 소크라테스가 자연계에 작용하고 있는 원리들과 다른 원리를 통해서 사회와 인간이 설명될 수 있다는 가능성을 지적한 최초의 인물은 아니었다. 이를 최초로 지적한 사람들은 실제로 소크라테스와 플라톤의 격렬한 적이었던 기원전 5세기의 소피스트들이었다. 그들은 최초로 정치를 자연으로부터 해방시키고, '정치적인 것'이 독자적인 연구 영역을 구성한다는 전제를 내세웠다. 이런 구별은 사람들에게 우주 창조론과는 독립된 정치학을 가르친다는 그들의 주장에 함축되어 있었다. 소피스트인 안티폰Antiphon의 단편에는 정치와 자연을 명확히 구분한 진술이 남아 있다. 안티폰은 지배적인 정치제도에 구현된 관습적이고 법적인 정의를 자연에 의해 천명된 정의와 대조하기 위해 그 당시 널리 유포되어 있던 사고인 '자연'nature, *physis*과 '관행'convention, *nomos*의 대립을 따르고 있었다.

> 통상적인 견해에 따르면 정의란 법을 어기지 않는 데, 아니 오히려 한 인간이 시민으
> 로서 살고 있는 국가의 법률 조항을 어긴 사실이 알려지지 않는 데 있다. 따라서 인간
> 은 자신에게 가장 유리한 방법으로 정의를 실천할 것이다. 만약 목격자가 있으면 그
> 는 법률을 존중하지만, 목격자가 없이 홀로 있을 때 그는 자연의 법을 존중한다. 그
> 이유란 자연의 법은 불가피한 것이고 내재적인 것이기 때문에, 즉 법률의 명령은 계
> 약에 의해서 설정된 것이고 자연에 의해 창조된 것은 아닌 데 반해 자연의 법은 그 정
> 반대이기 때문이다.10

만일 우리가 자연의 이름으로 정치적 질서에 가해진 이런 공박을 잠시
보류한다면, 우리는 안티폰의 비판이 근거하고 있는 중요한 전제를 좀 더
명확하게 볼 수 있다. 그 전제란 정치적 질서가 자연과 분리되어 있고, 이
런 분리가 사람들로 하여금 어떤 점에서 정치적인 것이 분리되게 되었는지
를 인식하게 한다는 것이다. 정치사회의 관행을 자연의 원리와 대비함으로
써, 안티폰은 정치 질서가 구별될 수 있다는 점, 정치 현상들은 나름대로
정체성을 가지고 있다는 점, 정치적 관찰자는 스스로 분리의 정도를 측정
할 수 있다는 점을 암묵적으로 받아들이고 있다. 안티폰은 올바른 방향으
로 향하고 있었지만, 유감스럽게도 잘못된 결론을 이끌어 냈다. 정치적 법
규들이 관행에 바탕을 두고 있다는 사실로부터 정치적 법규가 거짓이거나
인간에게 불리하다든지 또는 그것에 관한 인간의 합의가 이전에 자연에서
추구되었던 제재적 요소를 부여할 수 없다는 결론이 필연적으로 나오는 것
은 아니기 때문이다.

자연의 질서에서 정치적인 것을 분리함에 있어 소피스트들은 어떤 의
미에서는 초기 자연철학자들의 길을 따르는 점도 있었다. 자연철학자들의
위대한 공헌은 외부 세계를 자연주의적으로, 즉 합리적인 설명을 거부하는

자연적 요소와 초자연적 요소의 결합으로서가 아니라 인간 이성으로 이해할 수 있는 질서로서 접근했다는 데 있다. 이에 뒤이어 또 하나의 주장, 곧 관찰자는 자신이 기술하고 있는 대상의 '외부에' 있을 수 있다는 주장이 따르게 되었다. 그러나 이 점에서 이후에 엄청난 중요성을 가지게 되는 일정한 차이점들이 나타나기 시작했다. 자연철학자들의 초연함은 그가 자연을 이해되어야 할 대상으로 보기는 했지만, 필연적으로 통제되어야 할 대상으로는 보지 않는 데 있었다. 이런 초연함의 형식을 정치철학은 그대로 받아들이지 않았다. 그 대신, 플라톤의 철학이 보여 주듯이, 정치의 '자연'nature은 조작될 수 있는 것으로, 질서를 부여할 수 있는 일련의 힘들로 파악되었다. 이 점에서 정치철학은 당대의 과학적 연구보다도 더욱 대담한 가정으로 무장하게 되었다.

이 점은 자연철학자들의 초연한 태도의 두 번째 요소를 주목하면 더욱 명료해진다. 그들은 외부의 대상들이 어떤 점에서는 인간의 본성과 무관한 자신의 고유한 본성을 가지고 있다는 관념을 확립했다. 더욱이 이런 대상들은 인간에게 동정적이지도 적대적이지도 않았다. 즉 그들은 무관심할 뿐이었다. 그러나 만약 인간 열망의 범주들과 무관한 중립적인 질서의 관념이 과학적 연구의 공리로서 수용된다면, 그리스 정치사상가들이 중립적인 질서를 거부한 것은 정치적 사유 방식과 과학적 사유 방식 간에 중요한 초기 단계의 분리를 설정한 셈이었다. 자연계에 직면하여 인간은 체념하면서도 동시에 호기심을 느꼈을 것이다. 왜냐하면 이것은 그가 창조할 수도 변화시킬 수도 없는 질서였기 때문이다. 그러나 정치 세계에서는 극히 신인동형적anthropomorphic, 神人同形的 태도가 지배적인데, 이는 인간이 질서의 창조자가 될 수 있기 때문이었다. 요컨대 인간의 기예는 정치 세계를 순응시킬 수 있었던 것이다.

이런 정치적 관념들은 자연히 많은 질문을 제기했다. 만약 정치 세계가 독자적 영역이라면, 이것은 정치 세계가 보편적인 도덕적 질서와 완전히 독립적이며 무관하다는 것을 의미하는가? 인간은 어떻게 이 세계를 질서 지울 것인가? 그것은 특정한 종류의 지식을 요구하는가? 이런 또는 이와 유사한 질문들을 염두에 두고 플라톤은 최초의 포괄적인 정치철학의 구축에 착수했다. 따라서 우리의 논의에서는 플라톤 철학의 두 측면이 강조될 것이다. 첫째, 플라톤은 후대 정치사상가들의 사유를 지배하게 될, 정치적인 것에 관해 현저하게 명료한 이론의 윤곽을 제시했다. 그와 동시에 그의 논증 방법은 그것의 이면에 있는 동기와 마찬가지로, 일관되게 정치적인 것의 독자성을 모호하게 하는 경향을 띠고 있었다. 둘째, 플라톤은 '정치'에 반대하는 사상을 전개했는데 그의 사상은 반정치적인 사상의 고전이 될 것이었다. 비록 그의 주장에 격렬하게 반대하는 후세의 사상가들이 있기는 했지만, 그의 이런 주장을 무시한 사람은 거의 없었다.

이 두 번째 측면을 잠시 보류해 둔다면, 정치적인 것의 본성에 대한 플라톤의 탐구는 정치적인 것이 우선 삶의 다른 차원들로부터 분화되어야 한다는 신념에 의해 지배되었다. 이것이 그가 사이비 '정치꾼'politician의 술책으로부터 정치가statesman의 진정한 기예를 구분하고, 공동체의 삶에 필요한 다른 모든 기예들에 대한 정치적 기예의 우월성을 확립하고자 했던 대화편 『정치가』politicus를 저술한 명백한 의도였다.

> 그렇다면 인간은 어디서 정치가의 길을 발견할 수 있는가? 왜냐하면 우리는 그것에 독특한 형태의 특별한 표지를 세움으로써 다른 모든 것들로부터 이 길을 구별해야 하기 때문이네.11

진정으로 '정치적인 것'은 절대적 기준에 따라 '전체 공동체를 책임 있게 관장하는 기예'였다.12

이런 모든 [다른] 기예들을 통제하는 기예가 있지. 그것은 법률과 공동체의 삶에 속하는 모든 것에 관련되네. 그것은 완벽한 기교로써 모든 것을 하나의 통일된 구조로 엮어 내지. 그것은 보편적인 기예이고, 따라서 우리는 그것을 보편적인 범주의 이름으로 부른다네. "정치적 기예"라는 이름, 이 이름만이 이런 기예에 해당한다고, 오직 이 기예에만 속한다고 나는 믿네.13

또한 이런 진술들은 정치철학의 본성에 자신의 천재성을 영원히 각인시킨 사상, 곧 『국가』와 만년에 저술된 『법률』*Laws*에서 플라톤이 충분히 전개한 자신의 사상에 대한 암시를 품고 있었다. 간단히 말해서 그는 후일의 사상가들에게 정치사회를 일관적이고 상호 연결된 전체로서 파악할 것을 가르쳤다. 즉 그는 정치사회를 총괄적으로 조망하고, 그것을 상호 연관된 기능들의 '체계', 즉 질서화된 구조로 바라본 최초의 인물이었다. 이 점은 구조-기능적인 분석 개념에 의해서 사유하도록 교육된 우리에게는 이미 평범한 것이어서 플라톤의 이런 통찰이 제시하는 획기적인 진전이 간과되기 쉽다. 그러나 플라톤 이전의 저술가들은 단지 정치사회의 단편적인 측면만을 다루었는데, 대개 지도자에게 요구되는 자질이라든가 시민의 의무와 같은 것을 집중적으로 다루는 데 그쳤다. 정치적 사색은 아직도 정치제도들, 절차들 및 행위들을 분화된 기능이나 임무의 수행에 의존하는 체계로서 개념화하는 수준에까지 도달하지는 못했다. 요컨대 플라톤은 정치사회를 차등적이고 분화된 역할의 체계로 그려낸 최초의 사상가였다. 각 역할이 철인-정치가, 보조자, 생산자의 역할이건 어떻건, 각 역할은 각자의 필수적인 기능을 구현한 것이었다. 각각의 역할은 전체 사회를 유지하는 데 있어서 그 기여에 따라 정의되었다. 각각의 역할은 인간 행위의 명백한 안내와 이정표를 제공하고 체계 내에서 개인의 지위를 규정하는 권리·의무·기대의 담지자였다. 이런 역할들의 조화와 통합은 정치사회를 기능적이고 상호 의존적인 전체로 만들었다. 이것을 유지하려면 공동체의 세 계급 간의 명확한 경계 설정, 각 구성원을 전문화된 기술 영역에서 철저히 훈련하는 것, 그리고 무엇보다도, 개인들을 오직 하나의 기능으로만 국한하는 것이 요구되었다. 즉 어떤 역할의 혼란이나 흐릿한 정체감이 있어서는 안 되었다.

플라톤 이래로 정치철학의 뚜렷한 특징 가운데 하나는 정치사회를 기능적인 체계로 다루고 있다는 사실이었다. 비록 플라톤이 사회의 체계적 통합의 가능성을 과장했을지라도, 그의 업적의 위대함은 참다운 정치적 방식으로 사유하려면 사회를 체계적인 전체로서 고려해야 한다는 사실을 지적한 점이었다.

그런데 플라톤이 정치 질서의 특별한 정체성을 고집하기는 했지만, 그는 정치 질서의 자율성이나 도덕적 고립성은 단호하게 부정했다.

칼리클레스Callicles여, 철학자들은 우리에게 교제communion와 우애, 그리고 질서 정연함, 절제 및 정의가 천상과 지상, 신과 인간을 하나로 결합하며, 그렇기 때문에 이 우주는 무질서나 잘못된 지배misrule가 아니라 조화cosmos나 질서라고 불린다고 말하네.14

플라톤이 『정치가』에서 다룬 유명한 크로노스Kronos 시대의 신화는 정치 질서가 의미 있는 도덕적 우주의 일부분으로 이해되어야 한다는 그의 신념을 강조하고 있다. 그러나 동시에 그는 또한 정치적 질서와 신적인 질서를 혼동하는 것에 관해 경고함으로써 이 신화를 정치 질서의 차별성을 강조하고자 사용했다. 크로노스 시대 동안 "신은 전체로서 우주의 실제적 순환을 관장하는 최상의 통치자였지만 그와 동시에 각각의 영역에서의 통치 역시 신적이거나 그와 같은 방식을 따르고 있었다. 왜냐하면 이 영역들은 수호신들의 감시하에 있는 지역들로 전부 분할되었기 때문이다."15 그러나 우주적 순환의 극적인 전도와 더불어—"신 자신이 우주의 운행을 돕고 인도하는 시대가 있고 …… 또한 그가 이 통제를 늦춘 시기가 있다."16
―신적인 힘은 인간사를 통제하던 속박을 풀어 주었고 인간은 대체로 자립할 수 있게 되었다. 정치 질서는 단지 신적인 지배가 늦추어졌을 때만 그 모양과 정체성을 갖추게 되는 것이었다. "신이 목자였을 때, 그 어떤 정체政體들도 없었다."17

그러나 신적인 것으로부터 정치적인 것의 명확한 분리는 신적인 원리를 다시 포착하기 위한 플라톤적 시도의 준비 단계에 불과할 뿐이었다. 이런 목적을 위해 그는 철학적 지혜에 의해 표현된 신적인 원리와 정치적 기예의 실천 사이의 결합을 꾀했다.

> 인간에게 있어서 최상의 권력이 가장 위대한 지혜 및 절제와 일치할 때 최선의 법률과 최선의 체제constitution가 존재하게 된다네. 그러나 그 외의 다른 어떤 방식으로는 불가능하다네.18

2. 철학과 사회

이런 논의는 정치철학에 대해 플라톤이 개념화한 것의 핵심으로 우리를 이끈다. 플라톤의 사상은 질서를 부여하는 정치철학의 비전과 정치 현상들 간에 이루어진 최초의 극적인 만남을 온전히 제시한다. 통치의 기예가 이토록 지고의 존귀한 옷을 입은 적은 없었다. "어떤 기예를 배우는 것이 더 힘든가? 그러나 우리에게 어떤 기예가 더 중요한가?"19 정치철학의 주장이 이토록 대담하게 제시된 적은 없었다. 정치철학은 "단순히 백성들의 삶을 보존할 뿐만 아니라, 인간의 본성이 허락하는 한, 그들의 품성 또한 개조할 것이다."20 그리고 정치철학의 정당한 자리가 정치권력의 권좌에 있어야 한다는 주장이 이처럼 강력하게 제기된 적도 없었다. "…… 철학을 충실하고 올바르게 따르는 사람들이 정치적 권위를 획득하거나 그렇지 않으면 정치적 통치권을 가진 계급이 일종의 신의 섭리에 따라 진정한 철학자가 될 때에만 비로소 인류는 더 좋은 세상에 살게 될 것이다."[21]

그러나 정치철학이 이런 지식 체계론적 역할을 완수해야 한다면, 정치의 본성에 관한 두 개의 가정을 미리 받아들여야 했다. 정치 현상들의 전체적 범위가 인간의 마음에 완전히 이해될 수 있고 또한 인간의 기예에 순응해야 했다. 산타야나George Santayana가 표현한 것처럼, "이 흐트러진 세계를 머리에서 짜낸 어법으로 사로잡아 길들이고자" 하는 지혜에 관해서 추호의 의심도 있어서는 안 되었다.[22] 만약 공동체의 전체적 삶을 위한 진정한 본이 존재하고 또한 만약 정치철학이 병든 정체政體를 아름답고 건강한 것으로 변화시킬 수 있는 진정한 학문을 가지고 있다면, 철학의 개념들과 범주들은 정치적·사회적 현상들의 다양한 모든 측면을 파악하고 통찰할 수 있다는 전제가 받아들여져야 했다. 비슷하게 만약 정치철학이라고 하는 최고의 기예를 통해서 정치적 질서가 영구적인 진리에 의해서 실현될 수 있다면, 그때에는 그 질서의 재료들이 올바른 계획에 따라 주조될 수 있도록 고도로 유연해야 했다.

이리하여 정치철학의 시초부터 정치사상의 형상 부여적form-giving 역할과 정치적 '질료'matter의 형상 수용적form-receiving 역할이라는 이중성이 설정되었다. 정치적 지식은, 모든 진정한 지식과 마찬가지로, 본질적으로 질서의 학문, 즉 사람들 간의 적절한 관계를 추적하고, 공동체 내에 있는 악의 원천을 지적하며, 전체를 위한 포괄적인 본을 처방하는 것이었다. 그것은 정치 현상을 기술하는 것을 목적으로 하는 것이 아니라, 선[또는 좋음 – 옮긴이]의 비전이라는 견지에서 그것들을 변형하는 것을 목적으로 했다. 플라톤이 지식의 영원한 대상을 지칭하고자 사용한 에이돈eidon과 이데아idea라는 두 단어는 어원적으로 '비전'이라는 의미가 있다. 이것의 결과는 정치철학에 투영적 성격을 부여하는 것이었다. 정치철학자는 사유 활동을 통해 미래 속에 좀 더 완벽한 질서를 그려 내려고 노력했다. "미래를 위한 계획을 다루는 데 있어서 …… 이런 과업을 수행하기 위한 모델을 제시하는 자는 완벽한 탁월함과 절대적 진리를 추호도 소홀히 해서는 안 된다."[23] 따라서 정치 이론적 과업의 중심에는 상상적인 요소, 즉 정치체제는 어떤 것이어야 하고 어떤 것이 될 것인가에 관한 질서 부여적 비전이 있었다. 후세에 홉스나 콩트와 같은 다른 정치사상가들이 정치 생활의 질서 부여적 담당자로서 이런 사유의 관념을 다시 제시하기는 했지만, 플라톤만큼 정치적 비전의 도덕적 절박성과 중심성을 강조한 사람은 없었다.

> 무엇이든 감시해야 할 수호자가 예리한 시력이 있어야 하는지, 아니면 눈먼 사람이어야 하는지에 관해서는 의문의 여지가 없네. 그리고 눈이 먼 것이야말로 정확히 실재에 대한 지식으로부터 완전히 차단당하고 그들의 영혼 내에 완벽한 진리의 본에 관한 명확한 지식이 결여되어 있는 사람들의 상태가 아닌가? 사람들은, 화가가 자기의 모델을 보듯이, 진리의 본을 상세히 연구하고 끊임없이 참고하고 나서야 비로소 정의·명예 및 선함에 관한 관념을 지상의 제도에 구현시키거나 …… 이미 존재하는 그런 제도들을 보존할 수 있지 않은가?[24]

플라톤의 사상에서 전개된 정치적 상상력의 요소는 유토피아 건설을 위해 의도된 것이 결코 아니었다. 그의 많은 대화편들을 수놓은 유희 정신, 자신의 착상에서 나타나는 대담성에 관해 플라톤 자신도 놀라는 것처럼 보이는 순간들, 환멸을 품고 있는 정반대의 구절들, 이중의 어느 것도 인간이 진리와 실천의 합일을 성취할 수 있다는 그의 기본적인 신념을 바꾸지는 못했다. 말년에 이르러 이상적인 정치체제를 실현할 수 없다는 것을 느끼며 절망에 빠지기도 했지만, 그럼에도 그는 인간이 목표로 삼아야 할 이상적인 본이 없다면 기존의 정치체제에 괄목할 만한 개선은 있을 수 없다고 주장했다. 최선의 것에 관한 정치적인 지식은, 만약 인간들이 신들에 의해 허용된 현실에 조금이라도 참여하여 신들과 함께 이를 누리고자 한다면, 절대적으로 필수불가결했다.25 사물의 현존 질서의 결함 때문에 정치철학이 가장 진지한 종류의 가장 실천적인 작업이라는 주장이 파괴되지는 않았다. 정치학은 "그것을 통해 우리가 다른 사람들을 선하게 만들고자 하는 지식"이었다.26 정치학의 궁극적인 임무는 인간의 영혼에 있었다. 버틀러Samuel Butler의 말에 따라, 국가를 다스리는 기예statecraft는 "인간의 영혼을 다스리는 기예soul-craft"였으며, 진정한 통치자는 영혼의 창조자architect였다.

그러나 영혼을 형성하는 과제는 통치자가 인간의 영혼에 직접적으로 작업함으로써 얻어지는 것은 아니었다. 본질적인 문제는 영혼이 선善에 이끌리도록 올바른 영향과 가장 유익한 환경을 조성하는 것이었다. 후대의 일부 기독교 사상가들과는 달리 플라톤은 인간의 영혼이 그를 둘러싸고 있는 정치적·사회적 제도들과 상관없이 완성될 수 있다고 결코 믿지 않았다. 공공연한 야망, 취득욕과 교활함이 조장되는 사회에서는 최선의 인간조차 부패하지 않을 수 없었다.27 회생은, 부패와 마찬가지로, 사회적 과정이며 구원적인 정치적 지식은 공동체의 삶 전반에 걸치는 광범위한 것이어야 했다. 또한 이로부터 정치적 기예의 영역은 인간의 품성에 영향을 미치는 공적이고 사적인 모든 영향력과 그 범위가 같다는 결론이 나왔다.28

올바르게 질서화된 사회의 창조는 도덕적 회생과 정치적 안정이라는 목적들과 긴밀하게 관련된 또 하나의 다른 문제의 해결을 약속했다. 대화편들 가운데서 가장 감동적인 구절들은 플라톤이 철학과 사회 간에 존재하고 있는 뿌리 깊은 적대감에 대해 성찰하고 있는 곳에서 나타난다. 그것은 단순히 사회의 관행이 철학의 가르침과 근본적으로 모순되어 있다는 점뿐만이 아니었다. 사회의 진정한 범죄는 철학에 헌신하는 삶을 불가능하게 하거나, 아니면 기껏해야, 위태롭게 한다는 데 있었다. 기존 사회의 상황 속에서 철학적 삶을 추구하는 것은 순교를 자초하는 것이었다. 철학자가 경멸의 대상이 되지 않는 곳에서는, 플라톤이 참주 디오니시우스Dionisius에게 당했던 것처럼, 굴욕을 당했다. 철학자가 굴욕을 겪지 않은 곳에서는, 알키비아데스Alcibiades와 크리티아스Critias가 그랬던 것처럼 부패했다. 부패하지 않고 남아 있던 곳에서, 철학자는 소크라테스처럼 사형에 처해졌다. 우리 현대인들이 그 철학자를 '지식인'으로 바꾸기만 하면, 우리는 사회에서 지식인이 겪는 운명을 그려 내는 시대를 초월한 자료를 얻게 된다. 그들은 거부당하고, 유혹당하며, 결코 완전히 받아들여지지 않는 외로운 존재로서 플라톤은 이를 휘몰아치는 폭풍우를 처마 밑에서 피하면서 "이승의 삶이 지속하는 동안 …… 세상의 부정으로부터 자신을 깨끗이 보호할 수만 있으면 만족하는" 나그네에 비유했다.29 따라서 철학을 위해 안전한 세계를 만드는 것은 플라톤의 정치 이론에서 사회의 개혁과 그 구성원의 도덕적 개선만큼이나 중요한 동기였다. 사실상 세 가지 목적 모두는 서로 얽혀 있었다. 왜냐하면 플라톤이 그리는 사회의 모습이 가혹하게 나타나고 그 사회의 많은 구성원의 도덕적이고 지적인 수준이 성장을 중지한 것처럼 보일지라도, 이것은 사회가 가한 상처에 분노를 품은 지식인이 행한 복수의 결과는 아니었기 때문이다. 이 모든 것들은 철학이 지배하는 이성의 도시가 단지 철학자와 철학뿐만 아니라, 그 모든 성원까지도 구제할 것이라는 깊은 신념의 산물이었다. 철학의 운명과 인류의 운명은, 마치 하나가 되어 즐거움과 괴로움을 같이하는 히포크라테스Hippocrates의 쌍둥이처럼, 아주 긴밀하게 결합되어 있었다. 철학에 대해 호의적인 도시(국가)는 바로 그런 사실에 의해서 덕의 원리를 준수하고 그 성원들 내에서 최선을 계발하고 있는 도시이리라.

정치적 회생을 위한 그의 계획과 마찬가지로 기존 사회에 대해 플라톤이 제기한 비판의 토대를 이루고 있는 공통된 가정은, 좋든 나쁘든, 어떤 정치체제도 그 구성원들이 간직하는 믿음의 직접적인 산물이라는 것이었다. 믿음의 주권적 역할에 관한 이런 확신은, 플라톤의 눈에는, 아테네 민주 정치에서 활약하던 소피스트들의 활동을 통해 뒷받침되었다. 인간들에게 정치적 성공의 기술을 가르치고, 인간들로 하여금 '실제' 생활의 요구에 대처할 수 있는 준비를 갖춰 준다고 약속하는 가운데, 소피스트들은 결과적으로 자신들이 진정한 형태의 지식을 가지고 있다고 주장하고 있었다. 플라톤이 보기에 그런 주장은 위험한 것이었다. 왜냐하면 그들의 가르침은 일정한 믿음에 따라 인간이 자신의 행동을 재조정할 수 있다고 주장했기 때문이다. 따라서 소피스트들이 그것을 인식했건 못했건, 그들은 암묵적으로 정치 질서의 안정과 인간 정신에 대한 책임을 떠맡았다는 결론이 따르게 된다. 그러나 그들 가르침의 피상성은 단지 혼동—도시(국가)에서의 혼동과 영혼에서의 혼동—만을 가져올 따름이었다.[30] 좀 더 정확히 말하면, 소피스트들은 지식knowledge이 아니라 단순히 '의견'opinion, *doxa*을 가르쳤기 때문에 도시(국가)와 시민의 삶에는 단지 무질서만 존재했다. 이 경험이 비록 파국을 가져왔지만, 그럼에도 이것은 믿음이 지닌 고도의 중요성을 입증했다. 만약 단순한 의견의 힘이 엄청난 해악을 초래할 수 있다면, 진정한 믿음은 그만큼 강력하게 그 반대 방향으로 작용할 것이라고 플라톤은 생각했다. 여기에서 정치철학이 가장 절박하고 실천적인 과업이라는 명제에 대한 추가적 지지를 발견할 수 있었다.

정치철학의 실천적 성격에 관한 플라톤의 신념은 통치자가 철학자이거나 철학자가 통치자가 되어야 한다는 언명 속에서 고전적으로 표현되었다. 그러나 대화편 『정치가』에서는 정치철학자가 설령 정치권력을 소유하고 있지 못하다 할지라도 "정치가"라는 칭호를 받을 자격이 있다는 더욱 주목할 만한 주장이 있었다.[31] 한편에서 보면, 이 주장은 진정한 정치적 지식을 가진 사람과 소피스트나 "정치꾼"과 같이 단지 지식의 허울만을 가지고 있는 자들 사이에는 근본적인 구별이 존재한다는 것을 의미하는 것으로 해석될 수 있다. 이런 의미에서 진정한 철학자와 진정한 정치가는 유사한 것이었다. 그러나 다른 각도에서 보면, 그럼에도 불구하고 플라톤은 정치철학의 본성에 관해 그보다 훨씬 더 의미심장한 것을 말하고 있었다. 정치 이론이 진정한 이데아를 포착하는 것은 혼돈된 정치 생활을 계몽적인 선善의 비전으로 개조할 수 있는 지적인 위치에 도달하는 것이었다.[32] 정치 이론의 변형적 힘에 의해 철학자들은, 통치자들이 현실 속에서 언젠가 해야 하는 것을, 사유 속에서 이미 성취했던 것이다. 즉 철학자는 공동체의 병폐를 치유했으며 공동체를 완벽한 본으로 질서 지웠다. 게다가 만약 정치적 변혁이라는 드라마가 이미 마음속에서 공연되었고 철학자가 실제의 정치적 삶에서 이 드라마를 공연할 수 있는 지식을 가지고 있다면, 철학과 정치권력의 플라톤적인 동맹은 새로운 조명을 받게 된다. 철학자가 권력을 획득하는 것이나 통치자가 철학을 습득하는 것은 대립물을 엮는 것을 상징하는 것이 아니라, 두 가지 힘의 결합, 곧 상호 보완물의 연합을 상징하는 것이었다. 정치권력의 완전한 형태는 두 가지 힘, 즉 올바른 본을 처방하는 사유의 힘과 그것을 실행하는 통치자의 힘의 결합에 의해서 성취될 것이었다. 대조적으로, 참주의 명령이나 정치 웅변가의 설득적 기예는 권력의 진정한 형태로서의 지위를 부정당했다. 정의상, 권력은 그 소유자에게 어떤 선을 가져다주어야 하는데, 이는 그가 선과 정의에 대한 진정한 지식을 가지고 그 방향으로 권력을 사용했을 때에만 비로소 성취된다.[33]

이제 일반적인 플라톤의 철학에서 진정한 지식은 일정한 일반적 성격들을 드러내고, 이런 특성들은 그가 정치사상에 사용한 범주에 심오한 영향을 미쳤다. 이런 특성들은 진정한 모델의 본질에 관한 그의 이론에 요약되어 있었다. "어떤 것을 만들고자 하는 사람이 영구적인 것에 주의를 기울이고, 그의 작업물의 형태와 성격을 결정하는 데 그것을 모델로 삼는다면, 그가 성취하는 모든 것은 언제나 훌륭할 것이다. 그러나 그가 우연적인 것에 주의를 기울이고 그것을 모델로 삼는다면, 그 결과는 훌륭하지 않을 것이다."34 그래서 진정한 지식은 비물질적인 형상形相의 안정된 영역으로부터 도출되었다.35 감각과 질료의 세계는 이와는 대조적으로 항상 유동하고 있는 운동의 세계이며 따라서 '의견'의 차원을 벗어나 지식의 차원으로 떠오를 수 없었다. 즉 이 세계는 포착하기가 지극히 어려운 반半진리와 왜곡된 인식들로 가득 찬 세계였다. 이런 각각의 영역은 다른 방식으로 접근되어야 했는데, 이는 각 영역이 자신의 고유한 범주들을 갖기 때문이었다. 비물질적인 형상의 영역에서 범주들은 인간의 변덕스러운 취향에 영향을 받지 않는 확실성·평온성·영속성·객관성을 표현하고자 형성되었다. 반면에 감각적인 세계는 그것의 본성에 적합한 범주들, 곧 불확실성·불안정성·변화·다양성의 범주들에 의해서 이해되어야 했다. 형상을 기술하고 있는 범주들을 우리는 '가치의 범주들'categories of value이라고 부를 수 있을 것이고 반면에 감각적인 지각의 세계에 관련된 범주들은 '무가치의 범주들'categories of disvalue이라고 할 수 있을 것이다.

정치 이론의 영역으로 넘어올 때, 무가치의 범주들은 현존하는 정치 세계에 대해 기술적記述的이고 평가적인 데 비해 가치의 범주들은 그 세계가 철학의 인도 아래 무엇이 될 것인가를 지시하는 것이었다. 안정성·영구성·조화·미·척도·균형 등 형상의 본질로부터 도출되는 이 모든 범주들은 비전의 각도, 즉 정치 현상들을 포착하고 이들을 적절한 모양으로 형성하기 위해 둘러싸는 주형鑄型이 될 것이었다. 이리하여 형상들의 불변성은—"언제나 동일하고, 일정하고, 지속적인 것은 오로지 신적인 사물일 뿐이다"36—안정성이라는 정치적 범주로 번역되었다. 그것의 최종적인 주안점은 "악으로부터의 변화를 제외한 어떤 변화든지 간에 이는 모든 사물에 가장

82

위험한 것이다"라는 원리였다.37 또한 형상들에 관한 지식이 영원한 미에 대한 통찰력을 제시하므로, 정치 질서는 미학적인 범주에 비추어 변형되어야 했다. "······ 진정한 입법자는 영원한 미가 항상 다루는 것만을 목표로 한다."38 그리고 마지막 예로서, 형상에 의해 드러나는 완전한 통일성과 조화는 도시(국가)의 통일과 결속에 대한 플라톤의 각별한 관심에서 그 정치적 대응물을 보여 주었다.

> 그 무엇도 국가를 결합시켜 하나로 만드는 것보다 좋은 것이 없는 반면에, 국가에 대한 가장 나쁜 악은 국가를 조각조각 분산시켜 그 통일성을 파괴하는 것에서 나오지 않겠는가? 시민들은 고락을 같이하는 것에 의해서, 즉 이득과 손실의 상황에서 기쁜 감정과 슬픈 감정을 공유하는 것에 의해서 서로 결합하지 않겠는가? 반면에 그런 감정이 더는 보편적이지 않고, 공적이건 개인적 관심사이건, 어떤 사건이 어떤 사람들은 기쁘게 하고 다른 사람들은 고통스럽게 할 때, 유대는 파괴되지 않겠는가?39

3. 정치와 지식 체계론

비록 플라톤이 두 발을 구름 위에 굳게 딛고 서 있는 정치사상가의 전형으로 통상 간주되었지만, '정치'에 대한 그의 인식은 그가 강력한 경험적 접근에 바탕을 두고 있었다는 점을 보여 주었다. 바로 여기서 그는 그리스인들의 정치적 경험에 대하여 직접적으로 이야기했다. 갈등과 변화, 혁명과 파벌, 통치 형태들의 어지러운 순환, 이 모든 것들은 철학적 상상의 산물이 아니라 아테네 정치사의 구체적인 내용이었다. 더욱이 '정치'의 장은 기원전 5세기경의 민주적 제도와 관행의 성립과 더불어 확장되었다. 새로운 집단들이 공공 회의나 법정에서 심의할 권리를 포함하는 시민적 특권을 부여받게 됨에 따라 정치 참여의 범위는 확대되었으며 그에 따라서 '정치'의 요소는 더욱 큰 영향력을 미치게 되었다. 따라서 '정치꾼'들, 곧 공동체에 만연한 불만, 적개심, 야심으로부터 교묘히 권력을 장악하는 데 능숙한 조작자들이 출현하게 되었다. 그런 조작자들과 더불어 민주적 참여의 논리적 동반자로서, 인민들에게 정치적 설득의 기예를 가르친다고 공언하는 소피스트들이 등장했다.[40]

격렬한 당파 싸움, 사회 계급 간 갈등과 전통적 가치에 대한 신뢰의 상실은 정치 질서가 자기 파멸의 가장자리에서 끊임없이 요동치는 그런 상황을 연출했다.

> 정권 경쟁이 끝난 후, 승리한 쪽은 공적인 업무 수행을 완전히 독점하여 …… 패배한 사람들은 물론 심지어 그들의 자손들마저 그 어떤 관직도 차지할 수 없었다네. 각 당파는 상대방이 반란을 일으킬 것이라는 질시 어린 우려를 가지고 감시했지. …… 그런 사회는 …… 더 이상 헌정적 국가가 아니며 …… 당을 위한 인간은 파벌꾼이지 시민이 아니며 그들의 소위 권리라고 하는 것은 공허한 말에 불과하다고 할 수 있다네.[41]

경쟁적인 야심과 상충하는 이해관계로 얽혀진 이런 권력 쟁탈전에는 불안정과 변화의 원천인 '정치'라는 교란적 요소가 작동하고 있었다. 또한 이런 권력 쟁탈전에는 정치적 형태와 관계들이 최소한의 예상되는 방향과 최대한의 즉흥성을 가지고 마구 펼쳐지는 상황의 필연적 산물이 놓여 있었다. 정치의 팽배는 정치적 삶을 '소용돌이' 즉 '변화무쌍한 흐름의 운동'으로 용해했다.[42]

플라톤에게 정치적 삶의 변전무상함, 곧 모든 질서의 기준과 모순되는 아테네 민주정의 즉흥성, 다양성, 소란은 병든 정치체의 징후였다. 질서란 비천한 자가 고귀한 자에게 복종하는 것, 지혜가 적나라한 야심을 통치하고 지식이 욕망을 지배하는 것의 산물이었다. 그러나 기존의 정치에서 통치 집단은 통치의 자격을 결코 지혜에 바탕을 두지 않고 오히려 출생·부富 또는 민주적 권리에 근거했다. 모든 전환의 국면에서 정치 세계는 형상 세계의 명령을 거역했다. 형상 세계는 불변의 존재가 변전무상한 생성에 대하여, 선의 변하지 않는 본성이 항상 변하는 현상의 세계에 승리를 거두는 곳인 데 반하여, 실제의 정치 관행은 먼저 한 계급이 다음에는 다른 계급이 이곳을 고치고 저곳을 수정하면서 기본 질서에 땜질 처방을 하는 가운데 끝없는 변화에 시달리지만, 결코 확실한 기반 위에 기본적인 제도를 세우지 못하고 있었다. 또한 형상의 세계는 인간의 기호 및 욕망과는 독립하여 존재하는 장엄하고 간명한 진리를 보여 주었는 데 반해, 정치적 삶은 한 '의견'에서 다른 '의견'으로, 이런 생활양식에서 다른 생활양식으로 무절제하게 전전하며 급기야는 모든 정치적 가치에 대해 회의懷疑하는 데서 안식처를 발견하게끔 되었다. 선의 이데아는 파벌에 의해 분열되지 않는 조화로운 융합의 필요성을 가르치고,[43] 그 필요성은 최선의 정체政體가 전체의 행복을 확보하는 데 있지, 어느 한 부분이 부당한 이득을 취하는 데 있는 것이 아니라는 당위적 명제에 재현되는 데 반해, 기존의 정권들은 제각기 자신의 특수한 이익을 추구하는 집단과 계급 간의 격렬한 투쟁에 의해서 갈기갈기 분열되었다.[44] 진정한 본은 아름다움의 설계로서 각 부분이 균형 있게 형성되고 절제에 의해서 다듬어지는 전체인 데—이런 특징들은 "행복은 신성한 본을 좇아 작업하는 화가가 그 윤곽을 그리는 국가에만 깃든다"라는 결론을 가리킨다[45]—반해, 실제적인 정치제도들은 잇따른 통치 집단들이 자신들에게 유리하도록 균형을 무너뜨림에 따라 끊임없이 변하는 추함과 왜곡에 의해 손상되고 있었다. 형상의 세계는 오로지 규칙적이고 질서 정연한 운동을 하는 데 반해, 정치적 조건은, 대중 선동가와 혁명가들의 거친 에너지가 폴리스를 장악하거나 아니면 관용적인 민주정이 그 시민들에게 그들의 선호를 추종하는 무제한의 자유를 허용함에 따라, 일종의 무작위적인 운동 속에서 이리저리로 움직였다.

형상의 세계에 대한 대표적인 반정립의 일종으로 정치의 세계는 "모든 사물에 빛을 비추는" 비전에 의해 구원받지 못할 때 그 삶이 어떤 모습인가를 증언하고 있었다.[46] 선의 계몽적 비전이 없이는 공동체의 성원들은 환상의 동굴에서 실재의 왜곡된 상을 헛되이 따르고 비합리적인 욕망에 끊임없이 이끌리면서 살도록 운명지어졌다. 게다가 비전이 없는 삶은 공동체를 붕괴시키는 투쟁을 낳았다. 왜냐하면 "그들 자신의 삶 속에서 어떤 선한 것의 부족에 굶주린 나머지 그들은 자신들이 갈망하는 행복을 움켜쥐고자 공적公的인 일들로 눈을 돌리게 되고, 그 결과 만사를 그르치게 되기 때문이다. 그들은 권력을 차지하려 싸우기 시작하고 그들의 골육상쟁적인 투쟁은 그들 자신은 물론 그들의 나라도 파멸시킨다."[47] 정치사회는 '진정한' 세계이기는커녕, 환영幻影의 영역이며, "인간들은, 마치 환영들이 대단한 상賞이나 되는 것처럼, 그런 환영을 놓고 싸우고 권력 다툼을 하는 몽상의 영역"에 존재했다.[48]

여기서 우리는 플라톤의 논변이 지닌 함의를 잠시 고려해 보아야 한다. 특히 우리는 그가 '정치'와 '정치적인 것'에 어떤 의미를 부여했는가를 검토해야 한다. 요약해서 말하자면 플라톤은 정치적인 철학을 공적 차원에서 선한 생활에 관계되는 지식을 의미하는 것으로, 정치적인 통치를 공동체의 공적인 일을 올바로 관리하는 것으로 이해했다. 혹자는 플라톤의 선한 삶에 대한 정의와 그의 통치자 이론에 대해서 이의를 제기할 수도 있겠지만, 그러나 정치적인 것이, 철학이건 통치이건 간에, 사회생활의 공적인 것과 연관되어 있다는 확신을 보여 준다는 점을 부인하기는 어렵다. 그럼에도, 이것이 그의 '정치'의 개념에도 그대로 적용된다고 말할 수는 없다. 플라톤은 대체로 '정치'를 필자가 앞에서 사용했던 그런 의미로서 이해했다. 그는 경쟁적 이익을 위한 투쟁, 사회의 다양한 집단에 생활의 유익한 것을 분배하는 데에서 발생하는 문제, 그리고 변화하는 사회적·경제적 관계에 의해 구성원 간에 야기되는 불안정의 문제를 인식하고 있었다. 그는 이런 현상을 불건전한 사회의 증후로서, 정치철학과 정치적 기예가 대결해야 하는 문제로 취급했다. 정치철학과 통치 양자는 다 같이 선한 사회의 창조를 그 목적으로 삼았다. 그러나 '정치'는 악한 것이었고 이로부터 철학과 통치의 임무는 공동체에서 정치를 제거하는 것이었다. 이리하여 정치철학과 통치에 관한 플라톤의 관념은 역설 위에 서 있게 되었다. 즉 질서를 창조하고자 하는 기예는 물론 학문이 정치, 곧 그런 기예와 학문의 존재를 의미 있고 필요하게 만드는 현상들에 관해 영원한 적대감을 갖게 되었다. 그런 역설은 사상과 실천 양자에 심각한 결과를 초래하게 되었다. 그 자신의 연구 대상과 대립하고 있는 학문, 그 학문의 문제가 형성되는 독특한 상황 자체를 제거하고자 하는 학문은 이론적인 이해를 위해서는 잘못 적용된 도구이다. 마찬가지로 사회적 존재인 인간에게 불가피하게 주어지는 것을 근절하고자 고안된 행위는 플라톤 자신도 마지못해 필요하다고 인정한 혹독한 조치를 사용하도록 몰아붙일 것이다. 이런 비판은 플라톤 철학의 중추적인 약점이 정치적인 것의 관념과 정치의 관념 간에 만족할 만한 관계를 확립하는 데 실패한 것에서 연유했다는 점을 시사한다. 문제는 어떻게 일방이 타방을 제거할 수 있는가가 아니라 오히려 갈등·모호함·변화로 가득 찬 상황에서 우리로 하여금 현명하게 행동할 수 있도록 하는 정치에 관한 필요한 지식을 어떻게 습득할 수 있는가이다.

이런 점에서 의술에 대한 플라톤의 매료는 상당히 잘못된 비유로 발전한다. 즉 정치체는 '질병'이 아니라 갈등을 경험하는 것이며, 해로운 박테리아에 감염된 것이 아니라 다른 개인들의 계획과 종종 상충하는 희망·야심·두려움을 지닌 개인들로 둘러싸여 있으며, 그 목표는 '건강'이 아니라 사회에 현존하는 모순들을 지탱할 수 있는 기초를 끝없이 추구하는 작업이다.

정치적 상황의 독특성이 보존되지 않으면, 정치 이론은 선의 본질이라든가, 인간의 궁극적 운명이라든가, 올바른 행동의 문제와 같은 거대한 질문들 속으로 사라져 버리고 정치 이론의 적합한 관심사인, 본질적으로 정치적인 질문들과의 관련성을 상실케 된다. 다시 말해 정치적 윤리의 본질에 대한 질문, 즉 정치적 상황에서 올바른 행동은 무엇인가에 대한 질문 또는 정치적 공동체 내에서 정치적 행동을 통해 달성할 수 있는 선의 본질에 대한 질문들은 사라지는 것이다.

마찬가지로 정치적 상황을 소홀히 하는 것은 위험한 정치적 기예를 생산하는 경향이 있으며, 그것이 '정치'에 대한 적개심에 의해 추진될 때 더욱 그러하다. 통치의 기예는 강압의 기예가 된다. 반면에 진정으로 정치적인 기예는 갈등과 대립을 다루도록 틀이 부여된 기예이고, 이런 갈등과 대립을 원료로 삼아 합의의 영역을 구축하기 위한 창조적인 과업이며, 만약 합의의 영역을 구축하는 데 실패하면 좀 더 거친 처방을 피하기 위해서 경쟁하는 세력들로 하여금 타협을 가능케 하는 기예일 것이다. 정치적 기예의 업무는 조정의 정치이며, 창의성의 범위는 공동체의 현행 활동을 유지할 필요성에 의해서 규정되고 결정된다. 정치적 기예가 조정을 끊임없이 추구하는 이유는 기본적으로 강압의 기예가 그 밖의 다른 대안이 존재하지 않는 상황에만 국한되어야 한다는 신념에서 비롯된다.

플라톤이 주장한 것과는 현저히 다른 질서의 관념이 조정의 정치에 함축되어 있다. 만약 조정이 통치를 담당하는 사람들의 지속적인 과업이라면 —그리고 '정치'의 본성은 이를 긍정하는 듯하다— 질서란 고정된 본이 아니라 불안정한 평형과 유사한 것이며, 부분적인 해결책을 기꺼이 수용할 것을 요구하는 상황이다. 그러나 플라톤에 있어서 질서란 신성한 모델을 본떠 만들어진 주형의 본성과 같은 것이며, 사회를 일정한 이미지로 각인하는 데 사용되는 개념이었다. 하지만 주로 갈등을 근절하고자, 즉 정치를 제거하고자 하는 정치학으로부터 어떤 질서가 생겨날 수 있을 것인가? 만약 질서가 갈등과 대립이 없는 상황에서만 유지될 수 있다면, 그렇게 창조된 질서는 정치에 특유한 요소를 사상捨象한 것이다. 즉 그것이 질서일지는 모르지만 '정치적'인 질서는 아니라는 결론이 나온다. 왜냐하면 '정치적' 질서의 본질이란 더불어 사는 삶으로부터 나오는 긴요한 사항들을 다양한 방법으로 다루기 위해—즉 필요한 경우에는 그들을 상쇄시키고, 가능하면 완화하고, 기회가 허용하는 한 창조적으로 재조정하고 변형하기 위해—고안된 안정적인 제도적 배치의 존재를 의미하기 때문이다. 이것은 물론 사회란 강압에 의해서 질서를 수립할 수 없다는 것이 아니라 다만 그런 사회는 더 이상 '정치적'이 아니라는 것을 말한다. '정치적' 사회에 대한 이런 관념으로부터 정치의 기예는 질서란 주어진 사회 안에서, 곧 공동체의 다양한 세력과 집단들 사이에서, 성취되어야 하는 것이라는 전제하에서 시행되어야 한다는 결론이 나온다. 질서의 이념은 현존하는 경향들과의 가장 밀접한 연관성 속에서 구성되어야 하고, 완전히 해결될 수 있는 정치적인 문제들이 거의 없는 것과 마찬가지로, 질서의 이념을 포함한 어떤 정치적 관념도 이제껏 완전히 실현된 적이 없다는 냉정한 인식에 의해 절제되어야 한다.

그러나 플라톤은 정치 영역이 본래 무질서해지는 경향을 가지고 있으며 무질서의 반대물들—안정성·조화·통일성·미 등—은 정치적 사건들의 통상적인 경로로부터는 결코 발전되어 나올 수 없다고 확신했다. 그런 요소들은 정치의 질료에 내재적으로 존재하는 것이 아니라 '외부'로부터 도입되어야 했다. "각 사물의 덕은, 정신이건 육체이건, 도구이건 피조물이건, 그것들에 최선의 방식으로 구현될 때, 그것은 우연에 의해서가 아니라 그것들에 부과된 질서·진리·기예의 결과로서 나타나게 된 것이다. …… 그렇게 되면 각 사물의 덕은 질서나 배열에 의존하지 않겠는가?"[49] 조화·통일·척도 및 미의 모든 측면에서 질서란 기예의 적극적인 창조물이었으며, 기예는 또한 지식의 영역에 속했다. 정치적 질서란 '외부'로부터 오는, 곧 영원한 본에 관한 지식으로부터 오는 계몽적 비전에 의해 공동체를 이미 존재하는 선善을 본떠 모양 지을 때 생성되었다.

이 외부적 비전은 플라톤이 진정한 정치가와 철학자를 정치꾼과 소피스트들로부터 구별하는 데 결정적으로 중요했다. 대화편 『고르기아스』*Gorgias*에서 테미스토클레스Themistocles, 키몬Cimon 및 페리클레스Pericles와 같은 아테네의 위대한 정치 지도자들이 정치가적 자질의 가장 중요한 과업인 시민들을 개선하는 데 실패했다는 이유로 신랄하게 비판받았다. 그들이 실패한 이유는 권력에 대한 그들의 설명과 마찬가지로 정치적 기예에 관한 그들의 그릇된 이해에 기인한다고 플라톤은 지적했다. 그들은 시민들의 욕망과 의견을 조작하고 이용하는 것으로 만족했다. 그들은 대중의 욕망과 의견을 좀 더 고상한 어떤 것으로 순화하기 위해 자신들의 권력과 존경을 상실할 염려가 있는 어떤 위험도 결코 감수하려고 하지 않았다. 그들은 올바른 그러나 인기 없는 정책을 감행할 의사도 없었다. 그 결과 시민들뿐만 아니라 정치 지도자들마저 타락하게 되었다.

> 칼리클레스여, 만약 그 어떤 사람이 당신에게 도시(국가)에서 위대해지면서 그럼에도 불구하고 동시에 당신으로 하여금 도시의 기본적인 관습—그것이 좋건 나쁘건—에 순응하지 않도록 하는 기예를 가르칠 수 있다고 당신이 상상한다면, 나는 단지 당신이 틀렸다고 말할 것이네. 왜냐하면 아테네 민중의 진정한, 자연스러운 친구가 될 수 있는 자격이 있는 자는 …… 그 본성상 그들과 같은 존재여야 하며 단순히 그들을 흉내 내는 사여서는 안 되기 때문일세.60

반면에 진정한 정치가는 영감을 얻고자 '정치'에 의지하지 않고 자신의 기예의 참된 명령을 따른다. 그는 기존의 정치적 경향들을 교활하게 결합하려 하지 않고 그것들의 변형을 꾀한다.

> [이전의 정치꾼들은 오늘날의 정치꾼보다 확실히 훨씬 더 봉사적이었고 국가의 소망
> 을 좀 더 충족시킬 수 있었네. 그러나 그런 욕망들이 제멋대로 고집을 부리지 않도록
> 변형시키고, 진실로 훌륭한 시민의 지상 과제인, 동료 시민들의 개선을 위해서 그들
> 이 가진 강제력이나 설득력을 사용하는 데 있어서 …… 그들은 현재의 정치가들보
> 다 조금도 우월하지 [않았다네].51

'민주적' 지도자와 플라톤적 통치자의 결정적인 차이점은 각각이 '대표
하는'represents 영역constituency 또는 이 단어가 최근의 용례에 의해서 본래의
의미가 희석되었다면 각각이 반응하는responsive 영역에 집중된다. 대중적 지
도자는 대중의 정서적 분위기와 열망을 감지하고 광범하고 다양한 변수들
을 조작하며, 그에 따라 임기응변의 해결책을 추구할 수 있는 능력에 자신
의 권력 기반을 두고 있다. 요컨대 그의 영역은 구성원들의 욕망, 요구 및
정서가 정치적으로 표출되는 그런 공동체이다. 그의 '덕'은 공동체 내의 정
치적 세력들의 변화하는 배치를 파악하는 데 있어 기민함, 약삭빠름 및 계
산적인 안목이다. 심지어 플라톤의 적대적인 구절 속에서도 그런 사람은
진정으로 '정치적인' 인간, 곧 지도자로서 등장하는바, 그의 문제는 '정치'라
는 항상 변화하는 본에 의해 설정되고, 그의 지식은 실용적이자 실증적이
다. 왜냐하면 그는 절대적인 원리를 추구하는 것이 아니라 당시의 정치적
세력의 연합 관계에 의존하면서 지속되는 정책을 발견하는 것을 목표로 삼
기 때문이다. 그의 정치란, 때로 가장 조야한 부류지만, 조정의 정치이다.
정치꾼으로서 그의 존재는 특정한 상황에서만, 가령 인간들이 원리에 대한
치열한 갈등으로 기진맥진해졌을 때 또는 그들이 불변하는 진리의 존재에
대한 신념을 포기했을 때 또는 마지막으로, 밸푸어Arthur James Balfour가 말한
것처럼, 그들이 "서로 하나가 되어 이제 안심하고 말다툼할 수 있을" 때에

나, 가능하다.

이와 대조적으로 플라톤적 통치자는 상이한 영역을 대표하는데, 왜냐하면 그는 무엇보다도 우선 '정치적인 인간'이 아니라 정치권력을 부여받은 철학자이기 때문이다. 철학자로서 그가 충성해야 할 대상은 진리의 영역, '불변의 조화로운 질서의 세계'이다. 통치자로서 그는 공동체를 이 영역에 좀 더 근접하도록 접근시킬 의무, 곧 "그의 이상적인 비전에 부합하도록, 그 자신은 물론 다른 사람들의 품성을 주조하고 공적이나 사적인 생활의 본을 형성할" 의무가 있다.[52] 그러나 플라톤의 정식에 의하면 이런 두 가지 역할 간에는 어떤 이해관계의 상충이나 의무의 충돌이 있을 수 없다. 정치가의 진정한 기예를 따름에 있어서, 통치자는 철학에 의해 주어진 지식에 순응하는 것이고 진리를 추구해야 하는 철학자로서의 임무를 수행하는 것이다. 그리고 공동체의 소망보다는 그의 기예의 명을 따르는 데 있어서 통치자로서 철학자는 그의 기예의 목적이 공동체의 진정한 이익과 정확히 부합하기 때문에, 통치자에게 요구되는 자질을 만족시키게 된다. 그의 대표 영역은 공동체가 아니다. 즉 그의 충성을 요구하는 것은 정치적인 영역이 아니라 오히려 참된 공동체에 대한 이데아이다. "기예는 그것이 그 자신의 본성에 전적으로 충실한 한 엄격한 의미의 기예로서 건전하고 흠이 없다."[53]

대표 영역의 이런 측면은 그것이 플라톤적 통치자의 동기와 관련될 때, 더욱 명확해진다. 플라톤의 구도에서 공동체는 통치자를 자극하는 충동과 그의 기예가 목표로 하는 선善의 본 사이에서 중간 위치를 점하고 있었다. 진정한 통치자는 철학자라는 단일한 역할로는 만족시킬 수 없는 욕구에 의해 고무되었다. 즉 단지 참다운 실재the real를 아는 것뿐만 아니라 그것을 현존시켜 정치 현실을 신성한 본에 일치하도록 형성하고자 하는 욕구에 고무되었던 것이다. 공동체는 이런 미적 충동을 만족시킬 수 있는 미적 매개물을 제공한다. 그러므로 통치자의 동기는 정치꾼의 동기—권력을 유지하고 공직이 가져다주는 위광과 보상을 향유하는 것—가 아니라 완벽한 미의 이미지를 그의 질료에다가 각인하고자 하는 미학자의 동기였다. 정치적 기예에서 미적인 요소는 형상, 일정한 모양, 합리적인 조화 그리고 '정치'의 난잡함, 불균형, 도덕적 추함에 대립하는 모든 것을 의미했다. 그것의 승리는 디오니소스적인 경향을 가지는 정치적 삶에 대한 아폴론적 원리인 조화로운 질서의 승리였다.[54]

이런 고찰들은 플라톤이 통치자를 의사, 직조공, 예술가로 비유한 데서 더 분명히 확인되었다.[55] 이런 기예의 실천은 각각 세 요소를 포함하고 있었다. 그것은 활동적인 주체로서 능숙한 실행자, 건강이나 미와 같이 그가 목표로 하는 이데아, 그리고 이데아의 각인을 받는 피동적인 질료였다. 각각의 경우 질료는 자신의 고유한 '주장'을 가지고 있지 않았다. 왜냐하면 병든 몸, 대리석 덩어리, 엮지 않은 실들이 각각의 목표를 달성하는 유일한 방법은 실행자의 능숙한 기예에 달렸기 때문이다. 각각 기예의 산물을 판단하는 기준은 부분 간의 조화, 비례적 대칭, 다양한 것들의 적절한 혼합 등과 같이 주로 미학적인 것이었다. 이런 모든 측면들은 또한 플라톤에 의해서 통치자의 자질에 관한 관념으로 전화되었다. 예술가처럼 정치가 역시 미美의 본에 의해서 영감을 받았는데 이것은 공동체의 '부분들'에 적절하고 정당한 기능을 맡김으로써 질서 정연한 조화를 창조하고자 하는 충동에서 나왔다. 전체의 조화, 디자인의 통일성, 극단의 배제, 이 모든 것은 사회제도들의 원리는 물론 정치가의 활동을 지배하는 원칙이 되었다. 제왕적 기예의 목적은 인간의 모든 성취 중에서 가장 위대한 것, 즉 "상호 합의 그리고 우애의 유대에 의해 진정한 동료애로 결합한 공동체"였다.

> 그 공동체는 모든 직물 중에서 최상의 직물이라네. 그것은, 자유민이건 노예건, 도시(국가)에 거주하는 모든 사람을 굳건한 조직에 포섭하지. 그 공동체의 제왕적인 직조

공은 공동체에 대해 통제와 감독을 유지하며, 공동체는 인간 공동체에서 가능한 최대한의 행복을 성취하는 데 필요한 어떤 것도 결여하고 있지 않다네.56

그 어떤 숙련된 실행자와 마찬가지로 통치자는 진정한 형상을 실현하는 길을 가로막는 방해물을 제거하는 것을 그의 기예의 목적에 따라 정당화했다. 마치 의사가 신체를 유지하기 위해 그 일부를 절단해야 하거나 직조공이 결함 있는 재료를 버려야 하는 것처럼 통치자는 어떤 적절한 방법을 동원해서라도 볼품없는 '성원들'을 숙청하여 정치체를 정화할 수 있었다.57

기예의 대상인 '질료'의 조건에 관한 이런 관심은 플라톤으로 하여금 통치자와 다른 숙련된 전문가들 간의 유추를 극도로 왜곡하게 했다. 만약 질료가 '순수한 지성의 계획'에 저항한다면, 어떤 기예도 완전히 실현될 수 없고 어떤 미적 충동도 진정으로 만족할 수 없을 것이었다.58 정치적 용어로 표현하자면, '제왕적 직조공'은 공동체의 유대를 엮게 되는 인간적 본성을 선정함에 있어서 특별한 수고를 해야 한다는 것을 의미했다. 그는 나쁜 것과 좋은 것을 섞어 엮을 수 없었으며—왜냐하면 이는 결국 쓸모없고 조잡한 직물을 생산하게 되기 때문이다—가령 용기와 절제 따위 등 적절한 질료인 다양한 형태의 덕을 조화시켜야 했다. 그 밖의 다른 인간 품성은 폐기되어야 했다. 즉 죽음에 처하거나 추방하거나 가혹하게 멸시해서 아무런 영향력도 행사하지 못하도록 해야 했다.59

적합한 질료의 이와 같은 추구는 본질적으로 정치적인 백지 상태의 추구이며, 이에 따라 플라톤은 『국가』에서 10살이 넘은 공동체의 모든 성원들을 추방하는 것을 정치적 성공의 필요조건으로 제시했다. 그리하여 나머지 잔류자들은 사회의 제도, 특히 교육제도에 의해서 바람직한 형태로 다듬어지고 형성될 것이었다.60 그때야 비로소 정치적 기예가는 새로운 화폭에 자유롭게 그림을 그릴 수 있게 될 것이었다.

그는 사회와 인간의 성격을 마치 화판처럼 간주하고, 우선 그것을 깨끗이 문질러 지울 것이네. 이는 그다지 쉬운 일이 아닐세. …… 다른 개혁가들과는 달리 그에게 작업을 위해 그 표면이 깨끗한 상태로 주어지거나 그 자신이 스스로 그것을 깨끗이 하고 난 후에야 비로소 그는 개인 또는 국가에 관여하거나 또는 법률을 기초하는 데 동의할 것이네.61

깨끗하고 새로운 시작의 모색은 플라톤이 최후의 저작인 『법률』에서도 몰입했던 주제였는데, 많은 해석자는 이 저작을 좀 더 '실천적인' 정치적 계획으로 간주해 왔다. 이 대화편에서 그는 다음과 같은 문제 앞에서 선택을 내려야 하는 가상의 입법자 문제를 다루고 있다. 입법자의 기예는 오랜 시간 더불어 사는 것을 통해 발전한 공통의 언어·법률·신앙·우애의 정신에 의해 창조된 공동체 정신을 이용할 수 있는 기존의 완성된 사회에서 좀 더 효과적으로 기능할 것인가 아니면 입법자가 현행의 이런 이점을 희생하고 동시에 현행의 불리한 점도 없는 새로운 상황을 추구할 경우에 성공 가능성이 더 높을 것인가? 철인 통치자의 계몽적인 수완이 결여된 사회는 어떤 사회든 그 대신 기득권, 현존하는 적대감 및 뿌리 깊은 미신이 자리 잡고 있을 것이다.62 요컨대, 그런 사회는 유연하지 못한 질료일 뿐만 아니라 반미학적인 매체를 제공할 것이었다. 대화가 상당히 진척되기 전에 참여자들 가운데 한 인물이 이류의 멜로드라마에서나 나올 법한 식으로 자신이 최근에 새로운 식민지를 위한 헌법을 제정하도록 위임받았다고 불쑥 큰소리로 말하면서 끼어들었던 것도 그리 놀랄 만한 일은 아니다. 놀랍게도, 여기에 기적적으로 부와 채무의 편중으로 인한 오점과 그로 말미암은 사회적 적대감이 없는, '깨끗한' 정치적 상황이 중요한 기회로 주어졌다.63 단지 부족한 것은 순응하는 질료를 질서 정연하게 다듬을 수 있는 대가의 솜씨였다. 여기서 플라톤은, 『국가』의 주제였던 정치권력을 담당하도록 교육된 철학자 대신에, 철인-입법자를 주장했는데 그는 젊고 유순한 참주—일종의 이상화된 디오니시우스—를 대행자로 하여 간접적으로 활동하게 될 것이었다. 그렇다 하더라도 그것은 절대적 지식의 굴레를 씌운 절대적 권력이라는 동일한 정식화였다.64

일단 적절한 상황이 규정되면, 정치적 기예는 제도적인 배치를 구축하는 일을 착수할 수 있었다. 정치적 대화편들에 현저한 정치제도, 경제적 편성, 가족, 교육, 종교, 문화 생활에 관한 자세한 규정들은 두 개의 커다란 목적에 의해 지배되었다. 첫 번째 목적은 정치적 변화의 압력에 버틸 수 있는 정치적 고정점이나 불변의 근본적인 조항들을 확립하는 것이었다. 이런 엄격한 항목에는 폴리스의 크기, 인구, 직업 구조, 재산, 결혼 및 교육 제도, 그리고 도덕적·종교적 교리들이 포함되어 있었다. 종합적으로 고려할 때, 이런 다양한 주제들은 정치적 무질서를 가져올 잠재성이 가장 큰, 공동체 생활 영역의 항목들이다.65 요컨대 그런 것들이 정치적 불화와 갈등의 커다란 원천들이었다. 이들을 상세히 규정함으로써 인간의 행동을 조정하고 가능한 한 예측 불가능한 요소들을 제거하는 것이 가능할 것이었다. 이런 식으로 공동체의 이상적인 본을 반영하는 안정성과 통일성이 인간적인 차원에서 재현될 것이었다.

이런 정치적 근본 조항들의 이면에는 좀 더 긍정적인 요소도 있었다. 정치적 근본 조항들은 공동체로 하여금 선의 본에 수렴하고, 영구적인 진리를 표현하는 매체가 되도록 하는 수단이었기 때문이다. 하지만 이런 개념화는 논리적으로 공동체의 정치적 근본 조항들이 성원 간 합의의 산물이라는 관념을 배제했다. 왜냐하면 그런 관념에 따르면, 공동체는 그 정치적 조직에서 그 본성상 사변적 진리에 미달하는 사회적 합의의 소산으로 귀결되기 때문이었다.

고정점을 확립하기 위한 주요 기법 가운데 하나는 수학이었다. 만약 사회의 안정성과 결속이 중요한 목표라면, 필적할 수 없는 균형과 일관성을 지닌 고정된 대상을 다루는 지식보다도 정치적 행동에 적합한 근거가 되는 것은 과연 무엇일 수 있었겠는가?[66]

> 입법자는 수의 나눔과 합산에는 보편적인 유용성이 있다는 점을 일반적인 원리로 수용해야 한다네. …… 입법자가 모든 시민에게 명령을 내릴 때 지켜야 하는 모든 것은 가능한 한 수리적인 표준화를 관철하는 것일세. 왜냐하면 가정에서나 공적인 생활에서나, 모든 기예와 기술에서 수의 이론처럼 강력한 효과를 가진 단일의 교육 분야는 없기 때문이지.[67]

정치적 기예가 수의 속성을 사회에 응용할 수 있고 그리하여 좀 더 조화롭고 규칙적인 생활을 창조할 수 있다는 신념은 『법률』에 묘사된 정치적 구도에 특히 영향을 미쳤다. 예를 들어, 시민은 5,040명으로 고정되어야 했는데 이 숫자는 최적의 규모를 의미할 뿐만 아니라 정치적 계산에 가장 유용한 근거를 제시하기 때문이었다. "연속적으로 나누어질 수 있는 최대의 숫자"로서 그 숫자는 시민을 전쟁·평화·과세·행정의 목적에 따라 나누는 데 사용될 수 있었다. 숫자를 사용함으로써 공동체의 삶은 수학의 속성인 안정성과 정확성을 반영하게 될 것이었다.

첫 번째 목적이 정치적 고정점을 창조하는 것이었다면, 두 번째 목적은 사회체에 운동의 여지를 제공한다는 대조적인 생각에서 제시되었다. 그럼에도 그것은 통제된 운동이어야 했다. "운동 속에서의 질서는 리듬이라고 불린다."[68] 따라서 공동체의 삶은 일종의 리듬을, 곧 최선의 이상을 반영하는 조화로운 운동을 표현해야 했다. "인간의 전체 삶은 리듬과 조화를 필요로 하며," 질서 정연한 조화와 리듬을 가진 본에 의해 조건 지워진 영혼은 "이성의 미美를 지닌 공감과 조화" 속으로 고양될 가능성이 가장 컸다.[69] 그리하여 교육 프로그램, 공연극, 종교적 축제에 수용되어야 할 음악의 형식을 규정함에 있어 예술은 리듬을 공동체의 삶과 특성에 주입시킴으로써 미적 충동을 도울 것이었다. 『국가』에서 플라톤은 주로 계급의 질서화된 구조, 즉 각 성원이 전체의 질서 정연한 조화를 형성하고자 단일한 역할을 하는 것 — 그리고 여기서 정의는 리듬과 관련되어 있다 — 에 의존했는 데 반해, 『법률』에서는 리듬이 사회적 통합을 실현하기 위한 수단이기도 했다.70 『국가』에서 예시되었던 음악과 시적 형식에 대한 면밀한 주목이 『법률』에 와서는 후기 대화편들을 특징짓는 좀 더 확대된 통일성 및 조화의 개념과 맥을 같이하면서 더욱 넓은 의미를 갖게 되었다. 초기의 『국가』에서의-옮긴이] 관심이 주로 통치 계급의 통일성을 확보하는 데 집중되었던 반면에, 이제, 공동의 생활을 하면서 엄격한 삶을 영위하는 통치 계급에 대한 명확한 규정이 없는 상황에서는 전 공동체가 통합되어야 했다. 이런 목적을 위해 공동체의 삶은 가장 미세한 측면에 이르기까지, 공통의 리듬과 질서 정연한 운동을 부여받았다. 종교적인 의식은 고정된 간격을 두고 거행되어 엄숙한 주기성을 가지게 되었다. 공공의 축제는 일정한 날짜에 시행되어 대중의 감정과 열정의 통제된 발산을 위한 정기적인 기회를 제공했다. 결혼은 참가자들에게 그 제도의 공적인 중요성을 부각하고자 연례적인 축제로 엄숙하게 치러질 것이었다. 이런 규제로부터 숫자·리듬·질서 사이에는 삼중의 관계가 형성되었으며 이는 공동체를 우주의 리듬 자체에 결속시켰다.

> 그런 식으로 날을 달로, 달을 년으로 묶음으로써 제사 및 축제와 더불어 계절들이 진정한 자연적 질서에 따르고 일련의 적절한 찬양을 받게 되네. 그리하여 도시(국가)는 생동감이 넘치고 빈틈이 없게 되며, 신들은 정당한 숭배를 누리게 되고, 이런 사안들에 대한 시민들의 지성이 향상된다네.71

4. 사심 없는 도구를 찾아서

서구 정치사상에 대한 플라톤의 영향력을 측정하는 방법 가운데 하나는 후대의 사상가들이 플라톤적인 범주에 계속 집착해 온 정도를 살펴보는 것이다. 거의 모든 시대에 걸쳐 우리는 '조화', '통일', '절제' 및 '고정성'이 단순히 정치적 분석의 근본적인 방식일 뿐만 아니라 정권의 가장 바람직한 속성이자 정치적 행위의 근본적인 목적이라는 신념을 받아들인 영향력 있는 이론가들을 지적할 수 있다. 폴리비우스, 마키아벨리, 로크 혹은 『연방주의자 논고』*the Federalist Paper*의 저자들처럼 [플라톤과-옮긴이] 다른 길을 주장한 정치사상가들은 기껏해야 사소한 가치를 인정받거나 비체계적이고 조잡한 이론가들로서 이류로 강등되었다. 그러나 반플라톤적인 사상가들이 제기한 중요한 문제가 그렇게 쉽게 무시될 수는 없다. 그것은 정치적 결사가 영구적인 진리와 필연적인 연관을 맺어야 하는가, 혹은 약간 다르게 표현하면, 궁극적인 진리를 지속적으로 추구하는 것이 필연적으로 그 결사체에 특유한 정치적 성격을 파괴하지 않느냐는 문제이다.

정치적 결사로 하여금 영구적인 선善을 지향하도록 하는 과정에서 플라톤은 적어도 그 결사가 갖는 하나의 독특한 측면을 보존했다. 즉 정치적 결사는 일정한 공통의 이익을 공유하는 공동체여야 한다는 점을 강조하고 정치제도를 특정 개인이나 집단의 이익을 위해 이용하려는 모든 시도를 비난함으로써, 그는 정치적 결정에 특유한 '공적인' 요소를 명확히 부각했던 것이다.72 만약 정치적 통치의 한 가지 기능이 공통의 이익과 관련된 결정에 '공적인' 성격을 확보하는 것이었다면, 정치적 결사체는, 비록 전적으로는 아니지만 부분적으로는, 이런 이익을 공유하는 공동체로 정의될 수 있었다. 그러나 플라톤의 입장이 제시하는 조건, 즉 정치적 결사체의 개념은 공통의 삶으로부터 나오는 이익만으로는 완전히 설명될 수 없다는 생각이야말로 그 결사체의 정치적 성격을 위협하는 것이었다. 플라톤적인 공동체가 추구하는 선^善은 결코 공동체에 의존하는 것이 아니었으며 그 어떤 진정한 의미에서도 정치적 결정의 문제는 아니었다.

정치 질서가 반드시 초월적 질서와 연관되어야 한다고 주장함으로써 플라톤은 진정으로 정치적 성격을 지닌 가장 절박한 문제들 가운데 일부를 무시할 수 있었다. 정확히 말하자면, 그는 기본적으로 정치적인 개념들로부터 그 정치적 내용을 제거하는 데 성공함으로써 그 개념들이 위험할 정도로 [정치적인 것과—옮긴이] 아무런 상관이 없게 만들었다. 플라톤이 정치적 의무, 정치 공동체, 정치적 지배의 본성이라는 세 가지 기본적인 정치적 개념들을 다루는 방식을 검토함으로서 우리는 이 점을 잘 드러낼 수 있다.

플라톤은 지식에 지배적인 위치를 부여했기 때문에 플라톤에게 의무란 정치에 특유한 문제가 아니었다. 정치적 존재와 참된 실재 사이의 간격을 메우려고 통치자가 공동체에 적용하는 선에 대한 지식이란 정치적인 형태의 지식이 전혀 아니었다. 그것은 가령 집단 간의 갈등, 정치제도의 운영, 지도자의 기예 또는 언제 행하고 언제 행해서는 안 되는지, 때를 결정하는 문제와 같은 정치적 사안에 대한 지식이 아니었다.⁷³ 오히려 그것은 정치 외적인 지식으로서 통치자가 정치에서 관찰하거나 행동함으로써가 아니라 정치적인 주제를 제외한 모든 중요한 주제를 망라한 교육을 통해서 알게 되는 지식이었다. 동시에 플라톤은 정치적인 결사체가 궁극적인 선을 실현하는 적절한 매체가 될 수 있다고 주장했다. 왜 이것은 참이었는가? 플라톤의 답변은 선은 모두에게 진정 좋은 것이라는 것이었다. 즉 그것은 각자의 진정한 이익을 표상했다. 더욱이, 어느 누구도 자신의 진정한 이익이 무엇인지 알면서 그것을 따르는 것을 거절하지는 않기 때문에, 인간의 진정한 이익에 관한 지식에 기반을 둔 정치적 기예와 같은 기예는 그것을 충실히 수행하는 한 누구도 해칠 수 없다는 결론이 나왔다.⁷⁴ 일단 정치적 권위가 이런 지식으로 무장하게 되면, 신민이 왜 그 명령에 복종해야 할 의무를 지게 되는가 하고 묻는 것은 무의미하다. 이런 상황에서 의문을 제기하는 것은 인간에게 구원과 파멸 중에서 선택하라고 하는 것과 마찬가지였다. 즉 그것은 진정한 선택을 포함한 질문이 아니었으며 또 본연의 정치적인 질문도 아니었다.

정치적 의무의 문제는 고려해야 할 논점들이 모순되는 경우가 자주 발생할 때, 개인이 권위를 받아들이는 것이 경쟁하는 악들 가운데서는 물론 경쟁하는 선들 사이에서 진정한 선택을 내리는 것을 요구할 때 발생한다. 흥미롭게도 이런 문제는 플라톤 자신이 대화편 『크리톤』*Crito*에서 제기한 적이 있었다. 유죄 선고를 받은 소크라테스는 도시(국가)의 부당한 판결로부터 도망가거나 독약을 마시는 것 중에서 하나를 선택해야 하는 상황에 부닥치게 되었다. 만약 그가 첫 번째 대안을 선택했다고 상상한다면 그에게 누명을 씌우고 이제 그의 생명마저 박탈하고자 하는 도시(국가)의 반응은 무엇이었을까?

> 말하게 소크라테스여, 그대는 무엇을 하려고 하는가? 그대는 그대의 행동으로 우리를—법률과 나라 전체를—멋대로 전복하려는 것이 아닌가? 법률의 결정이 아무런 힘을 가지지 못하고 개인에 의해서 무시당하고 짓밟힐 때, 그런 나라가 전복되지 않고 존속할 수 있다고 그대는 상상하는가? …… 그대는 우리에 의해서 이 세상에 나오고 양육되고 교육되었기 때문에 그대의 아버지처럼 그대도 우리의 아이이고 노예라는 사실을 부인할 수 있겠는가? …… 우리가 그대를 파멸시키는 것이 옳다고 생각하기 때문에 그대 역시 우리를 파괴시킬 권리가 있다고 생각할 참인가? …… 그러면 그대는 잘 다스려지는 국가와 유덕한 사람들로부터 도망을 갈 참인가? 그리고 그런 삶이 살 가치가 있는 것인가?75

문명화된 삶을 누리는 과정에서 우발적으로 불의의 [희생물이 될 수 있는—옮긴이] 가능성이 제시되면서 정치적 의무에 관한 진정한 문제가 제기되었다.

그러나 『국가』나 『법률』과 같은 나중의 대화편에서 그런 문제는 '사회에 대한 철학자의 의무는 무엇인가'라는 다른 문제로 대체되었다. 플라톤은 철학자가 의무를 가지고 있으며 오로지 철학자를 적극적으로 양성한 사회만이 철학자에게 그 의무를 이행하도록 강요할 수 있다고 답변했는데, 그런 답변은 정치적 질문에 대한 답변이 아니다. 정치적 의무란 시민으로서 인간에 관련되는 것이며, 따라서 그가 장인이건, 의사건, 철학자건 이는 특별히 문제가 되는 것이 아니다. 예를 들어 의사로서 한 인간은 그의 환자나 '사회'에 의무를 가질 수 있지만, 어떤 경우에도 그것은 정치적 의무가 아니다. 그렇다면, 정치적 의무의 문제는 시민으로서 철학자에 관련된 문제가 아니며, 우연히 철학자일 수도 있는 시민에 관련된 문제이다.

　이미 언급한 것처럼 철학자의 이익과 사회의 진정한 이익은 일치한다는 신념 때문에, 플라톤은 의무의 문제를 철학자의 관점에서 정식화하게 되었다. 일단 모든 계급과 개인의 진정한 이익은 사회와 철학이 더는 반목하지 않을 때 실현된다는 전제가 받아들여지게 되면, 문제는 철학이 사회를 지배하도록, 곧 인간이 아니라 진정한 지식의 원리가 통치하도록 보장하는 것이었다. 그러나 인간에 의한 통치를 피하는 것은 불가능하기 때문에, 모든 사회적 제도, 특히 교육 제도의 주목적은 평범한 인간으로서가 아니라 사심 없는 도구로서 통치할 수 있는 엘리트를 창조하는 것이었다.76 '권력으로 무장한 비전'에 대한 이런 꿈, [철학자들의-옮긴이] 특별한 탁월함과 지식이 전 사회의 선善과 일치하는 작은 집단에 대한 꿈은 정치사상사에서 다양한 형태를 취해 왔다. 그것은 위대한 입법자the Great Legislator에 대한 그리스인의 친숙한 관념에 잠재되어 있었는데, 이런 관념은 신화, 전실 및 기억과 뒤섞여서 정치적 영웅의 전형, 즉 제약받지 않는 위대함이 성취할 수 있는 것과 관련된 상징을 창조했다. 드라콘Draco, 솔론Solon, 리쿠르고스Lycurgus, 클레이스테네스Cleisthenes의 공로로 돌려지는 위대한 업적들로부터, 혜성같이 나타나서 와해되어 가는 폴리스의 삶을 구출해서 이를 새로운 토대 위에 재구축하는 우뚝 솟은 입법자의 모습을 그려 볼 수 있었다.

위대한 정치가에 의해 선한 사회의 이미지가 정치적 실재의 세계로 깊이 각인되어 갈등과 분열이 초래하는 사회를 부식시키는 힘에 거의 무한정 저항하게 된다는 관념은 외견상 플라톤 역시 공유했던 관념이다. 그러나 실제로 그는 이후의 사상에 심대한 영향을 미치게 되는 새로운 요소를 추가했다. 이것은 통치자를 단순히 뛰어난 지혜나 덕을 갖춘 사람이 아니라, "세계의 신적인 질서와 끊임없이 교감하는" 신성하고 무궁한 이데아의 대행자로서 개념화한 것이었다. 그의 임무는 신적인 것과 사회를 중개하고, 인간과 그들의 관계를 변형시키며, 인간 사회를 신적인 견본의 이미지에 따라 다듬는 것이었다. 로고스를 정치적으로 체현한 존재로 통치자를 개념화한 것은 헬레니즘 사상 속에서 부활했는데, 거기에서 왕은 인간에게 새로운 활력*élan*을 주입하고 그들의 공동체를 부활시키는 생명을 부여하는 힘의 전달자로 간주되었다. 통치자란 "그가 성스럽고 신적인 정신을 가진 한 진정한 왕이다. 왜냐하면 이런 정신에 복종함으로써 그는 모든 선한 것을 가져오고 악한 것은 아무것도 가져오지 않기 때문이다"라고 엑판투스 Ecphantus는 선언했다.[77] 에우세비우스Eusebius of Casarea, 아리우스Arian 예루살렘의 키릴로스Cyril와 같은 초기 기독교 사상가들은 훌륭한 통치자는 그의 영역을 신이 우주를 통치하듯이 통치하며, 예수에 의해서 선언된 진리에 자신을 복종시키는 통치자는 사회를 정화하는 성스러운 도구의 역할을 할 수 있다는 식으로 고대의 사상을 진전시켰다.[78]

이후의 정치사상에 비추어 볼 때, 이렇게 헝클어진 실타래의 일부를 분리하고 구별하는 것은 중요하다. 왜냐하면 이후의 모든 사상가가 동일한 방식으로 위대한 입법자나 신성한 통치자를 구상하지는 않았기 때문이다. 마키아벨리나 해링턴James Harrington과 같은 이후의 사상가들은 위대한 입법자라는 오래된 관념을 다시 떠올렸지만, 그들은 입법자를 신성한 이데아의 대행자로서가 아니라 절호의 기회를 만난 지성적인 인간으로 보았다.

> 어떤 인간도 내게 곧게 생겨난 공영체가 비뚤어지게 되는 것을 보여 줄 수 없듯이 어떤 인간도 비뚤어지게 생겨난 공영체가 곧게 되는 것을 보여 주지 않았다. …… 공영체란 한 인간의 작업에 의해 그렇게 된 경우를 제외하고는 좋게 개혁되거나 세워진 적이, 좀처럼, 아니 결코 없다.79

영국의 제임스 1세James I나 그의 입장을 지지한 많은 왕당파적 저술가들과 같은 다른 사람들은 로고스의 중개자로서의 통치자 관념은 물론 지적인 덕을 통해 통치자를 옹호하는 주장을 포기했다. 그들은 신이 우주에서 행사하는 것과 같은 종류의 감독과 통제를 정치적 우주에 펼치고자 왕을 보낸 것이라고 주장하는 데 만족했다. 신과 마찬가지로 왕은 부동의 동인動因, the unmoved mover이었다.

로고스의 표현을 위한 능동적 매개체로서 공동체에 관한 새로운 비전에 위대한 입법자라는 관념을 결합하고자 했던 루소의 시도에서 이런 생각의 많은 가닥이 한데 합쳐졌다. 입법자는 시민들에게 각자는 "그 자신에게 삶과 존재를 부여하는 좀 더 커다란 전체의 부분"이라는 인식을 주입함으로써 로고스를 향한 길을 준비하는 임무를 부여받았다.80 그러나 로고스 자체는 오로지 구성원의 의지를 통해서 표현되는바, 이는 다만 그 구성원의 의지가 일반성의 기준을 충족시킬 때, 즉 개인이 자신의 사적인 자아를 초월하여 사회의 일반적인 선을 의욕할 때만 가능했다. 요컨대, 정치적 질서란 잠재적으로 자기 구원적이었다. 이런 사상은 마르크스가 로고스의 실현을 사회로부터 계급의 차원으로 이전했을 때 새로운 형태를 띠게 되었다. 프롤레타리아트의 승리는 역사에 내재해 있던 진리의 실현을 의미하는 것이었다. 로고스의 실현을 더욱 촉진하는 촉매적 대행자를 발견하는 것이 필수적이 되었을 때, 레닌은 사심 없는 혁명적 엘리트 이론을 내세웠다. 순환은 이제 완성되었다. 왜냐하면 굼뜬 프롤레타리아트를 지도하고 부추기는 레닌의 당 이론에서 우리는 인간에게 그들이 단지 희미하게만 의식하는 로고스를 주입하려고 애쓰는 헬레니즘 사상의 신적인 지도자상의 편린을 발견할 수 있기 때문이다.81

5. 권력의 문제

이런 사유에 대한 플라톤의 관계를 이해하고자 우리는 그로 하여금 철학자를 신적인 진리의 사심 없는 도구로 선택하게 한두 가지 고려 사항을 명심해야 한다. 그 하나는 통치자가 전체 공동체의 이익을 염두에 두고 통치하고자 하지 않는 한 어떤 정치 질서도 오래 유지될 수 없다는 신념이었다. 나머지 하나는 절대적 권력에 대한 플라톤의 깊고 지속적인 의심과 관련되었는데, 이 점은 그의 비판자들에 의해서 자주 간과되었다.82 철학자에게 절대적 권력을 부여하려고 했던 플라톤의 논지는 권력의 유혹이라는 문제에 관한 순진한 생각에서 비롯된 것이 아니었으며, 하물며 국가주의étatisme에 대한 그의 은밀한 갈망에서 비롯된 것은 더더욱 아니었다. 반대로 그것은 공동체의 선과 참주정의 방지라는 전적으로 결백한 두 개의 목적으로부터 나온 것이었다. 철인-정치가라는 인물을 통해 이 두 개의 목적은 조화될 것이었다. 철학자로서 통치자는 공동체의 진정한 목적에 관한 지식을 소유했다. 그는 자신의 주관적인 선호나 욕망에 의해 좌우되지 않는 진리의 하인이었다. 그는 자신이 발견한 진리의 하인이지 자신이 고안해 낸 진리의 하인은 아니었다.83 동시에 통치자의 성품은 철학적인 훈련을 보충하는 여러 가지 영향력, 곧 교육, 가족생활, 생활환경 및 재산에 대한 엄격한 통제에 의해 순화될 것이었다. 이런 것들은 참주를 참을 수 없게 자극하던 권력과 쾌락에 대한 유혹이 전혀 통할 수 없는 사심 없는 통치자를 길러내기 위해 자기부정과 엄격함 속에서 훈련하고자 한 계획의 일환으로 의도되었다.

> ······ 만약 통치의 원리에 대해서 가장 잘 이해하고 있을 뿐만 아니라, 정치꾼들보다도 더욱 고귀한 생활을 영위하며, [정치꾼들이 바라는 것과는 완전히–옮긴이] 다른 종류의 보상을 기대하는 자들이 아니라면 그 밖의 누구에게 나라를 수호하는 임무를 떠맡게 할 수 있겠는가?[84]

플라톤이 시사한 바에 따르면 진정한 난관은 오히려 철학자들로 하여금 영원한 대상에 대한 관조를 포기하고 이제 새로운 임무를 떠맡기 위해 정치의 '동굴'로 내려오도록 설득하는 데 있었다. 그러나 철학자의 그런 [정치 참여에 대한–옮긴이] 망설임이야말로 그의 사심 없음을 증명하는 것이며, 철학에 대한 그의 궁극적인 헌신이야말로 그가 지닌 무사 공평함의 보증일 것이었다. "당신은 당신의 장래 통치자들에게 공직에 있는 것보다 더 좋은 삶의 방식을 보여 줄 수 있을 때에만 비로소 훌륭하게 통치되는 사회를 가질 수 있다."[85] 그러나 철학적 생활의 고상함 바로 그 때문에 미래의 통치자들이 정치적 생활의 우여곡절을 다루는 데 부적합해질 수 있다는 점을 플라톤은 진지하게 생각하지 않았다.

플라톤적 통치자의 덕행은 열정 없는 본성의 산물은 아니다. 철학자는 그 정의상 각 사물의 핵심적인 본성을 알게 될 때까지는 진정되지 않는 '지혜에 대한 열정'을 가지고 있었다.[86] 철학자로서 그의 소명이야말로 '탐욕스러움'이 허용될 수 있는 유일한 소명이었는데, 이는 그가 얻고자 지향하는 선에 관한 지식이 내재적인 한계를 가진 유형의 지식이었기 때문이다. 즉 선에 대한 지식은 그 정의상 악에 대한 지식을 수반하지 않았다. 부와 권력을 갈망하는 사람들과는 달리 지혜를 사랑하는 사람은 동료 시민들과 경쟁하지 않으며 더욱이 자신의 이웃을 희생시켜가며 자신의 목적을 달성하지도 않았다. 그의 욕망은 전체로서의 공동체에 유익한 유일한 욕망이었다. 대부분의 정체에서 정치적 분쟁들이 권력, 공직, 부 및 위광이라는 희소한 재화에 대한 지나친 경쟁으로부터 야기되었는 데 반해, 플라톤적 통치자는 그들의 탐욕적 본능이 무궁무진한 비물질적인 재화인 지식을 향해 있었다. 철학의 영역은 어떤 '정치'도 알지 못했다. 야심이 지혜의 추구로 승화되었기 때문이었다.

철학자가 가진 것으로 상정되는 열정적인 본성은 공동체에 대한 플라톤의 관념에 흥미로운 면을 시사해 준다. 철학자의 지식에 대한 추구는 에로스에 의해 점화되었으며 정화된 영혼의 깊은 갈망은 철학자로 하여금 단지 지식과의 합일을 추구할 뿐만 아니라 비슷한 목적에 헌신하고 있는 사람들과 깊은 유대를 창조했다. 그러나 지식의 추구자들은 공통의 충동에 의해 하나로 통합되는 반면, 사회 전체의 통합은 철학자들이 추구하는 바의 반사적 이익의 결과였다. 따라서 에로스가 철학자를 서로 결합시키기는 했지만 그렇다고 에로스가 철학자를 공동체에 또는 공동체의 성원을 서로 결합시키는 것은 아니었다. 사랑의 관념이 공동체를 상호 결합시키는 힘이 되려면 기독교적 관념인 아가페가 필요했다.[87]

플라톤은 또한 정치가 아닌 철학에 전념하고 있는 사심 없는 통치 집단이 절대 권력의 문제를 해결할 수 있다고 믿었다. 통치자가 비합리적인 방법에 의해 선출된 기존 사회에서 절대 권력은 통치자를 타락시킬 뿐만 아니라 시민들의 품성마저도 타락시키기 마련이었다. 그럼에도, 플라톤적 공동체의 시민은 절대 권력의 행사에 의해서 혜택을 받게 되었는데, 그 이유는, 최종적인 분석에 따르면, 시민은 인격적 권력이 아닌 영구적인 진리의 비인격적인 대행자에 의해서 통제받고 강요되기 때문이었다. 피치자도 "그 자신의 내부의 신적인 요소에 의해 다스려지는 우월한 사람과 마찬가지로 동일한 원리" 아래에 놓이게 될 것이었다.[88] 통치자와 피치자보다 우월한 진리는 그 정의상 양자의 이익에 봉사했다. 그 어떤 사람도 자신의 진정한 이익 이외에 다른 것을 추구하지는 않기 때문에, 그 누구의 의지도, 그것이 이런 이익에 부합하도록 되었을 때, 강제당하는 것은 아니라는 결론이 나오기 마련이었다. 이런 고려에서 나오는 정치적 원리는 정치권력이 지식과 결합하게 되었을 때 정치권력은 그 강제적 성격을 잃게 된다는 것이다. 이런 식으로 정치적 권력은 원리로 승화된다.

또한 이런 주장은 공동체에 관해 몇 가지 중요한 함의를 지니고 있었다. 권력을 원리로 변형함으로써 플라톤은 시민을 그 원리에서 흘러나오는 혜택을 공유하는 사람으로 정의할 수 있었다. 이런 생각은 시민을 폴리스의 권력을 공유하는 자로 보는 아리스토텔레스의 인식과 대조적이다. 플라톤의 구도에는 공유할 권력이란 없었다. 공유할 수 있는 것이라고는 공동체의 구조에 각인된 선의 형상뿐이었다. 플라톤의 이런 논변은 두 가지 결과를 낳았다. 첫째로 시민 개념이 정치적 결정 과정에 의미 있게 참여한다는 관념과 유리되어 버렸다. 둘째로 정치적 공동체 개념, 즉 정치적 방법에 의해 그 내적 갈등을 해결하고자 하는 공동체의 관념은 모든 갈등이 사상된, 따라서 '정치'가 사상된 유덕한 공동체의 관념으로 대체되어 버렸다. 플라톤은 공동체 각각의 성원이, 그의 공헌이 아무리 사소하더라도, 공동체의 이익을 공유할 권리가 있다는 점을 부인하지는 않았다. 그가 부인한 것은 이런 공헌이 정치적인 의사 결정 과정을 공유해야 한다는 주장으로까지 승격될 수 있다는 것이었다.

바로 이 점이 아리스토텔레스가 그의 스승과 갈라서게 된 중요한 결절점 중의 하나였다. 능동적인 통치 집단과 정치적으로 수동적인 공동체 사이에 명확한 경계를 설정한 플라톤의 입장을 거부하면서, 아리스토텔레스는 그 기본적인 구별이 시민인 사람들과 그렇지 않은 사람들이던 아테네 민주정의 현실적인 관행에 더욱 접근하게 되었다. 이런 지적은 아리스토텔레스를 민주정의 옹호자로 만들고자 한 것이 아니며, 다만 정치 공동체란 시민 전체와 같다는 인식으로 아리스토텔레스가 회귀한 것의 중요성을 강조하려는 것이다. 아리스토텔레스의 정의를 따르면 시민이란 입법적이고 사법적인 심의에 참여하는 사람이었다.[89] 참여의 권리는 시민이 정치적 결사의 진정한 목적에 이바지하는 것에서 흘러나왔다. 시민에 관한 아리스토텔레스의 정의가 협소한 플라톤적 정의에서 벗어난 것은 아리스토텔레스가 정치적 공동체에 적합한 선의 다원성의 존재를 인정한 데서 기인했다. 부나 출생은 물론 지식이나 덕도 정치권력에 대한 배타적인 권리 요구의 근거로 옹호될 수 없었다.[90] 비록 선이 다른 어떤 덕보다 우월한 권리 요구를 할 수 있지만, 정치적 결사체의 본성은 자급자족적 전체이며 이런 자급자족의 목적은 다양한 기여를 통해서만 실현할 수 있었다. 따라서 참여에 대한 주장은 공동체의 문명화된 삶에 각 개인이 이바지하는 것에서 나왔다. 하지만 시민의 관점에서 보면, 이런 사고는 더욱 많은 것을 의미했다. 시민의 지위란 그로 하여금 그의 능력을 최대한 계발하도록 허용하는 유일한 결사 형태에 살 수 있는 개인의 권리를 의미했다. 이런 의미에서 참여는 인간의 본성에서 흘러나오는 요청이었다. 아리스토텔레스의 말에 따르면 인간은 시민이 되고자 태어났다.[91]

정치 참여에 대한 플라톤의 비판은 직접적으로 정치적 지식과 정치적 '의견'에 대한 그 자신의 구별에서 나왔다. 플라톤의 척도를 따르면 '의견'은 지식과 그릇된 믿음의 중간에 있었다. 그것은 반[半]진리와 불완전하게 이해된 올바른 믿음의 복합물이었다. 그것은 또한 보통 사람의 머릿속에 떠도는 일종의 조야한 생각을 의미했다. 정치적 결정에 보통 사람이 참여하게 하는 것은 '의견'에 의해 통치되는 정부로 향하는 길을 닦는 것이었다. 바꿔 말하면, '의견'은 정치적 지식의 적절한 형태가 아니었다. 정치적 지식은 오로지 정치에 관한 진정한 학문으로부터 나올 수 있었다.

6. 정치적 지식과 정치 참여

정치 참여에 대한 플라톤의 불신은 무엇이 정치적 지식의 적절한 원천인가에 대한 일정한 관념에 기초하고 있었다. 대중적 참여를 뒷받침할 수 있는 논변을 제기하려면 플라톤의 정치적 지식에 대한 개념이 지나치게 협소하다는 점과, 정치적 결정의 본성에 더욱 부합하는 좀 더 적합한 개념이 좀 더 포괄적인 참여의 개념과 직접적으로 연관되어 있다는 점을 입증해야 할 것이다. 우선 주목해야 할 것은 플라톤이 정치적 지식이 성취할 수 있는 정밀성의 정도를 지나치게 과장했다는 점이다. 정치학이 절대적 지식의 체계라는 믿음은 플라톤이 그 지식의 대상에 지나치게 정태적인 성격을 부여한 것과 밀접한 관련이 있었다. [플라톤에 따르면-옮긴이] 사고의 대상이 변화하고 균형을 결여한 곳에 유효한 지식이란 있을 수 없었기 때문이다. 반대로 사유의 진정한 대상은 고정적이고 불변적이며 균형적이었기 때문에, 사유가 절대적인 정밀성과 정확성을 성취하는 것이 가능했다. 그러나 정치적 지식의 절대적인 성격에 관한 플라톤의 주장은 정치나 정치적 상황에 관한 면밀한 검토의 결과로 나온 것이 아니라 수학이나 의학·직조·도선술導船術과 같은 숙련된 기예에 대한 성찰에서 나온 것이었다. 그렇다고 다른 논자들이 말한 것처럼 플라톤이 전적으로 정치적 경험에 무지했다고 말하는 것은 아니다. 왜냐하면 이런 평은 플라톤이 개인적으로 당대의 정치적 인물들이나 문제에 대해서 친숙했을 뿐만 아니라 그런 플라톤의 경험이 대화편들의 많은 논쟁에서 재생산되고 있다는 점을 무시하는 셈이 될 것이기 때문이다. 그 대신, 우리의 주장은 절대적으로 타당한 정치철학에 대한 그의 관념이 일차적으로 정치 현상의 본성에 의해서 형성된 것이 아니었다는 지적이다. 그것은 과학·수학·의학에서 성취된 괄목할 만한 정밀성에 의해 고무되었다. 그러나 특정한 분야에서 가능한 정확성은 그 분야 연구 대상의 본성에 의해 제한된다고 주장한다면, 일정한 겸허함이 따르게 된다. 정치 사상사의 그 어느 시기에도 이런 논점이 플라톤의 위대한 제자[아리스토텔레스—옮긴이]에 의해서처럼 명료하게 지적된 적은 없었다.

> 우리의 논의는 허락하는 만큼의 명료성을 가지면 충분한 것이다. 왜냐하면 모든 공 작품에서와 마찬가지로 모든 논의에서 똑같은 정도의 정밀성을 구할 것은 아니기 때 문이다. 그런데 정치학이 연구하는 훌륭하고 올바른 행동에 관해서는 다양한 의견이 분분하다. …… 그러므로 우리는 이와 같은 주제를 이와 같은 전제를 가지고 논술함 에 있어서 진리를 대략적으로 그 대강을 지적하는 것으로써, 그리고 개연적인 또는 대부분의 경우에 진실인 일들을 개연적인 전제를 가지고 논술함에 있어서 개연적인 결론에 도달함으로써 만족하지 않으면 안 된다. …… 무릇 교육받은 자는 각 사물의 집단을 연구함에 있어 그 주제의 본성이 허용하는 한도 내에서 정밀성을 추구하는 것이 합당하다. 수학자에게 개연적인 추리를 받아들이라고 하는 것이나 수사학자에 게 과학적 논증을 요구하는 것은 똑같이 어리석은 일임이 명백하다.92

아리스토텔레스의 진술은 성장, 변화, 운동을 강조하는 철학의 맥락에 비추어 음미할 때 더욱더 의미심장하다. 아리스토텔레스의 우주는 그 안에 목적인目的因, telos이 커다란 위상을 차지하지만 그래도 그것은 잠재적 역동성dynamis의 개념으로 요약되는 긴장과 투쟁으로 충만한 우주였다. 자연 그 자체는 일단 "공간의 측면에서 혹은 성장과 쇠퇴의 측면에서 또는 변화의 과정에서 나타나는 운동과 정지에 대한 원리"로 정의되었다.93 이런 틀 안에서 정치학은 자연을 보조하고 완성하는 기예로 인식된다. 그렇지만 동시에 정치학은 순수히 이론적인 학문이 아니라 실천적인 학문이었다. 그 목적은 행위이며, 변화·우연성·우발성이 내포된 상황에서의 행위였다.[94] 정치 이론에서 수학적인 엄밀성을 기대하는 것은 어리석으며 정치학 전문가를 절대적인 권력으로 무장시키는 것은 위험한 오만의 발로였다.[95]

정치학의 불완전성이 일단 확립되면 플라톤적 입장을 다른 각도에서 의문시하는 것이 가능해진다. 플라톤은 적합한 정치적 지식은 오로지 훈련된 엘리트가 소유한 지식이라고 주장했다. 한편으로, 이 입장은, 전문적 지식이란 소수의 전유물이기 때문에, 공박할 수 없다. 그러나 문제는 이보다 훨씬 복잡하다. 문제는 전문적 지식이 정치적 판단을 내리는 데 있어 유일하게 적합한 지식의 형태인가라는 점이다. 그렇다면, 문제는 정치적 판단의 본성으로 귀착한다. 정치적 판단의 기준들은 무엇인가? 이런 기준들은 두 가지 종류의 정치적 지식, 즉 대중적 지식과 전문적 지식이 양자 공히 정치적 판단에 적합하고 그중 어느 하나만으로는 충분하지 않다는 점을 받아들일 것을 요구하는가?

우리가 플라톤의 '의견' 개념으로 돌아가 이를 재음미해 보면, 이런 질문들에 대한 답변이 제시된다. 우리가 주목한 것처럼, '의견'에 대한 플라톤의 적개심은 진정한 정치적 판단이 영원한 형상에 대한 특별한 통찰력에서 나오는 것이라는 확신과 밀접하게 결부되어 있었다. 이런 플라톤의 생각과는 반대로 여기서 우리의 주장은 그것이 정치적 판단의 유형이 전혀 아니라는 것이다. 문제는 불변하는 진리의 존재라든가 인간이 그런 원천으로부터 판단할 수 있느냐 하는 것이 아니라 이런 종류의 진리나 지식이 정치적 결사가 갖는 특유한 본성과 적절한 관련이 있느냐이다. 정치적 결사의 주된 기능 가운데 하나가 그 구성원들의 계획이나 소망, 요구 사항이 충돌하는 상황에서 '공적' 판단을 내리는 것이라면, 그리고 그와 동시에 그 결사체가 그 구성원 간에 공동체 의식을 유지하기를 원한다면—바꿔 말하면, 그

112

것이 복지well-being의 공동체일 뿐만 아니라 귀속belonging의 공동체이고자 한다면—그렇다면 거기에는 필연적으로 명확히 규정된 절차가 있어야 하며 그것을 통해 구성원의 '의견들'이 그 공동체에 영향을 미치는 결정에 수용되어야 한다.

잠재적으로 의견들은, 만약 그것들이 구성원들의 입장에서 소속감을 표현하는 것이 될 수 있다면, 그 사회의 정치성politicalness을 고양하는 수단이다. 정치적으로 매우 중요한 것은 개별 구성원이 그의 개인적인 필요나 희망을 개진한다는 것이 아니라 그가 '공적인' 의견을 표현한다는 사실이다. 이는 그 구성원이 자신의 개인적인 삶이 정치사회의 운영과 연루되어 있다는 것을 깨닫게 됨으로써, 바꿔 말하면 그가 개인적으로 근심하는 것과 사회가 일반적인 목표와 목적으로서 추구하는 것과의 관계를 인지함으로써 가능하다. 사적인 것과 공적인 것, '특정한' 의견과 '공적인' 의견 간의 관련성을 이렇게 인식하는 것은 정치적 의식을 향한 최초의 서투른 걸음마를 의미하는데 이는 구성원들로 하여금 사적인 욕구, 불만이나 소망을 공적인 방식으로 말하라고 요구하기 때문이다. 바꿔 말하면, 의견은 그것이 개인의 단순히 사적인 관심 차원을 넘어설 때 일반적인 것과 연루될 수 있고, 공통적인 문제로 제시될 때 비로소 정치적으로 적합해진다.

'의견'의 역할에 대한 이런 생각은 문명사회에서 통치 업무의 가장 중요하고 어려운 과제 가운데 하나가 공직과 권력, 사회적 인정과 위광, 부와 특권 등과 같은 다양한 재화를 분배하는 것이라는 아리스토텔레스의 통찰을 수용함으로써 더욱 확대될 수 있다.96 정부의 분배적 역할에 의해 제기되는 질문은 분배에 관한 판단은 어떤 요소를 고려하여 내려져야 하는가이다. 공동체의 '의견들'이 긴요한 요소여야 한다고 주장할 때, 중심적인 쟁점은 이런 의견들의 진위를 둘러싸고 제기되는 것이 아니라 공동체 전체에 적용되어야 할 판단에 요구되는 특별한 종류의 합리성을 두고 제기된다.

그렇다면, 정치적 판단을 지배하는 기준이란 무엇인가? 어떤 특성이 '정치적' 판단을 다른 판단과 구별하게 하는가? 이런 질문들에 답변할 수 있는 한 가지 방법은 수식어인 '정치적'이라는 말이 서구 정치사상의 전통을 통해, 많건 적건, 일관된 의미를 유지해 왔는가를 묻는 것이다. 나중의 논의에서 실제로 그래 왔다는 점을 제시하겠지만 여기서는 '정치적'인 것이 공적인 것을 지칭하고자 반복적으로 사용되었다는 점을 지적하는 것으로 충분하다. 판단의 '공적인' 성격은 두 가지 의미를 지녀 왔다. 첫째로 일정한 판단, 정책 또는 결정은, 그것이 권위 있는 사람 또는 사람들에 의해, 즉 공동체가 인정하는 권위에 의해 표현될 때, 진정 공적인 것으로 간주되었다. 둘째로 일정한 판단은, 그것이 일반적인 성격을 가지는 것으로 나타날 때 진정 공적인 것으로 받아들여져 왔는데, 이는 오로지 일반적인 것만이 전체로서의 사회에 적용될 수 있기 때문이다.

이제 일반성에 대한 추구는 더욱 심화된 기준으로 곧장 나아가는데, 이는 일반적인 정책이나 판단의 정식화는 모두에게 대략 동일한 방법으로 적용될 수 있는 규칙을 발견하고자 하기 때문이다. 그러나 인간과 상황은 아주 다양해서 그런 시도를 포기해야 하거나 아니면 정식화가 다소 조야하거나 과도하게 단순화될 수밖에 없다. 이것이 정치적 판단의 기본적인 딜레마이다. 다양함이 충만한 상황에서 어떻게 공통의 규칙을 만들어 낼 것인가? 그런 딜레마를 극복할 수는 없지만 가능한 것은 판단의 투박성을 완화하는 것이다. 이런 희망이야말로 '정치적 포괄성'이라는 세 번째 기준을 고무해 왔다.

정치적 포괄성이라는 기준을 충족시키려면 특정한 판단은 다음과 같은 질문에 비추어 평가되어야 한다. 그 판단은, 사실의 측면에서 가령 활동적인 사회 집단의 태도나 전략, 여러 경제적 관계의 상태, 그리고 그 밖에 정치적으로 관련된 요인들과 같은 정치적 세력의 실제 경향을 주의 깊게 고려하는가? 그리고 그 판단은 그 사회의 주요 집단들이 수용하는 지배적 가치들과 부합하는가?

이런 절차들은 명백히 정치적 판단에서 편의expediency의 요소를 강하게 권장하는데, 편의라는 말은 통상적으로 적어도 일말의 부도덕한 성격을 띠는 것으로 여겨진다. 즉 그것은 정당하다고 알려진 기준에서 이탈하는 것을 의미한다. 정치적 판단이 이런 의미에서 편의의 요소를 포함한다고 인정하더라도 문제는 '왜 그것이 그렇게 자주 일어나는가?' 하는 것이다. 하나의 답변은 정치적 행위자들이란 도덕의식이 무디며, 권력과 명성을 유지하기 위해 도덕적 순수성을 기꺼이 포기할 용의가 있다는 것이다. 그러나 이것은 빈약한 설명이다. 왜냐하면 이는 정치적 행위자들이 진지하게 올바른 행위를 추구하지만, 다른 고려 사항이 개입하게 되는 것을 발견하기 때문에 느끼는 고뇌를 부당하게 취급하기 때문이다. 내가 여기서 주장하고자 하는 점은 편의라는 요소가 주로 다양함이 충만한 상황에서 획일적인 규칙을 정립하고자 하는 오래된 문제의 산물이라는 것이다. 정책에서 자주 양보와 수정이 일어나는 것은 바로 이 때문이다. 그 이유는 단순히 사회의 곳곳에 퍼져 있는 다양성과 차이를 민감하게 반영하는 정책을 정립하는 것이 좋기 때문이 아니라, 오히려 정치사회는 행동하는 동시에 공동체로 남아 있고자 하기 때문이다.

이런 고려들은 우리로 하여금 정치적 결정과 정치적 참여 혹은 시민됨과의 관련성을 명확히 볼 수 있도록 한다. 시민들이 사회의 정치과정에 참여하는 수많은 활동은 결정의 포괄성과 일반성에 이바지한다. 그런 활동들은 사회에 존재하는 차이를 표현하는 방법이며, 좀 더 많은 정보를 가지고 판단을 내릴 수 있도록 한다. 그러나 유감스럽게도 이것이 행위의 문제를 해결하는 것은 아니다. 왜냐하면 부인할 수 없는 사실은 어떤 중요한 공공정책이나 공적인 판단도 어떤 사람들에게 다른 사람들보다도 직접적으로 더 많은 혜택을 주는 것이 불가피하기 때문이다. 예컨대 학교 어린이들을 위한 무료 급식 프로그램은 그 계획을 뒷받침하고자 세금을 내는 독신 남자들보다는 아이들이나 그 가족들에게 직접적으로 많은 이익을 제공한다. 플라톤과 아리스토텔레스 모두 인식했듯이 정치적 결정이, 영향을 받는 개인과 집단을 똑같이 다룬다는 의미에서 일반적인 결정인 경우는 드물다.[97] 가난한 사람들에 대한 공적 보조금과 같은 혜택 또는 세금이나 군 복무와 같은 부담에 관련된 정책들은 필연적으로 일종의 차별적인 분류 체계에 근거해야 한다. 이런 견해에서 볼 때 차별은 일반적인 동의를 필수적인 선행 조건으로 요구한다. 그 동의는 정치적 기예로 하여금 '합리적인' 분류 체계, 즉 기술적인 문제뿐만 아니라 정치적 결과도 잘 고려한 차별 계획을 고안할 수 있도록 하는 데 필수적인 묵인acquiescence을 제공한다.[98] 참여야말로 동의나 정치적 합의의 영역을 확립하는 기본적인 방법이다.

이런 이유로 근래의 어느 학자처럼 "동의는 평화를 가져올 수는 있지만 진리를 낳을 수는 없다"고 주장하는 것은 어리석다.[99] 참여로부터 나오는 동의는 진리의 상징이 아니라 아노미적 힘에 대항하는 필수적인 제방堤防을 형성하는 귀속감의 구체적인 표현으로 의도된 것이다. 정치적 측면에서 공동체란 진리가 아니라 합의에 의해서 그 결속이 유지되는 것이다. 사회가 이루어 내는 합의의 범위와 성격은 그 사회가 내리는 특정한 결정들에 강력하고 종종 결정적인 영향을 미치며 '객관적인' 또는 순전히 기술적인 판단이 요구하는 것과는 수단과 목적에서 상이한 조정을 초래한다. 이 점은 '진정한' 철학적 혹은 신학적 명제에 따른 판단과는 상이한 성격을 정치적 판단에 부여한다. 대체로 정치적 판단은 통상적으로 '사법적' 성격이 있다. 즉 그것은 대체로 상반되는 주장에 관한 판단을 내포하며, 그 주장들은 모두 일정한 타당성을 가지고 있다. 아리스토텔레스가 현명하게 지적했듯이, 단 하나의 어떤 주장이 나머지 모든 주장보다도 타당하고 고귀한 것으로 받아들여지는 상황에서는 정치적 판단의 문제가 일어나지 않는다. 그런 상황의 결과는 정치적 결사가 일종의 계엄 상태로 대체되는 것이다.100 그러나 일단 정치적 결사체가 많은 다양한 부분의 복합체로 정의된다면, 그리고 이런 '부분들'이 상이한 의견·이익·주장을 가질 것이라는 사실이 허용된다면, 판단의 정치성은 다양성에 대한 감수성에 의존하게 될 것이다. 바꿔 말하면 정치적 판단은 그것이 공적일 때 '진정하며', 그것이 정치의 외부에 있는 모종의 표준에 일치할 때는 공적이지 않다.

7. 통일성의 한계

정치적 판단의 본성이 그러하다면, 정치적 지배의 기예와 그것의 통일성에 대한 관계를 상당히 다른 각도에서 조명할 수 있게 된다. 플라톤은 총체적 통일성을 고집했다. 『국가』에서 통일성은 일차적으로 통치 집단을 결속하는 지혜와 덕에서 나와 사회 전반으로 흘러나갔다. 통일성의 두 번째 큰 원천은 각 개인에게 부여된 기능의 질서 정연한 구조에 의해 제공되었다. 『법률』에서도 총체적 통일성이라는 목적은 여전히 남아 있었으나, 통일성을 부여하는 힘을 사회 전반으로 흘려보내는 전달체로서 소수의 엘리트 집단에 의존하는 것은 『국가』에서보다 약화되었다. 수정함이 없이 보존되어야 하는 세부적인 법률적 규정에 의해서 인간 삶의 전체 영역은 통일성을 향하는 형태를 부여받아야 했다. [총체적 통일성을 달성하는 -옮긴이] 방법에서 두 대화편의 차이는 접근 방법상의 본질적인 유사성을 파괴하지 않는다. 두 경우 모두 통일성은 위에서 부과된 비전의 산물로 개념화되었기 때문이다. 선의 비전은, 그 소재가 철인-정치가에 있건 법률이라는 직물에 씌어 있건,

통치자가 가진 기예의 목표가 영혼을 양육하는 것이라고 선언했는데, 이런 목표는 오로지 공동체가 한 가지 느낌과 정서를 가질 때만 성취될 수 있었다.

통일성에 대한 플라톤의 개념은 아리스토텔레스에 의해서 단순한 동음 unison을 화음harmony으로 착각한 것이라는 이유로 비판받았다. 아리스토텔레스가 현명하게 지적한 것처럼, [플라톤적인 – 옮긴이] 정치적 결사체는 지나치게 통일이 되어 더는 정치적 결사체가 아니다.101 비록 아리스토텔레스가 정치적 공동체는 최고의 선을 지향해야 한다는 본질적으로 플라톤적인 믿음을 포기하지는 않았지만, 중요한 점은 이런 믿음이 공동체가 인정하고 촉진해야 할 다른 선이 있다는 관념을 또한 수반했다는 것이다. 이런 견해에 따르면 정치적 기예는 전체의 자급자족성에 이바지하는 다양한 선을 결합하고 중재하는 임무와 관련되어 있다. 따라서 정의正義가 정치적 결사체에 질서를 부여하는 원리로 남아 있었지만, 정의 자체는 확장되어 정치적 조정의 관념까지 포함하게 되었다.102 정치적 기예는 광범위한, 타당한 주장들을 화해시키는 임무와 관련되어야 했다.

아리스토텔레스가 도달한 논점에서 더 나아가 정치 질서가 각 구성원의 영혼을 보살펴야 한다는 부담을 지게 될 때 정치 질서에 불가능한 임무를 부과하는 것은 아닌지 우리가 묻기 전에, 앞의 논의에 함축된 정치적 통일성의 관념을 명확히 하는 것이 우선 필요하다. 사회가 그 연대를 표현하고 합목적적으로 활동하기 위해서는 일련의 공통된 가치와 목적이 필요하다고 강조한 점에서 플라톤은 옳았다.103 그러나 이런 통일성이 삶의 모든 측면으로 또는 심지어 삶의 모든 중요한 측면으로 확대되어야 한다는 결론이 이로부터 자동적으로 나오는 것은 아니다. 요컨대, 플라톤은 그렇게 생각하는 경향을 보였지만, 통일성은 획일성uniformity과 동의어가 아니다. 통일성의 정치적인 중요성은 그것이 기본적으로 사회의 에너지를 절약한다는 점이다. 가령 종교나 경제 제도, 아니면 정치적 권리의 영역에 존재하는 통일성은 동의의 영역 또는 적어도 수용의 영역이 존재한다는 것을 상정하는바, 이런 영역의 존재는 사회의 부담을 덜어 준다. 따라서 주어진 사회는 그 에너지와 관심을 불일치와 갈등이 존재하는 문제 영역에 집중적으로 투입할 수 있다. 약간 다르게 표현한다면, 동의의 영역은 국가 통치술의 토대를 제공하며, 정치적 권위로 하여금 어떤 문제들이 일시적으로 해결되었다는 안도감과 함께 불협화음이 일어나는 영역을 다루도록 허용한다. 이 비유를 약간 변형하여 우리는 통일성이 가져오는 또 다른 공헌을 지적할 수도 있는데, 통일성은 합의의 영역에서 불일치의 영역으로 건너가는 디딤돌 역할을 한다는 것이다. 일정한 사안에 대해서 합의하는 사회는 그 합의를 토대로 좀 더 논란이 많은 문제를 취급하는 정책을 받아들일 가능성이 크다. 이런 식으로 통일성은 정부가 책략을 펼칠 수 있는 일정한 공간을 제공한다. 일정한 통일성이 존재할 때, 정부는 집단들의 지속적인 요구를 조정할 수 있는 정교한 기예에 매진하고, 민감한 영역들을—즉 공동체성이 훼손되지 않으면서도 '양보할' 수 있는 영역이나 특정 집단들이 여타 사회와 합의하고 있는 사항이 많기 때문에 마음에 들지 않는 정책이지만 관용할 수 있는 영역을—신중하게 탐색하는 작업을 시도할 수 있게 된다.

마지막으로 통일성은 정치적 기예가 가장 달성하기 힘든 과제, 즉 행동해서는 안 되는 시기—조용히 있는 것을 동요시키지 말라*quieta non movere* —에 관한 지식에 필요한 전제 조건을 제공한다. 인간의 여느 조직과 마찬가지로 정부는 제한된 양의 에너지만을 가지고 있다. 정부가 지나치게 팽창하거나 너무나 많은 일을 벌이려고 시도하면, 정부는 이내 무기력해진다. 이것은 국가 통치술의 항구적인 임무 가운데 하나가 기본 골격—변덕스러움을 어느 정도 가능케 하는—을 위태롭게 하지 않으면서도 불일치, 갈등, 다양성이 관용될 수 있는 지점을 찾아내는 것이라는 점을 의미한다.

달리 말하면, 어떤 사회든지 불완전하게 통합된 특정한 개체들의 집합이다. 후일 홉스가 지적했듯이, 재화의 희소성이라는 상황에서 개인과 집단이 갖는 특정한 목적들의 상호작용은 불가피하게 갈등으로 귀결되기 마련이다. 재화의 희소성과 나란히 재화의 상대성이 존재한다. 부, 지위, 특권은 비교에 입각하지 않으면 아무런 의미가 없다. 예컨대 프롤레타리아트나 귀족이 없는 상황에서 부르주아지는 존재하지 않으며, 세금*gabelle* 없이는 영주권*droit de seigneur*도 없다. 사회적 재화의 상대성은 오로지 기존 기대치의 보존이나 새로운 요구의 만족에서 불리한 집단의 희생을 통해서만 가능한 상황을 창출한다. 더욱이, 갈등의 원천은 플라톤의 시대나 우리 시대에도 여전히 작용하는 다른 요인들에 의해 확대된다. 서구 사회의 다양한 발전 단계에서, 서구 사회는 어느 누구도 계획하거나 의도하지 않았던 긴장과 격변으로 시달려 왔다. 고대 그리스에 나타났던 것과 같은 누적적인 혼란들—전쟁, 식민지 건설, 재정 변화, 기술 혁신, 경제 불황, 계급 변화, 상이한 문화와의 접촉으로 말미암은 불안—은 사회에 이미 존재하는 긴장과 대립을 악화하는 데 일조했다.

이런 점들을 고려할 때, 정치를 위한 '논리'를 대립적인 요소에 의해 훼손되지 않는 통일성의 개념으로부터는 말할 것도 없고, 미*美*, 고정성 혹은 조화와 같은 플라톤적 범주로부터 도출할 수 있는 가능성은 극히 희박하다. 정치적 논리의 최종적인 항목이란 이미 증명이 완료된 것이 아니다. 왜냐하면 최종성이란 정치적 해답의 가장 모호한 속성이기 때문이다. 정치적 판단이 다루어야 하는 문제의 순서는 갈등의 상황에서 잠정적인 안정을 성취하는 것과 관련되어 있다. 그러므로 적절한 정치적인 논리는 유동적이고 갈등에 차 있는 상황에서 나타나는 대립물과 불균형을 해결할 수 있도록 그 골격이 구성되어야 한다. 그것의 수호신은 [일정한 규격에 모든 것을 짜맞추고자 하는-옮긴이] 프로크루스테스*Procrustes*가 아니라 [갖가지 모습으로 나타나는 변화무쌍한 바다의 신인 – 옮긴이 프로테우스^{Proteus}이다.

이런 종류의 논리는 서구 정치사회가 보여 준 충분한 증거에 의해서 그 타당성이 입증될 것인데, 이런 증거들은 대립과 갈등이 사회에 필수적인 최소한도의 통일성을 파괴하지 않은 채 거의 무한정으로 공존해 올 수 있었다는 명제를 뒷받침한다. 같은 사회의 인간들이 신의 본질, 경제적 보상의 분배, 정치제도 및 선의 본질에 관해서 의견의 일치를 보지 못했음에도 불구하고 그런 갈등이 항상 사회적·정치적 격변을 발생시키지는 않았던 것이다. 그 이유는 두 가지인데, 원심적인 힘을 상쇄할 수 있는 실질적인 합의 영역의 존재와 갈등을 가능한 최소한도의 범위로 국한할 수 있는 통치자의 능력이다. 후자의 논점을 좀 더 부연하자면, 정치적 통치는, 단순히 갈등을 억압하는 정책을 따를 경우 장기적으로는 덜 효과적인 경향이 있다. 정치적 통치는, 그것이 잠재적인 갈등의 원천들이 서로 상승 작용을 하는 것을 예방하는 정책을 추구할 때, 가장 성공적이었다. 위험한 순간은 경제적 갈등, 정치적 불평, 또는 종교적 불협화음이 존재할 때가 아니라 16세기 종교 전쟁들이나 그다음 세기 영국의 내전기에 그랬던 것처럼 이런 불만들이 한군데로 수렴할 때이다. 그렇다면, 통치의 기예는 일시적인 안정과 부분적인 종합을, 즉 여러 사회적 세력들의 균형을 잡는 한편 나머지는 조심스럽게 관용하는 것을, 목표로 해야 한다. 정치가의 기예는 불완전한 것을 다루는 기예이다. 이런 이유로 총체적인 통일성의 비전을 부과하는 플라톤적인 통치자 개념은 통치자의 기예로서 치명적인 약점이 있다. 비전의 완전함 그 자체가 그것이 확보하고자 하는 통일성을 치명적으로 약화시킬 극단적인 반발을 야기하는 필연적인 경향이 있기 때문이다. 철학적이고 종교적인 차이가 이단이 되고 정치적 분쟁은 선동의 신호가 되며 경제적 갈등이 덕과 악덕 간의 투쟁이 되어 버릴 것이다. 동시에 그런 갈등의 해결은 통일성이 그 기반을 두고 있다고 상정되는 특수한 지식 때문에 더욱 어려워질 것이다. 소수만이 접근하고 소유할 수 있는 어떤 지식이 동시에 공동체 전체를 결속시키는 필수적인 유대에 봉사할 수는 없다. 공동체를 하나로 끌어 모으는 믿음의 원리들은 공유되어야 하며, 그것들은 '공적인' 종류의 지식이어야 한다.

8. 플라톤의 모호성

이제까지 플라톤의 정치사상을 선택해서 정치 현상에 대한 특정한 시각을 조명해 왔다. 플라톤을 일종의 '전형'으로 활용하는 과정에서 필연적으로 일정한 정도의 왜곡이 가해졌다. 왜냐하면 그처럼 미묘하고 그처럼 아이러니와 시詩로 가득 차 있는 철학은 그 주요 경향에 반하는 굴곡과 돌출로 수놓아지지 않을 수 없기 때문이다. 연구자들이 저지를 수 있는 가장 큰 실수는 플라톤이 아퀴나스나 홉스처럼 엄격하고 딱딱할 정도로 체계적인 사상가라고 전제하는 것이다. 플라톤에게서 우리는 나름대로 회의, 모호성, 번민에 찬 딜레마를 충분히 갖춘 사상가를 대면한다.

> …… 하나는 이미 죽어 버린, 다른 하나는 새로 태어날 힘이 없는, 그런 두 세계 사이를 방황하는 ……. 104

우리는 플라톤이 정치권력의 남용에 관해 아주 생생한 두려움으로 괴로워했다는 점을 이미 지적했다. 그가 모든 악 중에서 최대의 악이란 불의를 저지르는 것—전체주의자로 평판이 난 인물로서는 이상한 입장이지만—이라는 주제를 때때로 반복해서 강조했을 때, 분명히 그는 이 점을 크게 염두에 두고 있었다.105 또한 플라톤이 고안한 '제왕적 허구'royal fiction*나

거짓말을 그의 입장에서는 속임수에 의존함으로써 폭력의 사용을 제한하고자 한 시도였다고 해석하는 것도 가능하다.

전반적으로 말할 때 플라톤의 저작들은 전제 정치에 대한 꾸밈없는 변호*apologia*가 아니며, 미처 해결되지 못한 모순들을 지닌 사상 체계이다. 그는 철학만이 사회에 행복을 가져다줄 수 있는 구원의 지식을 담고 있다고 확신했지만, 동시에 지식은 그가 가장 혐오하는 방법에 의해서만 즉 권력의 활동에 의해서만 실천에 옮겨질 수 있다는 것을, 고통스럽지만, 인식하고 있었다. 그는 이런 두 믿음을 철인왕이라는 관념으로 해결하고자 했지만, 그는 거기[철인왕─옮긴이]에 미치지 못하는 배치는 무엇이든 그것에 관해 강한 우려를 지니고 있었다. 그는 권력의 의미를 지나치게 잘 알고 있었기 때문이다.

『법률』에서 그런 우려는 더욱 두드러지게 나타난다. 이전과 마찬가지로 지식에 대한 필요성은 절박하게 표현되지만, 그것은 지적인 추구를 포함한 모든 사안에서 절제의 가치에 대한 커다란 강조를 수반한다.

> …… 만약 어떤 것에 너무 큰 힘을 주거나, 배에 너무 커다란 돛을 달거나, 몸에 너무 많은 음식을 주거나, 마음에 너무나 많은 권위를 주면서 중용을 준수하지 않으면, 모든 것이 전복되며, 과잉의 분방함 속에서 한때는 무질서로 질주하고 다른 때는 부정의로 질주하는데, 이런 것이 과잉의 산물일세. 친애하는 벗들이여, 내가 말하고자 하는 의미는 젊고 무책임한 인간 중에서 자의적인 권력의 유혹을 견딜 만한 영혼은 결코 없다는 것이네.106

이런 테마는 민주적 자유와 1인이나 소수에게만 발견되는 지혜의 혼합

---

* [옮긴이] 제왕적 허구는 『국가』에 제시된 계급 구성을 정당화하기 위해 고안된 금·은·동 신화를 가리킨다.

물인 폴리스의 헌법에도 반영되어 있다. 경험으로부터 나오는 지식도 일정하게 받아들여진다. 대중의 의견을 충족시키고자 약간의 제스처를 취할 필요성, 좀 더 확대된 정치 참여의 개념과 행정관의 책임성이라는 원리도 일정하게 수용된다. 불행하게도 이런 모든 경향은 법적인 통제의 숨 막힐 듯한 엄격함 그리고 철인 통치자가 [일종의 원로원인 – 옮긴이] 야간위원회Nocturnal Council의 형태로 재출현하는 것에 의해서 상쇄되었다. 『법률』에 묘사된 정치체제는 예우상, 어느 한 논자가 제의한 것처럼, 법치국가Rechtsstaat라고 부를 수도 있겠지만, 얼어붙은 법치국가라고 부르는 것이 더욱 정확할 것이다.

　가장 주목할 만한 모호성은 구원을 담은 지식의 약속으로 한껏 밝아진 장면이 본질적으로 비극적인 테마가 낯선 방문객처럼 출현함으로써 어둡게 물들여지는 데서 나타난다. 인간 이성이 절대적이고 불변적인 진리를 달성할 수 있다는 확신과 더불어 등장하는 것은 그와 모순되는 확신—일단 인간이 실천과 이론을 결합시키자마자, 완벽한 본이 현실의 제도에 구현되자마자, 쇠퇴의 필연적인 과정이 시작된다—이다. 인간의 작품은 감각적인 피조물이 겪게 마련인 해체의 오욕을 피하는 데 무력했다.107 창조, 몰락 그리고 해체의 순환은 세계를 지배하는 철칙이며, 아주 드물게만 인간의 기예는 짧은 순간 동안 불멸성의 외관을 창조하려 개입할 수 있었다. 『국가』에 그 대강이 제시된 최선의 정치 질서마저도 그런 운명에서 벗어난 것은 아니었다.

> 그렇게 구성된 나라가 쉽게 동요하지는 않겠지만, 그럼에도 생성된 모든 것은 쇠퇴하기 때문에 이와 같은 구조도 영원토록 지속하지는 못하고, 해체될 것이네.108

　플라톤 정치철학의 결론적인 어조는 인간이 시간에 굴복하지 않는 정치체를 만들 수 있다는 무한한 오만함이 아니라, 궁극적으로는 패배할 수

밖에 없다는 선견지명으로 순화된 영웅주의이다. 그것은, 셸리Percy Bysshe Shelly의 표현에 따르면, '시간을 경고하는 영원성'Eternity warning Time이다.

제3장

제국의 시대 : 공간과 공동체

소크라테스여, 당신은 애들을 데리고 테살리아Thessaly로 도망가서
그들이 아테네 시민권을 잃도록 할 작정인가?　　　　— 플라톤

나는 그리스의 시민이다.　　　　　　　　　　— 리시아스Lysias

당신은 우주적 세계the universe의 시민이다.　— 에픽테투스Epictetus

1. 정치적인 것의 위기

　근래에 학자들은 도시국가라는 좁은 통일체를 넘어서지 못한 고대 정
치사상의 실패에 대해 이미 많은 것을 논해 왔다. 플라톤과 아리스토텔레
스의 사상은 이 작은 정치적 실체의 운명에 너무나 밀접하게 결부되어 있
어서, 폴리스가 마케도니아와 로마라는 거대 제국에 자리를 내주게 되었을
때, 그들 사상의 편협한 가정들이 드러났다고 주장되곤 했다. 그 가정들이
란 인구의 인종적 동질성, 정치 공동체의 적절한 규모, 소수의 일부 계층에
게만 정무政務에 종사할 수 있는 충분한 여가를 허용할 수 있었던 사회구조
등에 대한 가정들을 말한다. 삶의 조건이 제국의 시대로 변화된 상황에서

이런 기초적인 가정들이 고대 정치사상을 치유 불가능할 정도로 도시에 국한된 것으로 만들었다는 데 대해서는 의문의 여지가 없다. 후일 이에 비견되는 비판이 루소에게 제기되기도 했다. 루소는 국민국가가 곳곳에서 위력을 발휘하기 시작하는 바로 그런 시대에 제네바 도시국가에 기반을 둔 정치적 모델을 선호했다고 비난받았다. 하지만 루소와 플라톤, 아리스토텔레스에 대한 이처럼 안이한 비판은 핵심을 놓치고 있다. 이 정치사상가들이 제기한 본질적인 질문들은 다음과 같은 것들이었다. 정치적 공간의 경계는 과연 얼마나 멀리 확장될 수 있는가? 시민 - 참여자라는 관념의 농도가 인구 증가로 말미암은 희석을 과연 얼마나 감당할 수 있는가? [정치적 - 옮긴이] 결정의 '공적인' 성격이 과연 얼마나 희석될 때 정치적 결사는 더 이상 정치적이기를 중단하는가?

이런 식으로 바라볼 때, 플라톤과 아리스토텔레스의 정치사상은 국지적이라는 이유로 손상을 입기보다는 너무나 강력하게 정치적이라는 이유로 손상을 입는다. 그들이 염두에 둔 결사체는 몇 가지 이유에서 '정치적'이었다. 그 결사체는 다른 어떤 결사체도 충족시킬 수 없는 필요에 봉사했다. 그것은 개인이 다른 사람들과 공동의 삶을 영위한다는 점에서 개인의 삶을 일부 반영했다. 그것은 구성원들이 제공한 적절한 기여로 구성된 복합적 전체이며, 따라서 그 질은 구성원인 시민의 질보다 더 좋지도, 더 나쁘지도 않았다. 요컨대, 결사체는 그것이 공동의 관심사라는 주제를 다룬다는 점에서, 그리고 모든 구성원이 공동의 삶에 연관되어 있다는 점에서 정치적이었다. 아리스토텔레스가 언급했듯이, 펠로폰네소스인 전체를 하나의 성벽으로 에워싸는 것은 어느 정도 가능하지만, 그렇다고 이런 사실만으로 폴리스가 만들어지지는 않을 것이었다.1

심지어 아리스토텔레스가 사망한 기원전 322년 이전에도, '정치적인 것'에 대한 고전적인 개념은 일련의 새로운 조건으로 붕괴되고 있었다. 기원전 4세기에 마케도니아 제국의 출현은 대규모 조직화의 시대를 열었으며, 이는 후일 세계국가인 로마에서 최고조에 도달했다. 이 기간에 서구 정치사상의 전통은 고전적인 정치철학의 주된 요소들의 조합 원리에 급격한 변동을 가져온 변혁을 겪었다. 새로운 우선순위가 나타났고, 강조점이 재분배되었으며, 정치적 삶의 현상들은 변형된 관점에서 조망되었다. 하지만 헬레니즘과 로마 시대의 정치사상은 많은 친숙한 면을 여전히 보유했다. 플라톤과 아리스토텔레스의 유산은 수정을 겪는 한편 보존되었다. 정치사상의 전통이 형성되고 있었던 것이다.

이와 같은 사태 전개에 대한 포괄적인 분석이 현재 주어진 연구 범위에서는 불가능하지만, 정치와 정치사상의 관계에 대한 주된 주제는 선택된 몇 가지 문제를 강조함으로써 조명될 수 있다. 따라서 이하에서 전개된 방법은 연대기적이라기보다는 주제 중심적이다. 선택된 첫 번째 문제는 정치사상에 대한 혁명적 도전이라 할 수 있는바, 그 도전은 폴리스가 더는 유일하게 정치적으로 중요한 단위일 수 없다는 사실에 의해 제기되었다. 폴리스는 거대한 국가 형태 밑에 깔리게 되었는데, 그런 국가 형태는 강력하게 정치적인 사회의 속성을 결여하고 있었다. 고전적인 정치사상의 규준에 비추어 판단할 때, 괴물 같은 일탈로 출현했던 것이다. 정치적 삶의 새로운 구현체와 고전적인 그리스 사상의 정치적 기준 사이의 점증하는 괴리는 지적인 위기를 촉발했는데, 그 위기는 기독교의 도래에 이르기까지 줄곧 지속되었다. 헬레니즘 시대에 시작해서 정치사상의 범주들을 전례 없는 정치적 상황에 적응시키려는 노력이 거듭해서 시도되었다. 여기서 전례 없는 정치적 상황이란 너무나 멀리 흩어져 있고 인종적으로는 물론 문화적으로도 다양한 수많은 인간이 단일한 사회로 결집해 단일한 권위에 의해 지배받게 된 상황을 의미했다. 따라서 제국의 시대에 즈음하여 나타난 정치적인 것의 본성에 대한 관심의 지속성을 헬레니즘 시대의 철학이론들로부터 초기

128

기독교 시대의 로마 이론가들에 이르기까지 검토하고자 한다.

내가 선택한 두 번째 광의의 주제는 대략 기원전 150년부터 기원전 27년 아우구스투스Augustus 원수정元首政의 수립에 이르기까지 전개된 로마 공화정의 정치에 관련된 것이다. 전형적인 작은 도시국가에서 거대한 제국으로 성장하게 된 로마의 팽창은 일차적으로 공화정 시대에 성취되었다. 작은 정치 공동체의 가치와 제도를 유지하면서 이 광대한 공간을 다스리고자 했던 시도는 그 체제에 심각한 하중을 부과했다. 그와 동시에, 확장된 공간이 요구하는 바와 제도의 설립 취지 사이의 긴장은 정치적 갈등과 경쟁의 격렬화를 수반했다. 이런 상황에 대한 로마 사상가들의 반응을 검토함으로써, 그리스 폴리스의 동질성에 의해 가려졌던 일정한 정치적 문제가 지닌 몇 가지 함의를 좀 더 명료하게 부각하는 것이 가능하다. 즉 용납될 수 있는 정치적 갈등의 한계라는 문제, 이런 갈등을 봉합하고 규제하는 데 있어서 제도가 수행하는 역할, 그리고 무엇보다도 이익에 근거하여 정치를 수행하는 것이 지닌 함의가 드러날 것이다.

이런 문제들을 다루기 전에 로마 정치사상을 연구하는 데 따르는 몇 가지 특별한 난점을 언급하는 것이 필요하다. 로마의 정치적 관행을 연구하는 학자들에게 필요한 자료들이 결코 부족하지는 않지만, 정치사상 연구자들은 위대한 정치사상가가 없기로 악명 높은 시대를 다루어야 한다. 이런 난점을 더욱 복잡하게 만드는 것은 그 얼마 안 되는 체계적인 이론이라 할 수 있는 것들도 자세히 들여다보면 종종 그 기원을 로마에 두고 있기보다는 그리스에 두고 있었다는 점이다. 그러나 법률과 정치제도에 관해 일반적으로 공인된 로마의 기여를 체계적인 사유의 부재와 더불어 고려한다면, 그런 두 요소의 조합은 우리가 로마 정치사상을 무시할 것이 아니라, 예를 들어 플라톤의 잘 짜인 체계를 다루는 것과는 다른 방식으로 로마의 정치사상을 다루어야 한다는 점을 시사한다. 좀 더 구체적으로, 그것은 우리가 로마인들이 이론적인 인민이라기보다는 '실제적인' 인민이었다는 판단, 좀 더 정확하게 표현하자면 로마인들의 정치적 사유가 직접적인 행위와 관련된 문제에 집중되었다는 상식적인 판단을 매우 진지하게 받아들인다는 점을 의미한다.

2. 공간의 새로운 차원

타키투스Tacitus의 『연대기』Annals에 포함된 장문의 연설에서, 티베리우스Tiberius는 고대 로마인들의 도덕적 근엄함과 당시 사회의 방탕함을 대비하면서, 과거에는 "우리 모두가 한 도시의 구성원이었기 때문에" 절제가 잘 실천되었으며, "심지어 우리의 지배가 이탈리아에만 국한되었던 시기만 해도 우리는 똑같은 유혹에 시달리지 않았다"고 말했다.2 로마제국의 팽창에 따른 시민적 친밀성의 상실에 대한 이런 언급은 아리스토텔레스 이후 시대의 정치사상이 직면한 하나의 커다란 문제, 곧 새로운 공간적 차원이 제기한 이론적 함의에 대한 도입부로 활용될 수 있다. 거대한 통치 단위의 출현에 수반된 철학적 쟁점은 '정치적'에 대한 고전적 의미의 적실성 및 유효성 양자에 관련된 것이었다. '정치적'의 어원적인 의미는 '폴리스에 관련된'이라는 것이었으며, 정치철학의 관점에서 그것은 공동체에 도움이 되거나 해를 끼치는 지식과 행위에 관련되었다. 하지만 주된 요지는 그리스 사상에서 정치적인 것의 개념이 폴리스라는 확정된 공간적 차원과 동일시되었다는 점이다. 플라톤과 아리스토텔레스가 그들의 이상적 도시의 크기와 인구에 대해 설정한 엄격한 한계 그리고 그들이 산아제한, 부, 상업, 식민지, 군사적 팽창에 대해 제시한 상세한 규정들은 폴리스에서의 삶에 대해 그들이 지닌 믿음의 일환이었다. 그들은 폴리스에서의 삶을 그 정치적 특성과 동일한 것으로 파악했으며, 폴리스에서의 정치적 삶은 오직 작은 도시국가의 좁은 범위에서만 실현 가능하다고 믿었던 것이다. 이처럼 잘 짜인 작은 공동체에 대한 전적인 몰입은 그리스 정치사상에 과민한 격렬함을 부여했는데, 이것은 예를 들어 후일의 스토아학파Stoics 분위기와는 명료하게 대조되는 것이었다. 정치적 삶이 마치 우주적 세계 그 자체처럼 광활한 배경을 무대로 전개됨에 따라, 스토아학파는 여유를 갖고 그리고 강한 긴장감 없이, 정치적 삶을 관조했다. 이와 달리 그리스의 정치사상은 조밀하게 짜여 있으면서도 매우 불안정한 정치적 조건을 대상으로 행위를 처방해야 한다는 도전을 받아들였기 때문에 매우 격렬한 양상으로 나타났다. 이 점은 민주주의에 대한 플라톤의 비판적 분석에서도 쉽게 감지된다. 민주주의에 대한 플라톤의 서술에는 익살스러운 분위기가 감돌기도 하지만, 그는 민주주의의 극단적인 사회적 유동성, 거기에서 발생하는 파괴적인 에너지의 분출, 불안정성을 정치적 삶의 영구적인 속성으로 만드는 것처럼 보이는 추첨과 선거제도에 관해 명백히 그리고 심층적으로 혼란스러움을 느꼈다. 이에 따라 플라톤의 해결책은 밀집된 정치적 조건에서 감당할 수 없는 소란스러운 무정부 상태를 극복하기 위한 대책의 하나로 형성되었다. 각 계급이 수행해야 할 기능을 명백히 규정하고, 한 계급에서 다른 계급으로의 이동을 저지함으로써 정치적 공간의 새로운 구조는 임의적인 이동들로부터 보호될 것이었다.

그리스 철학에서 발견되는 정치적 공간에 관한 고도로 발전한 의식은 실제의 정치 세계에 대해 직접적으로 성찰한 결과였다. 그 정치 세계에서 독립된 다수의 작은 도시들은 야심, 계급투쟁, 인구 압력 및 경제적 불균형의 동력에 휩쓸려서 서로 침범·충돌하지 않고 활동하는 것이 매우 어려웠다.[3] 이처럼 포위되어 있다는 느낌은 그리스 정치에서 식민지를 건설하거나 새로운 상업로를 탐색하거나 아니면 제국적인 도시국가에 의존하는 종속적 도시국가들을 개척함으로써 내부적 압력을 덜려는 시도를 통해서 잘 드러났다. 반면에 플라톤과 아리스토텔레스가 외교정책이나 국제 관계의 문제에 할애한 얼마 되지 않은 논의가 전쟁과 팽창, 특히 다른 그리스인들을 상대로 한 전쟁과 팽창이 가져오는 도덕적 결과에 대한 경고의 형태를 띠고 있었다는 점은 의미심장하다.4 두 명의 위대한 그리스 사상가의 반응이 도덕주의적인 반응이었어야 했다는 사실은 그리스 정치사상이 심층적인 면에서 내부 지향적인 성격, 곧 모든 정치적 문제를 그리스 내부적인 것으로 전환하려는 성향이 있었던 데 대한 증거였다. '외부'에 대한 두려움과 의심은 폴리스보다 더 넓은 지역이기 때문에 정치적으로 사유할 수 없다는 무능력에서 야기된 심리적인 산물이기도 했다. 정치적 공간에 대한 재정의를 통해 해결책을 찾는 것을 거부함으로써 그리스인들은 정치적 삶의 활력을 숨 막히는 한계 속에서 봉합하는 처지로 내몰렸던 것이다. 그 결과는 긴장, 곧 경제적 갈등, 정치적 권리의 확장에 대한 점증하는 요구 그리고 폴리스의 외곽에서 서로 압박을 가하는 경쟁적인 도시들의 존재에 의해 생성된 긴장으로 가득 찬, 그런 종류의 이론이었다.

제도적 차원에서 정치적 삶의 공간적 측면을 재구축하고자 하는 일련의 시도는 연방제적 조직이나 몇몇 동맹을 맺은 도시들이 군사적·외교적 노력을 협력하는 체계를 실험하는 방식으로 이루어졌다.5 이런 시도 가운데 일부는 시민됨citizenship에 대한 엄격한 개념을 붕괴시키는 지점에까지 이르기도 했다. 그리하여 '이소폴리티'isopolity라고 불리는 배치를 통해 한 도시의 시민은 모든 회원 도시에서 시민권을 누렸다. '심폴리티'sympolity*라고

---

* [옮긴이] 이소폴리티에서는 회원 도시들끼리 서로 시민권을 넘겨주되, 각 도시는 부분적인 독

불리던 일종의 연방 형태를 통해서는 개별 도시의 시민이 또한 연방체에서 구성원 자격을 누렸다. 이런 실험들이 폴리스의 쇠퇴와 마케도니아적인 세계적 군주제의 등장 사이에서 발생한 전환기적 국면을 상기시켜 준다는 점에서 중요하기는 했지만 이론적으로 의미 있는 성과를 얻는 데 실패했다는 사실은 그 실험들이 주요한 사상가들에 의해 규정된 '정치적'이라는 의미의 바깥에 존재했다는 점을 시사한다. 연맹, 동맹, 연합의 사례들은 기원전 6세기까지 소급해서 발견될 수 있지만, 이 경험 가운데 어떤 것도 플라톤의 사상에서는 구체화되지 못했다. 또한 잘 알려진 것처럼, 제국의 건설자인 알렉산더Alexander와 맺은 아리스토텔레스의 교분 역시 페리파토스학파Peripatetic, 逍遙學派의 철학자들에게 별로 영향을 미치지 못했다.6 그 이유는 이 철학자들이 우둔했기 때문이 아니라 오히려 아카데미에서 부여된 정치철학의 형태에 따르면 이처럼 광범위한 정치적 배치는 진정한 철학적인 쟁점을 제기하는 것으로 여겨지지 않았기 때문이다. 예를 들어, 연방주의의 실천은 일종의 기법에 관련된 다음과 같은 지식을 요청했다. 한 국가가 아니라 여러 국가를 대변하는 외교정책을 어떻게 수행할 것인가? 심의 기구나 집행 기구에 대표자들을 배정할 때 어떤 기준을 사용해야 하는가? 세금은 어떻게 할당하고 공동의 재정은 어떻게 관리할 것인가? 이런 질문들이 중요하고 의미심장한 것이기는 했지만, 그것들은 정치철학에서 정의된 바에 따르면 문제의 핵심으로 보이지 않았던 것이다. 즉 '인간이 정치적 결사에서 얻을

립성과 자치성을 유지했다. 곧 수평적인 관계에 서 있는 도시들의 동맹관계로서 각 도시의 시민들은 모든 회원 도시에서 동등한 시민권을 누릴 수 있었다. 반면 심폴리티에서는 각 도시가 공동 정부를 세워 일종의 연방 형태로 묶임으로써 시민들이 자신의 도시와 연방체에 대한 이중의 시민권을 가졌다. 곧 시민들은 자신들이 속한 개별 도시들은 물론 수직적인 관계를 맺은 연방 정부에 이중적인 충성을 바쳤다.

수 있는 삶의 본성과 질은 무엇인가?'라는 질문의 핵심에 근접하지는 못했다. 달리 말하면, 기법의 문제는 고차원의 문제를 심각하게 혼란시키지 않고서도 논의되고 해결될 수 있는 저차원의 문제로 가정되었다. 이것이 바로 이런 실험들에서 일어난 것이었다. 그 실험들은 폴리스의 정치적·사회적·문화적 우월성을 몰아내거나 수정하는 데 성공하지 못했다.

그리스인들은 정치를 파이데이아*paideia*, 곧 구성원의 도덕적·문화적 교육과 동일시했으며, 나아가 폴리스의 확장이 구성원의 파이데이아가 추구될 수 있는 유일한 차원의 파괴를 의미한다고 믿었다. 이런 믿음은 그리스인들이 페르시아와 마케도니아의 압박으로 말미암아 그리스 도시국가들 사이의 동족상잔의 전쟁이 헬라스 세계 전체를 외부의 압제에 노출시킬 것이라고 우려하기 시작한 기원전 4세기에 시험받았다. 드라마 작가, 정치적 저술가 그리고 정치가들 사이에서 헬라스의 통일성에 대한 점증하는 의식이 나타났다.7 하지만 범헬레니즘 역시 정치적 공간이 어떤 식으로든 의미 있는 방식으로 확정되려면 폴리스의 도덕적 사명이라는 지침을 따라야만 한다는 완고한 믿음을 수정할 수는 없었다. 그렇다 하더라도, 가령 고르기아스*Gorgias*, 이소크라테스*Isocrates*, 데모스테네스*Demosthenes**와 같이 오늘날

* 고르기아스(기원전 약 480~380년)는 시칠리아에서 태어났으며, 소피스트이자 수사학자로 명성을 떨쳤다. 그는 범헬레니즘을 촉구한 몇 명의 논자에 속했다.
이소크라테스(기원전 436~338년)는 아테네의 유명한 연설가이자 수사학자였으며, 고르기아스와 소크라테스 밑에서 배웠다. 심오한 사상가는 아니었지만 그리스 도시국가들 간의 끊임없는 갈등을 다루기 위해 간결직인 행동을 취해야 할 필요성을 인식했다. 그는 그리스인들 사이에 공유되는 공통의 문화 때문에 정책의 통일이 가능하다고 주장했다. 이에 근거하여 페르시아에 대항하는 공동의 외교정책을 옹호했다.
데모스테네스(기원전 약 384~322년)는 유명한 연설가로서 마케도니아의 필리포스 왕의 침입에 대항하여 그리스인들을 궐기시키고자 했다. 기원전 338년 카에로니아(Chaeronea)에서 그리스인들이 패배한 후 데모스테네스는 고발·투옥되었다. 나중에 그는 도망갔다가, 마케도니아의 지배에 저항하는 봉기가 일어난 후 돌아왔다(기원전 323년). 하지만 마케도니아인들은 곧 지배

에는 덜 유명한 정치 저술가들은 그리스인들에게 도시국가의 편협한 특수주의에 의해 발생한 경쟁 관계를 긴급히 극복해야 할 필요가 있음을 환기시키려 했다. 하지만 이 모든 논자들이 수사학자나 소피스트였다는 점은 의미심장하다. 즉 그들은 전통적으로 기법이나 수단에 관심이 있는 집단들에 속했으며, 남아 있는 증거에 따르면 그들 가운데 누구도 좀 더 넓은 통일성에 대한 실험이 가져오는 결과가 함축하는 근본적인 이론적 함의를 제기한 것으로 보이지 않는다. 예를 들어 다음과 같은 언급에서 이소크라테스는 최대의 난관이 정치적 공간이 조직되는 방식에 있다는 점을 의식하고 있었다. "그들 대부분을 분열시킨 것은 바로 그들이 나라를 다스리는 방식인 정체政體이다."[8] 비록 이소크라테스가 헬라스의 통일성이라는 관념—"'헬레네스'Hellenes라는 명칭은 피를 나눈 자들보다는 문화를 나눈 자들에게 적용된다"—을 내비칠 수는 있었지만, 그것은 어떤 의미에서도 새로운 종류의 정치사회에 대한 상이 아니었다. 각 도시의 독특한 정체성은 유지되어야 했고, 따라서 유일한 문제는 전체에 대한 정당한 헤게모니가 아테네에 속한다는 점을 다른 도시들에 설득하는 것이었다. 전체 논변은 그리스인들의 파괴적인 에너지가 외부의 세력, 이 경우에는 페르시아에 대항하는 방향으로 결집한다면, 분리된 폴리스들에서 기존 삶의 방식을 변경할 필요가 없다는 믿음에 기초하고 있었다.[9] 이소크라테스가 제기한 범헬레네적 감성이 야만적인 페르시아인들에 대한 두려움 이외에는 어떤 실질적인 것에도 기초하지 않고 있었다는 점은, 나중에 절망에 사로잡힌 이소크라테스가 마케도니아의 필립포스Philip 왕에게 그리스 도시들 스스로도 결여하고 있던 그리스됨Greekness이라는 정서에 부응하라고 호소한 데서 역력히 드러났다.

를 회복했고, 데모스테네스는 자결했다.

헤라클레스의 다른 후예들[스파르타인들을 지칭하는 말 — 옮긴이] 그리고 자신들의 정체
政體와 법률의 결속 아래에 있는 자들은 그들이 우연히 살게 된 나라에 강한 애착을
지니는 것이 자연스러운 일이지만, 전체 헬라스를 당신의 조국으로 여길 수 있는 것
은 …… 전하의 특권입니다.10

  그리스의 통일에 대한 최종적인 희망을 필립포스 왕에게 걸면서, 이소
크라테스는 고전적인 정치사상이 좀 더 넓은 범주의 문화적 통일성을 정치
적 조건으로 성숙시키는 데 실패했음을 고백한 셈이었다. 인간의 마음속에
서 정치적인 것이 공동의 관심사와 관련된 삶에 대한 적극적인 참여와 동
일시되는 한, 그리스 도시들 사이의 연합전선에 대한 이소크라테스와 데모
스테네스의 이론적 제안과 심폴리티들의 실제적인 실험은 양자 모두 인간
의 정치적 충성을 놓고 [폴리스와 — 옮긴이] 경쟁할 수 없었다. 기원전 4세기에
마케도니아가 정복한 후에도 오랫동안 그리스 도시들의 삶은 매우 활발하
게 지속되었지만, 실제 현실은 정치적인 것의 본성에 대한 근본적인 재고
를 요구하고 있었다. 알렉산더는 그리스인들에게 상당히 높은 수준의 독립
을 허용했고, 기원전 3세기의 아카이아 동맹the Achaean League은 그리스인들
의 정치적 창의성이 아직 소진되지 않았다는 증거를 보여 주기도 했지만,
알렉산더의 죽음(기원전 323년)으로부터 로마제국에 의한 지중해 세계의 최
종적인 병합에 이르기까지 중요한 사실은 정치적 조건이 정치사상의 전통
적인 범주와 더는 들어맞지 않았다는 것이었다. 그리스어 어휘로 작은 폴
리스와 늘어나는 도시들의 동맹을 하나의 단어인 공동체koinon로 포섭할 수
있었지만, 도시가 강렬하게 정치적 결사인 반면 폴리스의 쇠퇴에 뒤이어
등장한 동맹, 군주제 및 제국이 본질적으로 비정치적 조직이라는 사실을
모르는 체하기란 불가능했다. 따라서 그리스 정치 이론의 역사적 임무가
정치적 삶의 본성을 발견하고 정의하는 것이었다면, 제국의 시대에 인간

삶의 정치적 차원은 어떤 의미가 있는가를 재발견하는 일은 헬레니즘 시대와 후일 로마 시대의 사상에 맡겨졌다.

알렉산더 제국, [알렉산더 대왕 사후 그 제국이 분열하면서 발생한－옮긴이] 셀레우코스Seleucids·프톨레마이오스Ptolemies·안티고노스Antigonids 왕조들* 및 로마 제국과 같은 거대한 실체에서 충성을 발생시키는 방법과 개인적 정체성은 그리스의 시민 관념과 필연적으로 다를 수밖에 없었다. 이전에 충성이 공동의 관여라는 의식에서 왔다면, 이제는 인격화된 권력에 대한 공동의 존경에 집중되었다.[11] 통치자의 인격은 충성의 종착점, 곧 제국의 흩어진 부분들을 연결하는 공통의 중심이 될 것이었다. 이것은 군주제를 숭배 의식으로 전환하고 군주제를 기호, 상징, 예배의 정교한 체계로 둘러쌈으로써 성취되었다. 이런 사태 전개는 권위와 신민의 관계를 종교적인 온정으로 감쌈으로써 양자를 가깝게 결속시킬 필요성을 시사했다. 이런 연계에서 상징성의 사용은 특히 중요했다. 그 이유는 상징물이 광대한 거리를 매우는 데 유용했기 때문이다. 상징물들은 물리적 현실에서는 멀리 떨어졌음에도 불구하고 권위가 현존하고 있음을 일깨운다. 동시에 상징물들은 기초적인 수준에서 공통된 의미를 소통시키는 데 매우 귀중한 수단이다. 로마인들이 권위의 많은 상징물에 대한 필요성을 발견했다는 사실이 놀라운 일은 아니다. 권표權標, fasces, 리투스lituus, 토가 프래텍스타toga praetexta** 및 정치적 선

---

* [옮긴이] 셀레우코스 왕조(기원전 312~기원후 64년)는 알렉산더 사후 셀레우코스 장군이 세운 왕국으로서 가장 강성했을 때는 유럽의 트라키아 지방부터 인도 변경 지역에 이르는 광대한 영토를 소유했던 제국이다. 프톨레마이오스 왕조(기원전 305~기원후 30년)는 알렉산더 사후 프톨레마이오스 장군이 이집트를 거점으로 세운 왕국이다. 안티고노스 왕조(기원전 306~기원전 168년)는 알렉산더 사후 마케도니아를 거점으로 수립되었다.
** [옮긴이] 권표는 고대 로마에서 공권력을 표시하는 상징물로 행정관의 수행원인 릭토르(lictor)가 들고 다녔다. 붉은 띠로 묶은 느릅나무나 자작나무 막대기 다발에 도끼머리를 끼운 모양이었다. 리투스는 고대 로마의 복점관(卜占官)이 종교적 의례에서 자신의 신성한 권위를 나

전의 수단으로서 화폐 주조 제도의 체계적 사용12은 거리의 극복을 목표로 한 중요한 기법이었다.

헬레니즘 시대와 로마 시대에는 문화와 정치적 성숙도에서 엄청난 차이가 있는 지배 영역들 사이의 이질성뿐만 아니라 갈수록 추상화되는 정치적 삶의 성격에 대처할 필요성 때문에 권위의 인격화와 상징성에 의지할 수밖에 없었다. 제국적 조직의 발전과 함께, 권력과 결정의 소재지는 광대한 다수 인민의 삶과 너무나 멀리 떨어지게 되었다. 정치적 결정이 이루어지는 활동의 장과 개인적 경험의 작은 반경 사이에는 아무런 관계가 없는 것처럼 보였다. 달리 말해, 정치란 통상의 사고와 경험의 범주로는 이해할 수 없는 방식으로 진행되고 있었다. 이전 시대의 인간들이 공적인 행위의 형태를 목격하고 자신들 스스로의 경험과 의미 있는 비교를 할 수 있었던 시대의 '시각적 정치'는 '추상적 정치', 곧 인간들이 공적인 행위를 가정의 경제나 시장터의 일과 아무런 또는 별다른 유사점이 없는 것으로 알게 되는 원거리 정치에 자리를 내주었다. 이런 상황에서 정치적 상징은 권위의 존재를 일깨우는 필수적인 형태였다.

확대되는 거리는 또한 정치적 통제의 새로운 수단을 요청했다. 법학 분야에서 그리고 광대한 제국을 조직하고 관리하는 데 있어서 로마인들이 이룩한 위대한 성취는 현실적으로 정치적 삶의 형식주의, 수많은 개인을 일반적인 그리고 다루기 쉬운 분류 체계로 편입할 필요성 그리고 이방인들 사이의 관계를 다스리는 데 필요한 규칙과 규제를 수립할 필요성을 입증하

타내기 위해 사용했던 구부러진 지팡이다. 이후 로마 황제의 지위를 나타내는 상징물이 되었다. 토가 프래텍스타는 심홍색의 술을 달거나 선을 두른 정장으로 로마의 젊은 남자나 미혼 여성 귀족이 입던 옷이다. 기원전 4세기 이후 남성 전용의 복장이 되었다. 이것은 로마 귀족과 자유 시민의 영광의 상징이었고, 제국의 권위와 국력을 상징하기도 했다.

는 명백한 증거물이었다. 거대 폴리스megalopolis가 폴리스를 대체했으며, 이런 새로운 차원의 공간에서, 친숙한 사람들 사이의 우애로 지탱되던 정치적 결사라는 예전의 관념은 이제 시대착오적인 것으로 보였다.13 정치 공동체 개념은 순전히 참여자들의 엄청난 숫자와 다양성에 의해 압도되었다. 이처럼 변모하는 조건은 기원후 1세기 반란을 일으킨 일부 갈리아 족에게 로마의 지도자들이 한 훈계에 잘 지적되어 있다.

> 어떤 특권도, 어떤 배제도 없다. 여러분은 존엄한 황제와 비록 멀리 떨어져 살지만, 평등한 이득을 누린다. ······ 여러분이 황폐한 계절과 과다한 강우 등 다른 자연재해를 감당하듯이, 여러분의 주군들의 격정과 탐욕을 인내해라.14

3. 시민됨과 이탈

만약 정치적 활동이 극소수의 사람을 제외하고는 인간의 경험에서 더는 중요한 양식이 아니게 되었다면, 이런 상황에서 구성원됨은 무엇을 의미하며, 정치적 요소는 어디에 있는가? 헬레니즘 세계와 로마 세계를 통제했던 새로운 권력 기구들이 폴리스가 지닌 예전의 정치적 속성 가운데 일부를 상실했다 하더라도, 그 권력 기구들은 여전히 구성원들에게 [폴리스와 ─옮긴이] 동일한 많은 요구를 하고 있었다. 결사체가 형식적이고 때로 허구적인 의미─로마는 아주 멀리 떨어진 민족들에게 시민권을 부여했기 때문에 특히 그러했다─의 구성원에 불과한 사람들에게 협력과 희생, 봉사를 요구하고 강제했기 때문에, 오히려 구성원됨의 본질은 더욱더 절박한 문제가 되었다. 구성원됨이라는 문제의 근원은 헬레니즘 시대에도 깊이 자리 잡고 있었다. 특히 사회에서 개인의 지위와 역할을 규정했던 관습적 유대와 관계에 대한 키니코스학파Cynics, 犬儒學派, 에피쿠로스학파Epicureans 및 초기 스토아학파의 비판적인 공세는 구성원됨의 문제와 연관되어 있었다. 기원전 4세기 후반에 위세를 떨쳤던 키니코스학파는 법률, 관습, 제도 그리고 계급 구조를 통해 공동체의 삶 속에 재현된 '관습적' 가치들을 현실성이 없는 무해한 것이나 성가신 것 정도로 여기고 그저 묵종할 수 없다고 주장했다. 오히려 이런 관습적 가치들은 덕을 성취하는 데 지장을 주는 적극적인 방해물로 분류되어야 하며, 따라서 거부되어야만 한다는 것이었다. 이 점에서 키니코스학파와 에피쿠로스(기원전 약 341~269년) 사이의 차이는 전면적인 '부정'과 소극적인 '긍정'의 차이에 불과하다. 에피쿠로스학파는 정치 질서에 약간의 효용을 인정할 의사가 있었다는 점에서 키니코스학파와 차이가 있지만, 그들 역시 가족, 사회 및 정치적 삶의 가치를 평가절하했으며, 급기야 그 가운데 그들이 인정하여 남겨 놓은 것이란 평화를 유지하는 데 필수적인 최소한에 불과했다. 후일의 한 스토아주의자는 "만약 [최고의 가치인-옮긴이] 선善이 [사회적 가치인-옮긴이] 고상하고 정의로운 것과 다르다면 …… 아버지와 어머니, 나라나 그런 모든 것은 사라져 버린다"고 주장했다.15 낡은 유대들이 이런 철학들에 의해 잇달아 내팽개쳐짐에 따라, 개별적인 인간의 모습이 놀라운 명료함을 가지고 부상했다.

정치로부터의 이탈은 플라톤의 『국가』 6권에 이미 예시豫示된 바 있었으며, 『에우티데모스』Euthydemu에서는 이에 대한 조언이 나오기도 했다. 하지만 소소한 주제로 나온 것과 기원전 4세기 말에 출현한 철학의 주된 동기로 제기된 것을 구별하는 것은 매우 중요하다. 키니코스학파와 에피쿠로스학파를 채색했던 절망과 탈퇴라는 강력한 요소는 반정치적 정서에 의해 더욱 강화되었다. 그들의 반정치적 정서는 그들이 정치 질서가 지닌 일말의 유용성을 임시변통으로 인정하거나, 마지못해 승인할 때도 숨길 수 없었다.16 "우리는 일과 정치라는 감옥에서 자신을 해방시켜야 한다"17는 에피쿠로스의 조언에서 개인이 정치적 결사로부터 독립된 삶을 가지고 있을 뿐만 아니라 이런 독립된 삶이야말로 한 인간의 삶에서 가장 중요하고 가치 있는 부분이라는 믿음은 그저 전제되어 있는 정도가 아니라 최종적인 결론이었다. "인간은 스스로 고독을 위해 대비해야 한다—그는 자족할 수 있어야 하고, 또 스스로와도 교제할 수 있어야 한다."18

그리하여 그 삶의 지침은 '제한된 가치를 지닌 결사체에 대한 최소한의 헌신'으로 요약되었다. 적극적으로 문명을 실현시키는 폴리스의 기능에 근거한 소크라테스의 정치적 의무에 대한 견해와 사회에 대한 에피쿠로스적 개념화, 곧 오직 "인간이 서로 해를 가하거나 입어서는 안 된다"19는 것만을 보장하는 사회계약에 의해 서로 결속된 사회라는 개념 사이에는 현격한 격차가 있었다. 이것은 아리스토텔레스 이후에 이전 시대의 정치적 가정을 허물어뜨리는 작업을 개시했던 사상이 얼마나 멀리까지 나아갔는가를 보여 주는 단지 하나의 증거에 불과했다. 에피쿠로스학파이건 키니코스학파이건 공통적으로 정치적 결사의 덕과 개인의 덕, 곧 공동체의 질서라는 조건과 자아의 발견 사이에 상정된 긴밀한 연관성에 대해 의문을 제기했다. 에피쿠로스적 논변에서 마케도니아의 승리 이후 일어난 폴리스의 붕괴와 이에 수반된 불확실성은 인간의 운명에 대한 우주적 무관심의 증거로 받아들여졌다. 만약 신들이 진정으로 인간의 복지에 관심이 있었다면, 신들은 도시에서의 삶이 자연 상태의 나락으로 떨어질 정도로 도시가 해체되는 상황을 용납하지 않았을 것이다. 만약 인간이 신들의 신성한 활동을 신뢰할수 없다면, 그리고 만약 인간의 완전함이 폴리스에서 더는 가능하지 않다면, 유일한 결론은 인간의 운명은 단지 개인사에 불과하다는 것이었다.

도덕에 대한 우주적이고 공동체적인 버팀목을 제거함으로써, 에피쿠로스학파는 개인의 이익에 근거하고 개인의 자족성을 지향하는 급진적인 개인주의의 길을 열었다. 행복은 개인이 규정하는 사안으로 간주되었고, 시민적이든 정치적이든 선험적으로 부과된 신념과 헌신은 개인을 덫에 걸리게 하여 행복에 대한 공적인 규정에 순응하게 하려고 고안된 올가미라는 의심을 받았다.

하지만 인간이 자신의 존재를 지탱하는 관계의 질서에 충성을 바쳐야 한다는 예전의 관념은 너무나 깊이 자리 잡고 있었으며, 따라서 구성원됨에 대한 새로운 정칙定則을 만들어 내는 임무가 스토아학파들의 어깨에 떨어졌다.20 그것은 결코 쉬운 작업이 아니었다. 그 일은 새롭게 자의식을 획득한 개인들이 수용할 만하면서도 서로 교류하지 않는 구성원들로 구성된 사회를 지탱할 수 있을 만큼 지속적인 질서를 정립하는 것이었기 때문이다. 키니코스학파와 에피쿠로스학파가 감행한 공격의 결과는 정치적 관계를 일종의 '정치적 자연'으로, 아무런 안정성이나 내재적인 응집력이 없는 단순한 현상으로, 목적 없는 우주에 비견될 법한 정치적 상응물로 해체한 것이었다. 그 결과 인간의 공포와 불확실성을 누그러뜨릴 필요로 말미암아 스토아학파의 대응이 나타났으며, 그들은 이 작업을 인간을 구성원됨으로 복귀시킴으로써 수행하고자 했다. 인간은 자연을 따르도록, 곧 스스로를 우주적 세계에 충만해 있는 내재적인 이성 또는 로고스와 동일시하도록 명을 받았던 것이다.

> 만물의 위에 영원히 군림하는 오, 당신이여,
> 자연의 창조주, 제우스여,
> 당신이 통제하는 법으로 세계를 인도하소서.21

창조된 모든 것은 질서, 즉 합리적으로 통합된 구도를 형성하는 것으로 묘사되었으며, 그 질서 내에서 부분들은 전체의 조화를 위해 그 기능을 수행했다. 우주적 사회의 구성원이 되는 것은 자신의 사회적 지위에 고유한 의무—일종의 '나의 위치와 그 의무'라는 철학—를 이행하는 것을 의미했다. 이처럼 기여하는 부분들의 혼합으로부터 우주적인 "공감," 곧 플라톤의 도시처럼 모든 것을 단단하게 결속시키는 통일성의 유대가 나올 것이었다. 즉, "우리는 하나의 커다란 몸을 이루는 부분들이다."22 그리하여 경험적으로 존재하는 정치사회에 결여된 진정한 관계가 좀 더 거대한 질서의 이미지 속에서 재창조되었다. 즉 자연적 질서는 가치의 영역일 뿐만 아니라, 사회, 실로 최고의 사회 형태였던 것이다.

> 인간이 우주의 통치를 이해하는 것을 배우게 되고, 인간과 신이 결합된 사물의 틀로서 이보다 더 크고 주권적이며 포괄적인 것이 없다는 점을 깨닫게 되었을 때, …… 왜 인간은 스스로를 우주적 세계의 시민이자 신의 아들이라고 불러서는 안 될 것인가?23

평등, 자유, 인간의 존엄에 대한 서구인들의 관념에 이바지한 스토아학파의 부정할 수 없는 공로로 말미암아 스토아학파를 비판하는 자는 쓸데없이 흠을 잡거나 칭찬에 인색한 것처럼 보이기 십상이다. 그 결과 스토아학파에 대한 비판은 대부분 이성·평등·자유라는 보편적 가치에 대한 스토아학파의 호소와 보편적 사회의 구성원 자격을 "고상한, 자유로운, 방해받지 않는, 구속받지 않는, 신뢰할 만한 그리고 자존적自尊的인" 엘리트로 제한하려는 경향 사이에 부조화가 있음을 환기시키는 것으로 만족해 왔다. 즉 스토아학파는 보편적 가치를 내세우면서도 이와 상반되게 사회의 구성원 자격을 합리적 존재들로 구성된 일종의 보이지 않는 교단으로 제한하려는 지적인 속물주의 경향을 가지고 있었다는 것이다. 그러나 이런 종류의 비판은 깊이가 없는 피상적인 것이다. 스토아학파의 가르침에 내재한 난관은 그 논리적 모순을 드러내거나 그 지적 엘리트주의를 지적하는 것만으로는 드러나지 않기 때문이다. 오히려 스토아학파의 결함은 정치사회의 본성을 개념화하면서 보여 준 지적인 모호성으로부터 나왔다. 이 점은 보편적 사회에 대한 스토아학파의 이상을 진술한 아우렐리우스Marcus Aurelius(기원후 121~180년)의 고전적인 언급에 잘 나타나 있다.

> 만약 지성적인 부분이 우리에게 공통된 것이라면, 이성 역시 우리가 합리적 존재라는 점에서 공통된 것이다. 그렇다면 우리에게 무엇을 하고 무엇을 하지 말 것인가를 명령하는 이성 역시 공통된 것이다. 그렇다면, 또한 공통의 법이 있게 마련이다. 그렇다면 우리는 동료 시민이다. 그렇다면 우리는 한 정치 공동체의 구성원이다. 그렇다면 세계는 어떤 방식으로든 하나의 국가이다. 그 밖의 어떤 다른 공통의 정치 공동체가 전체 인류를 구성원으로 포함하고 있다고 말할 수 있겠는가? …… 또한 이 공통의 정치 공동체로부터 우리의 지성적인 재능과 이성적인 재능 및 법에 대한 능력이 나온다. 아니면 어디서 그것들이 오겠는가?24

여기서 적절한 질문은 이런 생각들이 어떻게 후일의 국제사회에 대한 관념에 이바지했는가를 묻는 것이 아니라 오히려 세계공동체를 주장하는 근대의 논자들에게 던져야 할 질문을 하는 것이다. 즉 도대체 어떤 의미에서 이런 생각들이 사회에 대한 개념화를 정치적으로 의미 있게 표현해 왔다고 말할 수 있는가? 물론 스토아주의자들은 시민들의 동료애, 법의 결속, 질서와 통일성에 대한 필요 등 오래전부터 친숙한 정치 이론의 언어를 채용했다. 그러나 교회, 노동조합, 기업 또는 대학 등에서 이른바 '내부 정치'가 발견된다고 해서 이들 집단이 본성상 정치사회와 동일하다고 할 수 없는 것처럼, 정치적 언어만으로는 정치 이론을 구성하지 못한다. 정치적인 것의 자격을 충족시키기 위해서, 언어는 그 자체로 정치저인 이론적 개념화를 표현하는 매개물로서 기능해야 한다.

스토아학파는 이 작업에 실패했는데, 그것은 기본적으로 두 가지 이유 때문이었다. 첫 번째로 스토아학파의 철학적 세계관은 진정으로 정치적인 질서의 본성에 관한 긍정적인 견해가 아니라 그것이 불충분하다는 결론에서 유래한 것이었다. 스토아학파의 목표는 정치 밖에 놓여 있는 사회를 지향했다. 이 점은 또한 두 번째의 근본적인 약점과 관련되었는데, 그것은 바로 보편적 사회라는 관념에 내재하는 모호성이었다. 스토아 철학자들은 자연의 질서, 즉 합리적으로 통합된 우주의 조화에 대한 관념에서 시작해 모든 창조물을 포함한 이상적인 사회를 논했던 것이다. 이것은 맥락들의 심각한 혼동에 근거한 이론을 산출했는데, 하나는 자연적 사물의 맥락이고, 다른 하나는 인간의 맥락이었기 때문이다. 그 종국적 결과는 이론의 타락을 부채질했는데, 그런 개념화에 따라 자연은 정치적으로 해석되고 이런 해석에 기반하여 인간은 스스로를 자연과 정치적으로 동일시하도록 요청되었기 때문이다.25 스토아학파가 한 일이란 이전에 정치적 질서와 연관된 일정한 관념들을 추출해서 그것을 자연적 질서로 이전하여 적용한 것이었다. 보편적 '시민권', 자연'법', 및 '정의'가 자연적 질서의 속성으로 진지하게 주장되었으며, 인간은 마치 우주가 진정한 사회이기라도 한 양, 자신들의 충성을 우주에까지 확장하도록 요청받았다. 그러나 질송Etienne-Henry Gilson 교수가 현명하게 지적했듯이, 조화로운 우주적 질서와의 일체화는 "지혜의 행위로 승인될 수는 있지만, 시민됨의 활동일 수는 없었다."26 달리 말해, 우주적 사회는 '시민됨'을 의미 있는 범주로 만드는 정치적 관계와 아무런 유사성을 가지지 않았기 때문에 진정한 정치적 사회가 아니었으며, 또 그렇게 될 수도 없었다.

그렇다면, 돌이켜 볼 때, 아리스토텔레스 시대 이후 정치사상에서 일어난 중요한 사태 전개는 이렇게 귀결된다. 즉 정치철학에서 독특하게 정치적인 요소는 분화되지 않은 전체 속에 매몰되어 사라져 버렸다는 것이다. 이런 상황은 아우렐리우스의 다음과 같은 간결한 비문碑文에서 잘 나타난다. "시인은 말하기를 '케크롭스Cecrops*의 사랑스런 도시여!'라고 한다. 당신은 '제우스의 사랑스런 도시여'라고 말하지 않을텐가."27 이는 정치철학이 플라톤 이전의 시대로 돌아가 자연과 정치사회 간의 구분이 모호해졌다는 것이 아니라, 철학이 정치적인 것을 탈본성화하는 한편, 자연을 사회화·정치화했다는 것이다.

스토아학파의 발전에서 다양한 시기를 구분하고, 중기 스토아학파(기원전 2~1세기)는 초기 스토아학파 이론의 탈정치적 경향을 수정하여 로마의 생활상의 필요에 좀 더 적합한 교의를 생산해 냈다고 지적하는 것이 관행화되어 있지만, 내가 보기에 스토아학파는 항상 그 기원에서 비롯되는 반정치적 편견을 어느 정도 유지했다고 말하는 것이 진실에 더 가깝다. 비록 스토아 철학이 압도적으로 그리스적 사유 양식에서 출발했지만, 그것은 투키디데스, 플라톤, 아리스토텔레스가 목격했던 강력하게 정치적인 세계가 각인된 것이 아니라 절대적인 군주제가 정치 참여의 뿌리를 말려 버리고 제국적인 조직이 폴리스의 교육적 사명을 웃음거리로 만들었던 헬레니즘적 세계의 각인을 담고 있었다. 하지만 이 철학은 기원전 2세기 초에 로마에 전파되었고, 그곳에서 소사 아프리카누스Scipio Africanus minor, 노老 카토M. Porcius Cato 등 몇몇 저명한 정치인들에게 영향을 미쳤다. 청렴, 공평함, 금욕주의와 같은 스토아 철학의 엄격한 도덕성은 공적인 관리나 행정가들을 위한 복무 지침을 절실히 필요로 하던 정치체제를 위해 미리 만들어진 것처럼 보였다. 더욱이 인종, 계급, 민족에 근거한 특수주의를 날카롭게 비판하면서 보편적인 우주적 사회를 지향하던 스토아학파의 모델은 로마라는 세계국가와 잘 맞아떨어지는 것처럼 보였다. 하지만 이 모든 외견상의 조화에도 불구하고, 스토아 철학이 로마에 자연스럽게 어울리는 보완물이 된 것은 오직 로마 사회가

---

* [옮긴이] 케크롭스는 아테네의 전설적인 조상으로 최초의 왕이었다.

내부적인 갈등에 의해 기진맥진해지고 제국주의적인 정복과 팽창에 의해 그 사회가 정치 공동체의 기본적인 결정 요소를 상실했을 때뿐이었다. 철학과 사회의 갈등은 양자가 모두 비정치적이 되어 버린 '행복한' 우연의 일치로 말미암아 제거된 셈이었다.

이런 사태의 일단은 스토아 철학이 지지한 로마의 공적인 삶의 가치에서 감지할 수 있다. 그 가치란 신의*gravitas*, 성실*constantia*, 기율*disciplina*, 근면*industria*, 자비*clementia*, 검소*frugalitas* 등을 말한다.28 여기에는 정치적 삶에서 유래하는 윤리가 아니라 정치가 수반하기 마련인 유혹으로부터 참여자들을 보호하는 그런 윤리가 존재했다. 근본적으로 그 윤리는 관료화되고 고도로 비인격화된 제국의 공적인 삶이란 인간의 잠재적인 도덕적 발전 가능성과 거의 관련이 없다는 확신을 반영했다. 공적인 관직과 정치 참여는 정교한 정당화를 필요로 하는 엄격한 의무가 되어 버렸는데, 그리스인들에게는 결코 그런 적이 없었다. 이런 상황에서 철학이 생산할 수 있는 최선의 것이란 공적인 봉사에 대한 윤리, 즉 낙이 없는 관료적인 도덕성이었던 것이다. 스토아 철학자인 크라테스*Crates*가 로마에서 강연을 시작한 지 얼마 안 되어 원로원이 철학자들을 로마에서 축출하라는 명령을 내리게 된(기원전 161년) 이유는 아마도 단순한 반지성주의*philistinism*라기보다는 정치적인 것에 대한 본능적인 욕구 때문이었을 것이다.29

4. 정치와 로마 공화정

(타키투스의 말에 따르면) 아우구스투스가 '시민적 갈등에 지친' 세계를 거의 절대적인 통제에 복속시키는 데 성공하기 약 2세기 전에, 로마인들은 서

구인들이 겪어 온 것 중 가장 격렬한 정치적 경험을 했다. 기원전 3세기 중엽부터 대략 기원전 1세기 중엽에 이르는 짧은 기간에 로마인들은 일반적으로 고대 세계에 친숙한 사회적·경제적 문제를 해결해야 했을 뿐만 아니라 매우 다양한 문화를 포함하고 있는 광대한 영토를 정복하고 다스려야 했으며, 나아가 이 모든 문제를 제국이 아니라 오히려 도시국가에 적합한 일련의 정치적 배치를 통해 해결하고자 고심했다. 폴리비우스는 로마의 제도들이 이런 제국의 임무에 적응하는 방식에 감탄했을 법하지만, 종국적으로 공화주의적 체계는 그 엄청난 부담을 지탱할 수 없는 것으로 판명되었다. 하지만 이 거창한 실패에 앞서 로마인들은 기존의 제도적 형태를 통해 정치의 역동성을 관리하고 정치적 갈등의 최대 한계를 탐색하는 데 있어 전례 없는 실험을 했다. 체제 그 자체가 예전의 그리스적 의미에서만큼 민주적이지는 않았으며, 정치적 사안에 대한 적극적인 활동은 언제나 상대적으로 폐쇄적인 과두정의 수중에 있었다. 치밀한 법규정이 항상 준수되지는 않았으며, 처음 1세기 동안의 대투쟁이 대체로 로마적 헌정주의의 형식적 속성을 노출하기도 했다는 것 또한 사실이다. 그렇지만 모든 필연적인 제약 조건과 결함을 고려한 연후에도 로마인들은 정치적 활력을 새로운 방식으로 수용하고자 노력했고, 그런 와중에서 정치적 실천에 상당히 이바지했으며, 그 기여는 정치 이론에 중요한 함의를 지닌 것이었다.

첫째, 로마인들은 사회에 모양을 부여하고 방향을 결정하는 데에서 제도가 수행하는 역할을 보여 주었다. 로마 사회는 몇 가지 사회적 계층—귀족patricians, 평민plebs, 예속 평민clients, 석방 노예freedmen, 기사 계층equites—으로 엄격하게 구분되었고, 이들은 몇 가지 등급의 계급과 백인대를 구성했으며, 각 계급은 고유한 권리와 의무를 가졌다. 또한 이런 사회적 배치는 회의 기구, 선거 및 군사 조직의 체계와 연결되어 있었다. 사회구조와 정치제도 간의 상호작용이 항상 순조롭게 또는 효과적으로 기능하지는 않았지만, 그것은 정치 체계로 하여금 변화하는 사회적 압력에 민감하게 반응하도록 하는 데 유용한 역할을 했고, 정치적 행태를 상당히 질서 정연한 방식으로 유도하는 데 이바지했다. 키케로가 "인민이 부, 등급, 연령에 따라 분류되어 있을 때, 인민의 결정은 그들이 일족들 내에서 그런 분류 없이 만날 때보다도 항상 더 현명하다"라고 언급했을 때, 키케로의 편견은 명백했다.[30] 그렇지만 그 편견은 공동체의 중요한 부분을 규정하고 질서를 부여하는 데 있어서 제도가 수행하는 역할에 대한 확고한 인식에 근거하고 있었다.

정치제도 자체, 즉 회의 기구, 행정직, 법정 및 원로원의 체계는 계급 갈등, 집단 간 경쟁 및 개인적인 야심이 빚어내는 역동성에 배출구와 억제 장치를 제공하는 복합적인 기제를 형성했다. 폴리비우스와 키케로가 그 체계의 진수를 세력들 간의 깔끔한 균형으로 설명하려고 한 것은 오류였지만, 그들이 로마 사회의 다양한 세력과 이익집단들 사이에서 빚어지는 정치적 갈등을 정당화하는 데 있어 제도의 근본적인 중요성에 주목한 점은 기본적으로 타당한 것이었다.

제도의 정치로부터 도출되는 다른 교훈들도 있었다. 가장 중요한 것 가운데 하나는 정치가 제도적 형태를 통해 수행될 때 가능한 리더십의 유형과 관련되어 있다. 그리스 정치사상은 정치적 리더십을 주로 정치적 영웅의 관점에서 개념화했는데, 정치적 영웅의 임무란 사회제도를 창출하고 자신의 독특한 성격을 담지하고 있는 정치 질서를 남겨 놓는 것이었다. 이와 대조적으로 로마인들은 리더십을 이미 확립된 제도적 규정에 순응해야 하는 정치적 활동으로 보았다. 그들은 제도의 기능을 행위의 공통분모로, 즉 정치적 행위자에게 확립된 관행과 수립된 기대에 대한 존중을 요구하는 것으로 이해했다. 이런 순응의 결과는 개인의 위대함을 평준화하거나 그렇지 않으면 정치 체계 자체와 동일시하는 것이었다. 또한 제도적 요구 사항에 따라 리더십에 부과된 한계는 정치적 행위의 본성에 중요한 효과를 부가했다. 가령 인간 행위의 복합체인 민회 또는 행정 기구와 같은 제도는 일정한 결정을 내리려면 통합되고 조정되어야 한다. 하지만 최선의 경우에도 조정은 불완전한 경향이 있으며, 그 결과 행위의 목표는 직접적인 방식으로는 좀처럼 달성되지 않는다. 달리 말하자면 정치적 행위는 성격상 간접적이 된다. 즉 말과 행동 사이에는 제도라는 굴절 기제가 존재한다.

당시의 정치사상에서 제도의 이런 특성은 플라톤주의에 대한 암묵적인 비판을 통해 표현되었다. 갈등을 정당화하고, 정치적 위대함을 제도 정치의 요구 사항에 맞춰 평준화하며, 정치적 행위를 간접적으로 만드는 제도의 역할은 모두 정치적 기예에 대한 플라톤적 개념화에 문제를 제기했다. 플라톤적 개념화에서는 한 명의 초인적인 지성이 '질료'에 직접적으로 작용하면서 전체 공동체를 변형시켰기 때문이다. 지식 체계론적 지식, 개인적 위대성 및 정치권력의 이런 통일에 대해 로마적 사유는 근원적이고, 다분히 버크적인 회의를 드러냈다.

> [키케로의 보고에 따르면] 카토는 우리의 헌정 체제가 다른 국가들의 헌정 체제보다 우월하다고 말하곤 했는데, 그 이유는 그 공영체들은 거의 모두가 제각기 한 인간에 의해 수립되었기 때문이라는 것이었다. …… 반면에 우리의 공영체는 한 인간이 아니라 많은 이들의 천재성에 근거했다. 다시 말해 그것은 한 세대가 아니라 몇 세기라는 긴 시간과 여러 시대의 인간들의 지혜에 근거하여 건립되었다. 왜냐하면 어떤 것도 그의 고려를 벗어날 수 없을 만큼 그토록 위대한 천재적 재능을 지닌 한 인간이 역사상 존재한 적도 없고, 또 한 시기에 사는 모든 사람의 결합된 능력이라도 실제적 경험과 시간의 검증이라는 도움이 없이 미래에 필요한 만반의 대비를 할 수는 없기 때문이라고 그는 말했다.31

이런 생각은 폴리비우스(기원전 약 200~120년)에 의해 더욱 체계적인 형태를 갖추게 되었는데, 그는 본래 그리스에서 교육을 받으며 성장했지만, 그리스와 로마 정치 모두에 관해 해박한 지식을 갖고 있었다. 폴리비우스는 그리스 헌정 체제의 어떤 요소들은 단일의 지성이 성취할 수 있는 것에 대한 좋은 증거가 된다는 점을 인정하는 한편, 로마의 사례는 다른 종류의 정치적 지식, 곧 "사유의 과정"이 아니라 "숱한 고난과 분투"를 통해서 얻어진 경험에 근거한 지식이 존재한다는 점을 보여 주었다고 주장했다.32 폴리비우스 사상의 주요 원칙들―실용적인 지식에 대한 취향, 이상 국가의 이론에 대한 경멸, 역사적 방법의 사용, 그리고 무엇보다도 미래는 과거를 정확히 독해하는 것으로부터 예견될 수 있다는 믿음―을 종합해 볼 때, 그 결과는 정치 이론에 대한 새로운 방향을 제시하는 것이었다. 플라톤은 "우선 …… 우리는 국가를 말로써 건설하도록 시도해 보자"33라고 선언했었다. 하지만 이제 정치 이론은 정치 행위와 마찬가지로 그 본성에서 더욱 간접적이 될 것이었다. 정치 현상의 '외부'로부터의 관점, 곧 사유와 행위로 하여금 전체에 본을 부과할 수 있게 하는 관점을 취하는 대신, 정치 이론은 현상 내에서 관찰 지점을 확보하고, 사건을 통달하기보다는 사건의 흐름을 보고하는 데 만족하며, 궁극적으로는 완벽하게 이해할 수 없는 세계에 대해 체념할 것이었다.

> 완벽한 인간에 대한 유일한 시험이 운명의 가장 완벽한 반전을 고매한 마음으로 용감하게 감당하는 역량인 것처럼, 그 시험은 국가에 대한 우리의 판단에도 적용되어야 한다.34

이와 비슷하게, 정치적 갈등에 대한 플라톤의 깊은 반감 그리고 무질서를 병든 정체의 증상으로 보는 일반적인 그리스적 통념35은 원수정 이전 두 세기에 걸쳐 로마의 공적 삶을 특징짓던 격렬한 정치적 경쟁이라는 현상과 잘 맞아떨어지지 않았다. 로마인들은 정치의 운영에 대한 거의 모든 기법을 시험했고 완성했던 것이다. 그것은 공적인 의식儀式과 과시를 통한 대중의 의도적인 조작과 종교적·정치적 믿음의 상징물에 대한 이용을 포함했다. 그들은 정치적 전략을 정교한 기예로 변모시켰다. 이익집단들에 의한 연합의 구축과 경쟁하는 집단들에 의한 지지자들의 동원 전술은 로마 정치에서 기본적인 행위의 본을 형성했다. 동시에 정치의 어두운 면을 실천하는 데도 탁월한 수완이 발휘되었다. 후원 관계, 뇌물, 매표 행위, 선거인단의 비위 맞추기, 공공 계약의 수의隨意 처분 등이 그 예였다. 선거 자체 역시 고도로 조직화된 사안으로서 후보자들은 선거구민에게 표를 간청했고*petitio*, 자신들의 선거 참모*divisores*를 보내 표를 동원하고자 했으며 금품을 살포하기도 했다.36 정치의 만연이라는 관점에서 로마를 볼 때, 로마 역사에 대한 현대의 연구자들이 이런 사태 전개를 '정당', '압력집단', '사조직' 등 현대 정치학 개념의 도움을 받아 분석하는 데 아무런 거리낌을 느끼지 않았다는 점이 단순한 우연의 일치는 아니다.37 비록 이런 관념들이 시대착오적 해석이라는 위험을 낳기는 하겠지만, 그들의 용례는 연구 대상의 정치적 속성을 제대로 파악할 수 있는 개념을 발견하고자 하는 절실한 필요를 증언한다.

공화정 시기에 정치적 활동은 집단 정치의 형태를 띠었는데, 이를 통해 주로 동일한 사회적 계층에 기반을 둔 경쟁적인 과두파들이 관직, 명예, 권력을 걸고 경합했다. 평민과 귀족들 간의 유명한 투쟁과 나중에 원로원파*optimates*와 평민파*populares* 사이의 투쟁은 본질적으로 경쟁적인 귀족들 사이의 힘겨루기였다. 그들은 대중의 지지를 동원하고자 적극적으로 노력했지만, 게임에 대한 통제권을 결코 대중들에게 넘겨주지는 않았다. 이런 투쟁에서 중추적인 핵심은 파비우스*Fabii*가, 아에밀리우스*Aemilii*가, 클라우디우스*Claudii*가 등 권문세가였는데, 이들은 집정관, 검열관과 같은 일정한 관직에 대해 사실상의 독점권을 확립하는 데 성공했으며, 항상 원로원의 구성원들을 그들이 키운 확실한 자기 세력들로 충원하고자 투쟁했다. 자신들의 영

152

향력을 보존하고 확장하고자 권문세가들은 그들보다 약한 가문과 동맹을 맺기도 했다. 즉 결혼과 입양은 고도로 세련된 정치 전략의 한 형태였다.

정치의 기반으로서 이익을 중시하게 되는 이런 전환은 변화된 덕의 개념에서도 추가적으로 확인되었다. 우애*amicitia*는 아리스토텔레스가 그 단어에 부여한 '사심 없음'이라는 의미를 상실했고, 위에서 서술한 집단 정치에 맞게 조정되었다. 우애라는 관념이 정치적 전략의 도구로 변환된 정도는 키케로가 크라수스*Crassus*와 자신의 차이를 부각시키려던 노력에서 명백하게 나타난다. 키케로는 우애란 단어가 일종의 조약*foedus*으로 간주되어야 한다고 기술했다.[38] 관후함*liberalitas*이라는 덕 역시 그 정치적 용도를 염두에 두고 정의되었다. 키케로의 해석에 따르면, 그것은 자신의 자원을 신중하게 관리함으로써 자신의 친구들이 이득을 얻도록 하는 것과 관련이 있었다. "사회에서 공통의 결속은 우리와 가장 가까운 자들에게 친절이 베풀어진다면 가장 잘 강화될 것이다."[39] 이런 풍조에 발맞추어 정의正義는 우리 자신의 욕구를 "충만하고 넘칠 정도로" 충족시킬 수 있도록 타인의 협력을 끌어내는 데 유용한 지식의 유형으로 취급되었다. 때로 『의무론』*De officiis*에 나타난 키케로의 정의에 대한 논의는 왜 어떤 사람들은 자발적으로 다른 사람의 이익을 증진시키려고 노력하는가, 이런 종류의 지원을 얻는 데 가장 적합한 기법은 어떤 것인가라는 흥미로운 문제에 몰두해 있는 것처럼 보였다.[40] 덕에 대한 수정은 활동주의와 더욱 긴박되어 있었는데, 활동주의는 키케로 철학—덕은 전적으로 그 활용에 의해 비로소 덕이 된다*virtus in usu sui tota posita est*—에 깊이 스며들어 있었으며 이익을 강조하는 논리적 수반물을 형성했다. 공영체를 운영하는 자들의 "우선적인 관심사"는 "모든 이들이 각각 자신에게 속하는 것을 갖도록 하고 사적인 시민들이 국가의 활동에 의해 그들의 재산권이 침해당하지 않도록" 하는 것이었다.[41] "공적인 행위는 가장 넓은 영역을 대상으로 하고 대부분의 인민의 삶에 영향을 미치기" 때문에,

유덕한 행동의 최고 형태는 플라톤이나 아리스토텔레스가 주장했던 것처럼 철학적 관조가 아니라 국가를 다스리는 것이었다. "행위는 주로 인간의 이익을 보호하는 데 사용된다. 그것은 인간 사회에 필수불가결하고, 따라서 단순한 사변적인 지식보다 더 높은 지위를 차지한다."42 키케로와 플라톤 사이의 거리를 드러내는 데 있어 그 로마인[키케로-옮긴이]이 경험했던 고뇌보다 의미심장한 것은 없었다. 왜냐하면 활동적인 정치로부터의 추방이 키케로를 철학자의 소명으로 내몰았던 데 반해, 플라톤이 묘사한 곤경은 수호자들에게 통치를 위해 철학을 포기하도록 강요한 데 있었기 때문이다.

5. 이익의 정치

이익이 로마의 정치적 실천과 사유에서 차지했던 중요성은 정치에 미묘한 차이가 있는 새로운 의미를 추가했고, 정치적 행위의 독특한 성격을 고양했다. 로마인들은 이익의 정당화가 제한된 형태의 행위, 곧 일종의 대내적인 외교를 수반할 뿐만 아니라 이익의 다원성이 정치적 쟁점에 대한 해결책이 지닌 불완전한 성격도 상정한다는 점을 본능적으로 깨달았다. 만약 정치적 활동이 이익에 집중된다면, 이에 수반하는 문제들 역시 동일한 기반 위에서 해결되어야 했다. 즉, 각각의 주장이 다른 주장들과 구분되는 특수성을 지니고 있다는 바로 그런 이유 때문에 갈등을 빚어내는 주장들의 기반 위에서 해결되어야 했다.

조화는 모든 이의 이익이 동일한 상태에서는 매우 쉽게 얻어질 수 있다. 왜냐하면 불화는 상이한 조치가 상이한 시민들에게 이득이 되는 상황, 곧 상충하는 이익들로부터 발생하기 때문이다.43

권력과 이득을 둘러싼 경합은 로마인들에게 정치적 문제의 특이한 지위에 관해 무언가 다른 것을 가르쳤다. 대체로 동일한 애국적 동기를 지닌 경험 많은 지도자를 우두머리로 하면서도 동일한 문제에 대해 상이한 정책을 주장하는 각각의 집단들이 경쟁을 벌이는 모습을 늘 목격하는 것은 정치적 문제 자체의 본성에 대한 의문을 제기하지 않을 수 없게 만들었다. 어떻게 해서 정치적 문제는 종종 상호 모순되는 다양한 제안들을 촉발하게 되었단 말인가?

가장 빈번한 답변, 곧 다른 누구보다도 플라톤에 의해 주어진 답변은 그런 질문을 외양만 그럴듯한 질문이라고 거부하고, 대신 사람들이 동일한 문제에 대해 상이한 답변을 제출할 때, 그 원인은 문제에 있는 것이 아니라 그것에 대한 사람들의 지식에 있다고 주장하는 것이었다. 그렇다 하더라도, 정치사회가 집단 간의 경합을 견뎌 낼 수 있으며, 한 정책적 정향에서 다른 정책적 정향으로 신속히 변화하는 와중에도 생존할 수 있고 심지어 번영할 수 있다는 단순한 사실은 정치적 쟁점의 지위가 그 자체로 독자적이라는 가능성을 제기한다. 로마의 역사가인 살루스트Sallust는 로마 사회가 쇠퇴기에 접어든 이후, "그 위대함에 의해 장군들과 행정관들의 결함을 견뎌 내면서 작동한 것이 이제는 바로 공화정commonwealth 자체였다"라고 언급했다.44 물론 이런 언급이 정치사회가 비현실적인 처방이나 무능한 지도자들을 얼마든지 견뎌 낼 수 있다는 것을 의미하지는 않으며, 단지 상이하면서도 엇갈리는 정책의 효과를 상쇄하거나 제안할 수 있는 처방의 범위를 제한하고자 작동하는 일정한 조건들이 현존한다는 것을 시사하는 것이다.

첫 번째인 상쇄하는 조건의 사례로는 지속적으로 팽창하는 경제적 번영을 누리는 사회를 들 수 있다. 이런 사회들로는 제국의 지위를 차지한 로마, 산업혁명을 경험한 19세기 영국, 오늘날의 미국이 있다. 이런 조건에서 사회는 상당한 양의 정책적 실험과 엇갈림, 심지어 일부는 어리석고 무능한 정책까지도 흡수할 수 있다.

처방의 범위를 제한하는 데 이바지하는 두 번째 조건의 사례로는 경합하는 집단들이 비슷한 교육과 경험을 겪었을 때 일종의 '정치적 합리성'이 발전한다는 점을 들 수 있다. 그들은 동일한 일련의 가치를, 비록 그것이 고상한 것이건 아니건, 점차 수용하게 된다. 후일 아우구스티누스가 언급한 것처럼, 심지어 도둑의 무리조차 집단으로서 생존하려면 일정한 한계를 인정해야 한다. 분배적 정의의 규칙과 일반적인 의미에 관해 모종의 합의가 존재하는 배경에서 정치적 경쟁이 일어날 때, 관련된 집단들은 세계를 상당한 정도로 동일한 시각에서 보게 된다.45 비록 처방에 관해서 불일치가 존재하더라도 문제가 무엇인지에 관해서는 보통 합의가 이루어지게 마련이다. 더욱이, 각 집단은 동일한 인구집단으로부터 지지를 받고자 경합하기 때문에, 이들은 단지 강조에서 약간의 변화를 주면서도 대체로 비슷한 프로그램을 채택함으로써 반대편을 지지하는 자들로부터 환심을 사고자 노력하도록 강제된다. 동시에 이런 조건에서의 경합이란 일정한 대안이 자연스럽게 배제된다는 점을 의미한다. 왜냐하면 성공적인 정치적 행위에 요구되는 기존의 선결 조건에 의하면 그런 대안의 실현은 불가능하기 때문이다.

합리적인 정치적 행태에 이바지하는 변수들이 기본법의 속성, 근본적인 관행 또는 공통의 정치적 도덕 등 어떤 종류의 것이든 간에, 그것들의 지속적인 준수는 아직 정치가 이익의 문제로 완전히 환원되지 않았다는 것을 함의한다. 다시 말해, 경쟁적인 집단이 기본적인 규칙을 준수해야 한다는 의무는 다름이 아니라 특정한 이익이나 야심이 항상 충족되지 않을 때에도 규칙에 복종해야 한다는 것을 의미한다. 자신의 이익이 규칙의 체계에 의해 결코 충족되지 않을 때에도 의무가 현존하느냐는 의문은 물론 전적으로 다른 것이다. 이처럼 극단적인 조건을 제외한다면, 이익이라는 동기가 정치에 진입하도록 허용될 때, 진정한 위험은 이른바 물질적 목표의 추구에 따른 도덕적 타락에 있는 것이 아니다. 인간의 역사는 인간이 '이상적인' 목표를 위해 투쟁했을 때에도 떳떳한 기록을 가지고 있지는 않았다. 진정한 위험은 정치가 전적으로 이익의 추구로 환원되었을 때, 곧 의무라고 하는 규제적인 기준이 전혀 인정되지 않을 때 밀어닥친다.

이에 대한 완벽한 사례는 헌정적 체계의 점진적인 쇠퇴를 막기 위한 키케로의 공식에 의해 제공된다. 그는 로마 사회의 "최선의" 요소들 사이에서 이루어지는 '양 신분의 화합'*concordia ordinum*, 즉 평민파에 대항하기 위한 상층계급, 곧 원로원파와 기사 계층의 동맹을 촉구했다.[46] 그러나 이익에 기반을 두는 경우를 제외하곤 그런 동맹이 불가능하다면, 그 제안은 헛된 것이기도 했다. 일정 수의 인간을 단결시킬 수 있는 유일한 근거가 동시에 그들을 다른 사람들로부터 분리시키는 근거였기 때문이다. 하지만 이런 딜레마는 우발적인 결과가 아니라, 키케로에 따르면, 로마적 체계를 관통하는 기본적 원리의 불가피한 결과였다. 공영체를 수립하는 주된 이유는 이익, 곧 자기 것을 지키고자 하는 인간의 욕망이었기 때문이다.

> 인류는 본성의 도움으로 결사를 이루지만, 그렇다 하더라도 인간으로 하여금 도시의 보호를 희구하게 한 것은 바로 자신의 재산을 보유할 것이라는 희망이었다.[47]

"어떤 이들은 민주적 당파에, 다른 이들은 귀족적 당파에 속하지만 국가적 당파에 속하는 사람은 거의 없다"라는 키케로의 개탄은 단지 수사학적인 도피에 불과했다. 이익이란 그것을 '국가적'이라 부르거나 또는 그것을 정치의 상위에 있는 모종의 신비스러운 영역에 놓는다고 해서 쫓아낼 수 있는 그런 것이 아니었다.

기원전 1세기 중엽에 이르러 이익의 정치가 지닌 한계는 더욱 명백히 드러나기 시작했다. 제국의 팽창, 엄청난 부의 로마로의 유입, 정치적 야심을 충족시키기 위한 일견 무한한 기회는 정치과정을 격렬하게 만들었고, 사람들이 전통적인 제약이나 관행적인 절차를 성가신 것으로 여기게 했다. 상황의 유동성을 틈타 정치적 야심가들은 길고 힘겨운 과정을 우회하여 관직 승진 경로*cursus honorum*에 의해 규정된 관직의 몇 계단을 건너뛸 수 있었다. 타키투스는 "그리하여 많은 사람이 몰락했다. …… 심지어 선량한 사람들 역시 점진적이고 안전한 성공을 경멸하여 파멸조차 무릅쓰고 성급하게 고위직에 이르고자 서둘렀다"라고 서술했다.[48] 당파 투쟁의 폭력성은 헌정적 과정에 견디기 어려운 하중을 가하면서 격렬해졌다. 키케로가 법 앞에서의 평등한 보호 그리고 불가침적인 사회의 결속으로서의 법률에 대한 공통의 승인(법은 시민사회의 연결 고리다)[49]이라고 정의한 바 있는 정치적 삶의 기본적인 규칙은 점차 그 의미를 상실해 갔다. 테러, 추방, 반대파 재산의 몰수 및 사병私兵에 대한 증가하는 의존이 지배적인 전술이 되었다. 정치는 경쟁 관계에서 전쟁 상태로 변모했다. 예전의 가치와 덕을 회복하자는 키케로나 카토와 같은 사람의 빈번한 호소는 단지 공허한 목소리에 불과했다. 이익 정치에 대한 오랜 체험이 로마인들로 하여금 그들 자신의 [전통적인-옮긴이] 정치적 용어를 불신하도록 했기 때문이었다. "사물에 대한 정확한 명칭을 상실한 지 이미 오래되었다"[50]라는 카토의 탄식은 로마인들이 정치적 합의를 전달하던 핵심적인 어휘들, 곧 자유*libertas*, 권위*auctoritas*, 경건함 *pietas*, 조상 전래의 관습*mos maiorum* 등이 너무 오랫동안 당파의 슬로건으로 조작의 대상이 되어 그 어휘들이 현실의 지시어라기보다는 현실을 위장하는 단어로 여겨지게 되었다는 사실에 대한 부분적인 증거였다. 사람들이 정치의 공식적인 절차를 불신하게 됨에 따라 그들은 본능적으로 고상한 구절의 '배후'에 놓인 이익, 곧 공적인 경건함 아래에 숨겨져 있는 '진정한' 동기에 촉각을 곤두세우게 되었다. 살루스트는 "공적인 복지의 미명 아래에서, 실제로는 각자 자신의 출세를 위해 노력하고 있었다"라고 지적했다.[51]

로마인들은 아리스토텔레스가 남긴 격언의 냉엄한 진실을 깨닫게 되었다. 그 격언에 따르면, 특정한 '이데올로기'가 지배적일 때, 곧 공적인 의미가 자신들의 특정한 해석을 부과할 수 있을 정도로 충분한 권력을 가진 자들의 이익에 의해 전적으로 결정되는 것처럼 보일 때에는 합의를 유지하기가 극도로 어렵다는 것이었다. 하지만 사회란 통제되지 않는 정치적 갈등을 오랫동안 감당할 수 없으며, 그에 따른 불가피한 반응은 어떤 대가를 치르고서라도 평화를 요구한다. 공화정 말기 격렬한 정치로 말미암아 기진맥진해진 사회가 마침내 가장 잘 통제된 정치적 활동을 제외하고는 모든 정치적 활동을 일소하겠다고 공언한 체제에서 피난처를 발견할 때까지, "관습이든 법이든 아무것도 없었다"라고 타키투스는 기술했다. 아우구스투스의 원수정은 루카누스Lucan의 말에 잘 요약되었는데, 그 말은 또한 로마 정치의 묘비명으로도 적합했다. "주와 함께 여기 이 평화가 왔다."52

6. 정치적 결사에서 권력 조직으로

대중적 참여의 중요성 쇠퇴, 공화제적 제도를 유지하려는 투쟁의 패퇴, 군주제의 출현을 위장하기 위한 헌정적 외피의 교묘한 활용, 관료제의 점증하는 중요성 등은 이제 사람들이 정치적 결사라기보다는 권력 조직에 의해 통치되고 있다는 사실에 대한 증거라 할 수 있었다. 새로운 정치 조직의 권력적 성격을 강조함에 있어 나는 제국의 시대 이전에 사람들이 권력이 통치에서 핵심적인 부분이라는 점을 인정하기를 거부했다고 주장하려는 것은 아니다. 내가 지적하고자 하는 바는 정치사회의 다른 변수들이 단지 이차적인 중요성을 갖도록 격하되었다는 바로 그 이유로 말미암아 이제 권력이 통치를 구분하는 가장 중요한 특징으로 자리 잡았다는 점이다. 플라톤과 아리스토텔레스 역시 권력 현상을 중시했지만, 그것을 통제하는 맥락과 결부시켜 권력을 파악했다. 그들의 견해에 따르면 정치적 결사는 구성원들의 물질적·문화적 필요에 봉사하려고 존재했으며, 비록 권력이 이런 필요를 가장 잘 충족시키고자 인간의 활동을 조정하고 지도하는 데 필수적이지만, 그렇다고 해서 권력이 [전체에-옮긴이] 이바지하는 부분들로 구성된 결사의 핵심적 표지라는 결론이 나오는 것은 아니었다. 하지만 이런 고려 사항들이 구속력을 상실했을 때, 권력을 정치의 핵심적 사실로 파악하는 길이 활짝 열리게 되었다.

권력에 대한 새로운 관점으로의 이행은 폴리비우스의 정치사상에 명료하게 드러나 있었다. 그의 『역사』*Histories*는 로마가 단시일 내에 최고의 지위에 오른 것을 설명하고자 했으며, 그가 시인하듯이, 그의 연구에서 모든 것을 제어하는 개념은 바로 권력의 본성이었다. "어떻게 해서 그리고 어떤 특이한 정치제도 덕분에 불과 53년도 안 되어 거의 전 세계가 로마의 전일적 지배에 굴복하고 복속하게 되었는가. 실로 이와 유사한 사실조차 전대미문의 일이었다."53 이로부터 폴리비우스는 권력의 본성에 관한 질문을 던지게 되었다. 로마의 군사적 성공과 정치적 팽창의 원인은 무엇이었는가? 왜 로마는 다른 국가들이 실패한 곳에서 성공을 거두었는가? 다양한 유형의 국가들이 겪은 흥망성쇠에는 규칙적인 유형이 있었는가? 그리고 폴리비우스가 자신의 답변을 발견했을 때, 그것은 제도적인 균형을 통해서 권력의 올바른 조직화를 형성하는 처방인 것으로 판명되었다.

새로운 조직의 권력적 본성은 로마인들이 후일 시민권에 관해 개념화하면서 일어난 변화에 반영되었다. 로마에서 시민의 범주는 매우 영예로운 것이었다. 하지만 공화정의 짧은 시기가 지난 후, 원수정과 전제정 시기에 시민은 참여자라기보다는 신민, 즉 권위의 명령에 복종하는 자로 간주되기 시작했다. 동시에 권리의 소유를 지배하는 심리학은 권력에 대한 반응으로 굴절되었다. 공동체와의 일체감을 상실한 데 대한 보상으로 사람들은 공동체에 대항하는 법률적 보호 장치에 주목하게 되었다. 키케로의 시사적인 정의定義에 따르면, "자유로운 공동체의 특이한 표지는" 원로원, 인민 또는 적절한 법정의 결정에 의한 경우를 제외하고는 개인의 시민적 특권이나 사유재산을 침해하는 것이 불법이라는 원칙에 있었다.[54] 그리하여 참여의 요소는 부차적인 중요성을 띠게 되었고,[55] 시민권의 유효한 역할은 사회적·경제적·종교적·문화적 차이에 의해 명확하게 구분되는 사람들에게 단지 공통의 지위나 함께 모일 수 있는 조건을 제공하는 것이었다. 시민권에 있어서 정치적인 것이란 그것이 이질성, 숫자 및 공간을 극복하는 데 있었다. 이런 변화를 잘 드러내는 극적인 사건은 박해받는 적대적인 종파의 사도인 바울Paul이 백인대장百人隊長에게 던진 다음과 같은 질문이다. "당신은 로마인이면서 유죄선고를 받지 않은 한 인간을 핍박할 것인가?"

만약 우리가 '정치에서 권력이 최우선적인 지위를 차지하는 것에 대한 지적인 반응은 무엇이었는가?'라고 묻는다면, 답변은 이런 당대의 정치적 삶의 핵심적인 사실을 정치적 용어로 설명해 내지 못한 무능력을 통해 정치철학의 실패가 가장 효과적으로 증명되었다는 것이다. 권력에 직면하여 정치철학의 한 가지 충동은 그로부터 도망하여 선先‒정치적인 과거의 어딘가에 있었던 '황금시대'에서 도피처를 찾는 것이었다. 많은 논자들에게서 우리는 이런 발상을 발견할 수 있다. 하지만 중요한 논점은 그들이 모든 정치적 표지가 상실된 사회에 있는 인류를 묘사했다는 점이다. 정치적으로 결백한 상태에서는 법률도, 강제도, 재산도 그리고 갈등도 존재하지 않았다는 것이다.[56]

다른 또 하나의 훨씬 강력한 충동 역시 마찬가지로 비정치적이었는데, 그것은 권력을 종교적인 상징과 이미지로 온통 덧씌우는 것이었다. 폴리비우스의 자연주의가 아니라 권력에 대한 초자연주의적 견해가 헬레니즘 시대 대부분의 기간에 걸쳐 지배적이었고, 나아가 아우구스투스적인 원수정이 확립된 이후의 세기에도 그러했다. 이것은 인간이 물질적이고 지적인 필요를 넘어선 그 무엇, 곧 구원에 가까운 그 무엇을 기대하면서 정치체제를 바라보게 되었다는 일정한 징후였다. 만약 인간이 권력으로부터 황금시대나 이성의 보편적인 도시로 도망갈 수 없다면, 그들은 권력을 상이하게 해석하여 그것을 정치 세계를 지탱하는 구원적인 힘으로 취급할 것이었다. 이미 헬레니즘 시대처럼 오래된 시대에도 왕정에 대한 이론들은 통치자를 정치적으로 특권을 박탈당한 자들의 공포와 갈망을 표상하는 상징으로 묘사하는 경향을 드러냈다.[57] 당시의 저술에서 정치 이론의 다른 요소들은 배경으로 후퇴하고 통치자만이 홀로, 멀리서 그 모습을 드러냈다. 정치체의 운명은 그것을 통치하는 우두머리의 도덕적 품성과 선견지명에 내맡겨졌다. 그는 신성한 로고스, 곧 저 구원적인 힘의 유일한 도구로서 그의 중재를 통해 사회와 그 구성원들을 갱생시킬 수 있었다. 그 자신만이 세계에서 갈등을 제거하고 세계를 신성한 화합*homonoia*의 복제물로 만들 수 있었다. 따라서 그는 구세주, 신의 현신, 시혜자, 조물주의 이름으로 숭배되어야 했다.

이와 동일한 주제가 아우구스투스 시대의 시인들인 베르길리우스Virgil와 호라티우스Horace에 의해 다시 한 번 채택되었는데, 그들은 그 주제를 준-종교적인 유형으로 엮어 냈다. 아우구스투스는 "폐허가 된 세계를 구원하고" "폭력의 시대"를 평화의 시대로 전환시키기 위해 출현한 정치적인 구원자로 묘사되었다.[58] 시인들이 절대주의를 단지 아름다운 신화로 상식하는 데 성공한 반면에, 철학은 비록 덜 우아했지만 마찬가지로 무력했다. 만약 우리가 세네카Seneca의 『관용론』*De Clementia*을 대표적인 예로 들어 본다면, 우리는 절대주의로 인해 철학의 능력이 마비되어 단지 위로만을 제공하는 데 그쳤다는 점을 발견하게 된다. 세네카의 정치 세계 전체는 절대적인 통치자의 압도적인 위용에 위축되어 전적으로 통치자의 순전한 변덕에 의존할 뿐이었다.

> 나의 평화가 억제하고 있는 수천 개의 그 모든 칼들은, 단지 나의 뜻대로 휘둘러질 것이다. 어떤 민족이 철저히 분쇄될 것인지, 어떤 민족이 추방될 것인지, 어떤 민족이 자유의 선물을 받을 것인지, 어떤 민족이 자유를 박탈당한 것인지 …… 이 모든 것은 내가 명령하기에 달렸다.59

황제는 "공영체에 단결을 가져오는 결속, 곧 이 수많은 사람이 들이마시는 생명의 숨결"이었고, 그가 없다면 전체 사회는 그 자체의 파멸로 치달을 것이었다. 이 가공할 만한 권력 앞에서 철학의 자랑스러운 전통은 비굴한 무력감으로 추락했다. 세네카로서는 네로Nero에게 그의 절대주의를 자비로 절제하라고 간청하는 것 이외에는 달리 어떤 것도 남아 있지 않았다.60

통치자를 신성神性으로 동화시키고 인간 사회의 통치를 우주에 대한 신의 지배에 비유하여 묘사하려는 일관된 시도뿐만 아니라 정치적인 구원자에 대한 이런 믿음도 정치적인 요소와 종교적인 요소가 인간의 심성에서 깊숙이 뒤섞이게 된 정도를 반영하는 주제였다. 다양한 방식으로 통치자, 신민, 사회를 개념화하면서 '정치적인' 속성은 식별할 수 없는 것으로 되어갔다. 동시에 기원전 4세기 이래 기독교 시대에 이르기까지, 인간은 반복해서 신성을 주로 정치적인 관점에서 생각하곤 했다. 그리하여 신의 지배가 갖는 속성이 정치적인 범주를 통해 해석되고 인간 사회의 통치자가 종교적 범주를 통해 해석되는 역설적인 상황이 전개되었다. 군주제는 일신론의 정당화가 되었고, 일신론은 군주제의 정당화가 되었다.61 기원후 3세기경 기독교 저술가인 펠릭스Minucius Felix가 집필한 『옥타비우스』Octavius라는 대화편에서, 한 대화자는 이렇게 말한다. "당신은 신의 섭리의 존재를 의심하지 않기 때문에, 천상의 왕국이 단일의 인물에 의해 지배되는지 아니면 다수에 의해 지배되는지 우리가 물을 필요조차 없다고 분명히 생각할 것입니다." 용어에 대한 이런 혼동의 마지막 마무리는 또 다른 기독교도인 순교자 유스티누스Justin Martyr가 자신의 저서인 『대화』Dialogue에서 제공했다. 거기서 저자는 철학의 가치를 다음의 언급을 통해 옹호했다. "철학자들은 그들의 모든 논의를 신에 대해 하지 않는가, 그리고 그들은 항상 신의 선견지명과 군주제에 대해 질문을 던지고 있지 않은가?"62

7. 정치철학의 쇠퇴

아리스토텔레스의 죽음 이후에 전개된 정치적인 사변의 종류를 돌이켜볼 때, 삶의 비정치적 성격이 충실히 묘사되었다는 점은 명백하지만, 진정한 정치철학은 출현하지 않았다. 정치사상으로 통용된 것은 종종 근본적으로 비정치적이었다. 정치적 존재의 의미가 탐구되었지만, 그것은 단지 인간이 정치로부터 좀 더 쉽게 도피하려는 것이었다. 비정치적인 성격은 헬레니즘적 철학이 기존의 정치사회를 비판했다든가, 또는 심지어 그 철학이 초월적인 사회를 향해 그 사유를 집중했다는 데 있는 것이 아니라 그 철학이 대규모의 비인격적인 사회의 성장에 대해 식별할 수 있는 아무런 한계가 없는 사회의 상을 투영함으로써 반응했다는 데 있었다. 인간 존재의 중추적인 핵심으로서 폴리스의 쇠퇴가 분명히 정치사상에서 그 분석의 기본적인 단위를 박탈했는데, 그것을 대체할 만한 것도 없었다. 폴리스가 없어지자, 정치철학이라는 주제는 그 적절한 맥락을 찾아 헤매는 처지로 전락했다. 새로운 사회를 정치적 용어로 재정의하는 대신 정치철학은 일종의 도덕철학으로 전환하게 되었고, 이런저런 도시를 상대로 이야기하는 것이 아니라 모든 인류를 상대로 이야기하게 되었던 것이다. 에라토스테네스 Eratosthenes가 알렉산더에게 그리스인과 야만인들에 대한 아리스토텔레스의 구분을 무시하고 대신 사람들을 '좋은 자들'과 '나쁜 자들'로 나누어 통치하라고 조언했을 때, 그 언급은 인종적인 평등에 대한 개념화를 지향하는 조치였을 뿐만 아니라 정치철학의 쇠퇴라는 단계를 표시하는 것이기도 했다. 아리스토텔레스의 구별은 본질적으로 정치적인 판단에서 도출된 것이었는데, 그것은 비그리스인들이 과연 정치적 책임을 감당할 수 있는 능력이 있는지에 관한 것이었다.

> 북유럽 사람들은 자유를 누리고 있지만, 정치적인 발전을 이루기 위한 능력이나 다른 사람들을 다스리는 능력을 보여 주지는 못했다고 그는 강조했다.* 아시아인들은 비굴한 정신을 갖고 있고, 그 때문에 그들은 신하나 노예 노릇을 해 왔다.63

에라토스테네스의 조언은 폴리스 자체와 마찬가지로 정치적 사유 역시 훨씬 더 넓고, 더 모호하고 덜 정치적인 그 무엇인가에 의해 대체되었다는 점을 강조했던 것이다. '도덕적인 것'이 '정치적인 것'을 압도하게 되었는데, 그것은 도덕적인 것과 '선'이 일정한 시간과 공간에 존재하는 사회를 초월하는 것과의 관계에서 정의되었기 때문이었다. 세네카의 자살은 무기력한 도덕주의를 얻기 위해 그 정치적 요소를 내버린, 정치철학적 전통의 파산을 보여 주는 극적인 상징이었다.

---

* [옮긴이] 여기서 월린의 인용은 다소 이상하다. 아리스토텔레스의 『정치학』(Ernest Baker 영역본)의 해당 부분에는 역자가 괄호 친 "(고 그는 강조했다)"라는 문구가 나오지 않는다.

제4장

초기 기독교 시대 : 시간과 공동체

······ 여러분은 더는 이방인도 외국인도 아니라, 성인聖人들과 함께하는
동료-시민이다.
······ 우리의 공영체는 우리를 위해 이미 천국에 존재한다.

— 사도 바울

1. 초기 기독교에서 정치적 요소 : 공동체에 대한 새로운 관념

로마에서 제정이 수립된 이후 전개된 시련의 기간은 서구 정치사상의
전통에서 가장 빈약한 시기였다. 모든 면에서 실패를 거듭했다. 집중된 권
력이 지닌 함의를 직시하지 못했으며, 참여적인 구성원됨의 의미를 회복하
는 방식과 수단을 제시하지 못했고, 정치적 지식이 가진 독특한 통합성을
보존하는 데도 실패했다. 헬레니즘과 로마 시대의 사상가들은 새롭게 확대
된 정치, 공간의 확장, 권력의 집중 및 전례 없이 확대된 통치 영역을 설명
하고자 했지만, 결국에는 정치적인 동시에 지적으로 이해 가능한 새로운
이론적 구성물을 제시할 수 없다는 점을 시인했다. 우주론적 범주들을 통
해 정치 현상에 질서를 부여하려 했던 시도는 [당시 사상가들의-옮긴이] 정치적

이해理解가 새롭게 확장된 정치의 규모를 제대로 파악하지 못하고, 그 결과 그들의 시각에는 단지 우주적 개념만이 적절한 것으로 보였다는 점을 시사한다.

정치사상의 재건은 장기간에 걸쳐 끈질긴 노력이 필요한 과정으로 판명되었는데, 그 과정은 몇 세기에 걸쳐서 진행되었으며 특이한 굴절과 전환도 있었다. 그것은 패러독스로 시작해 아이러니로 끝났다. 철학이 정치사상을 재건하는 데 기권하면서, 정치사상을 재생시키는 임무는 기독교의 어깨에 떨어졌다. 이는 초기 단계에서 기독교가 정치적·사회적 사안에 확고할 정도로 무관심했고, 또 기독교 신자들이 '저세상'의 일에만 관심을 기울였다는 일반적인 생각에 비추어 볼 때 역설적으로 보일 것이다. 명백히, 처음 2세기 동안 기독교인들이 정치적 사안들은 인간 실존의 근본적 문제와 아무런 관련이 없다고 믿었다는 점을 보여 주는 데는 별 어려움이 없다. '최후의 심판일'이 임박했다는 그들의 희망은 고조되어 있었다. 따라서 정치적 질서란 최후의 심판일에 사라질 운명이었기에, 기독교인들은 정치에 관심을 둘 필요가 없었다. "내 왕국은 이 세상에 속한 것이 아니다. …… 이 세상에 섞인 자들은 세상에 연연하지 않은 것처럼 살아야 할 것이다. 현재의 이 세상이란 스러져 가는 것일 따름이기 때문이다"라고 예수가 선언하지 않았던가?[1] 더욱이 초기 기독교의 비정치적인 경향은 기독교가 점차 유대교와 구분되는 정체성을 수립하는 과정에서 한층 더 확고해진 것처럼 보였다. 유대인들의 종교적 경험에는 정치적인 요소가 짙게 물들어 있었기 때문이다. 그들에게 교회와 민족은 단일의 개념이었다. 야훼와 야훼가 선택한 민족 사이의 계약 조건은 종종 유대 민족의 승리, 곧 유대인들이 전 세계를 지배할 것을 허용하는 정치적 왕국의 수립을 약속하는 것으로 해석되었다. 그러므로 메시아는 구원의 대행자라기보다는 다윗의 왕국을 회복하는 자로 출현할 것이었다.[2] 하지만 초기 기독교의 가르침에서 유대 민족주의를 거부—"그리스인이나 유대인이나 상관없이, 할례를 받은 자이거나 그렇지 않은 자이거나 상관없이"—하고 메시아-왕으로서 예수의 역할을 극적으로 거부한 것은 이 새로운 운동이 정치보다 상위에 있다는 주장에 한층 더 확고한 일관성을 부여했다.3

이처럼 강력한 비정치적 경향을 고려할 때, 새로운 종교가 정치 이론의 재활성화에 실질적으로 이바지했다는 명제는 다소 비정통적인 접근법을 채택함으로써만 성립될 수 있다. 대부분의 논의는 문자 그대로 정치적으로 오염되지 않은 운동이라는 기독교의 주장을 수용하는 것으로 시작한다. 이는 새로운 종파와 정치적 질서 사이의 수많은 접촉을 순수히 정치적인 정립이 순수히 종교적인 반정립과 만나게 되는 변증법적인 대결로 읽어 내는 일종의 헤겔적인 해석으로 귀결된다. 이 장에서 나는 이런 해석에 이의를 제기할 것이다. 서구의 정치적 전통에서 기독교 사상의 의미는 그것이 정치적 질서에 관해 말한 것보다는 일차적으로 종교적 질서에 대해 말한 것에 있다. 기독교인들이 자신들의 집단적 삶을 이해하고자 한 시도는 서구 정치사상이 절실히 필요로 하던 생각의 새로운 원천을 제공했다. 기독교는 헬레니즘과 후기 고전주의 철학이 실패한 곳에서 성공을 거두었는데, 이는 기독교가 사람들에게 의미가 충만한 참여적 삶을 일깨우는 공동체에 대한 새롭고 강력한 이상을 제시했기 때문이다. 비록 이런 기독교 공동체의 본성이 고전적인 이상과 현저하게 대조적이었지만, 곧 그 궁극적인 목적이 역사적 시간과 공간을 넘어 존재했지만, 그 공동체는 연대와 구성원됨에 대한 이상을 담고 있었다. 그리고 그런 이상이 항상 긍정적으로 작용한 것은 아니었지만, 영속적인 각인을 서구 정치사상의 전통에 남길 것이었다. 그와 동시에 기독교 운동은 열광적이고 비밀스럽게 결속된 신자들의 단체라기보다는 좀 더 복잡한 사회적 형태로 빠르게 진화해 나갔다. 신비적 공동체는 곧 그 자체의 통치 구조에 둘러싸이게 되었다. 우리가 볼 것처럼 이는 정치사상과 관련된 새로운 문제들을 제기했다.

이런 사태 발전에서 아이러니도 존재했다. 기독교의 괄목할 만한 확산과 복잡한 제도적 형태로의 진화는 행동과 언어의 양 측면 모두에서 교회의 정치화를 수반했는데, 이로 인해 의도하지 않게도 서구의 정치 교육이 지속되는 결과가 초래되었다. 교회의 리더십은 종교적인 목표를 추구하면서 정치적 행동 방식과 정치적 사유 양식을 채택해야만 했다. 시민성의 오랜 전통은 교회의 '내부'에 축조되었고, 교회가 로마제국의 상속자로 활동함에 따라 그 전통은 더욱 중요해졌는데, 이로 말미암아 서구 세계는 교회에 영구적인 빚을 지게 되었다. 왜냐하면 그 경험을 통해 사유와 행동에서 정치적 방식이 보존되었기 때문이다. 그렇지만 아이러니하게도 교회 역시 종교적 활력의 상실이라는 대가를 톡톡히 치렀으며, 이는 종교개혁기에 철저히 드러났다. 교회가 약화됨에 따라 세속적 통치자들이 자유롭게 행동할 수 있게 되었으며, 그 통치자들은 정치적 교훈을 얼마나 잘 배웠는지 입증할 수 있게 되었다. 그뿐만 아니라, 교회의 약화는 종교적 사유의 정치화도 낳았다. 그 정치화는 교회의 순수한 종교적 정체성이 정치적-종교적 복합체로 융합되어 갈 때 줄곧 수반되었다. 그리고 종교적 사유의 정치화는 타협을 겪은 신학이 담아낼 수 없었던 정치 이론의 자율적인 체계가 발전할 수 있는 길을 열어 놓았다.

이런 사태의 발전은 한 사건에서 출발했는데, 이는 정치 이론에서는 대체로 간과되고 있지만 초기 기독교인들의 관점에서 볼 때는 결정적이었다. 예수가 십자가에 못 박혀 죽은 극적인 사건은 정치적인 배경에서 전개되었다. 기독교인들의 주主는 정권의 명령으로 사형당했던 것이다.[4] 정권의 이런 소행으로 말미암아 기독교인들은 정치 질서에 대해 엄격히 중립적인 태도를 취할 수 없었다. 게다가 기독교인들이 자신의 상황에 대해 복합적인 견해를 갖게 됨에 따라, 그들은 정치 질서와 대결할 수밖에 없었다. 비록 기독교인들이 '세상'을 경멸했고, 세상의 덧없음에 대한 신념이 로마제국의 박해 기간에 강화되었지만, 그들의 세계관은 고전 시대의 정치적 은둔에 대한 숭배에 비견될 수 없었다. 고전 시대에 현자는 우연과 운명의 풍파를 견뎌 내고자 파괴할 수 없는 덕의 성채城砦를 모색했고 그 속에서 은둔하려 했다. 반면, 기독교인의 정치적 태도는 자신에게 부과된 소명의 성격에 내재한 긴장에서 비롯된 것이었다. 그는 낡은 삶에 사로잡혀 있었지만 새로운 삶을 위해 투쟁하도록 요구받고 있었다. 그 결과는 정치적·사회적 존재의 성화聖化되지 못한 현실과 "의로움이 깃들어 있는 새 하늘과 새 땅"의 약속 사이의 지속적인 긴장이었다.[5] 때때로 그 긴장은 천년왕국의 황홀경 속에서 내팽개쳐지기도 했으며, 사람들은 정치적·사회적 삶의 사악함과 불의에 종지부를 찍을 수 있는 "최후의 시간"을 학수고대하기도 했다.[6] 하지만 예수의 재림을 둘러싼 불확실성으로 말미암아 기독교인들은 관리官吏, 세리稅吏 및 법정 등이 존재하는 세계와 공존할 수 있는 모종의 일시적인 생활양식을 불가피하게 모색해야만 했다.

이를 표현하는 것 가운데 하나가 정치적 권위에 대해 져야 할 의무와 신에 의해 명해진 의무에 대한 사도 바울의 구분이었다.[7] 바울은 기독교인들에게 카이사르Caesar의 것이 마땅한 것은 카이사르에게 바치라고 권고했지만, 그것이 시민적 충성과 종교적 충성이 완전히 분리된 것임을 의미하는 것은 아니었다. 또한 그에 따라 정치적 질서가 신이 창조한 여타의 질서와 고립된 채 존재하는 변질된 것임을 의미하는 것도 아니었다. 바울이 행한 가르침의 중대한 의미는 정치적 질서를 신적인 체계 안으로 끌어들여 기독교인들이 정치적 질서와 대결할 수밖에 없도록 한 데 있었다.

> 왜냐하면 하느님에 의해 하늘과 땅에 있는 만물, 곧 보이는 것은 물론이고 왕권과 주권과 권세와 권력 등과 같이 보이지 않는 것까지도 모두 창조되었기 때문이다. 만물

은 하느님에 의해, 하느님을 위해 창조되었다.[8]

정치적 질서를 기독교적 사물의 구도 안에 수용하려는 바울의 시도에
도 불구하고, 초기 기독교 내에는 [정치 질서와 기독교적 질서 사이의─옮긴이] 전
체적인 통합을 금하는 강력한 힘이 작동하고 있었다. 기독교인들에게는 일
종의 정치적 소외감이 지속적으로 존재했다. 바울이 정치적 권위를 방어해
야 할 필요성을 강하게 느꼈다는 사실─"세상의 모든 권력은 하느님께서
세워 주신 것이다. …… 따라서 누구든지 권력에 거역하는 자는 하느님의
명령에 거역하는 것이다. …… 그러므로 하느님의 분노 때문만이 아니라
양심을 따르기 위해서도 여러분은 복종해야 한다"[9]─은 기독교인들과 정
치 질서 사이에 깊은 불안감이 있었다는 점을 증거한다.[10] 부분적으로 이
는 적대적인 사회에 포위된 채 박해를 당하는 종파가 경험하는 심리적인
어려움에 의해 설명되어야 한다. 만약 기독교인들이 로마의 통치자들에게
자연스럽고 자발적인 충성심을 느꼈더라면, 바울이 그토록 단호한 언어로
정치적 복종을 옹호하는 주장을 할 필요가 없었을 것이다.

하지만 심리학적 설명 이외에도, 제한적인 충성과 궁극적인 이탈이라
는 양가감정적인 정치적 긴장은 다른 사항을 고려함으로써 좀 더 온전히
이해될 수 있다. 먼저 기독교인들의 정치적 태도는 스스로 정치적 질서의
밖에 있다고 간주하는 집단의 마음가짐을 표현했다. 초기 교회 지도자들이
신도들에게 세속적인 정치 지도자들에게 충실히 복종하라고 얼마나 자주
설교했는지 또는 그들이 얼마나 강력히 사회적 의무의 신성함을 옹호했는
지와 상관없이, 그들은 기독교인들이 정치적 사안을 바라보는 지점과 사안
의 실제적인 소재지 사이에 건널 수 없는 거리가 있다는 인상을 지워 버릴
수 없었다. "그러므로 너희는 이 세상을 본받지 말고 마음을 새롭게 하여
새사람이 되어야 한다."[11] 이런 태도가 단순한 소외감이나 귀속에 대한 욕

구가 충족되지 못한 데 따른 표현으로 이해되어서는 안 된다. 또한 그런 태도는 영원한 재화와 세속적인 재화, 곧 복음에 의해 견지되는 영적인 삶과 정치·사회적 관계에 의해 상징되는 육신의 삶에 대해 기독교인들이 내리는 강렬한 대조의 관점에서 이해되어서도 안 된다. 기독교인들의 정치적 태도를 전체적으로 이해하는 데 있어서 근본적인 것은 그 태도가 스스로를 이미 더 커다란 순수성과 더 고상한 목표가 있는 사회에 살고 있다고 간주하는 집단으로부터 발한 것이라는 점이었다. "선택된 족속, 왕의 사제, 거룩한 겨레, [하느님의 소유가 된-옮긴이] 독특한 백성 ……."12

기독교인들의 정치적 강박관념에 존재하는 이 모든 구성 요소는 테르툴리아누스Tertullian*의 사상에 훌륭하게 예시되었다. 그의 사상에는 정치적 질서로부터의 분리에 대한 예민한 감각이 펼쳐지고 있었다. "그리스도께서 지상의 왕국을 거부했다는 사실은 의당 여러분에게 모든 세속적인 권력과 위엄이 하느님께 단순히 낯선 것일 뿐만 아니라 하느님께서 적대시한 것이라는 점을 확신시키기에 충분하다." 또한 그의 사상에는 훨씬 나은 사회의 구성원이라는 데서 나오는 확신도 있었다.

> 우리는 공통의 종교적 신앙, 기율의 통일성 및 공통의 희망으로 연결된 유대에 의해 엮어진 한 몸이다. …… 당신의 시민됨, 당신의 관리官吏 및 당신의 쿠리아curia**의

---

* 테르툴리아누스(기원후 약 160~220년)는 아우구스티누스 다음가는 '교부시대의 위대한 신학자'로 일컬어졌다. 아프리카의 이교도 가문에서 태어나 법학과 고전 교육을 받았는데, 그 교육은 그가 개종한 후에도 그의 사상에 지속적인 영향을 남겼다. 그는 박해시기에 기독교에 대한 가장 탁월한 옹호자 가운데 한 명으로 빠르게 부상했으며, 라틴어로 저술한 최초의 기독교 신학자였다. 나중에 그는 엄격주의적이며 '열광주의적' 교파인 몬타누스파(Montanism)에 합류하여 자신의 재능을 다 바쳐 주류 교파에 반대했다. 결국 그는 몬타누스파와도 결별하고 자기 나름의 종파를 세웠다. 이단에 연루되기는 했지만, 그는 삼위일체설 및 그리스도론과 관련된 교리에 지속적인 영향을 미쳤다.

이름은 바로 그리스도 교회이다. …… 당신은 이 세상의 이방인이며, 천상에 있는 도시인 예루살렘의 시민이다.13

그와 동시에 전적으로 물러나는 것, 곧 기독교인들이 교회 '바깥' 사회[세속-옮긴이]의 일부라는 점을 부정하는 것에 대한 망설임도 존재했다. "우리는 이 세상에서 여러분과 함께 살고 있다. 공회당, 목욕탕, 선술집, 상점 …… 그리고 다른 교제의 장소가 없이 사는 것은 아니다. 더욱이 우리는 여러분과 함께 항해하고, 여러분의 군대에 복무하며, 여러분과 함께 밭에서 일하고, 여러분과 거래한다."14

나중에 우리는 이 공동체의 '정치적' 성격을 좀 더 충분히 검토할 것이다. 다시 말해 어떻게 기독교인들이 점점 더 정치적인 용어를 통해 그들 공동의 삶을 표현하게 되었는지를 음미할 것이다. 그리고 교회가 독특하게 정치적이라고 고려되는 많은 특질들을 발전시키고 또 독특하게 정치적인 많은 동일한 문제들에 직면하면서, 어떻게 교회가 종국적으로 단순히 영성이라는 명백한 기준에 의해서만이 아니라 정치적이고 사회적인 기준에 따라 자신들의 공동체적 삶이 정치사회보다 본질적으로 우월하다고 평가하게 되었는지를 지적할 것이다. 달리 말하면 교회-사회는 정치사회가 내세운 기준을 따르면서 정치사회에 도전할 것이었다. 뉴먼William Lambert Newman의 언급에 따르면 교회-사회는 "대안적인 왕국"counter-kingdom이 되었던 것이다. 그렇지만 이 지점에서 우리는 기독교인들이 정치적 질서가 지닌 권력의 범위, 정치적 질서가 요구하는 정당한 의무의 범위와 정치적 질서가 지닌 전반적인 유용성을 조망한 방식에 관심을 둘 뿐이다. 즉 우리는 교회

** [옮긴이] 쿠리아는 로마의 사회 단위 —가족(Familia), 씨족(Gens), 쿠리아, 부족(Tribus) — 중 특정 지역에 거주하는 씨족들의 모임으로서 특히 공적 영역에서 가장 중요한 사회 단위였다.

외부의 세속적인 정치적 질서에 대한 기독교인들의 이해가 기득권을 박탈당한 자들이 공동체를 찾는 과정에서 겪는 좌절된 갈망의 표현이 아니라 구성원됨에 대한 깊은 자각을 통해 그 연대감이 확보된 집단의 표현이었다는 점을 강조하고자 한다.

> 기독교인들은 나라나 언어 또는 관습에 의해 여타의 인류와 구분되는 것이 아니다. …… 그들은 그리스와 동방의 도시에 살면서 …… 그 나라의 관습을 따르지만 …… 그들은 그들 [나름의] 시민됨의 현저하면서도 명백하게 놀라운 속성을 보여 준다. 그들은 자신들의 나라에서 체류자처럼 산다. 그들은 [천국의 – 옮긴이] 시민으로서 모든 것을 공유하지만, 다른 한편 그들은 이방인으로서 모든 고난을 겪는다. …… 그들은 지상에서 삶을 보내지만, 천국의 시민인 것이다.15

자신들의 공동체의 본성에 대한 이런 기독교인들의 관념은 후대의 사회·정치사상에 심대한 영향을 미칠 것이었다. 구성원됨, 사회적 통일성, 공동으로 성취될 수 있는 목표의 종류 그리고 지도자와 구성원들 사이에 유지되어야 하는 관계와 관련된 일련의 전통적인 범주들은 전반적으로 전복되거나 수정되었다. 우선 주목해야 할 첫 번째 측면은 기독교 논자들이 그리스도를 공동체의 건설자, 곧 순교자 유스티누스의 말에 따르면 "새로운 입법자"로 간주했다는 점이다. 오리게네스Origen*에 따르면 그리스도는 "인간성이 좀 더 신성한 것과 교제함으로써 신적인 것이 될 수 있도록 …… 신적인 본성과 인간적인 본성을 한데 엮는 일을 시작했다."16 하지만 그리스

---

* 오리게네스(기원후 약 185~254년)는 이집트에서 태어나 알렉산드리아에서 교육을 받았다. 그는 기독교에 대한 가장 위대한 그리스적 옹호자로 간주된다. 고전 철학, 특히 신플라톤주의 분야에서 교육을 받았고, 플라톤주의와 기독교를 결합시켜 철학적 신학을 창안하기 위해 고심했다. 비록 그의 많은 교리들이 나중에 이단으로 선언되었지만, 후일의 신학적 교의에 그가 미친 영향은 매우 심원했다.

도에게 부여된 초월적인 성격으로 말미암아 그리스도의 작업은 고전 시대의 전통에서 위대한 입법자로 묘사된 자들의 작업들과 명료하게 구분된다. 이런 대조는 기독교인들이 그들 사회의 특이한 정체성을 부각하기 위해 선택한 기본적인 요소들에서 더욱 선명해진다. 그들은 하나됨 및 호혜적인 상호의존이라는 암시와 함께 정치체를 유기체에 비유하는 예전 고전 시대의 비유를 차용했는데, 거기에 고전주의에는 생소했던 신비적이고 정서적인 속성을 채워 넣었다.

> 몸은 비록 하나이지만 많은 지체肢體, members를 가지고 있고, 몸에 딸린 지체는 많지만 그 모두가 한 몸을 이루는 것처럼, 그리스도의 몸도 그러하다. 우리는 모두 한 성령에 의해 세례를 받아 한 몸이 되었다.[17]

그리하여 가장 심층적인 차원에서 그 공동체는 영성체corpus Christi라는 신비 위에 건설되었다. 공동체의 상징은 신도들이 그리스도의 몸이라는 생명을 주는 실체를 취하는 성체성사聖體聖事였다. 이그나티우스Ignatius*가 말한 것처럼 "불사약"을 함께 먹으면서, 각 개인은 진정한 성체배령자聖體拜領者들로 구성된 공동체의 일부가 되고 영생에 대한 약속을 공유했다.[18] 그 외에도 그들의 공통된 구성원됨은 다음과 같은 것들에 의해 상징되었다. 먼저 세례식은 그들이 새로운 친교의 관계에 입문하는 것을 의미했다. 그리고 성찬식聖餐式을 함께하는 공동체의 식사[19]도 공통된 구성원됨을 상징했는데, 이는 플라톤의 『법률』이나 아리스토텔레스의 『정치학』에 나오는 공

---

* 이그나티우스(기원후 약 37~107년)는 초기 사도교부들(使徒教父, Apostolic Fathers) 가운데 한 사람으로서, 그가 쓴 많은 서한은 교회의 통일과 주교 및 사제의 권위를 매우 강조했다. 그는 안티오크의 주교가 되었으며, 일설에 따르면, 트라야누스(Trajan) 황제에 의해 재판을 받고 사형당했다.

동의 식사에 대한 합리주의적인 제안*과 명백하게 대조된다. 또한 그 죽음 자체가 사회적 의미를 지니고 있는 주⁺를 닮으려는 구성원들의 끊임없는 노력도 그런 구성원됨을 상징했다. "나는 그리스도의 몸인 바로 이 공동체를 위하여 그리스도가 못다 한 고난을 내 몸으로 감당하고 있다."20 그리스도가 인류에 대한 사랑으로 생명을 바쳤듯이, 정서적인 유대—친구들의 공동체라는 그리스적 관념에는 알려지지 않은 정서를 표현하는—에 의해 새로운 공동체는 함께 결속하고 각 구성원이 다른 구성원들에게 결부되었다.

> 우리는 형제들을 사랑하기 때문에 우리가 죽음을 벗어나 생명의 나라에 들어왔다는 것을 안다. 형제들을 사랑하지 않는 자는 죽음 속에 거하고 있다.21

비록 이런 관념들은 기독교인들에게 그들 자신의 공동체를 이해할 수 있도록 가르치는 것은 물론 새로운 사회의 본성을 규정하고자 의도된 것이었지만, 전통적인 정치사상을 교란하는 효과를 낳았다. 이를 보여 주는 하나의 사례는 정치적 의무의 관념에 미친 충격이었다. 대부분의 논의는 신에 대한 더욱 높은 의무에 비추어 정치적 충성의 한계가 결정되어야 한다

---

* [옮긴이] 플라톤은 『법률』 제6권에서 남녀 모두 공동 식사에 의무적으로 참여하게 할 것을 제안한다. 플라톤은 공동 식사가 구성원들로 하여금 자기 마음대로 사사로운 행동을 하는 것을 억제할 것이라고, 그리하여 법률이 공공생활에만 적용되는 것을 넘어서 구성원들의 삶 전체에 스며들게 될 것이라고 보았다. 플라톤의 후기 저작인 『법률』에서 플라톤이 구성원에 대한 이상적인 논의에서 상당히 후퇴하면서 공동 식사의 중요성을 부각시킨 것처럼, 『국가』의 이론적 경향을 비판하는 아리스토텔레스도 유사한 맥락에서 공동 식사를 강조한다. 『정치학』 제2편에서 스파르타와 크레타 등의 공동 식사 제도에 대한 평가를 보면, "인간은 공동의 것에 관심을 덜 쏟는다"라고 말하면서 플라톤에 대해 비판의 날을 세운 아리스토텔레스에게도 공동 식사는 구성원의 사사로운 행동을 막고 공동체의 기율을 익히게 하는 계기였던 것이다. 양자 모두에게서 공동 식사는 그 자체의 신비적 힘에 의해 구성원을 공동체에 융화시키는 것이 아니었다. 오히려 공동 식사는 일상적인 차원에서 공동체의 기율을 체화할 수 있게, 곧 습관을 들일 수 있게 해 준다는 점에서 중요시되었다.

는 기독교인들의 믿음으로 초래된 갈등에 지나치게 초점을 맞추어 왔다. 의심할 여지없이 이런 믿음이 고대와 근본적으로 다른 관념을 도입했지만, 참으로 혁명적인 측면은 기독교인들이 정치적 의무에 대한 문제를 고전 시대에는 감히 상상도 할 수 없었던 방식으로 접근할 수 있었다는 점이다. 그리스인들에게 정치적 의무의 문제는 선택 사항이 아니었다. 왜냐하면 정치적 구성원됨은 무엇보다 필연의 문제로 간주되었기 때문이다. 아리스토텔레스가 강조했듯이 단지 짐승과 신만이 정치적 의무에서 제외될 뿐이었다. 고전 시대에는 인간의 완성 가능성과 정치 질서가 서로 긴밀히 연결된 것이라고 강하게 믿었고, 고전 시대 정치 질서는 이를 위한 적절한 조건을 유지하는 것을 자신의 본분으로 삼았기 때문에 정치사회의 구성원됨 자체에 대한 의문은 거의 제기되지 않았다. 물론 윤리적 의무의 문제가 이러저러한 법 또는 참주정과 같은 왜곡된 정권의 속성에 의해 제기되지 않은 것은 아니었다. 비록 스토아 사상가들이 우주적 사회에 대한 합리적 존재의 충성을 그럴듯하게 북돋기는 했지만, 그렇다고 해서 충성심이 충돌하는 경우에 기존 정치 질서에 대한 진정한 대안이 존재한다고 주장한 적은 결코 없었다. 왜냐하면 그들의 대안은 정치사회의 구성원이 되느냐 아니면 어떤 사회의 구성원도 안 되느냐 사이에서 어떻게든 한쪽을 선택해야 하는 것이 아니었기 때문이다. 기독교인은 가장 중요한 사안에서 기존의 어떤 사회든 그것을 능가하는 사회에 이미 속해 있었기 때문에 [기존과는 완전히 다른 양식의 구성원됨을-옮긴이] 선택할 수 있었다. 그들은 "천국의 전초기지"인 사회에 이미 속해 있었던 것이다.

그리하여 처음으로 이탈을 정치사회에 대한 근본적인 도전으로 전환한 자들은 바로 초기 기독교인들이었다. 그 결과 키니코스학파나 스토아주의자가 개별적으로 항의하던 상황 대신에 정치 질서는 전례 없는 상황을 맞이하게 되었는데, 그 상황이란 정치적 귀속 의식이 없는 자들이 그들 나름의 확고한 사회를 구성하고, 정치적 이탈이 공동체—비록 그 공동체가 초월적 음조에 맞추어진 것이기는 했지만—의 재발견과 병존하는 그런 상황이었다.

　이 지점에서 제기되는 명백한 질문은 이런 것이다. 만약 초기 기독교인들이 자신들의 사회가 더 우월하다고 생각했다면, 왜 그들의 지도자들은 구성원들에게 시민적 의무를 수행하고 정상적인 사회관계에 종사하며, 대부분의 사안에서 정치 질서를 지지하라고 끊임없이 타일렀는가? 물론 거기에는 모종의 답변이 명확히 존재한다. 인기가 없는 종파로서 공공 당국을 공연히 자극해서는 안 되었던 것은 바로 생존의 문제가 걸려 있기 때문이었다. 게다가 기독교인들은 그들 자신의 사회가 교회 '외부'의 사회에서 수행되는 모든 기능을 대체하는 것으로 간주하지도 않았던 것으로 보인다. 바울이 "성도들 앞에서 해결하지 않고, 불의한 자들 앞에서 재판을 받는 것"[『고린도전서』 6장 1절의 내용-옮긴이]에 대해 경고했을 때, 그는 기독교인들이 분쟁을 자체적으로 해결할 수 있어야 한다는 점을 의미했을 뿐이다. 그는 로마의 재판정이 모든 면에서 기독교적 절차에 의해 대체되었다는 점을 의미하지는 않았다. 그러나 내가 생각하기에는 기독교인들이 정치적 충성을 바치는 방향으로 이끌려 가게 된 데에는 훨씬 더 의미심장한 이유가 있다. 그것은 바로 두려움이라는 요소였다. 시민적 의무를 거부하는 것, 사회적 기능에서 탈퇴하는 것은, 그들이 이내 인식했던 것처럼, 평화와 문명의 기예들을 유지하는 질서의 불가피한 약화를 의미했다. 물론 로마제국이 문명과 무정부 상태 사이에서 유일한 대안이라는 이런 믿음을 초기 기독교인들이 독창적으로 제기한 것은 아니었다. 오히려 그것은 예를 들어 아우구스투스 황제 시대의 문헌에 두드러졌던 예전 주제의 지속에 불과했다. 베르길리우스, 호라티우스, 타키투스 그리고 후일의 세네카는 비틀거리는 세계에 대한 두려움의 이미지를 항상 떠올리고 있었다. 그 세계의 구원은 오로

178

지 통치자의 섭리*providentia*에 의존했다.22 황제는 세계 재건자*restitutor orbis*, 곧 죽어 가는 세계를 소생시키는 자로서 찬양받았다. 공화정 말기 정치적 파벌들의 격렬한 투쟁이 의심의 여지없이 이런 근심을 일으키고 사람들로 하여금 기꺼이 권위를 존경하게 했지만, 기실 이런 경향은 제국의 변경에서 가해지는 야만인들의 압력이 주는 위협이 증가함에 따라 더욱 가속화되었던 것이다. 야만인들의 침략에 로마인들은 충격을 받아 '외부'에 대한 두려움에 빠져들었다. 그런 두려움 속에서 '외부'는 끊임없이 약점을 찾아 문명화된 세계를 삼키려고 위협하는 생소하면서도 지칠 줄 모르는 세력으로 인식되었다.

> 오! 우리의 날이 무딘 칼을
> 다른 모루 위에서 갈아세우자.
> 훈과 아랍의 약탈자 무리들을 겨누기 위해.23

공포 그리고 권력의 허약성에 대한 느낌은 초기 기독교인들의 태도에도 크게 각인되어 있었다. 여기서도 가장 훌륭한 증인은 테르툴리아누스이다. 자신의 극단적인 교조적 견해와 이후 이단적인 몬타누스파와의 연루에도 불구하고 그의 초기 저작은 로마제국에 대한 초기 기독교인들의 태도를 충실히 반영하고 있었다. 가혹한 박해의 기간에 집필하면서 그가 정치 질서에 대해 우호적인 감정을 느낄 이유란 전혀 없었다. 그렇지만 정치적 삶에 대해 빈번히 적의를 표출하면서도, 그는 기독교인들이 로마 권력의 지속을 위해 기도하는 것에 대해 아무런 모순을 느끼지 않았다. 그는 "우리는 황제를 위해, 대신을 위해, 세계의 상황을 위해, 만방의 평화를 위해, 그리고 종말의 지연을 위해 기도한다"라고 결연히 말했다.24

"종말의 지연"이라는 마지막 구절은 기독교인들의 심중에 있는 세상에 대한 역설적인 태도를 잘 보여 준다. 한편으로는 새로운 종파가 정치 질서의 운명에 깊이 연루되어 있다는 진정한 인식이 함축되어 있었다.

> 제국이 흔들리면 그 모든 부분들도 흔들린다. 따라서 우리가 그 혼란의 바깥에 있다 할지라도, 우리 역시 그 불행에 말려들기 마련이다.25

다른 한편에는 강력하게 흐르는 천년왕국설이 함축되어 있었는데, 테르툴리아누스 역시 이를 공유하고 있었다. 그것은 종말이 임박했으며, 그리스도의 재림에 앞서 로마의 붕괴라는 대격변이 그들의 눈앞에서 일어날 것이라고 주장하면서 기독교인들을 고무했다. 기독교인들을 정치 질서를 방어하도록 이끄는 흐름과 정치 질서의 임박한 붕괴에 환호하게 하는 정반대의 두 흐름이 경합하는 가운데,26 천년왕국설이 패퇴했다. 정치 질서가 지닌 권력의 안전한 보호 없이 살아간다는 생각은 감당하기에 너무 버거웠기 때문이다. 인간은 세상의 종말을 간절히 원하기보다는 '정치적 자연'으로 돌아가는 것을 더 무서워했다. 그리하여 2세기가 지난 후 교회가 천년왕국을 지연시키는 것과 관련하여 기득권을 발전시키기 시작했을 때—이단이라고 낙인찍힌 종파들 가운데 몇몇은 종말론적인 세계관을 열렬히 신봉하고 있었다는 데서 이 점이 확인된다—자신이 제국의 운명과 깊은 관련이 있다고 생각했던 기독교 논자들의 전통이 전개될 수 있는 무대가 마련되었다. 예를 들어, 제롬Jerome과 락탄티우스Lactantius*는 로마 권력의 붕괴

---

* 성 제롬(기원후 340~420년)은 중요한 라틴 교부들 가운데 한 인물이다. 부유한 기독교 집안에서 태어나서 고전 수사학과 철학 교육을 철저히 받았다. 그는 많은 저작을 집필했으며, 무엇보다도 성경을 라틴어로 탁월하게 번역한 업적을 남겼다.
락탄티우스(기원후 약 240~320년)는 북아프리카에서 출생했으며, 기독교인으로서 제국을 옹호한 주요한 인물이 되었다. 교사와 저술가로서 삶을 살았다. 교사로서 그는 콘스탄티누스(Constantine)의 아

를 목격하면서 느낀 충격에 대해 생생하게 숙고했으며,27 아마도 기독교 저작물 가운데 가장 위대한 저작인 아우구스티누스의 『신국』*De Civitate Dei*은 410년 로마의 약탈에 대한 직접적인 반응이었다.

알려지지 않은 '외부'의 현존, 곧 정치적·사회적 관계의 망을 해체할 것으로 우려되는 침략 세력에 대한 두려움은, 우리가 살펴본 것처럼, 그리스인들이 페르시아 제국의 존재에 대해 의식하게 되었을 때까지 멀리 거슬러 올라갈 수 있을 만큼, 서구 정치사상의 구성 요소였다. 그때 이래로 '외부'에 대한 지적인 반응은 그 '외부'로 말미암아 정치적 관계와 여타 현상이 일어나는 친숙한 경로가 일관성을 상실하고, 단절의 상태에 빠져 버리는—곧 정치적 자연의 상태로 좌초되는—위험이 발생한다는 것이다. 그 결과, 정치적 사유는 미지의 것[외부-옮긴이]이 야기하는 두려움을 이겨 낼 수 있는 방안을 강구했다. 이를 위해 정치적 사유는 일관성이 있는 것과 그렇지 않은 것 사이의 경계를 구분하고, 그 가운데 일관성이 있는 것을 충분히 강한 개념 구조에 포섭해 보존함으로써 상황을 지적으로 이해할 수 있게 만들고자 노력했다. 나중에 우리는 초기 기독교인들의 이런 노력이 절정에 달한 것을 아우구스티누스의 '질서'*ordo* 개념을 통해 검토할 것이다. 아우구스티누스는 그 개념을 통해 규칙성을 단순히 정치적 사안뿐만 아니라 모든 창조물과 인류의 전 역사에까지 확대하고자 했다.

그러나 이론적 질서를 지향하는 충동은 몇 가지 형태를 취해 왔다. 중세 초기에 그것은 교황에 의해 '온 세계의 수장'首長, *caput totius mundi*, 즉 일견 어떤 외부도 용인하지 않는 세계를 통치하는 우두머리라는 주장으로 표현되

들인 크리푸스(Cripus)를 가르쳤다. 가장 중요한 저술에는 『신의 제도』(*Divinae Institutiones*)가 있는데, 많은 저술을 통해 교육받은 자들에게 기독교의 진리를 설득시키고자 했다. 명료한 문체로 인해 종종 '기독교의 키케로'라고 불린다.

었다. 이 점에서 좀 더 겸허한, 하지만 아마도 좀 더 의미심장한 것은 '에우로파'*Europa*라는 관념이었는데, 이것은 샤를마뉴Charlemagne 대제의 통치를 신성화한 교회의 의식에 대한 적절한 보완물로 나타났다. 에우로파는 독특한 통일체로서 개념화되었는데, 그 정체성이 공동의 신앙에 의해 규정되고 그 존재가 황제와 교황의 공동 통치를 통해 확보되는 것이었다.28 논자들이 '기독교 제국'*imperium christianum*이나 '에우로파의 왕국'*regnum Europae* 또는 후일의 '기독교 사회'*societas christiana* 등 무엇에 대해 논하든, 거기에는 '내부'라는 알려진 안전한 영역을 그 너머에 있는 이교도, 이단 및 분열이라는 어둡고 위협적인 힘으로부터 분리하려는 동일한 충동이 있었다. 근대의 정치적 문헌에서 이런 사고 유형의 지속성을 발견하는 일은 어렵지 않다. 여기서는 버크가 프랑스 혁명 정부의 특징을 "기독교 세계와의 위대한 정치적 친교communion"를 파괴하고 "유럽의 공동체들이 존립하고 있는 토대와 근본적으로 반대되는" 정치적 토대를 채택한다고 규정한 사실을 상기하는 것으로 충분하다.29 비슷한 주제는 '서구'와 관련된 일련의 공통된 문화적 가치에 대한 공산주의, 파시즘 및 아시아 민족주의의 도전을 논하는 20세기 저작에서도 지속적으로 반복되었다.30

2. 정체로서의 교회 : 정치 질서에 대한 도전

그렇지만 초기 기독교인들의 입장에서 로마제국이 문명을 위한 방어벽을 구축했다는 인식은 기독교와 정치 질서 간의 고유한 긴장을 전적으로 해소하지는 못했다. 기독교인들은 국경을 안전하게 지키는 일에 대해 로마 군단에, 법률을 집행하는 일에 대해 로마의 관리들에게 감사를 느끼기도 했지만, 그렇다고 그런 감사가 교회-공동체에 대한 기독교인의 충성과 경쟁할 수 있는 것은 아니었다. 하지만 두 사회 사이에 존재하는 가치관의 불일치는 기독교인이 가진 입장 가운데 일부일 뿐이었다. 왜냐하면 그들은 비록 교회-공동체가 우월하다고 생각했지만, 동시에 정치 질서가 평화의 목적에 이바지하고 사회적 삶의 조건을 유지하는 데 있어 소중하다는 점을 인정했기 때문이다. 나중에 아우구스티누스가 인정한 것처럼, 심지어 "진정한 하느님으로부터 소외된" 사회마저 일정 정도의 가치를 담고 있었다.[31] 이런 고려에서 정치 질서를 차선의 배치로 평가하는 기독교인들의 태도가 형성되었는데, 정치 질서는 "흔들리지 않는" 약속된 도시에 비해 열등한 것이었으며,[32] 사랑보다는 강제력에 의존할 수밖에 없는 운명을 지닌 것이었다. 정치 질서는 일차적으로 강제력의 전형이라는 바로 그 이유로 말미암아 결코 신앙인들의 사회에 필적할 수 없었다. 바울이 『로마서』에서 정치적 권위의 억압적인 성격을 특히 강조했을 때, 이런 판단은 이미 내려진 셈이었다. "그는 하느님의 심부름꾼으로서 악을 저지르는 자에게 징벌을 대신 내리는 자이다."[33]

이전 논의에서 우리는 정치 질서가 단순한 권력 이상의 것을 포함하고 있으며, 인간의 발전에 긍정적으로 이바지하는 기능들의 복합체라는 점을 보여 주고자 어떻게 고전적 전통이 항상 분투해 왔는지를 살펴보았다. 그런데 기독교가 성공적으로 수행한 것은 정치 질서를 권력과 등치시키고, 연후에 아무런 의도적인 사전 기획 없이 이전에는 정치 질서와 연관되어 있던 많은 속성을 자신들의 교회-사회로 옮긴 것이었다. 그 속성에는 권력의 요소도 포함되어 있었다. "우리도 지배한다"라고 나지안젠의 그레고리 Gregory Nazianzen*는 단언했다. "만약 정신이 육신에 종속되지 않고 천상의 것이 지상의 것에 종속되는 것이 아니라면 그 지배는 더욱 탁월하고 더욱 완벽한 것이다.[34]

정치 질서에 귀속되던 정치적 속성의 감소와 함께 병행된 교회의 정치화는 교회 생활에서 일어나는 변화와 밀접히 관련되었다. 2세기 말에 이르자 교회는 교리에 의한 결속과 초기 사도들의 모호한 우월성에 의해 엮여 있던 신앙인들의 느슨한 결사이기를 중단하고, 대신 제도화된 질서가 되었다.[35] 교회 성직자들의 임명은 정규적인 토대 위에 진행되었고, 교리는 더욱 공식화되었으며, 권위의 위계가 발전했고, 관리해야 할 재산이 증가했으며, 산재해 있는 교회들 사이에서 일정 정도의 통일성이 성취되어야 했다. 자발적인 집단생활에서 좀 더 공식적인 교회 정체政體로의 변화는 신앙의 열정과 마찬가지로 질서의 논리 역시 자신의 원칙을 강제한다는 점을 입증했다. 기독교 사회의 원초적인 통일성은 신앙의 통일성에 기반을 두고 있었지만, 신앙인들의 사회 역시 그 업무를 처리하려면 리더십, 통치, 기율, 확립된 절차가 필요하다는 점에서 별반 다르지 않다는 깨달음이 점차 확산되었다. 길게 인용할 가치가 있는 오리게네스로부터 따온 아래의 인용문은 다음과 같은 점을 명백히 보여 준다는 점에서 길게 인용할 가치가 있다. 즉, 교회의 점증하는 정치적인 성격은 사람들로 하여금 정치사회와의 유사성을 의식하게 했고, 그 반응은 유사성에 대해 놀라기는커녕 정체政體로서 교회가 다른 정치적 실체보다 우월하다고 선언하는 것이었다.

예를 들어 아테네에 있는 신의 교회ecclesia는 만물 위에 군림하는 신을 즐겁게 하기를 소망하는 것처럼 평온하고 건실한다. 그러나 아테네 민중들의 민회—이 또한 에클레시아ecclesia라 불린다—는 온갖 불화에 시달리고 있으며, 따라서 아테네에 있는 신

* 나지안젠의 그레고리(기원후 329~389년): '갑바도기아 교부들'(Cappadocian Fathers) 가운데 한 인물로 니케아 신앙(Nicene Faith)의 옹호자로서 매우 커다란 영향력을 행사했으며 콘스탄티노플의 주교로 활약했다.

의 교회에 결코 비할 바가 못 된다. 이 점은 코린토스에 대해서도 …… 사실이다. 비슷하게, 만약 여러분이 하느님의 교회의 평의회를 다른 어떤 도시의 평의회와 비교하더라도 여러분은 교회의 평의원들 몇몇은, 만약 전 세계를 다스리기 위한 하느님의 도시라는 것이 있다면, 그 도시의 통치에 합류할 만한 자질을 지니고 있다는 점을 발견하게 될 것이다. …… 각 도시에 있는 교회의 통치자들[예컨대, 주교들]을 그 도시 인민들의 통치자들과 비교하기만 하면 여러분은 반드시 그들이 그 도시들에서 발견되는 평의원들과 통치자들의 행동이나 예절과 비교해서 진정한 우월성, 곧 덕의 성취를 향한 진전에서 우월성을 가지고 있다는 점을 깨닫게 될 것이다.36

심지어 초기에도 신도들이 교회에 일종의 잠재적인 힘[또는 권력―옮긴이]이 내재한다는 점을 실감하고 있었다는 증거가 있다. 이 힘은 성령의 기적적인 작동과 동일시되는바, 성령은 회중會衆 속에 깃들어 있으면서 교리와 의식儀式의 연대성을 고양했다.37 하지만 2세기에 이르러, 집단의 힘은 통일성 및 일률성과 연관되었다. 다시 말해 고전적인 정치적 사유의 탐구에 핵심적이었던 속성들과 연관되었던 것이다.

> 무엇이든지 그것이 여러분 자신의 생각으로 한 일이라면 여러분은 그것을 칭찬할 만한 것으로 생각하지 마라. 다만, 하나의 기도, 하나의 간청, 하나의 마음, 하나의 희망 속에서 단결하라. …… 여러분이 자주 만날 때, 사탄의 세력은 소멸하고 그 파괴적 힘은 여러분이 지닌 신앙의 화합 속에서 사라져 버린다.38

이런 지점에 도달하게 되었을 때, 통일성을 보존하는 과제는 그 본성에서 마찬가지로 정치적인 다른 문제들―예를 들어 권위에 바쳐야 하는 적절한 복종, 순종을 확보하려면 필요한 기율적 장치들 등―로 발전하게 되었다. 정치적 의무를 지지하기 위해 보통 사용되는 것과 별반 다르지 않은 논변에서, 이그나티우스는 주교의 직책이 집단의 힘을 어떻게 고양하는지, 따라서 신민으로서 신도는 주저함이 없이 복종해야 한다는 점을 다음과 같이 지적했다.

> 만약 '한 사람 또는 두 사람'의 기도가 그런 힘을 가진다면, 주교나 전체 교회의 기도
> 는 얼마나 더 큰 힘을 가지겠는가. …… 그렇다면 우리는 주교에게 반항하지 않도록
> 조심하자. 주교에 대한 복종을 통해 우리는 하느님에게 속할 수 있기 때문이다. ……
> 교회에 적합한 것이라고 해도 그것이 주교와 상관없이 이루어지는 일이라면 어떤
> 일이든 누구도 행해서는 안 된다.39

다음 세기에 키프리아누스Cyprian*는 기독교인의 생활과 사고방식에 스
며들어 간 정치화의 정도를 명백히 보여 주는 다음과 같은 말을 했는데, 그
말은 무게 중심이 공동체에서 지도자로 이동한 사실을 적절히 요약하고 있
었다.

> 주교단은 하나이다. 개별 구성원은 각각 그 부분이며, 부분들이 모여서 전체를 구성
> 한다. 교회는 하나의 통일체이며, …… 교회는 목자가 이끄는 양떼처럼 사제를 통해
> 단합된 백성으로 구성되어 있다. 그러므로 여러분은 주교가 교회 안에 있고 교회가
> 주교 안에 있다는 점을 명심해야 한다. 그러므로 주교와 함께하지 않은 자는 누구든
> 교회 안에 있는 것이 아니다. …… 그리고 교회는 하나이기 때문에 분열하거나 갈라
> 져서는 안 되며, 서로 조화를 이루는 사제들이라는 아교풀에 의해서 확실히 결속되
> 고 단합해야 한다.40

이제 권위의 이론을 마무리하기 위해 남은 것은 그 이론에 시간적인 깊
이를 부여하고, 그리하여 예를 들어 정치에서 세습의 원칙에 비견할 만한

---

* 키프리아누스(기원후 약 200~258년)는 246년 개종 이전에 법률가로서 부와 지위를 성취했다.
단기간 내에 행정가로서 탁월한 재능을 인정받아 곧바로 주교로 임명되었다. 그의 저술은 교회
의 본성에 대한 가장 포괄적인 초기 이론의 형성에 크게 이바지했다.

정당성을 공여하는 것이었다. 이것은 사도들의 계승이라는 관념에 의해 제공되었는데, 이를 통해 권력은 현재의 성직자들을 초대 교회의 사도들과 연결하는 지속성이라는 단절되지 않은 연쇄의 이름으로 정당화되었다.

> 시대는 시대를 이었고, 주교는 주교를 계승했으며, 주교의 직책과 교회 통치의 원칙은 지속적으로 이어져 내려왔다. 그 결과 교회는 주교들의 토대 위에 수립되었고, 교회의 모든 활동은 사목 활동을 주재하는 동일한 성직자들에 의해 지도되었다.[41]

이런 정치적 경향은 다른 영역에서도 매우 인상적으로 확인되었다. 초기 교회가 좀 더 일상화되고, 확립된 행동 방식을 발전시키며, 교리상의 중요한 논점을 확정하고, 직책의 위계적 체계를 완성해 감에 따라 교회는 심각한 딜레마에 봉착하게 되었다. 한편으로 교회는 진리와 일관된, 가능한 최대한의 통일성을 증진하는 방식으로 교리와 의식儀式을 발전시키고자 했다. 다른 한편으로 이런 작업은 교리와 의식儀式이 충분히 성숙하지 않았던 시기에 광범하게 다양한 견해를 일거에 수용할 것을 요청했기 때문에, 교회가 순수주의자들에 의해 비판을 받고 원래의 유산으로부터 이탈한다고 비난받는 것은 불가피했다. 그 딜레마는 어떤 조직이든 팽창기에 으레 직면하는 그런 것이었다. 규모, 복합성, 구성 요소의 다양성으로 말미암아 교회가 구성원들 일부로부터 분노를 자아내지 않고 결정을 계속해서 내리는 것은 매우 어려운 일이었다. 그와 동시에 그렇게 해서 도발된 분노는 불가피하게 공동체의 통일성과 합의를 무너뜨림으로써 효과적인 행위를 할 수 있는 조건을 파괴했다. 그 결과 교회는 조직의 성격상 용납할 수 없는 일련의 지속적인 내부 불화에 시달리게 되었다. 분열과 이단의 범주들이 산출되었고, 그 형태는 교회가 정치적 유형의 결정이 가지는 순환적인 딜레마에 깊숙이 연루되었다는 사실에 의해 상당한 정도로 좌우되었다.[42]

이처럼 의견을 달리하는 운동들에 의해 야기된 일련의 쟁점들을 검토하는 것이 우리의 목적은 아니지만, 한 가지 측면에만 주의를 기울여 보도록 하자. 그것은 불만들의 중요한 부분이 이른바 우리가 말하는 교회의 '정치적' 속성과 결부되어 있었다는 점이다. 이 점은 몬타누스파Montanism* 사건에서 특히 두드러지게 드러났는데, 그것은 2세기 중반에 발단이 되어 테르툴리아누스가 몬타누스파로 개종—그는 몬타누스파의 가장 유명한 개종자였다—했던 3세기에까지 계속되었다. 그리고 그것은 4세기의 도나투스파Donatist**에 의해 비롯된 교회 분열의 중요한 계기가 되었다. 이 운동의 반-정치주의는 교회의 요소들 가운데 바로 독특하게 정치적인 것들을 거부하는 데 존재했다. 반대파들은 교회의 진정한 본성은 결정을 내리는 조직, 곧 명확히 규정된 권위의 개념, 기율과 일률성을 집행하는 권력 장치들, 분산된 교구를 통치하고 운영하기 위해 고안된 관료적 위계 그리고 교회 평의회나 종교회의와 같은 타협적인 기법에 근거한 조직과 양립할 수 없다고 이의를 제기했다. 여기서 타협적인 기법은 교회가 사랑과 권력, 진리와 연대, 초월적인 목표와 세속적인 관여 등 많은 모순을 교묘하게 다루는 데 도움이 되는 그런 기법들을 지칭했다.

이런 전체적인 정치-종교적 복합체는 반대자들에 의해 몇 가지 중요한 논점에서 공격을 받았고, 그 결과 교회는 그 자신의 구성 내에 존재하는 정

---

* 몬타누스파의 운동은 2세기 후반에 일어났다. 그 운동의 특징은 『요한묵시록』에 나타난 종말의 임박에 대한 강한 믿음이었으며, 그 세계관은 열광과 금욕주의로 짙게 물들어 있었다. 그것은 궁극적으로 교회에 의해 이단으로 규탄되었다.
** 도나투스파의 운동은 4세기의 분열주의 운동이었다. 아프리카에서 기원한 이 운동은 엄격주의, 교회에 관한 '완벽주의적' 이론 그리고 불순한 성직자에 의해 집행된 성사는 무효라는 가르침을 내세웠다. 때로 이 운동의 구성원들은 폭력에 호소하기도 했으며, 아프리카 민족주의에 대한 강력한 열정이 감지되기도 했다.

치적 요소에 관해 좀 더 깊은 이해에 도달하게 되었다. 먼저 반대자들은 종종 자신들의 급진주의적 역사관과 시간관을 표현함으로써 교회가 제도화된 질서의 필요에 부응하고자 초대 교회의 종말론적인 시간관을 순치시키고 수정한 정도를 지적했다. 교회의 대변인들은 두 개의 가정, 곧 한편으로 전통의 의미가 발전하고 일상화된 관행에 대한 의존이 늘어난다는 것을 함축하는 질서화된 구조에 깔린 가정과, 다른 한편으로 세상의 파국이 임박했다고 기대하면서 집단으로 모인 자들이 품은 가정 사이에 존재하는 본원적인 적대성을 감지했다.

따라서 시간에 대한 대조적인 개념화는 제도화된 장치들이 지닌 가치에 대한 상반된 평가를 논리적으로 수반했다. 한편으로 임박한 종말에 대한 믿음, 곧 돌연히 개입하는 시간관에 의해 발생한 고도의 흥분이 있었다. 따라서 테르툴리아누스는 최후의 날이 임박했기 때문에 기독교인들이 '번성하며 땅에 편안히 거하라'는 성서의 명령에 더 이상 복종할 필요가 없다고 선언했다.[43] 다른 한편으로 소박하다기보다는 세련된, 커다란 조직의 차분하고 침착한 세계관으로서 시간이 엘가Edward Elgar의 '위풍당당 행진곡'의 템포처럼 점진적이고 부드럽게 전개된다고 보는 대조적인 견해가 존재했다. 후자의 경우, 시간은 제도화된 삶에 적응해야 하는 반면, 전자의 경우, 제도는 역사의 임박한 절정 앞에서 사소한 관심사로 조락했다. 종말론자들이 믿었듯이 만약 최후의 심판 날이 곧 도래하는 것이라면, '진정한' 교회는 최후의 시험을 위한 준비가 되어 있어야 했다. 교회는 구성원들 가운데 독초들을 제거하여 "얼룩이나 주름이 없는" 진정으로 성스러운 사회를 만들어야 했다. 기존의 교회는 "반그리스도적인 자들이 그리스도의 이름으로 세례를 주고, 신성 모독자들이 하느님의 이름을 부르며, 불경스러운 자들이 사제의 직을 담당하고, 신성을 더럽히는 자들이 제단을 세우는 곳"이기 때문에 참된 신자들은 교제를 끊고 "그처럼 거대한 사악함으로부터 도망쳐서 피하고, 스스로 분리할" 필요가 있었다.44 그리하여 후일의 종교적·정치적 급진주의자들—재세례주의자, 영국의 청교도, 수평파, 페인Tom Paine 및 루소—이 사용한 논변의 방식과 마찬가지로 초기의 반대자들은 더욱 소박하고 순수하며, 또 지위의 구분이나 조직의 결정이라는 왜곡된 방식에 의해서 손상되지 않은 사회에 귀를 기울이곤 했다. "우리 평신도들이야말로 사제가 아닌가?"라는 테르툴리아누스의 항의, 그리고 "스스로 기도를 드리고 세례를 하면 당신이 바로 당신 자신을 위한 사제다"45라는 그 전복적인 결론은 다음과 같은 급진주의의 진정한 어조를 수반했다. 곧 덕은 제도에 의해 질식당한다는 것, 다시 말해 개인과 그 개인이 추구하는 생명을 주는 성령 사이에 등급화된 중간 단계의 다수 직책이 부자연스럽게 끼어들고 말았다는 믿음이 담겨 있었던 것이다. "루소에게 말하라고 하느님께서 모세에게 말했던가?"

후일 많은 형태의 급진주의에서와 마찬가지로, '종교적 열광'은 이 초기 운동에서도 절정에 달했다.46 교회 평의회가 당당하게 숙고한 결정이 아니라 사사로운 신도들의 돌발적이고 자연 발생적인 계시가 종교적인 진정함의 징표로 받아들여졌다. 이와 같은 성향은 후일 예를 들어 영국 수평파가 다음과 같이 개별 시민의 사적인 판단에 호소했을 때에도 명백히 드러났다. "어떤 정부 아래에 살아야 하는 모든 개인은 먼저 자신의 동의에 의해 스스로를 그 정부에 두어야 한다." 또는 페인이 각자가 자신의 이익을 만족시키고자 하는 자발적인 욕구에 근거를 둔 사회가, 관습과 세습된 권리가 상식에 반하는 방식으로 사물에 각인된 사회보다 우월하다고 했을 때도 이는 명백했다. 초기 기독교 급진주의자들의 경우 그들이 원했던 것은 관료적인 사회가 아니라 영적인 사회, 곧 계급이나 권위로 분화되지 않은, 권력이 아니라 진리에 의해 결속된, 그리고 폭발적인 격렬함으로 항상 전율하고 있는, 그런 금욕적인 영혼들의 사회였다.47

반反정치주의는 성사聖事를 둘러싼 4세기의 대 논쟁에서도 명백히 나타났다. 단순화한다면, 중요한 쟁점들 가운데 하나는 정통성이 의심스러운 주교에 의해 거행된 성사가 그의 도덕적 또는 종교적 결함을 이유로 무효화될 수 있는가였다. 옵타투스Optatus*에 의해 다음과 같이 정식화된 공식적인 입장은 성사란 그것을 거행한 사람 때문이 아니라 그 자체로 신성하다는 것이었다. "교회는 하나이며, 교회의 신성함은 성사로부터 도출되는 것이지, 개인적인 성취에 대한 자긍심에 따라 평가되는 것이 아니다."[48] 그와 반대로 도나투스파는 주교가 부도덕하거나 이단이면 성사의 가치가 훼손된다고 주장했다. 표면적으로 볼 때 이 논쟁은 아무런 정치적인 의미가 없는 순전히 신학적인 사안으로 보일 법도 했다. 그러나 실제로는 그 반대였다. 도나투스파는 결과적으로 공직이 권력의 성격을 [순수한 것으로—옮긴이] 변형시킨다는 교회의 견해를 공박하고 있었다. 교회의 입장에서 보았을 때, 신의 약속은 오직 교회가 주재하는 종교적 사회의 삶에 있었다. 곧 신의 은총은 그 제도를 통해 표현되었던 것이다. 그 결과 주교의 개인적인 신성함은 그가 그 직책에 대한 권위를 적절히 부여받았는가에 달렸다는 결론이 뒤따랐다.

교회가 이런 입장을 취했어야 했다는 사실은 교회가 그리스도의 삶을 모방하고자 했던 신자들을 위한 보조적인 조직이었던 시절로부터 실로 먼 거리를 여행해 왔다는 점을 어느 정도 시사한다. 당시에 요구되는 제도적인 행태에 보조를 맞춤으로써, 교회지도자들은 과거처럼 그들의 우월성을 그들의 행동이 그리스도를 본받은 것이라는 데 두지 않고, 대표성이라는

---

* 옵타투스(기원후 370년경에 활약)는 아프리카 주교였으며, 도나투스파에 대한 공격 이외에는 거의 알려진 바가 없다.

허구에 두고 주장했다. 즉 그들의 우월성을 제도적인 기능의 수행과 그것
이 수반하는 권위에 두었던 것이다.

> 이단과 분열의 한결같은 원천은 하느님의 사제[주교]에 대한 복종을 거부하는 데, 곧
> 그리스도의 세속적인 대표자로 간주되는 사제나 판관을 교회에 받아들이지 않는 데
> 있다.49

또한 권위에 대한 강조는 교회가 순수한 신도들의 신성한 공동체여야
한다는 몬타누스파와 도나투스파의 주장을 거부한다는 점을 뜻했다. '공식
적' 입장에 대한 아우구스티누스의 정식화에 따르면, 교회 – 사회의 구성원
들은 죄인들과 성인들의 혼합이었지만, 이 점이 교회의 권위나 신성함을
훼손하지는 않았다. 왜냐하면 권위나 신성함은 구성원들의 선물이 아니라
그리스도의 선물이기 때문이었다.50 구성원의 혼합적 성격으로부터 권위
와 기율, 질서와 위계가 더욱더 필요하다는 결론이 당연히 도출되었다.

교회에서 이런 정치적 성격이 표명된 것에 수반하여 자연스럽게 본질
적으로 정치적인 사고방식의 활용이 점차 늘어났다. 또다시 그 뿌리는 초
기 기독교 운동의 발단에 깊이 뿌리를 두고 있다. 하나의 단서는 추종자들
가운데 일부가 그리스도를 '왕'으로 불렀던 방식에서 발견된다. 비슷하게,
원시 교회의 신앙고백에서 "예수는 주님이다"라는 반응은 제국의 숭배에서
사용되던 애국적 고백의 전통에 확고하게 자리 잡고 있었다.51 『히브리인
들에게 보낸 편지』에서도, 다음과 같은 요약에서 보이듯이 강한 정치적 어
조가 분명히 드러났다. 예수는 왕좌와 홀을 하느님으로부터 받는다. 신앙
을 통해 예수는 왕국을 굴복시키고 의로움을 세우면서 정치적 승리의 길로
나아간다. 그 최고조에 달한 완성은 "흔들리지 않는 왕국"의 약속에 있다.52
다시 한 번, 사도 바울은 천국에 있는 궁극적인 "공동체"에 대해 서술하면

서, 정치적인 함의를 풍성하게 담은 단어인 그리스어 시민 공동체*politeuma*라는 개념으로 되돌아갔다. 나아가 그가 독실한 신도는 시민 공동체에서의 구성원 자격에 의해 천국의 성자들과 한데 합류할 것이라고 선언했을 때, 그가 사용한 단어는 동료 시민을 의미하는 심폴리타이*sympolitai*였다.[53] 사람들이 정치적인 용례와 종교적인 용례 사이를 왕복하는 데 매우 익숙해져서, 정치적 복종을 요구하는 데 사용되어 온『로마서』13장 2절과 같은 성서의 텍스트—"따라서 누구든지 권력에 거역하는 자는 하느님의 명령에 거역하는 것이다"—는 성 바실리우스St. Basil* 에 의해 다음과 같이 교회의 권위를 확장하는 데에도 활용되었다. "하느님의 교회를 통해 교회가 명령한 것을 받아들이지 않는 자는 하느님의 명령에 거역하는 것이다."[54]

근래의 연구들은 초기 5세기 동안 사용되었던 다수의 기독교 용어와 개념들을 상세하게 검토하면서, 정치적 관념이 신학에 깊숙이 침투한 사실에 대한 설득력 있는 증거들을 축적해 왔다. 이 자체는 놀랄 만한 일이 아니다. 우리는 헬레니즘 기간에 정치적 개념이 자연 및 신성神性에 대한 관념과 융합되었던 사실을 이미 지적한 바 있다. 따라서 기독교가 처음으로 출현한 시대는 정치적 사유의 독특성이 이미 상당히 타협을 겪은 시대였다. 기독교인들이 신의 지배가 갖는 속성, 기독교 사회에 대한 그리스도의 관계 및 기독교 공동체의 특성에 대한 자신들의 믿음을 체계화하기 시작했을 때, 부득이 그들은 황제라는 직책의 속성, 시민의 역할 및 통치 권력의 기능에 대한 지배적인 관념을 통해 자신들의 사고를 표현할 수밖에 없었다. 신의 속성을 서술하면서 오리게네스는 "결코 자신의 궁궐을 떠나거나 자신의 나

---

* 성 바실리우스(기원후 약 330~379년)는 수도원적 삶의 규칙을 세운 것으로 유명했다. 카에사리아(Caesarea)의 주교직을 맡았으며, 니케아 종교회의의 결정(Nicene formula)을 옹호하고자 왕성하게 저작활동에 몰두했다.

라를 저버리지" 않고 광대한 영역을 통치하는 제국의 황제 모습으로 그려냈다. 마찬가지로 락탄티우스가 "우주가 하느님 한 분에 의해 다스려지는 것인지 아니면 다수의 신에 의해 다스려지는 것인지"라는 문제를 논의했을 때, 그는 고전 시대의 정치적 논자들이 소수 또는 다수의 정부와 비교해서 군주제의 이점을 검토한 것과 같은 방식으로 논했다.55 그리스도론이나 삼위일체론과 같이 정치와는 거리가 먼 주제를 다룰 때에도 정치적 요소는 결코 표면에서 멀리 떨어져 있지 않았다. 오리게네스는 그리스도를 최후의 심판으로부터 인간을 구원하고 치자와 피치자가 맺는 관계의 힘을 소생시키기 위해, 곧 "인간에게는 복종의 기율을, 통치 권력에는 통치의 기율을 회복시키기" 위해 보내진 정치적 구세주로 묘사했다. 테르툴리아누스는 삼위일체 공식에서 성부聖父의 역할을 설명하고자 친숙한 군주제 이론에 호소했다. 아타나시우스Athanasius*의 초기 저작 가운데 하나에서 로고스는 도시를 건설하는 일을 주재하는 왕으로 비유되었다. 다른 곳에서 그는 성부의 로고스를 자신의 뜻대로 만물을 질서에 복종케 하고 각각의 기능을 수행하게 함으로써 우주를 다스리는 권력에 비유했다.56

지금까지의 논의가 시사하는 것은, 교회가 정치적인 구조로 진화함에 따라 그 대변인들이 정치적 표현 양식을 채용한 것은 갈수록 자연스러운 일이 되었다는 점이다. 이런 경향은 교회의 많은 지도자들이 정치적 요소가 두드러진 분야인 고전 철학과 수사학 교육을 받은 사람들이었다는 사실에 의해 더욱 강화되었다. 정치적인 것이 교회의 삶과 사고에 유입되었다는 점을 고려할 때, 교회가 이전 단계의 반정치적이고 반철학적인 분위기

---

* 아타나시우스(기원후 약 296~373년)는 니케아 종교회의의 결정을 아리우스의 공박으로부터 방어한 교인들의 지도자였다. 아타나시우스의 교리적 기여는 니케아 신앙의 성공에 큰 도움을 주었다. 그는 적들의 음모로 말미암아 여러 차례 망명했다.

를 다음과 같이 가장 강렬하고 간명하게 대변하던 테르툴리아누스주의자들을 이단으로 선언한 것이 과연 우발적이었겠는가. "우리에게 정치보다 …… 더 낯선 것은 결코 없다. …… 어떻게 해서 아테네를 감히 예루살렘에 비교하고, 아카데미를 감히 교회에 비교한단 말인가?"[57]

3. 교회 – 사회에서 정치와 권력

정치적 용어의 발전을 포함해 교회가 지닌 정치적 속성의 다양한 모습을 개략적으로 살펴보긴 했지만, 교회 – 사회가 훨씬 더 중요한 의미에서, 곧 여느 정치사회든 당면하게 되는 상황에 비견되는 상황에 대처해야 한다는 의미에서 '정치적'이라 말할 수 있느냐의 문제는 여전히 남아 있다. 달리 말하면, 교회는 '정치'의 문제에 직면하도록 강요당했는가? 일찍이 우리의 논의에서 '정치'란 사회에서 의당 분출하고 또 독특한 통치 기법의 사용을 요구하는 갈등과 경쟁의 문제를 다루어야 하는 상황에 놓여 있다. 여기서 통치 기법이란 타협, 중재, 다양한 사회적 재화를 분배하는 기예 그리고 필요한 경우 시행되는 강제력의 적용 등을 지칭한다. 그런데 우리가 이 개념화를 교회에 적용해 보면, 놀랄 만큼 많은 정치가 명료하게 드러난다. 분명히 정치적인 사안이 종교라는 상이한 매체를 통과할 때 일어나는 일정한 굴절을 참작해야 하겠지만, 그렇다 하더라도 교회가 지속적으로 정치적 상황에 직면했으며 그런 상황에 정치적인 방식으로 반응했다는 점을 보여 주는 많은 증거가 발견된다. 정치적인 특성은 대체로 대규모의 조직이 가지는 속성이라고 말할 법도 하다. 하지만 이런 특성이 교회가 확립된 조직이 되었기 때문에 일어나는 우발적인 산물이라기보다는 오히려 잠재적인 정

치적 동기와 당면한 문제의 종류에 따른 논리적인 결과라는 점을 시사한다
는 점을 보여 주고자 이미 충분한 논의가 제시된 바 있다. 크리소스토무스
Chrysostom*의 다음과 같은 언급은 이런 경향을 잘 예시해 준다. "교회를 분
열시키는 데 권력에 대한 집착만큼 효과가 있는 것은 없을 것이다."[58] 많은
사람이 지지할 법한 이런 경고는 교회의 일부 행동이 정치적 행동과 비슷
하게 보였을 뿐이라는 식의 결론보다는 오히려 교회가 정치적으로 활동하
고 있었다는 점을 시사한다.

　　정치적 갈등의 가장 극단적인 형태는 분열과 이단이라는 현상과 관련
하여 경험되었지만, 그보다 눈에 덜 띄었다 하더라도 그에 못지않은 정치
적 경쟁들이 있었다. 그것은 초기 형성기에 사회적 삶을 괴롭혔다. 예를 들
어 고위 성직에 대한 임명을 둘러싼 갈등은 정치적 지위를 둘러싼 통상적
인 경합과 크게 다르지 않았다. 다시 한 번, 로마 주교의 점증하는 우월성
은 안티오크Antioch, 아프리카 및 다른 곳에 있는 교회들 사이에서 민족적인
분노를 조장했으며, 그 결과 '교회의 중앙 통치 조직'은 지역적 정서를 만족
시키기 위해 다양한 종류의 양보—재정, 임명 또는 지역적 자율성과 관련
하여—를 베풀어야 했다. 예를 들어 도나투스파의 분열주의 운동은 로마
로부터의 '외부' 간섭에 대해 아프리카 기독교인들이 느끼던 적개심에서 힘
을 얻었다. 마지막으로, 초기 교회의 연방주의와 결합한 교회 관료제의 성
장은 어떤 정치조직에서나 공통으로 발견되는 관할 분쟁을 끝없이 조장했
다. 우리는 교회 역시 다른 정치 질서와 마찬가지로, 각각 그 격렬성에서는
차이가 있지만, 두 가지 차원에서 정치적인 문제에 직면해야만 했다고 말

---

* 크리소스토무스(기원후 약 347~407년)는 그리스 출신의 교부로 개혁자이자 훌륭한 문장가로
서, 성서의 비유적·신학적인 해석에 대한 강력한 반대자로 유명했다. 그는 "기독교 주해자들
가운데 가장 탁월한 인물"로 불렸다.

함으로써 이런 고려 사항을 요약할 수 있다. 한 차원, 곧 일차적인 또는 '제일급'의 갈등이라는 차원에서 교회는 교리나 조직의 근본적인 원리와 직결된 분쟁을 해결해야 했다. 이는 분열과 이단의 경우에 일어났는데, 이 경우 교회는 근본적인 사안에 관해 양보함으로써 그 정체성의 변화를 받아들이든지 아니면 반대자들을 근절시켜야 한다는 양자택일의 선택에 직면했다. 주교직을 둘러싼 경쟁적인 주장 또는 관할 분쟁 등으로 초래된 이차적인 갈등이라는 다른 차원의 사안들은 교회-사회의 본질적인 원칙 문제를 건드리지 않고서도 해결될 수 있었다.

일차적인 갈등과 이차적인 갈등의 구분은 좀 더 추가적인 함의를 지닌 다른 방식으로 표현될 수 있다. 위에서 언급된 종류의 이차적인 갈등은 희소한 대상들을 둘러싸고 전개되는 것이다. 즉 공직, 명예, 돈에 대한 수요는 공급을 초과한다. 그 결과 우리가 일찍이 정치체와 관련하여 주목한 바 있는 희소한 재화의 분배라는 동일한 문제가 교회 정치체에서도 나타난다. 하지만 일차적인 갈등의 경우는 좀 덜 직접적인데, 교회-사회에서는 이를 추가적으로 복잡하게 만드는 요소가 있다. 왜냐하면 교회-사회의 주장은 해석에서 좀처럼 재량을 인정하지 않는 진리에 근거하고 있기 때문이다. 후자의 의미에서, 교회에 의해 상징되는 재화는 무한정하며, 따라서 교회는 희소성 또는 상대적 분배라는 곤란한 문제로 발생하는 갈등에 노출되어 있지 않다. 그런 갈등은 사회적 지위, 부 또는 승진이 걸려 있을 때 일어나기 때문이다. 동시에 교회는 또한 교회와 궤를 같이하는 것으로 개념화되는 일률적인 진리의 수호자로서 활동한다. 이것이 키프리아누스가 제시한 '교회 밖에는 구원이 없다'*extra ecclesiam nulla salus*는 공식의 본질이었으며, 이는 오랜 시대에 걸쳐 교회의 독특한 주장으로 남아 있었다. 그리하여 교회가 다스리는 재화는 무궁무진한 것이었지만, 그것은 오직 교회의 영역 내에서만 무한할 수 있었다. 교회 밖에서 영적인 삶이란 결코 있을 수 없었다.

분열을 일으키는 집단이 동일한 의례를 거행하고 동일한 발언을 행할지 모르지만, 그 의례는 아무런 효력을 가질 수 없었다. 왜냐하면 그것은 교회 생활에 현존하는 정당한 신성함을 결여했기 때문이다. "성령은 하나이며, 공동체 밖의 다른 곳에서는 거주할 수 없다."59

분열 및 이단에 의해 도발된 쟁점들은 그것들이 근본적인 원리와 관련되어 있다는 사실로 말미암아 초기 교회의 정치적 의식을 심화시키고 교회로 하여금 정치 질서에 의해 사용되던 방법에 비견할 만한 방법으로 그 통일성을 방어하도록 강제하는 효과를 낳았다. 분열과 이단에 대한 구별은 2세기 이후에 내려졌지만, 초기 교회는 양자 모두 일급의 의미를 지닌 갈등을 야기하는 것으로 취급했다. "상이한 신앙이 아니라 파괴된 친교 관계가 교회의 분열을 초래한다." 아니면 세비야의 이시도루스Isidore of Seville*가 내린 후일의 정의에 따르면, "교회의 분열은 마음의 분열로부터 발생한 것이다. 분열주의자들도 나머지 신도와 마찬가지로 동일한 신앙과 의식에 따라 믿는다. 하지만 그들은 단지 회중의 분열을 즐거워한다."60

이런 위협에 대항하여 교회는 단지 사소한 차이만을 허용하는 일률적인 친교의 관점에서 정의되는 통일성의 중요함을 강조했다. 정치 질서가 허용될 수 있는 행위 및 사고 형태와 허용될 수 없는 것을 구분하고 언제 불일치가 반역이 되는지를 결정하게 된 것과 마찬가지로, 교회 역시 선을 긋는 정교한 기예를 실천해야 했다. 그것은 반대 집단들을, 그들의 분열주의적인 유형이 잠재적이든 또는 공개적이든 상관없이, 정치적 파벌과 동일한 지위에 놓는 결과를 가져왔다. 다시 말해, 종교적 사회에서 통일성의 속

---

* 세비야의 이시도루스(기원후 약 560~636년)는 백과사전적인 『어원론』(*Etymologiae*)의 저자이다. 그는 학식과 더불어 스페인에서 가톨릭을 전파시키는 데 일조한 조직 능력으로도 유명했다.

성은 일률성에 근거했고, 따라서 일률성의 요소에 도전하는 집단은 어떤 집단이든 분열적인 세력이 되었다. 파벌*factio* 또는 내분*stasis*과 같은 단어들이 교회의 용어로 침투해 들어갔고, 교리, 조직 또는 임명을 둘러싼 논쟁은 조직화된 집단에 의해 수행되었다. 가령 4세기에 유사본질*homoiousion* 논쟁*을 둘러싸고 안티오크에서 일어났던 사례를 들 수 있다. 이런 갈등은 정치 사회에서 집단들이 자신들의 편파적인 입장이나 이익을 전체의 것과 동일시하고, 자신들의 견해에 '공적인' 권위의 딱지를 붙이기 위해 투쟁할 때 일어나는 형태와 동일한 행동 형태를 재생산했다. 교회의 반응은 중대한 사안에서 우리가 예상할 법한 것보다 훨씬 더 커다란 유연성을 보여 주었다는 점에서 정치성이 농후했다. 타협과 협상을 위한 일련의 탁월한 기법이 화해를 위한 진로를 모색하고자 채용되었다. 합의에 이르려고 종교회의, 평의회, 협의회 및 다른 방법들이 정치적 기예가 되었는데, 그것들은 전통, 계시 또는 교회의 영적인 문헌에서 다루어지지 않은 상황에 대처하고자 형성되었다.

분열주의자의 관점에서 볼 때, 그가 취해야 하는 결정은 법률에 복종할 것을 거부하는 시민이 직면하는 결정과 매우 유사했다. 배교背敎는 신학적인 어조로 쓰인 반란이다. 반란자는 공식적인 교회가 더는 '진정한' 교회가 아니라고 주장할 텐데, 이 경우 그는 어떤 지점에서 종교적이고 도덕적인

---

* [옮긴이] 유사본질 논쟁은 근본적으로 성부와 성자가 하나인가, 그렇지 않은가에 관한 논쟁이다. 니케아 종교회의는 그리스도를 피조물의 위상으로 파악하는 아리우스파의 견해를 부정하고 성자와 성부가 '동일한 본질'(*homoousion*)이라고 규정했다. 하지만 니케아 종교회의 이후에도 정통 교리와 아리우스파의 견해는 각각 로마 서부와 동부에 유포되어 있었고, 이를 해결하기 위해서 여러 차례 종교회의가 열렸다. 아리우스파를 지지했던 콘스탄티누스 황제는 니케아 종교회의 이후 정통신앙과 아리우스파의 견해를 화해시키고자 '유사한 본질'(*homoiousion*)이라는 용어를 채택하여 성부와 성자가 유사하지만 동일하지 않다고 주장함으로써, 니케아 신앙의 삼위일체를 부정했다.

양심의 가책을 느끼지 않고 더는 복종하지 않아도 되는가를 결정하지 않을 수 없었다. 일단 이 지점에 도달하면, 많은 다른 문제들이 그에게 닥쳤다. 어떻게 그는 자신의 판단이 무오류인지를 알 것인가? 그의 불복종이 교회에 어떤 영향을 미칠 것인가? 그가 방어하고자 하는 진리는 권위에 대한 불복종이 가져오기 마련인 폐해와 비교해서 어떻게 저울질되어야 하는가? 그밖의 다른 많은 부분에서 동의함에도 단지 몇 가지 점을 문제 삼아 반항하는 것은 과연 정당화될 수 있는가?[61]

교회는 교회 나름대로 강제력의 문제에 직접적으로 대면해야 했다. 성 바실리우스는 교회를 "복음적이고 악의 없는 정체"로 묘사했지만, 교회의 대변인들은 교회의 권위가 "몰래 물어뜯는 미친개"에 의해 도전받고 있을 때 순수함이란 아무런 소용이 없다는 점을 즉각 알아차렸다.[62] 4세기 초에 콘스탄티누스 황제Constantine의 개종에서 시작해 다음 세기 전반에 걸쳐 기독교는 지속적으로 세속적인 권위의 도움에 빈번히 호소했다. 로마 교회에 대해 도나투스파가 퍼부은 비난 가운데 하나는 로마 교회가 종교적 논쟁에 세속적 권력의 개입을 요청했다는 사실이었다. 교회의 옹호자들은 이런 조치를 정당화하려고 시도하면서 권력의 속성 그리고 권력의 활용이 갖는 함의, 곧 강제력의 반대편 극단에서 사랑, 자애, 온유함과 같은 덕을 공언하는 조직이 권력을 활용하는 데 따르는 함의를 부득이 검토하지 않을 수 없었다. 후일의 교황 옹호론자들은 가급적 그 문제를 회피하려 했지만, 초기 기독교 논자들은 그 문제를 회피하려는 시도를 거의 하지 않았다. 후일 교황의 옹호자들은 처벌이라는 더러운 업무는 세속적 질서에 속하며, 따라서 교회가 종교적 범죄를 규정하기는 했지만, 그 손은 권력에 의해 더럽혀지지 않았다고 주장함으로써 그 문제를 회피했던 것이다. 대신 아우구스티누스와 같은 대변인들은 그 문제를 정면으로 다루었다. 어떻게 신앙, 곧 구성원들의 내면적인 신조에 근거한 사회가 강제력을 사용하는 것을 정당화할 수 있겠는가? 핵심적인 쟁점은 법적인 처벌의 집행이 외부적인 행동을 통제할 수 있느냐는 문제가 아니었다. 교회-사회는 외부적인 순응이 아니라 믿음에 근거한 자발적인 복종자들을 요구했기 때문이다. 그렇다면, 마음의 변화, 곧 마음이 선을 지향하는 믿음을 갖도록 새롭게 방향을 조정하는 변화를 유발하거나 강제할 수 있는 권력의 동학은 무엇이었는가?

이런 식으로 질문을 표현함으로써 권력에 대한 기독교적 가르침이 가진 급진적인 측면을 목도할 수 있게 된다. 권력이 그 위력을 갖게 되는 원천은 두려움이다. 그 두려움은 권력의 적용이 불필요한 의로운 자들의 두려움이 아니라 의롭지 못한 자들의 두려움이다.

> 통치자들이란 악을 행하는 자들에게나 두려운 존재이지 선을 행하는 자들에게는 두려울 것이 없다. 권력자를 두려워하지 않으려거든 선을 행하라. 그러면 여러분은 권력자로부터 칭찬을 받을 것이다. 왜냐하면 그는 여러분의 선을 위해서 일하는 하느님의 심부름꾼이기 때문이다. 그러나 여러분이 악을 행한다면 두려워해야 한다 ······ 63

권력을 두려움과 동일시하는 이런 초기의 공식은 후일의 논자들에 의해서도 지속되었다. 그리하여 기원후 185년경에 이레나이우스Irenaeus*는 자신의 저서 『이단논박론』Adversus Haereses에서 원죄를 지어 타락한 인간은 폭력의 상태에 존재한다고 선언했다. 하지만 후일의 홉스적인 자연 상태와는 달리 거기에는 사람들로 하여금 탈출의 방도에 대해 숙고하도록 강제하는 공포감이 존재하지 않았다. 대신 그 상태는 신의 개입이라는 행위를 요

---

* 이레나이우스(기원후 약 130~200년)는 '최초의 성서 신학자'로 알려져 있다. 그는 그노시스파 (Gnosticism)에 대한 완강한 반대자였는데, 비교(秘敎)적인 가르침에 반대하는 초기 기독교의 역사관과 성서적인 계시를 적극 옹호했다.

구했다. 인간이 두려움을 알고 복종을 받아들이도록 하고자 신은 정부와 법을 내려보내야 했던 것이다.[64] 그러나 이는 아직도 해결되지 않은 기본적인 문제를 남겼다. 즉, 정부는 단순히 부정적인 억압적 힘인가 아니면 정부는 두려움을 창조적인 목적을 위해 활용할 수도 있는가? 그다음 단계는 "두려움은 구원에 필수적"*Timor fundamentum salutis est*이라는 테르툴리아누스의 은밀한 공식에 의해 시사되었다.[65] 비록 테르툴리아누스가 정치권력의 사용을 염두에 둔 것은 아니었지만, 이 점은 교회가 파문이라는 궁극적인 무기를 포함하여 자기 나름의 통제 형태를 발전시키기 시작함에 따라 덜 중요해졌다. 신도들의 사회에서 생명을 부여하는 친교에서 사람들을 축출한다고 위협하는 것보다 두려움을 일으키는 더 확실한 방식은 거의 있을 수 없었다. 키프리아누스가 경고했던 것처럼, 예전의 율법에서 유대인들은 사제들의 권위에 반란을 일으킨 자들을 죽이고자 세속적인 칼을 사용했었다. 그러나 이제 종교적 반란자들은 교회로부터 축출당했다. 즉 영적인 칼에 의해 죽임을 당했던 것이다.[66]

아우구스티누스가 집필하게 된 시기에 이르자, 종교적 신앙을 지지하려고 세속적 권력을 사용하게 된 경험은 거의 100년을 지나고 있었다. 그는 본래 무력 사용을 통해 신념을 효과적으로 바꿀 수 있는지를 의심했기 때문에 그의 견해는 더욱더 중요하다. 도나투스파의 분열주의 운동은 그로 하여금 자신의 입장을 바꾸고 그 문제를 재평가하도록 했다. 그는 강제력 그 자체는 사악하지 않으며, 모든 것은 사람들이 강제를 당하는 목적에 달렸다고 생각했다. 잘 알려졌다시피, 권력의 사용은 이단자나 분열주의자들을 진정한 신도로 직접 변화시킬 수는 없었지만, 그들이 동의하도록 요구받는 진리에 비추어 그들 스스로의 신앙을 재고하도록 강제하는 도발적인 자극, 곧 긍정적인 두려움을 그들에게 주입할 수는 있었다.

유용한 두려움에 구원의 교리가 추가되어 진리의 빛이 오류의 어둠을 몰아낼 때 그리고 동시에 두려움의 위력이 사악한 습관의 구속을 깨뜨릴 때, 그렇게 되면 …… 우리는 우리와 함께 하느님을 찬양할 많은 자들의 구원을 기뻐하게 된다.67

놀라울 정도로 아우구스티누스는 강제를 옹호하는 논변을 실용주의적인 토대 위에 구축했다. 설득이 대다수 사람으로 하여금 교회에 가입하도록 유도하는 데 효용이 없는 것으로 입증되었기에, 다수는 오직 권력, 곧 실용주의적인 시험을 통해서만 끌려 들어올 수 있었다. 그렇다면, 강제력이 사실상 교회 안의 기독교인들의 수를 증가시켰는가?68

권력에 대한 이처럼 현실적인 견해는 기독교적 사랑을 강력히 제창한 논자(아우구스티누스─옮긴이)와는 잘 어울리지 않는 것처럼 보인다.69 하지만 그 역설이 중요한데, 그 이유는 이런 견해가 서구 세계에 강력한 영향을 미친 권력에 대한 이론을 조형했기 때문이다. 아우구스티누스는 사랑과 권력이 반드시 상호 모순되는 것이 아니라는 입장을 한결같이 유지했다. 즉 "의로운 박해"는 "불의한 박해"와 구분되어야 한다는 것이다. 강제력은 자애의 정신에 의해 지도되고 동기가 부여되었을 때 의롭게 사용된다. 올바른 신앙으로부터 길을 잃은 영혼들을 소홀히 하는 것은 처벌하는 것보다 더 가혹한 잔인함이었다. 왜냐하면 그런 소홀함은 그들을 영원히 암흑 속에 내버려 두는 것이기 때문이다. "사랑의 정신"에 따라 집행되는 "무섭지만 유익한 법률"과 타인의 영혼에 대한 깊은 관심은 권력으로부터 낙인을 제거했다. 요컨대, 사랑은 강제를 명했던 것이다.

황제가 마지못해 자신의 자식과 같은 신민들을 선도하고자 매질하는 자상한 아버지로 묘사되던 헬레니즘과 로마의 전통에 이런 관념에 대한 선례가 있기는 했지만, 그 모습에는 기독교적 사랑이 갖는 강력한 열정과 감정이 결여되어 있었다. 권력과 연민의 결합, 곧 권력을 휘두르는 자가 신앙의 신비에 의해 자신과 연관되어 있고 상호 연결된 자들에게 폭력을 사용하는 것, 이것은 무언가 새롭고 두려운 것이었다. 자신의 역할은 감미롭고 자상한 예수의 역할이 아니라는 점을 기꺼이 시인하면서 급기야 구세주를 쫓아내는 도스토예프스키Fyodor Mikhailovich Dostoyevsky의 대심판관과 달리 아우구스티누스적 권력자에서는 심판관과 사랑의 구세주라는 두 가지 역할이 한데 섞여 있어서 권력에 불복하여 사랑에 호소할 수 있는 여지를 남겨 두지 않았다.

아우구스티누스는 권력의 사용을 방어하고자 더 멀리 나아갈 태세가 되어 있었다. 그는 통일성이 기독교인의 삶을 가능케 하는 평화의 조건에 이바지하기 때문에 사회의 본질적인 속성이라고 주장했다. 만약 통일성이 좋은 것이라면, 심지어 강제된 통일성마저 상당히 가치 있는 것이라고 그는 사유했다. 그리고 일련의 공통된 믿음이나 "합의된 가르침"에 근거한 통일성보다 더 중요한 것은 없기 때문에 진정한 믿음을 대신해 세속적인 처벌을 시행하는 것은 정당하다고 생각했다. 어떻게 해서 인간이 법의 보호와 사회의 이득을 누리도록 허용받으면서 동시에 자유롭게 죄를 저지를 수 있단 말인가?70 이와 함께 서구의 정치적 전통은 정치 공동체에 대한 골치 아픈 개념 정의의 씨를 뿌린 셈이 되었다. 그 정의, 곧 한마음이 된 신자들의 통일체로서 정치 공동체라는 정의는 17세기 말에 이를 때까지 무수히 많은 이론적이고 실천적인 난제들로 사람들을 줄곧 괴롭힐 것이었다.

4. 정치화된 종교의 당혹스러움과 아우구스티누스의 과제

교회가 그 목적을 성취하기 위한 정당한 도구로서 권력을 일단 수용하게 되자, 교회는 이를 위해 너무나 많은 정당화를 시도해야 했으며 이로 말미암아 자신의 독특한 정체성을 잃게 될 위험에 직면했다. 초기 기독교인들에게 정치적 질서와 종교적 질서 사이의 주된 구분은 오직 후자만이 구원의 실천을 주재한다는 것이었다. 정부에 의해 유지되는 평화, 질서 및 번영은 신도들의 구원을 증진시키지 못하며, 교회가 은총의 수단을 독점적으로 장악하는 것에 침투하지 못했다. 하지만 만약 권력이 교회의 신성한 사명을 촉진할 수 있다고 인정된다면, 그리고 동시에 국가가 권력의 최고 구현체로 간주된다면, 교회-사회의 독특한 성격은 그런 인식의 변화로 인해 일정한 타협을 감수해야 했다.

정체성에 대한 위협은 기독교가 커다란 유혹, 곧 우호적인 정부의 지원에 의존하고 교회의 보편적인 사명을 추진하고자 정치권력의 사용을 수용하려는 유혹에 직면하게 된 4세기에 나타났다. 로마의 간헐적인 박해 정책이 기독교의 급속한 성장을 막는 데 실패하자, 국가는 갑자기 신생 종교를 우대하는 좀 더 우호적인 그러나 위험한 방법으로 전환했다. 서구에서 콘스탄티누스 황제의 승리와 함께(기원후 312년), 기독교는 새롭고도 어려운 단계로, 일종의 누적된 수모를 통한 성공scandale du succès, 곧 나쁜 평판을 들으면서 탄압을 받았던 종파의 지위가 극적으로 특권화된 지위—공식적인 국교로 격상된 지위—로 전환되는 상황에 진입했다. 콘스탄티누스 황제의 개종은 매우 까다로운 주제이지만, 이를 논의할 필요는 없다. 왜냐하면 중요한 쟁점은 그의 정책이 종교와 정치 질서의 관계에 대한 예전의 사고방식을 상기시키는 요소들을 많이 보유하고 있었다는 점이기 때문이다. 위험은 기독교가 누리게 된 특권화된 지위로부터 나왔다기보다는 오히려 기독교가 정치적 갱생을 위한 도구, 곧 과거의 고전적인 모델에 따라 조형된 '시민 종교'로 전환되었다는 데서 비롯되었다.

사태 전개의 돌발성으로 말미암아 일부 기독교 지도자들은 미처 아무런 준비도 안 된 상황에서 단지 국가가 신앙을 적극적으로 지원하는 데서 얻게 되는 커다란 이점만을 볼 수 있었다. 일부 교인들에게 그것은 전 인류를 위해 의도된 이 종교가 지상의 끝까지 그 권력이 뻗쳐 있는 듯한 제국에 이제 연결되어야 한다는 신의 약속이 신속하게 실현되는 것을 입증하는 징후로 보였다. 그리하여 두 개의 압력, 곧 사회의 개종을 추구하는 기독교적 압력과 이 새로운 예기銳氣, élan vital를 정치적 목적을 위해 길들이고자 하는 압력이 수렴했다. 카이사레아의 에우세비우스Eusebius of Casarea*처럼 신성 동맹이라는 수사학을 떠들어 대는 대변인이 출현했다. 그는 심지어 콘스탄티누스 황제가 그리스도의 약속을 입증하려는 특별한 목적을 위해 신에 의해 보내졌다는 추론을 제기할 정도로 기독교의 운명을 기존의 정치적 장치와 동일시하는 것도 주저하지 않았다.

> …… 동일한 하느님의 명시적인 임명에 의해, 축복의 두 근원인 로마제국과 기독교적 경건성의 교리는 인류의 이득을 위해 함께 출현했다. …… [콘스탄티누스 황제의 통치와 함께 인간 삶의 새롭고 활력에 찬 시대가 그 모습을 드러내기 시작했고, 인류가 처한 어둠의 한복판으로부터 이제껏 알려지지 않은 한 줄기 빛이 갑자기 내비쳤다. 이제 만인은 이 모든 일이 전적으로 하느님께서 행하신 것이라고 고백해야 한다. 하느님은 신앙심 없는 다중을 다루기 위해 이 경건한 황제를 세웠던 것이다.71

신의 왕국과 인간의 사회 사이에 존재하는 섬뜩한 거리를 줄이려는 필사적인 소망은 황제가 로고스[하느님의 말씀-옮긴이]의 신성한 수단을, 정치질서가 기독교적 진리를 전파하는 편리한 운반체를 대표한다는 믿음을 촉

---

* 에우세비우스(기원후 264~340년)는 기독교 학자들로 유명한 알렉산드리아의 한 가문에서 태어났다. 카이사레아의 주교가 되었고, 나중에는 콘스탄티누스 황제의 조언자가 되었다. 그는 기독교와 제국의 동맹을 정당화하는 이데올로기를 정식화한 인물로 기억된다.

진했다. 그러나 그 소망이 교회와 국가의 동맹이라는 실제적 형태를 취하게 되었을 때, 그것은 교회-사회의 독특한 정체성이 상실될 것이라는 진정한 위험을 제기했다. 이것이야말로 도나투스Donatus로 하여금 "황제가 교회와 무슨 상관이 있단 말인가?"라고 항의하게 한 두려움이었다. 이에 대한 옵타투스의 다음과 같은 답변이 설득력이 있었다고는 말할 수 없다. "공영체respublica가 교회ecclesia 안에 있지는 않지만 교회는 공영체, 즉 로마제국 안에 있다." 이처럼 모순적인 태도는 당시 진행되기 시작한 위기의 부분적인 징후에 불과했다. 그 위기는 기독교 내에서 일어나고 있었고, 많은 민감한 쟁점들에 대한 답변을 요구했다. 여기서 민감한 쟁점들이란 다음과 같은 의문들을 포함했다. 어떻게 기독교가 국가를 지지하고 또 국가에 의해 지지되면서도 [독특한 종교적 성격을 버리고 - 옮긴이] 단순히 또 다른 시민 종교가 되는 것을 피할 수 있을 것인가? 교회가 그 조직과 세계관에서 점진적으로 좀 더 정치적이 된 역사적 상황에서 국가의 정체성은 무엇인가? 국가가 신앙을 고양시키기 위한 작업을 떠맡고 신도들의 행태를 단속하게 되었을 때, 교회의 정체성은 무엇인가? 이런 사태는 최후의 심판을 앞당길 것인가? 교회와 정치 공동체 양자는 역사라는 시간의 차원과 관련하여 어떤 관계에 놓여 있는가?

이런 문제들을 다루려는 가장 포괄적인 시도는 기독교 역사상 최초의 그리고 아마도 가장 위대한 종합론자인 성 아우구스티누스(354~430년)의 저작에서 발견할 수 있다. 그의 작업이 지닌 중요성은 그것이 기독교에 내재한 정치적 모호성을 해결했기 때문이 아니다. 오히려 그의 작업은 정치적 모호성을 다루는 방식에 깊이와 날카로움을 더해, 그 모호성이 서구 전통에 좀 더 확고히 뿌리내리게 했다는 점에서 중요하다. 그는 기독교의 종교적 정체성을 가능한 한 명료하게 부각하고자 심혈을 기울였다. 곧 그는 기독교적 삶의 양식과 사명, 천상의 사회의 암시로서는 물론 실존하는 사회로서 갖게 되는 기독교의 복합적인 본성을 면밀하게 고찰했다. 또한 역사에 대한 기독교의 관여 및 시간이 지남에 따라 실현되는 기독교의 궁극적인 승리를 최대한 명료하게 드러내고자 했다. 하지만 모호성은 계속 남았다. 그는 실존적인 차원에서 기독교인이 정치적으로 연관되어 있고 정치사회에 결정적으로 의존한다는 점을 너무나 잘 인식하고 있었다. 그 결과 아우구스티누스는 비견할 수 없는 열정과 심오함을 가지고 사랑*amor*의 관념에 관해 논할 수 있었지만, 동시에 인간의 정신에 대한 강제를 옹호하는 가장 설득력 있는 논변을 전개한, 권력에 대한 이론가가 되었다. 이것들은 아우구스티누스 자신의 삶과 성격에 깊게 각인된 모호성이었다. 그가 논의한 거의 모든 것은 유한한 존재를 넘어서고 "정신의 지속적인 비상을 통해 하느님이라는 불변하는 실체에 도달하고자" 갈망하는 열정적인 심성이 겪게 마련인 긴장을 수반하고 있었다. 하지만 그는 또한 권력을 행사하고 판결과 처벌을 내리지 않을 수 없었던 성직을 담당하는 행정가였던 것이다.

가장 절묘한 대립물들로 한데 엮어진 이런 체계의 절정은 두 개의 도시—기독교적 사랑*caritas*에 의해 유지되는 성스러운 사회와 인간의 욕망*cupiditas*에 의해 시달리는 '최소한의 사회'로 구성된—라는 생생한 상징적 표현에서 발견된다.

> 두 도시는 두 가지 사랑에 의해 형성되어 왔다. 곧 지상의 도시는 심지어 하느님을 경멸할 정도에까지 이르기도 하는 자신에 대한 사랑에 의해, 천상의 도시는 심지어 자신을 경멸할 정도에까지 이르기도 하는 하느님에 대한 사랑으로 형성되어 왔다. 한마디로 전자는 스스로에게서 영광을 발견하고 후자는 주님에게서 영광을 찾는다. …… 전자의 도시에서는 그 도시에 굴복된 군주들과 백성들이 통치에 대한 사랑에 의해 지배되는 한편, 후자의 도시에서는 군주들과 신민들이, 신민들은 복종하는 한편 군주들은 모두를 배려하면서, 사랑 속에서 서로에게 봉사한다.72

두 개의 도시라는 강력한 대비를 통해 아우구스티누스가 정치 질서를 오직 교회의 우월성과 천상의 도시에 깃든 영광을 부각시킬 수 있는 편리한 장식으로 조작하는 데만 흥미를 느꼈다고 결론을 내리는 오해를 범하지 않는 것이 중요하다. 아우구스티누스는 지상의 도시를 괴롭히는 격렬한 투쟁에 대해 숙고할 수 있었고 또 두 도시 사이에 존재하는 깊은 적대감을 논할 수 있었지만, 동시에 그는 사회란 인간에게 자연스러운 것이며 결코 순전한 악이 아니라 "다른 모든 인간의 재화보다 더 좋은 것"이며 심지어 "진정한 하느님으로부터 소외된" 사회조차 일정 정도의 가치가 있다는 점을 받아들일 태세가 되어 있었다.[73]

일단 아우구스티누스 사상의 복잡성을 인식하고, 천상의 도시에 대한 약속이 정치적 질서가 하찮은 것으로 강등되는 것을 의미하는 것으로 받아들여져서는 안 된다는 점을 이해한다면, 우리는 두 사회의 이중성이 종교적 질서는 물론 정치적 질서의 정체성을 정립하는 역할을 했다는 점을 더 잘 평가할 수 있게 된다. 서로 교차하기는 하지만, 한쪽이 다른 쪽을 흡수하지는 않는 종교와 정치의 정교한 본은 정치적인 것과 영적인 것이 비록 일정한 지점에서 상호 보완적일 수도 있지만, 상호 독자적이라는 점을 가르치고자 고안되었다. 다시 말해 각각은 상대방에 이득을 제공해야 하지만, 어느 쪽도 다른 쪽의 구원을 이루어 줄 수는 없었다. 따라서 전자가 후자의 사명에 의해 전적으로 판단되어서는 안 되기 때문에, 각각은 다분히 자신이 설정한 조건에 따라 평가되는 것으로 이해되어야 했다.[74]

이 점은 아우구스티누스주의가 강력한 변증법적 요소를 포함했다고 말함으로써 달리 서술될 수 있다. 그 변증법 속에서 선과 악, 육신과 영혼, 교회와 정치사회라는 양극이 포괄적이고 강력하게 구조화된 질서 내에 자리 잡고 있었으며, 그 질서는 거기에 포함된 이런 동학의 방향을 예정된 목표로 향하게 했다. 한편으로 대립물의 이론은 그 정치적인 함의에 있어서 정치적 질서가 그 모든 효용에도 불구하고 결코 찬양될 수 없으며, 단지 일시적으로 구제받을 뿐이라는 점을 의미했다. 다른 한편 질서의 *ordo* 이론은 정치적인 것을 우주적 전체로 엮어 내는 고리로 작동했다. 여기서 우주적 전체는 점진적으로 상승해 가는 목표들의 위계로 각 단계에서는 각각에 적합한 권력과 권위의 질서가 그 목표를 이루는 체계였다. "질서란 평등하고 불평등한 사물들을 각각의 분수에 따라 할당하는 분배이다."75 그것은 위계적이고 분배적인 원리로서 바로 창조의 구조에 각인되어 있으며 사물들—높은 것과 낮은 것, 합리적인 것과 비합리적인 것, 자유로운 것과 굴종적인 것, 선한 것과 악한 것—에 활기를 불어넣었다. 그것을 지탱하는 원리는 사랑, 곧 피조물에 대한 신의 사랑, 동료 인간들에 대한 인간의 사랑이었다. 사랑에도 질서가 있다.76 우주적인 관계의 그물에 놓여 있는 각각의 피조물이 자신의 고유한 기능을 실현했을 때, 질서는 평화를 탄생시켰다. 완벽하고 총체적인 질서는 그것을 지탱하는 소규모 질서들의 집적물에 기초했다.

> …… 가정의 평화는 누가 명령하고 누가 복종할 것인지에 대해 함께 사는 자들이 이룬 질서 정연한 합의이다. 도시의 평화는 누가 명령하고 누가 복종할 것인지에 대해 그 시민들이 이룬 질서 정연한 합의이다. 천상의 도시의 평화는 하느님을 기쁘게 하고, 하느님 안에서 서로를 기쁘게 하는 교제 관계, 곧 질서와 조화로 긴밀히 결속된 교제 관계이다. 모든 피조물의 평화는 질서에 의해 부여된 평온이다.77

5. 재강조된 교회-사회의 정체성 : 시간과 운명

하지만 질서의 관념은 안정되고, 치밀하며, 일견 정적인 위계적 우주, 곧 그 내부에서 잡다하게 다양한 존재들이 한데 어우러져서 조화로운 전체를 구성하는 그런 우주에 대한 비전 이상의 것이었다. 창조의 질서는 약동적인 질서로서 그 존재에 각인된 하나의 성향 또는 '본'을 담고 있었다. 그것은 시간의 종점에서 정점에 달하는 통일적인 단일체였다. 아우구스티누스적인 시간 개념에서 기독교 사상의 가장 독창적이고 의미심장한 기여가 고전적으로 표현되었다.78 시간에 대한 새로운 개념은 엄청난 정치적 함의를 담고 있었다. 그리고 그 함의로 말미암아 정치적 문제에 대한 고전적 태도와 기독교적 태도는 현격히 대비된다. 많은 고전적 논자들에게 시간은 다음과 같은 구절에서 나타나듯이 성장과 쇠퇴, 규칙성과 반복성이라는 자연의 변화를 긴밀하게 닮은 순환의 관점에서 개념화되었다. "존재하게 된 사물은 갑자기 튀어나와 생기는 것이 아니며, 시간의 전개는 마치 닻줄이 풀리는 것과 같다. 그것은 새로운 것은 어떤 것도 창조하지 않으며, 오직 각 사건을 그 순서에 따라 전개한다."79 시간이란 모든 것을 끝장내 버리는 유일한 정점을 향해 움직인다는 믿음을 가진 기독교인들에게 인간사를 다스리는 영구히 반복하는 주기, 곧 희망에서 시작하여 절망으로 끝을 맺는 리듬이라는 고전적인 관념은 신과 인간 양자에 대한 모욕처럼 보였다. 아우구스티누스는 "만약 인간이 이런 순환에 사로잡혀 입구든 출구든 아무것도 발견할 수 없다면, …… 도대체 경이로운 것이 무엇인가?"라고 반문했다.80 기독교는 고전적인 폐쇄적 순환을 깨고, 그 대신 일련의 역전 불가능한 계기들이 점진적인 발전의 선을 따라 뻗어 나가는 새로운 시간 개념을 도입했다.81 그리하여 역사는 종말론의 그림자 아래에서 공연되는 구원의 드라마로 변형되었는데, 여기서 종말론은 역사적 시간에 종지부를 찍지만 또한 선택된 자들에게는 고통을 마무리 짓는 것이었다. "희망하던 사태에 대한 [이런] 확신"에 의해 고양되고, "오랜 시대와 세대에 걸쳐 숨겨져 있던 신비가 이제 성자들에게 계시되었다"라는 지식에 안도감을 느끼면서 기독교인들은 고전 시대의 인간들이 두려워했던 미래를 향한 시간의 전개를 낙으로 삼고 기다리게 되었다. 미래는 희망의 계기가 되었다.

> 우리는 구원을 받기 때문에 희망에 차서 행복해진다. 그리고 우리가 아직 현재의 구
> 원을 얻은 것이 아니라 단지 미래의 구원을 기다리는 것처럼, 우리의 행복에 대해서
> 도 마찬가지다. …… 우리는 비록 악에 둘러싸여 있지만 순수한 선을 말로 형언할 수
> 없을 정도로 누릴 수 있을 때까지 참을성 있게 악을 견뎌 내야 하기 때문이다. 그 단계
> 에 이르게 되면 견뎌 내야 할 어떤 악도 더는 없을 것이다.82

이 모든 생각은 정치 질서에 새로운 시간적 차원을 부여했다. 인간의 운
명을 통제하는 신의 섭리에 따른 계획에서 신성한 수단은 바로 교회 - 사회
였다. 고전적인 사유의 현저한 특징 가운데 하나는 크로노스에 대한 플라
톤의 신화 및 정부의 변화에 대한 폴리비우스의 순환 이론에서 목도된 것
처럼, 시간이 주로 정치적인 관점에서 개념화되었다는 것이다. 정치 형태
는 시간 및 역사의 과정이 그 모습을 드러내는 매체로 취급되었던 것이다.
하지만 새로운 시간의 차원은 비정치적이자 반정치적이었다. 창조, 성육신
成肉身, 구원과 같이 시간에서 의미가 있는 필수적인 계기들kairoi[정확한 시간,
제때 - 옮긴이]이 정치적 사안과 아무런 본질적인 관계를 갖지 않고 있다는 의
미에서 비정치적이었고, 정치의 종언을 드러내는 최종적인 정점을 향해 전
개되는 일련의 역사적 사건에 정치사회가 연관되어 있다는 점에서 반정치
적이었다. 기독교적 관점에서 보면, 핵심적인 사안은 인간과 사회가 영원
성의 목표에 봉사할 것인가 아니면 시간 속에 존재하는 일시적인 재화에
만족할 것인가였다.

아우구스티누스에 의해 정식화된 새로운 정치적 기준은 이런 식으로
해석될 수 있었다. 즉 정치사회가 평화를 증진하는 한 그것은 좋은 것이었
다. 정치사회가 구성원들 간에 질서 정연한 조화를 구현하는 한 그것은 훨
씬 좋은 것이었다. 또한 정치사회가 기독교적 삶을 조장하고 종교적인 의

212

무와 정치적인 의무 사이에 충성을 둘러싼 갈등이 일어나지 않도록 예방하는 한, 그것은 보편적인 구도 내에서 그 역할을 완수하는 것이었다. 만약 정치사회가 그 시민들로 하여금 정치적 소란에 방해받지 않고 구원을 추구하고자 신의 도시*civitas dei*에 적籍을 두도록 허용한다면 정치사회 최고의 열망은 충족되는 것이었다.

> 신앙에 따라 살지 않는 지상의 도시는 지상의 평화를 추구한다. 시민적 복종과 지배에 따른 질서 정연한 조화 속에서 지상의 도시가 추구하는 목표는 이 세상에서의 삶에 도움되는 것들을 얻고자 하는 인간 의지들의 결합이다. 천상의 도시 또는 차라리 지상에 체류하면서 신앙에 따라 사는 천상의 삶에 속한 부분은 이 평화를 이용한다. 그 이유는 바로 천상의 도시가 지상의 도시를 필요로 하는 이 필멸의 조건이 사라질 때까지는 이 평화를 이용해야만 하기 때문이다. 천상의 도시에 속한 삶이 지상의 도시에서 포로이자 이방인처럼 살아가는 한, 비록 구원의 약속과 그 전조인 성령의 선물을 이미 받았다고 하더라도, 지상의 도시의 법률—그것을 통해 이 필멸의 삶을 유지하는 데 필요한 것들이 집행되는—에 복종하는 데 대해 아무런 가책을 느끼지 않는다. 그러므로 이 세상에서의 삶은 두 도시에 공통된 것이며, 그것에 속하는 것에 관해서는 그 둘 사이에 조화가 존재한다.[83]

아우구스티누스의 체계에서 신의 도시가 교회와 동의어가 아닌 것과 마찬가지로 지상의 도시*civitas terrena*도 엄밀하게 정치적 공동체를 표상하도록 의도된 것은 아니었다. 오히려 지상의 도시는 신의 도시와 명료하게 대조되는 삶의 유형을 예시하고자 풍부한 상상력으로 구축된 보편적인 범주였다. 그렇다 해도, 지상의 도시와 신의 도시는 정치 공동체에 특별한 방식으로 연관되었다. 정치 공동체는 이 두 도시의 두 양식과 연관된 대립적인 삶의 방식들을 전형적으로 영위하는 개인들을 품고 있었기 때문이다. 그러므로 정치적 질서는 두 개의 대립적인 상징성이 교차하는 일종의 중간적인 차원을 점하고 있었다. 정치 공동체의 집단적인 삶은 공동체의 일상적인 활동이 갖는 자연주의적 성격과 신의 도시가 갖는 초자연주의적 성격 사이에서 형성된 깊은 긴장의 와중에서 이루어졌다.

고전적인 논자들은 인간의 필요와 열망의 근본적인 다원성이 일련의 기능들을 창출하고 정치 공동체의 지위를 정당화하는 것으로 파악했다. 노동의 분업과 노동의 조정을 조직화함으로써 이루어지는 이런 필요의 충족은 정치적 지배와 정치적 지혜라는 문제를 제기했다. 하지만 아우구스티누스주의는 반대의 제안을 함축했다. 즉 최고의, 그래서 가장 근본적인 인간의 필요는 정확하게 말하면 어떤 인간 사회도 결코 충족시킬 수 없는 바로 그런 것들이었다. 윤리적인 관심은 더 이상 사회경제적인 토대에 관련된 것이 아니었고, 영혼의 정치 외적인 주장에 관련된 것이었다.

[기독교인들은 영원한 삶을 위한 단련을 받는 속세의 삶이 부과하는 기율을 거부하지 않을 것이며 속세의 삶에 대한 경험을 애석해하지도 않을 것이다. 그들은 지상의 좋은 것들을 활용하겠지만, 순례자이기 때문에 그런 것들에 구애받지 않으며, 지상의 나쁜 것들은 그들을 시험하거나 개선할 것이다. …… 로마에 비할 바 없이 영광스러운 곳은 저 천상의 도시이며, 거기서 여러분이 가진 진리는 승리를 거둔다. 거기서 여러분은 존엄을 위해 성스러움을, 평화를 위해 축복을, 삶을 위해 영원성을 지니고 있다.[84]

하지만 만약 영원성의 차원에서 정치적 질서를 판단할 때 미흡한 점이 있다면, 정치적 존재 자체가 일종의 목적의 영역—예를 들어 법, 정의, 평화, 안전, 경제적 복지 및 공동체적 소속감과 같은 것으로서 이 모든 것들은 궁극적이지는 않지만 중요한 것이었다—으로 전화되는 중간 영역을 기독교적 범주 내에서 취급하는 것이 어떻게 가능했는가?

이 문제는 아우구스티누스가 로마 국가를 진정한 공영체로 고려할 수 있는가를 논하는 유명한 부분에서 핵심적인 중요성을 띠고 있었다. 그 논의는 기독교도가 예전의 정치적 개념들을 어떻게 채택해서 결과적으로 변형시켰는가를 보여 주는 고전적인 사례를 제공했다. 아우구스티누스는 공적인 것에 대한 키케로의 개념 정의—올바름에 대한 공통의 합의와 이익의 공동체에 근거한 결사—를 취했으며, 그리고 나서 공영체가 '정의로운' 것으로 고려되기 위해서는 어떤 조건을 충족시켜야 하느냐는 문제를 제기했다. 그런데 플라톤이나 아리스토텔레스와 같은 고전적인 정치적 저술가들은 절대적인 정의의 존재를 부정하지 않았지만, '정치적인 것'과 '정의로운 것' 간의 관계에 대한 탐구는 정치 공동체의 특유한 성격에 적합한 유형의 정의를 지향해야 한다고 가정했다. 하지만 아우구스티누스는 매우 다른 방법을 따랐다. 정치적 질서에 어떤 종류의 정의가 가능한가를 발견하려고 탐구하는 대신, 그는 로마가 결코 키케로적인 개념 규정에 따른 자격을 충족시킬 수 없다고 주장했다. '진정한' 정의는 결코 인식되지 않았기 때문이라는 것이었다. "진정한 정의라고 할 수 있는 정의는 그 건설자이자 통치자가 그리스도인 그런 공영체에만 존재하는 것이다."[85] 그러나 이런 결론은 명백히 정의와 공영체에 대한 고전주의의 개념 규정과는 다른 개념화에 의존하고 있었다. 다시 말해 그 결론은 신의 사랑에 기초한 기독교적 올바름의 정의定義와 여하한 인간의 도시도 초월하는 공영체의 개념화에 의존하고 있었다.

아우구스티누스가 이런 과정에 내재하는 한계를 잘 이해하고 있었다는 점은 그의 위대함의 징표이다. "만약 당신이 더욱 수용할 만한 다른 개념 규정을 택한다면" 그러면 "그 나름의 방식에 따라 그리고 제한된 정도 내에서 로마는 공영체일 수도 있다."[86] 어떤 다른 개념 규정이 가능했고 어느 정도까지 비기독교적 사회가 공영체로서의 자격 조건을 만족시킬 수 있었는가? 아우구스티누스는 다음과 같이 자연주의적인 특징이 농후한 개념 규정으로 응답했다. "인민이란 합리적인 존재들로 구성되는 다중의 집합으로서, 동일한 것에 대한 공동의 사랑을 공유함으로써 발생하는 교제 관계로 결합한다."[87] 이것은 '진정한' 정의란 신의 도시에 국한되고 과거·현재·미래의 모든 정치사회가 미흡한 것으로 판명될 수 있는 첫 번째 개념 규정의 도덕적 엄격성과는 명백히 대조되는 것이었다. 그렇다고 이것이 첫 번째 개념 규정을 포기했다는 것을 의미하지는 않았다. 대신 그것은 정의의 절대적 기준이 되었다. 다른 한편, 자연주의적인 개념 규정은 도시들*civitates*의 등급을 정립할 가능성을 지시했다. 따라서 특정 정치적 질서에 대한 평가는 '공동의 사랑'이 부여된 대상의 질적 수준에 의존할 것이었다.[88] 그 개념 규정은 또한 특정 질서에 의해 추구되고 실현된 실제적 가치에 대한 모종의 탐구를 상정했기 때문에, 훨씬 더 경험주의적인 성향을 함축했다. 무엇보다도, 그 개념 규정은 질서와 평화를 수립하는 데 성공한 정치사회라면 어느 것이든, 비록 제한될 수밖에 없는 필연적인 한계가 있겠지만, 공영체로서 어느 정도 자격 조건을 충족시킨다는 점을 용납했다.

6. 정치사회와 교회−사회

정치 질서에 대한 평가는, 아우구스티누스의 사상에서 그 평가가 최종적으로 모습을 갖춘 것처럼, 복합적인 것임이 드러났다. 이교도의 질서도 단지 그것이 평화에 대한 최소한의 조건을 보장하고 있는 한 가치 있다는 점이 인정되었다. 다른 한편, 정치사회가 기독교적 목표에 바쳐지고 기독교적 정신에 따라 운영된다고 할지라도, 사회로서 그것은 결코 구원을 알 수 없었고, 또 신적인 성취의 도구로 봉사할 수도 없었다. 이런 한계는 가장 근본적인 의미에서 정치적 질서를 부적절한 것으로, 그리고 궁극적으로는 불필요한 것으로 만들어 버리는 역사관에 고유한 것이었다. 정치적인 초점을 벗어나 이루어진 시간에 대한 재개념화는 고전적인 정치사상의 가장 대담한 일부 주제들을 자동적으로 배제했다. 그 최초의 희생물 가운데 하나는 정치적 행위를 영웅적인 것으로 파악하는 관념이었다. 고전주의에서 정치적 영웅은 역사가 인간의 선견지명을 비웃는 예측 불가능한 요소로 만연되어 있다는 점을 상정했다.[89] 우연 또는 운명fortuna의 존재는 정치적인 성취를 불안정하고 덧없는 것으로 만들어 버렸지만, 그것은 또한 영웅적인 능력을 요구하는 도전이었다. 그리하여 정치는 운명의 예측 불가능한 변덕에 대항해 자신의 능력을 겨루는 초인들의 경기였으며, 그것은 오직 시간의 침식적인 흐름에 대항하여 성취라는 일시적인 섬을 떠받쳐 올리려는 희망에 의해 지탱되었던 것이다.

기독교적 역사관 속에 운명을 위한 자리는 없었으며, 동일한 논리에 따라 정치적인 영웅을 위한 자리도 없었다. 그 영웅 대신에 '기독교적 군주'가 출현했는데, 그는 매우 다른 행위자 유형으로서 정치적인 도전에 아무런 흥분을 느끼지 못하고, 오직 언젠가 진정한 왕국에 들어갈 것이라는 희망에 기대면서 단순히 피곤하기만 한 임무를 수행할 뿐이었다. 그는 정치적 영웅이 아니라 순교자적 군주였으며, "권력을 존엄하신 하느님의 시녀로 만들고자" 투쟁하지만, 아우렐리우스의 명상을 물들였던 달콤한 슬픔과 체념과 같은 정조에 항상 젖어 있었다.[90]

역사에서 가능한 것과 영원성을 위해 유보된 것에 대한 강력한 구분과 함께 시간에 대한 아우구스티누스적 개념화는 또한 이상적인 정체에 대한 고전적 탐구를 불경스럽고도 오만한 야심으로 비난하게 했다. 영원성에 대한 약속은 전적으로 신의 도시를 위해 남겨진 것이었다. 정치적 질서의 사명, 효과 및 도덕적 지위를 평가절하하면서, 기독교는 그 자리를 교회-사회로 대체하고 그것을 세속적인 사회에서는 부정된 잠재성을 충족시킬 수 있는 이상적인 정치적 형태로 만들고자 하는 유혹에 직면했다. 달리 말해, 교회를 일종의 절대적으로 최선의 형태인 사회의 영화靈化된 버전, 곧 기독교회된 공화국[플라톤의 국가를 지칭—옮긴이]으로 볼 수 있을 것인가? 답변은 기독교 논자들이 거의 처음부터 교회의 관념에 적어도 세 가지 구분되는 의미를 부여했다는 사실에 의해 복잡해졌다. 이 중 하나는 『클레멘트의 서한』 *Epistle of Clement*의 첫 편지 구절에 나타난 것처럼 지역 조직을 지칭했다. "로마에 체재하는 하느님의 교회는 코린토스에 체재하는 하느님의 교회에 인사를 드린다." 둘째로, 지역성을 불문하고 신도 전체를 포괄하는 보편적인 교회가 있었다. 마지막으로, 초월적인 교회, 곧 신성한 도시, 구원을 받은 자들의 최종 기착지가 있었다. 첫 번째와 두 번째 의미는 나중에 '가시적인' 교회, 곧 우리가 앞에서 논한 바 있는 권력과 권위의 징표를 소유한 조직화되고 제도화된 사회의 관념으로 공식화되었다. 세 번째 개념 규정에서 '비가시적인' 교회는 어떤 지상의 구현물과도 동일시될 수 없었다. 그것은 축복받은 자들의 사회이며, 따라서 기율과 강제라는 무기가 필요하지 않았다.

비록 우리가 이런 구분을 과잉 단순화하고 그 결과 초기 시대에 결여되어 있던 명료함을 이 구분에 부과하긴 했지만, 이 구분은 교회에 대한 아우구스티누스의 관념을 좀 더 잘 통찰할 수 있게 한다. 이 주제를 놓고 논평자들 사이에서 이견이 있었는데, 이는 주로 아우구스티누스가 가시적인 교회와 비가시적인 교회에 대한 날카로운 구분을 항상 준수하지는 않았기 때문이다.[91] 그 사안의 미묘한 점들을 검토하지 않더라도 아우구스티누스가 가시적인 교회를 일차적으로 권력 구조나 통치하는 질서라는 관점에서 개념화하지 않았다는 점은 명백하다. 그의 마음속에서 가장 중요한 개념화는 공동체 또는 사회로서의 개념화였다. 즉 그 공동체에서 권력은 결사를 응집시키는 구성적 요소가 아니었다. 그가 선호하는 두 가지 상징물에서 교회는 어머니나 비둘기에 비유되었다.[92] 이것들은 권력의 언어가 아니다. 이

218

점이 그가 '약한 교회' 이론을 제창했다는 것을 의미하지는 않는다. 왜냐하면 세례, 사목, 교리적 권위 및 통일성에 대한 그의 사고는 그 점을 부정하기 때문이다.[93] 그렇다 하더라도 아우구스티누스의 저술에서 성직자의 권력과 권위가 치밀하게 짜인 위계적 구조라는 후일의 정치적 특징을 추출하는 것은 어렵다. 달리 말하면 가시적인 교회는 '정치적인' 관점에서가 아니라 그 우월한 사명이라는 이유에서 정치적 질서를 능가했던 것이다. 더욱이 그것은 절대적으로 최선의 형태인 사회와 동일시될 수 없었다. 왜냐하면 일부는 구원을 받고 다른 일부는 지옥에 떨어지도록 예정된 결과로 야기되는 구성원의 혼합적 순수성은 교회를 성스러운 사회에 비해 열등한 것으로 만들었기 때문이다. 비슷하게 예정설의 교의는 가시적인 교회의 권력에 명백한 제약을 부과했다. 선택된 자들과 저주받은 자들은 교회가 아니라 신의 행위에 의해 추려졌던 것이다.

매우 기묘하게도, 정치사회에 가장 도전적인 등가물로 출현한 것은 신의 도시, 곧 과거·현재·미래에 뻗쳐 있으면서 여하한 가시적인 제도와의 동일시도 거부하는 신비스러운 사회였다. 우리는 이미 초기 기독교 사상에서 정치적 질서를 강제와 결부시키고, 이에 근거하여 정치적 질서를 신도들의 사회가 지닌 자발적인 연대성에 견주어 불리하게 대조시켜 온 경향이 있었다는 점에 주목했다. 그러나 교회가 자기 나름대로 강제의 체계를 발전시킴에 따라 이런 대조는 명료성을 상실했다. 교회의 우월한 정체성을 보존하는 것은 교회를 강제력이 없는 사회로 개념화할 것을 요구했다. 이것은 아우구스티누스의 신의 도시에 의해 정식화되었다. 두 도시를 묘사하면서 아우구스티누스는 고전적 사유와 초기 기독교적 사유가 정치사회에 결부시켰던 소위 신적인 요소를 빼내고 그것을 신의 도시와 다시 결부시키는 방식으로 언어와 개념을 채용했다. 정치적인 권위에는 매우 인위적이고 피상적인 특질이 존재한다고 아우구스티누스는 선언했다. 즉 신이 인간에게 말 못하는 짐승을 지배하라고 했지 인간 상호 간에 지배할 것을 의도하지 않았다는 점에서 인위적이었고, 궁극적인 분석에 따르면 "결국 죽음에 직면할 수밖에 없는" 인간 존재의 짧은 일생을 고려할 때, "어떤 정부에서 사는 것이 중요한가"라는 문제는 "통치하는 자가 불경죄와 비행을 강요하지 않는 한" 별다른 의미를 지니지 않기 때문에 [정치적 권위란─옮긴이] 피상적인 것이었다."[94] 정치적 질서가 평가절하됨에 따라 신의 도시가 정치적인 논리에 입각해서 정치 질서를 비판하더라도 정치 질서는 이에 적절히 대응할 수 없었다. 그리하여 정치사회는 좋은 통치자와 나쁜 통치자에 의해 교대로 통치될 것으로 예상되었지만, 신의 도시는 오직 그리스도에 의해서 완벽하게 훌륭한 통치를 향유할 것이었다. 그 결과 신의 도시에서 구현될 통치자와 피통치자 사이의 결속이 지상의 도시에서 얻어질 수 있는 것보다 훨씬 더 우월하다는 결론이 따랐다. 천상의 도시 구성원들은 진정으로 공통된 선함에 의해 결속되어 있는 데 반해, 지상의 도시는 사적인 재화와 이익의 다양성으로 말미암아 필연적으로 분열되었다. 천상의 도시에서 갈등은 제거되었지만, 지상의 도시에서는 갈등이 그 조건에 불가피하게 수반되는 것이었다. 따라서 지상의 사회는 기껏해야 단지 질서 정연한 다양성, 곧 선과 악의 불안정한 혼합을 성취할 법했다. 다른 한편 신의 도시는 오점이 없는 조화와 질서를 향유했다. 그리하여 천상의 도시는 정치사회의 부정이 아니라 그것의 완성이었으며, 정치사회의 속성을 지상의 도시가 결코 알 수 없었던 영광으로 변형시켰다. 역사의 종점에서 그것이 성취하는 바는 창조가 성취할 수 있는 최고의 교제 관계, 곧 성도들의 연합된 삶*socialis vitas sanctorum*을 가리켰다.[95]

이런 대조의 핵심에는 신의 도시가 더욱 완벽하게 '사회적'이라는 바로 그 이유로 말미암아 더욱 완벽하게 '정치적'이라는 추론이 놓여 있었다. '정치적' 범주에 대한 '사회적' 범주의 우월성은 아우구스티누스의 사상에서 근본적인 명제였다. 사회적인 것은 조화로운 교제 관계를 함의하는 데 반해 정치적인 것은 갈등과 지배를 함의했다. 이로부터 나오는 결론은 정치질서가 기독교적 삶에 좀 더 긴밀하게 근접할수록, 그것은 훨씬 덜 정치적이 된다는 것이었다. 정치적 권위의 존재 이유인 갈등은 사회가 진정으로 기독교화될수록 그 비중이 줄어들 것이었다. 동시에 질서의 '사회적' 성격은 고양될 것이었다. 이 점은 진정한 기독교인에게 왜 '정치적인 것'이 '사회적인 것'보다 덜 중요한지를 설명해 준다. 그는 정치적 질서 내에 존재하지만, 그것에 속하지는 않았던 것이다. 그의 진정한 구성원됨은 선택된 자들의 사회, 곧 천사와 더불어 한 사회를 이루었다고 말할 수 있을 정도로 정치적 질서를 훨씬 초월하는 그런 삶에 속했다.[96]

사회적 관계에 무언가 좀 더 신성하고 자연적인 것이 있다는 이런 관념은 후일의 사상에서도 반복적으로 출현했다. 비록 아퀴나스가 나중에 인간을 본성상 사회적·정치적 동물*naturale animal sociale et politicum*이라고 규정했지만,[97] 정치적인 것은 강제적이고 비자발적인 것을 표상하는 반면 사회는 자발적이고 자연적인 모임을 상징한다는 믿음이 오랫동안 존속했다. 아주 흥미롭게도, 정치적인 것에 대한 사회적인 것의 우월성은 18세기 후반기에 가장 강력하게 표출되었다. 예를 들어 페인은 이런 식으로 표출했다.

공식적인 정부는 문명화된 삶의 단지 작은 부분만 구성한다. 그리고 인간의 지혜가 고안할 수 있는 최선의 정부가 수립된다고 해도, 그것은 사실에서보다는 이름과 관념에서만 그럴 뿐이다. 수많은 경로를 통과하면서 문명화된 인간 전체에 활력을 불어넣는 것은 바로 사회와 문명의 위대하고 근본적인 원리 ─ 보편적으로 동의하고 상호 호혜적으로 유지되는 공동의 사용 ─ 그리고 이익의 중단 없는 순환이다. 심지어 다른 무엇보다 최선으로 설립된 정부가 제대로 수행할 수 있는 것, 곧 개인과 전체 인류의 안전과 번영을 구현하는 것도 바로 이런 일들 때문이다.[98]

그런 대립은 최근의 사유에서도 중단되지 않은 채 남아 있었다. 근대 관리주의managerialism*의 시조인 생시몽C. H. de Rouvroy Saint-Simon은 물론 고전적 자유주의 경제학자들 역시 자발적인 모임이라는 사회의 관념을 수용했지만, 그것을 경제적인 활동 및 관계와 동일시했다. 다른 한편, 정부 또는 정치적인 것은 자발성을 위한 조건을 확보하는 한에서만 그 존재가 관용되는 인위적인 통제로 묘사되었다. 이런 사조는 근대 자유주의자들에 의해서도 유지되었다. 그리하여 바커Ernest Barker 경은 "사회"를 "나라nation에 포함된 자발적인 조직 또는 결사의 총합"으로 정의했다. 사회의 "사회적"이고 "자발적"인 성격과 대조적으로 "국가"는 "법적이고 강제적인 방식으로 …… 활동한다."99 다른 한편, 마르크스주의는 국가를 "사회 위에 있는 그리고 점점 더 사회로부터 스스로를 소외시키는" 권력으로 묘사했다. 궁극적으로 프롤레타리아 혁명은 물리적 힘의 최종적인 행사를 통해 국가를 파괴하고, 그리하여 갈등 또는 강제력이 없는 사회, 곧 진정한 인간미가 넘치는 도시*civitas humanitatis*로 가기 위한 길을 닦을 것이었다.100

---

* [옮긴이] 관리주의는 민간 부문의 관리 시스템과 기법을 정부 부문에 도입하고자 하는 주장으로 정부 부문의 성과와 실적을 중시하고 관리자의 개인적 책임을 강조한다. 관리주의는 관료제의 한계를 극복하는 방안으로 일선 관리자에게 예산과 인사상의 권한을 위임하는 형태로 실시되었으며, 통상 관리주의가 강조하는 가치는 경제적 생산성, 다기능적 대규모 집행 기관, 생산성 지향의 인력, 관리의 독자적 기능, 관리 자율성이다. 관리주의는 공공 선택론, 대리인 이론 등과 결합하여 신관리주의(new managerialism)로 발전했다. 신관리주의는 관리주의에 비해 행정가의 정책 기업가로서의 역할을 좀 더 강조하며, 자율적 관리와 시장 중심적 관리에 기반을 두고 있다. 관리주의는 『정치와 비전』 제2권 제10장 "조직(화)의 시대 그리고 정치의 승화"에서 구체적으로 다루어진다.

7. 종교의 언어와 정치의 언어 : 중세 기독교 사상에 대한 보충 설명

교회의 사회적 측면에 대한 아우구스티누스의 강조는 초기 5세기 동안 기독교인의 세계관을 잘 요약한 것이었다. 그는 교회가 "사회보다 더 나은 것이며, …… 그것은 형제애다"라고 서술했다.[101] 우리가 지적한 것처럼, 교회의 권력적 속성은 시간이 흐를수록 더욱 명백해졌지만, 그 후의 중세 시기에 이르러 비로소 조직적이고 강제적인 측면, 즉 합리화된 교회적 정체政體로서의 교회가 사회적인 또는 공동체적인 측면을 압도하게 되었다. 그 결과 우리는 중세의 다양한 시기에 걸쳐, 이중적인 정체성을 유지하려는 교회의 시도에 의해 초래된 불안감의 저류를 발견할 수 있게 된다. 여기서 이중적인 정체성이란 한편으로 기독교 세계의 통치 기관으로서의 교회와 다른 한편으로 신도들의 사회, 곧 신비적인 일체감 속에서 그리스도의 사랑으로 영감을 받은 공동의 삶을 영위하는 살아 있는 육신의 구성원들로 구성된 사회를 의미했다. 이 두 개의 개념화가 쉽게 공존하지는 않았으며, 그것들이 한데 뒤섞인 결과 스스로 공동체임을 공언하기도 하는 제국적인 권력 조직이라는 다소 혼란스러운 이미지가 출현했다. 이런 이중적인 속성의 의미심장함은 그것이 가장 근대적인 사회의 곤경을 표현하고 있다는 데 있다. 더욱이 교회와 근대의 정치사회 사이에 존재하는 유사성은 우발적인 것이 아니다. 두 경우 모두에서 구성원들을 연대적인 전체로 융합하는 힘은 신비적이고 비합리적인 힘이었다. 세속 사회에서 그것은 민족주의라는 힘이었고, 교회-사회에서 구성원들을 그리스도의 신비스러운 몸corpus mysti-cum으로 융합하는 것은 상징적인 친교의 성사聖事였다.[102] 민족주의적 정서에 존재하는 종교적 요소는 신비스러운 몸이라는 관념이 겪은 변화 그리고 그 변화들이 어떻게 정치사상에 반영되었는가를 간략히 지적함으로써 좀 더 분명하게 보여 줄 수 있다. 신비스러운 몸이라는 용어 자체는 기독교에 특유한 것이지만 성서적인 배경을 갖지는 않는다.[103] 그 용어는 9세기에 이르러 비로소 사용되었으며, 당시 그 의미는 엄격하게 의례적인 것으로서 성체성사를 지칭했지, 교회나 기독교인들의 사회에 대한 어떤 관념을 지칭한 바는 없었다. 그런 성사의 집행을 통해 성체聖體[성체성사에 쓰이는 빵 - 옮긴이]가 축성祝聖되었고, 그리스도의 신비적인 몸과 하나가 되었다.

베렝가르Berengar of Tours에 의해 제기된 교리 분쟁의 결과, 신비적인 요소는 후퇴하게 되었으며, 인간 예수의 실제적 현존이라는 교의가 그것을 대체했다. 신비스러운 몸은 이제 영성체corpus Christi(또는 참다운 몸corpus verum이나 자연적인 몸corpus naturale)로 불렸다. 하지만 이것은 신비스러운 몸이라는 개념의 사회화와 정치화에 대한 전주곡에 불과했다. 왜냐하면 12세기 중반 이후에, 그전에는 축성된 성체를 서술하기 위한 성사 용어로 사용되었던 신비스러운 몸이 이제 교회로 전이되었기 때문이다. 예전의 관념을 둘러싸고 있던 신비스러운 힘과 열정은 기독교인들의 전체 사회와 그 권력 구조를 지탱하기 위해 동원되었다. 하나의 거룩한 교회Unam sanctam[세속 권력에 대한 교회의 수장권을 공언한 1302년 교황 보니파키우스 8세의 칙령 - 옮긴이]라는 교황의 교서에서 교회는 그 우두머리가 그리스도인 하나의 신비스러운 몸unum corpus mysticum cuius caput Christus으로 묘사되었던 것이다.

고전적인 정치사상은 긴밀하고 연대적인 성격을 정치 공동체에 부여하기는 했지만, 그렇다고 해서 정치 공동체를 신격神格을 둘러싸고 응집하는 신비적인 몸으로는 결코 개념화하지 않았다. 그러나 기독교는 메타-합리적인 신앙으로 결속된 비합리적이고 비공리주의적인 몸, 곧 구성원에 불어넣은 신비적인 정신이 주입된 몸으로서의 공동체 관념을 탄생시키는 데 이바지했다. 신비적인 정신은 각각의 참여자를 그리스도라는 중심에 연결했을 뿐만 아니라 각 구성원을 동료와 한데 엮어 내는 신성한 유대를 발산했다. 기독교적 공동체는 결사체라기보다는 정신의 융합, 곧 영적인 존재였던 것이다. 이 점은 아퀴나스의 언급에서 명백히 나타난다. 세례성사洗禮聖事를 인간이 교회적 통일체의 참여자가 되는 방법으로 규정한 후, 아퀴나스는 이 성사 중심의 사회가 지닌 본성을 이렇게 묘사했다.

> …… 생명은 오직 우두머리에 통합된 구성원들에게만 존재하며, 그들은 우두머리로부터 감각과 운동을 얻는다. 그렇기 때문에 인간은 필연적으로 세례성사에 의해 그리스도의 구성원의 한 사람으로서 그리스도와 하나가 된다. 다시 한 번 말하자면, 물질적인 두뇌로부터 구성원들이 감각과 운동을 얻는 것과 마찬가지로, 영적인 우두머리, 곧 그리스도로부터 구성원들은 진리에 대한 지식에 존재하는 영적인 감각 그리고 은총이라는 본능으로부터 귀결되는 영적인 운동을 얻는다.[104]

하지만 세속적인 논자들은 신비스러운 몸이라는 관념의 배후에 놓인 엄청난 감성적인 힘을 기민하게 감지했다. 13세기 중반에 이르러 한 논자는 인민을 "하나의 신비스러운 몸으로 결집한 인간들"*hominum collctio in unum corpus mysticum*이라고 규정했다. 영국인 포오테스큐John Fortescue 경과 같은 후일의 논자들은 인민이나 국가를 지칭하기 위해 신비스러운 몸*corpus mysticum*과 정치적인 몸*corpus politicum*이라는 구절을 무차별적으로 사용했다.[105] 이런 모종의 관념이 후일 공동체에 대한 루소의 개념화에서 재포착되기도 했다. 여기서도 구성원들은 그들을 가장 긴밀한 교류와 의존으로 결속시키고 전체의 독특한 정체성을 가능한 가장 예민한 용어로 표현하는 공동의 정신에 깊이 물들어 있었다. "교회 밖에는 구원이 없다"라는 고대 키프리아누스의 경구는 "혼자가 되자마자 인간은 아무것도 아니다"*sitôt quil est seul, il est nul*라는 루소의 격언에서 그 적절한 반향을 발견했다.[106] 시민사회의 구속을 수용하면서 각 개인은

> 자연으로부터 얻은 몇몇 이점을 상실하지만, 대신 다른 커다란 이점을 얻는다. 그의

재능은 단련되고 개발되며, 그의 생각은 폭이 넓어지고, 그의 감정은 고상해지며 또 그의 영혼이 전반적으로 고양된다. 따라서 만약 이 새로운 조건을 남용하여 인간이 벗어난 이전의 상태 이하로 스스로를 타락시키지만 않는다면, 그는 자기를 그것에서 영원히 해방시켜 준 이 순간, 어리석고 상상력도 빈곤한 일개 동물을 지적인 존재이 자 한 인간으로 만들어 준 이 행복한 순간을 길이 축복하게 될 것이다.107

구원적인 공동체에 대한 이런 관념과 그로부터 태어나는 '새로운 인간' 은 19세기의 낭만주의적·민족주의적 문헌에서 반복해서 출현했다. 명석한 논자들은 갈수록 비인간화되어 가는 대규모 사회의 고독함에 관해 목소리 를 높이면서, 긴밀한 친교에 대한 관념을 중점적으로 부각시켰는데, 그런 친교는 고도로 공리주의적인 정치 조직을 활기찬 공동체로, 무관심한 시민 을 열정적인 공동체 성원으로 바꿀 것이었다.

한 나라는 단일의 정부를 가져야 한다. 스스로를 연방주의자로 자처하는 정치인들은 …… 통일의 관념을 이해하지 못하고 …… 나라를 절단내 버릴 것이다. …… 인민 여러분이 여러분의 애정, 여러분의 기쁨, 여러분의 슬픔 그리고 여러분의 피로 창조 하고, 아름답게 꾸미고, 신성하게 한 것은 지방이나 국가가 아니라 도시이고 코뮌[지 방자치체 - 옮긴이]이다. …… 나라는 자유롭고 평등한 인간들이 노동의 형제적 단합 속에서 단일의 목적을 지향하며 결속된 동료 관계이다. …… 나라는 …… 사랑의 정 서, 곧 그 영토의 모든 아들을 한데 묶는 동료애이다.108

비록 신비적인 요소가 신자들의 사회에 응집력의 기본 요소를 공급했 지만, 그것은 민족주의가 그럴 수 없었던 것처럼 강제적 권력에 대한 합리 적인 이유를 제공할 수 없었다. 그러나 신비적인 요소는 구성원들이 권력 에 순응하는 대상이 되도록 그들의 세계관을 조형했다. 오직 한 가지 의미 에서 성사聖事를 통한 결속이 참여자들 사이에 평등을 창조했는데, 그것은 서로 간의 복종에서의 평등이었다. 다시 한 번 민족주의가 예견된다는 점은 인상적이다. 그리스도의 몸이 지닌 신비와 마찬가지로, 민족의 신비도 각 구성원이 다른 구성원의 입장에 반해서 권리 주장을 제기할 수 있는 평등을 용납할 수 없었다. 중세 교황 옹호론자들의 임무는 바로 평등한 복종을 함축하는 신비를 [정치적으로-옮긴이] 이용하는 것이었다. 그들은 가장 절묘한 방법으로 이를 달성했다. 세속 지배자에 대한 교회 및 교회를 다스리는 수장首長의 우월성을 확립하고자 그들은 신비적인 측면으로부터 몸 그 자체로 강조점을 이동시켰다. 다른 어떤 몸과 마찬가지로 교회 역시 지시하는 우두머리, 곧 전체에게 규칙적이고 합목적적인 운동을 부여하는 일차적인 동인이 필요했다.109 그리하여 아리스토텔레스의 물리학에 정치적 의미를 주입함으로써 교황을 옹호하는 논변은 이제 교회가 지닌 속성의 양 측면을 모두 이용할 수 있게 되었다. 신체적인 몸에 대한 비유가 우두머리로서 지시하는 교황의 지위를 옹호하는 논거를 제공한 반면, 신비스러운 몸이라는 관념은 신자 사회의 응집력과 통일성을 강조할 필요가 있을 때 이용될 수 있었다. 후자는 본질적으로 공동체를 옹호하는 논변이고, 전자는 권위와 권력을 옹호하는 논변이었다.

신비적인 공동체이자 동시에 권력의 구조이기도 한 사회에 대한 이런 관념은 아퀴나스의 성사에 대한 이론에서 강력히 시사되었다. 그는 모든 성사 가운데서 성체성사가 가장 중요하다고 주장했다. "성시의 핵심은 신비적인 몸의 통일성이며, 그것이 없다면 결코 구원이 있을 수 없다. 왜냐하면 교회 밖에서는 ⋯⋯ 구원에 들어가는 것이 불가능하기 때문이다." 그것은 사람들을 교회적 통일성으로 집결시키는 수단이었다. 왜냐하면 교회는 그 자체로 그리스도의 신비적인 몸과 동일한 것이기 때문이었다. "전체 교회의 공통적인 영적 재화는 실질적으로 성체성사 자체에 포함되어 있다."110

성체성사에 의해 준비되고 나아가 세례성사 및 견진성사堅振聖事로 강화된 공동체적 토대를 권력의 요소와 연결하는 일이 아퀴나스가 해결해야 할 과제였다. 그 과제는 신품성사神品聖事에 대한 그의 개념화에서 수행되었는데, 그 성사는 교회적 위계질서 내의 다양한 성직과 기능을 다루었다. 의미심장하게, 아퀴나스는 이 성사가 다른 무엇보다도 성체성사와 가장 긴밀하게 연결되어 있다고 주장했다. 위계적 질서는 "공동체 내의 분열"111에 대한 숭고한 처방, 곧 신비적인 통일성을 분열과 이단으로부터 보호하는 방부제였다. 따라서 위계적 질서는 권력을 요구했고, 교회 내의 성직은 권력의 다양한 등급에 관계되었다. "각 성직은 성사의 집행을 지시하는 권위의 등급에 있어서 한 인간을 다중보다 우위에 놓는다."112

논변의 정치적인 특질은 아퀴나스의 정치철학을 해석하는 데 있어서뿐만 아니라 종교적인 요소와 정치적인 요소의 혼합이 서구 전통에 미친 영향을 이해하는 데에서도 중요한 함의를 갖는다. 아퀴나스에 대한 대부분의 정치적 평자들은 12세기에 일어난 아리스토텔레스의 부활이 어떻게 그를 자극하여 정치적 질서가 인간의 타락에 근거를 두고 있다는 널리 보급된 기독교적 사상을 수정하는 데 영향을 미쳤는가라는 주제에 몰두했다. 비록 아퀴나스의 정치사상이 정치 공동체의 존엄성에 대한 고전적인 믿음을 기독교적 용어로 표현한 중요한 재진술을 담고 있다는 점을 부정할 수 없지만, 다른 한편 토마스주의적 체계에서 정치적 요소는 주로 정부와 관련된 사안을 다루는 부분에 국한되어 있다는 인상이 형성되어 왔다. 그러나 가장 인상적인 것은 정치적인 개념과 용어가 아퀴나스의 교회 이론에 침투한 정도—이 점은 그리 놀랍지 않다—일 뿐만 아니라 그것이 그의 신학에도 독특한 각인을 찍은 정도이다. 그가 신의 섭리의 본성, 천사의 지위, 교회 또는 성사 등 어느 것을 논하든 본질적으로 정치적인 범주가 반복적으로 출현했다. 가령 권위, 권력, 구성원됨, 공동체, 공동선, 법 및 군주적 지배 등을 그 예로 들 수 있다.

'정치적인 것'을 토마스주의의 전 체계에 걸쳐 편재遍在하도록 만든 일차적인 매체는 '질서'의 개념이었다. 이것은 존재의 영역을 조직화하는 데 있어서 개념적 중심이었다. 그것은 정치적 함의가 진하게 배어 있는 개념이기 때문에, 그 영역들 자체가 정치적 성격을 띠는 경향이 있었다. "하느님의 섭리는 만물에 질서를 부과하고, '존재하는 만물이 하느님에 의해 질서가 부여되었다'(『로마서』13장 1절)라는 사도들의 말에 담긴 진리를 드러낸다."113 "질서는 일차적으로 권력의 외연을 표시"하며, "권력은 엄격하게 말해 모종의 탁월함과 함께 적극적인 잠재력의 외연을 표시한다."114 신, 천사들, 교회, 인간, 자연 그리고 심지어 악마들도 일련의 통치되는 관계들에 연관되어 있었는데, 그 통치 관계들은 원대한 창조의 위계 내에서 각각의 독자적인 정체성을 명료하게 했다.

> ……하나의 위계는 하나의 군주국이다. 즉 한 통치자의 정부에서 한 가지 방식으로 질서order를 부여받은 하나의 다중이라는 것이다. 이제 그런 다중은 그 속에 상이한 종류의 등급order이 없으면 명령을 받지 못하고 혼란에 빠질 것이다. 그리하여 위계제의 속성은 다양한 등급을 요청한다. ……
> 그런데 한 도시가 그런 식으로 몇 가지 등급을 포함하고 있다 해도, 우리가 모든 각각의 다중이 시작과 중간 및 끝을 가지고 있다는 점을 고려할 때, 모든 등급은 세 가지로 환원될 수 있을 것이다. 그리하여 모든 도시에서는 인간의 세 가지 등급을 발견할 수 있다. ……동일한 방식으로 우리는 각각의 천사의 위계에서도 그들의 행위와 직책에 따라 구분되는 등급들이 있음을 발견한다. 그리고 이 모든 다양성은 세 가지로 환원된다. 곧 최상층, 중간층 그리고 토대가 그것이다.115

각각의 등급이 본질적으로 통치의 형태였기 때문에, 그것은 특정한 등급에 적합한 법률에 따라 전체에 규칙성과 지시된 움직임을 부여하기 위해 다스리는 우두머리를 필요로 했다.

> ……법은 말단에 행위를 지시하는 일종의 계획을 의미한다. 이제 서로에게 임명된

작동자movers가 있을 때면 언제나, 두 번째 작동자는 첫 번째 작동자에 의해 움직여지지 않으면 움직일 수 없기 때문에 두 번째 작동자의 권력은 첫 번째 작동자의 권력으로부터 도출되지 않을 수 없다. 그러므로 우리는 모든 통치하는 자들 속에서 동일한 것, 즉 정부의 계획은 이차적인 통치자들을 경유하여 우두머리 통치자로부터 도출된다는 점을 발견한다. 따라서 국가에서 무엇이 행해져야 하는가에 대한 계획은 왕의 명령으로부터 그의 하급 행정관리들에게 전달된다. 마찬가지로 기예와 같은 분야에서도 무엇이 행해져야 하는가에 대한 계획은 우두머리 장인으로부터 하급 장인으로 전달된다. …… 그렇다면 영구법은 최고 통치자의 통치에 대한 계획이기 때문에, 통치에 대한 하급 통치자의 모든 계획은 영구법에서 도출되어야 한다.116

구조화된 차이로 구성된 이런 위계제의 유지는, 각자가 적절한 말단에 지시를 내리는 것과 같은 권력을 요구했다. 올바른 질서에 대한 모델은 각각의 통치 수장ᵐ長이 준수하기 위해 존재했고, 모든 통치자의 과제는, 플라톤적 통치자가 그의 공동체의 '질료'에 형상을 부여하라고 지시받은 것과 마찬가지로, 모범적인 본을 그의 신민들에게 각인시키는 것이었다.117 플라톤적 수호자처럼, 사제 역시 영원한 이데아의 대행자로 봉사하는 한편 다른 이들의 복지를 향상시키기 위해 노력하는 헌신적인 도구가 되어야 했다. 하지만 한 가지 중요한 점에서 사제는 플라톤적 지배자와 크게 달랐고, 훨씬 더 강력했다. 즉 사제의 권력과 권위는 개인적인 장점이라는 불확실한 기반에 근거하고 있는 것이 아니라 서구에서 창설된 것 가운데 가장 지속적이고 강력한 제도의 견고한 기반 위에 기초하고 있었던 것이다. 중요한 것은 사제나 주교의 사적인 도덕적 성격이 아니라 오히려 제도화된 질서의 권위 있는 행위자로서 그들의 '공적인' 지위였다. 이런 직책이 지닌 본연의 권력과 존엄성은 어떤 개인적 결함도 그 기능이 지닌 구원의 능력을 훼손시킬 수 없는 그런 성질의 것이었다. 예를 들어, 죄가 있는 사제에 의해 수행된 미사는 선량한 사제에 의해 수행된 미사 못지않게 효과적이었다. 그가 행사하는 권력은 일신적인 것이 아니라 기능적인 것이기 때문이었다.118 좀 더 구체적으로, 사제와 주교의 권력은 대표자의 그것, 즉 다른 자의 자리에서 또는 다른 자를 대신해서 행사하도록 부여받은 권력이었다. 그러므로 주교가 교회라는 신비적인 몸에 의거해 활동할 때 그리스도를 대신해서 권력을 행사하는 한편, 사제는 성체성사를 집행함에 있어서 그리스도의 자리에서 행하는 것이었다.119 그것은 대표제의 이론이었으나, 그 제한된 유형이었다. 행위자의 책임은 더욱 높은 권위 그리고 궁극적으로는 진리의 형태에 대해 부담하는 것이었다. 교회의 성직자는 정치적 통치자와 마찬가지로, 그의 권위에 종속하는 자들의 선善, 그의 '관할 영역민들'의 선善을 증진시키기 위해 존재했다. 그러나 통치자의 경우와 달리 성직자의 권력이 행사되는 관할 영역은 단지 권위의 대상일 뿐 결코 권위의 원천이 될 수 없었다.

언어, 개념과 사고방식에 대한 이런 고찰은 기독교 시대 정치사상의 운명에 관해 이제껏 유지되어 온 통상적인 견해에 대한 근본적인 재고를 촉구한다. 이제껏 모든 학생은 중세적인 사고방식을 묘사하는 이원론적 목록을 암송해 왔다. 즉 '세속적인 것'과 '영적인 것', '자연'과 '은총', '신앙'과 '이성', '제국'과 '교회' 등이 그것이다. 이런 표어들이 정치적인 사안에 적용되면서 중세적 사고는 영적인 사안과 정치적인 사안을 명확히 구분함으로써 두 개의 대조적인 담론과 행위 영역을 창출했고, 그 두 영역이 나란히 병존하면서 때로 순전히 서로를 남용하고 오해할 목적으로 침범하기도 했다는 관념을 조장해 왔다. 다른 또 하나의 관념은 정치사상이 이 기간에 중요성을 상실하고, 단순히 학문의 새로운 여왕인 신학의 하녀가 되었다는 것이다. 이런 견해에 따르면 지위의 상실은 자동적으로 활력의 상실을 의미한다.

이처럼 단순한 그림에 따르면, 마키아벨리를 비롯한 이탈리아 르네상스 시기 논자들이 정치철학으로부터 모든 기독교적인 목표와 전제들을 배제함으로써 정치철학을 '구원했다'는 결론을 내리기 쉽다. 하지만 이런 결론은 중세 정치사상의 성격을 오해하는 것이고, 우리가 살펴볼 것처럼 마키아벨리가 성취한 혁명을 과소평가하는 것이다. 실제로 정치사상은 중세 시대 동안 성장했고 확장되었으며, 그 정치적 질은 무엇보다도 교황청과 세속적 논자들 사이의 장기간에 걸친 논쟁 기간에 교황 옹호론자들이 채용한 논변과 용어에서 역력히 입증되었다. 정치사상 및 법사상의 모든 주요 범주는 교회의 명분을 옹호하려는 노력과 함께 철저히 검토되었다. 가령 교황의 파생적인 권력이 갖는 정당성, 기독교 사회 내에서 지시하는 권위의 필수불가결성, 교황의 통치자적 지위가 갖는 범위 및 한계와 다양한 형태의 법률에 대한 통치자적 지위의 관계, 그리고 그 신민들에게 요구된 복종의 속성 등이 대표적이다. 우리가 당시의 방대한 논쟁을 읽으면서, 교황청의 논변이 순전히 정치적인 논변과 거의 구분되지 않는다는 결론을 피하기란 어렵다. 기독교적인 원천으로부터 도출된 일정한 중요 전제들을 제외한다면, 명제와 결론은 그것들을 특유하게 종교적이거나 기독교적인 것으로 취급할 것을 정당화하는 요소들을 거의 담고 있지 않다. 이런 지적은 그런 논변들에 담긴 미묘함이나 심원함을 경시하려는 것이 아니라, 다만 그것들이 지닌 강력한 정치적 성격을 강조하려는 것이다. 결과적으로 황제와 일국의 군주들이 교황의 주장에 도전했을 때, 그 상황은 세속 지배자들과 그들을 옹호하는 논자들이 '정치적' 입장을 방어하고자 '정치적' 이론을 제기한 반면, 교황 옹호론자들은 그런 주장에 맞서 계시된 종교의 신비로부터 이끌어 낸 비전秘傳의 논변을 제시한 그런 상황으로 비유될 성질의 것이 아니다.

실제적으로 그것은 논적으로부터 종교적인 관념을 빌려 와서 종종 열정적으로 그 명분을 보강하고자 추구했던 하나의 정치 이론이, 사고와 구조에서 깊숙이 정치화되었으면서도 여전히 조직화된 종교의 이름으로 논변을 펼치는 또 다른 정치 이론과 대치하는 그런 상황이었다. 예를 들어,

교황 옹호론자들이 제기한 근본적인 주장들 가운데 하나는 통치가 정치적 질서의 독점물이 아니라는 것이었다. 그 주장은 종종 하급자는 상급자에 의해 통치되어야 한다는 식으로 표현되었다. 하지만 14세기 교황 옹호론자인 로마누스Aegidius Romanus의 다음과 같은 언급이 명백히 보여 주듯이, 중요한 논점은 수세기에 걸친 사고와 경험이 자연스럽게 만든 그런 가정, 즉 교회와 정치적 통치 양식regime이라는 두 개의 질서는 둘 다 통치의 질서이기 때문에 유용하게 비교될 수 있다는 가정이었다.

> 열등한 몸은 …… 우월한 몸을 통해, 더욱 조잡한 것은 더욱 미묘한 것을 통해, 덜 강력한 것은 더욱 강력한 것을 통해 …… 통치된다. 그리고 우리가 우주의 질서와 통치에서 보는 것을 우리는 공영체의 통치와 전체 기독교 인민의 통치에 복제해야 한다. 왜냐하면 세계의 전체 기제에 대한 보편적인 지배자인 동일한 하느님이 그의 교회와 그를 믿는 자들의 특별한 통치자이기도 하기 때문이다.[120]

우리는 기독교적 학문이 정치사상의 전통을 말살시키기보다는 소생시켰다고 말함으로써 교회와 정치의 만남에 대한 지금까지의 논의를 요약할 수 있다. 곧 은총은 정치적인 지식을 폐지하지 않고, 도리어 완성한다gratia non tollit scientiam politicam sed perficit. 이런 사태 발전이 보여 주는 최고의 아이러니는 그것이 신학에 대한 예속으로부터 정치 이론을 해방하는 길을 준비하는 데 일조했다는 것이다. 왜냐하면 비록 종교적인 범주들이 고도로 정치화되기는 했지만, 그 역이 정치 이론에 대해 성립하는 것은 아니었기 때문이다. 아퀴나스의 정치사상이 보여 주듯이 기독교 논자들은 대개 정치 이론의 전통적인 개념들을 독특한 기독교적 목표를 위해 복무하도록 하는 데 만족하고 개념들 자체의 내용을 파괴하지는 않았던 것이다. 예를 들어, 비록 정치적 질서가 최고의 선을 달성할 수는 없다고 하더라도, 정치적 질서는 더욱 높은 지상地上의 선을 얻는 데 필수적인 것으로 선언되었다. 그러나 고전적인 정치사상이 정치 질서의 관념에 인류로 하여금 모종의 초인적인 선善을 준비하는 지위를 부여한 적이 결코 없었던 만큼, 사상의 범주들은 그대로 유지될 수 있었고, 기본적인 문제는 고전적인 관념들이 더는 유효하지 않은 지점들을 고수하는 데서 발생했다.

전통적인 정치사상이 본질적으로 정치적인 현상을 설명하는 데 사용된 만큼 그것이 보존된 것과 동시에, 신학적인 범주들은 갈수록 정치적인 관념들에 의해 감염되어 갔다. 정치적인 관념들로 '인간 본성'은 물론 은총까지도 설명하도록 압박을 받았던 것이다. 이제 신학이 그 정치성에 굴복하여 타협을 하게 되고 고유의 정치 이론이 대체로 훼손되지 않고 남은 그런 상황에서, 중세의 논자들이 세속적인 영역에 대한 영적 영역의 우월성을 주장하고자 하는 시도—기독교적 공리와 완벽히 조화되는 시도—가 정치 이론의 지위에 관한 한, 의도한 것과 정반대되는 결과를 산출했다는 점은 놀라운 일이 아니다. 혹자는 세속적인 권위에 대해 성직자의 권위가 지닌 우월성을 주장하는 것이 또한 신학 아래로 정치 이론을 침잠시켜, 궁극적으로 정치적인 사안들을 흐리게 하는 것으로 귀결되었을 것이라고 마땅히 예상할 법도 하다. 하지만 그 대신, 정치 이론의 정체성과 그 주제의 순수성integrity은 더욱 명료하게 드러났다. 영적이라고 공언하지만 사실은 정치적으로 고도로 정교화된 관점이 정치적인 것과 종교적인 것의 구분을 날카롭게 긋고자 시도할 때, 그것은 정치적인 것을 종교적인 것에 종속시키는 데 성공하는 것이 아니라—설사 성공한다 해도 그것은 기껏해야 단기적인 성취일 수밖에 없다—, 정치적인 것의 정체성을 보존하는 데 성공할 뿐이다. 아퀴나스가 그런 것처럼 정치 질서의 필수적인 역할을 강조함에 있어서, 정치 질서를 지배하는 독특한 법, 그것이 봉사하는 유일한 공동선 및 그 삶에 적절한 유형의 신중함을 정의하고자 하는 시도는 값비싼 대가를 지불해야 했던 것이다. 비록 그 [대가의-옮긴이] 조건이 몇 세기 동안 제대로 드러나지는 않지만 말이다. 아퀴나스는 정치적 질서가 누린 예전의 평가를 복원했을 뿐만 아니라 정치적 질서에 그것이 수세기 동안 결여하고 있었던 엄밀한 정체성, 명료한 속성을 부여했다. '정치적인 것'은 창조의 드높은 건축물에 의해 포위될 수 있었지만, 삼켜지지는 않았다. 창조 그 자체가 구조, 복합체, 규칙화된 절차와 통치하는 권위로 구성된 제도화된 질서였던 것이다. 이 점에서 아퀴나스는 기독교의 등장과 거의 때를 같이해 점진적으로 성숙해 온 오랜 발전을 마무리한 데 불과했다. 그렇게 할 의도는 없었지만, 기독교는 인간들에게 정치적으로 사고할 것을 다시 한 번 가르친 셈이 되었다. 이런 과정이 정치적 질서의 정체성에 대한 점증하는 인식을 수반했을 때, 비로소 마키아벨리가 정치적 질서의 근본적인 자율성을 재주장할 수 있는 길이 준비되었다.

마키아벨리에 대한 논의로 들어가기 전에 정치에 대해 독특한 종교적인 관점을 수립하고자 최후까지 지속된 시도를 검토하는 것이 필요하다. 프로테스탄트 종교개혁은 이런 연구와 관련하여 몇 가지 점에서 중요한 위상을 차지하고 있다. 그것은 루터Martin Luther에 의해 종교적 사유를 탈정치화하기 위한 시도로 출발했지만, 칼빈에 의해 종교에 정치적 요소를 재도입하는 것으로 귀결되었다. 종교개혁은 교회적 정체政體, 곧 중세의 교회에 대한 공격으로 시작되었지만, 제도주의에 대해 강한 적대감을 표출하는 단계를 거쳐, 제네바에서 화강암과 같이 단단한 전당을 건설함으로써 귀결되었다. 종교개혁은 '예민한 양심'[기독교의 가르침을 엄격하게 준수하려는 양심을 지칭한다─옮긴이]을 발명했는데, 그것은 적어도 두 세기 동안 서구 사회를 뒤흔들 것이었다. 그러고 나서 종교개혁은 그 자신의 산물을 제어할 수 있는 기율을 열광적으로 추구했다. 종교개혁은 종종 정치사회로부터 초연한 영적인 왕국의 교리를 설파했지만, 낡은 사회에 부과될 '새로운 예루살렘'이라는 유혹적인 비전에 굴복하곤 했다.

제5장

루터 : 신학적인 것과 정치적인 것

모든 어휘는 그것이 본래의 맥락에서 다른 맥락으로 옮겨질 때 새롭게 된다. …… 천국에 올라갔을 때 우리는 하느님 앞에서 새로운 언어로 말해야 한다. …… 지상에 있을 때 우리는 우리 자신의 언어로 말해야 한다. …… 왜냐하면 신성에 관해서 말할 때 우리는 정치에 관해서 말할 때와는 전적으로 다르게 말해야 한다는 구분을 주의 깊게 새겨야 하기 때문이다. ─ 루터

1. 정치 신학

신학과 철학에서 중세 정신은 복잡한 구별을 내리는 것을 즐겼다. 이후 시대는 그것에 대해 감탄하면서도 동시에 귀찮게도 여겼다. 감탄스럽게 여겼던 것은 그렇게 해서 발달한 분석적 정교함 때문이었고, 귀찮게 여겼던 것은 거기에서 논의된 주제가 일견 하찮은 것이기 때문이었다. 이런 구별 짓기는 많은 근대인을 매료시키는 것이기도 하다. 그런 취향과 관련하여 무엇보다도 인상적인 것은 대부분의 중세 사상가들이 물질과 정신, 본질과 속성, 신앙과 이성, 영성과 세속성 사이의 깔끔하고도 명쾌한 구분을 주장하면서도, 그것들 사이의 연결 조직을 회복이 불가능할 정도로 해체하지는 않았다는 점이다. 사물은 분명하게 정의될 수도 있었고 분석적으로 구별될

수도 있었다. 하지만 그런 사실이 통일성이 결여된 증거로 간주되지는 않았다. 불연속성을 신뢰하지 않던 시대에 정체성은 아무리 독특한 것일지라도 결코 고립이나 자율을 의미하지 않았던 것이다.

이런 맥락을 고려하여 중세사 학자들은 '교회'와 '국가'와 같은 근대의 대립물들을 중세의 사고 속에 집어넣어 독해하는 것을 경고해 왔다. 대부분의 중세 사상가들은 세속 통치와 성직자 지배가 기독교 국가 내에서 상호 보완적인 관할 영역을 형성한다고 가정했다. 그러나 성직자에 대한 과세나 주교의 서임과 같은 문제를 둘러싸고 진행되었던 교황청과 세속 지배자들 사이의 분쟁은, 기본적인 가치와 전제에 대한 합의가 일단 형성되면 그런 합의의 존재 자체로 말미암아 격렬한 갈등의 가능성이 소멸한다고 믿는 사람들을 당혹스럽게 했을 것이다. 중세의 경험으로부터 혹자는 각 당파가 권위와 진리에 대한 동일한 상징을 서로 장악하려고 시도할 때에 오히려 분쟁이 더 격렬해지는 경향이 있다고 쉽게 결론을 내릴 수도 있다. 즉 공통의 지반과 투쟁의 지반은 호환성互換性이 있다는 것이다.

앞 장에서의 논의로부터 우리는 종교와 정치 문제에 대한 중세적 접근을 조형한 공통된 세계관의 위력이 일련의 종교적인 믿음과 습관은 물론 더욱 많은 것에서 도출되었다는 점을 알 수 있다. 그 세계관은 또한 정치적인 개념들과 종교적인 개념들이 상호 영향을 미치는 방식에 의해서도 뒷받침되었다. 이는 정치적인 것과 종교적인 것이 정교하게 얽혀 있는 중세의 생활 실상을 충실하게 반영한 것이었다. 하지만 중세 말기 무렵에 제기된 커다란 쟁점은 민족적 특수주의가 기독교 세계라는 보편 사회의 전제를 완전히 뒤흔들어 버린 세상에서, 이처럼 혼합되고 상호 의존적인 [중세적 - 옮긴이] 사유 방식이 처하게 된 운명과 관련된 것이었다. 종교사상과 정치사상 간에 이루어졌던 동맹의 종언은 14세기의 인물인 마르실리우스Marsilius of Padua에게서도 예시豫示되었다. 그는 [『평화의 수호자』Defensor Pacis라는 - 옮긴이] 글의 서장[말미 – 옮긴이]에서 법률의 "작용인"*에 대해서 논하겠다고 밝히고 있는데, 이보다 무엇이 더 중세적일 수 있었겠는가? 하지만 논조는 급변하고, 마르실리우스는 인간의 의지 외에 다른 어떤 행위자에 의한 법의 제정도 다루지 않겠다고 선언한다. 다시 말해 그는 원초적 입법자로서의 신의 역할에 관심이 없다는 것이다. "나는 오직 인간 정신의 결정에서 직접 도출된 법률과 정부의 수립만을 다룰 것이다."¹ 그러나 마르실리우스는 비록 많은 부분에서 매우 급진적이었지만 여전히 중세적 세계관의 흔적들을 많이 보유하고 있었다. 그러므로 정치 조직이라는 실제 공간에서 발생한 것들에 비견될 만한, 그리고 그것을 반영하는 정치적 사유에서의 혁명을 발견하기 위해 우리가 눈을 돌려야 할 시대는 16세기이다.² 프로테스탄티즘과 인문주의라는 두 개의 커다란 충격 속에서 우리는 중세의 정신에 의해 성취된 공통된 세계관을 해체하는 생동하는 지성의 힘을 발견하게 된다. 각자는 각자의 방식으로 그 정향에 있어서 좀 더 자율적이며 좀 더 민족적인 정치 이론을 지향하는 작업을 수행했다. 한편으로 루터와 초기 프로테스탄트 개혁가들의 공헌이 종교를 탈정치화하는 것이었다면, 다른 한편으로 마키아

---

* [옮긴이] 작용인(efficient cause)은 아리스토텔레스가 인과관계를 논할 때 제시한 네 가지 원인 —나머지 원인은 질료인(material cause), 형상인(formal cause), 목적인(final cause)이다—가운데 하나로 통상적인 인과율의 원인 개념에 가깝다. 중세의 사유 방식은 원인과 결과의 무한한 연쇄를 강조했기 때문에 작용인은 결코 최종적인 원인으로 인식되지 않았다. 예를 들어 아퀴나스는 『신학대전』(Summa Theologiae)에서 신의 존재를 증명할 때 작용인의 이런 성격에 의존한다. 무수한 작용인들 중에서도 최초의 원인을 찾지 못한다면 그것은 결국 최초의 원인으로서 신이 존재함을 증명한다는 것이다. 즉 중세에서 작용인에 대한 사유는 최종적인 원인으로서 신에 대한 사유와 분리되지 않았다. 중세에서 법에 대한 인식도 이런 사유 방식에 기초하고 있었다. 중세에서 법이란 인간 행동의 옳고 그름의 기준을 의미하고 모든 법의 기준의 근원을 신으로부터 도출했다. 마르실리우스 역시 여느 중세인처럼 모든 법의 궁극적인 근원이 신에서 나옴을 인정했으며, 『평화의 수호자』(Defensor Pacis)의 서장 끝 부분의 언급은 이런 중세적 사유의 흔적을 보여 주고 있다. 그러나 마르실리우스는 인간 사회에서 인간의 행위를 규정하는 법의 근원을 인간에게서 찾고자 했다는 점에서 중세를 넘어서는 급진성을 보인다.

벨리와 이탈리아 인문주의자들은 정치를 탈신학화하려는 작업을 수행했다. 양측은 모두 민족적 특수주의라는 대의에 봉사했던 것이다.

2. 루터 사상의 정치적 요소

종교적 사유 방식에서 정치적 요소들을 떼어 내려는 충동의 궁극적인 기원은 "완전한 자유를 가르치는 하느님의 말씀이 의당 구속되어서는 안 되고, 또 사실상 그래서도 안 된다"라는 루터의 열정적 믿음에 있었다.3 종교적 체험 속에서 '진정한' 것을 추구했고, 이로 말미암아 그는 자신이 종교적인 진정성의 두 가지 주된 적으로 간주한 것에 단호히 반대했다. 그것은 바로 위계적으로 조직된 중세 교회의 권력 구조와 그에 못지않게 복잡한 중세 신학의 정교함이었다. 두 영역에서 루터의 기본적인 주장은 단순화를 지향하는 것이었다. 즉 순수한 진리는 오랜 시간에 걸쳐 축적된 인간이 만든 복잡함을 벗어던짐으로써 발견되어야 했다. 이와 같은 "단순화 명령"이 지닌 특징은 혼인법의 혼란스러운 상태에 대한 루터의 공격에서 잘 드러났다.

> ······ 교회의 온갖 관행들이 유해하고, 무지하며, 반종교적이고 인위적인 법령들 때문에 방해받고 있으며, 얽매여 있고, 위기에 처해 있다. 인간이 만든 법 전부가 그 위상이 무엇이건 간에 일거에 폐지되지 않는 한 [교회의 관행들이 - 옮긴이] 치유될 가망은 없다. 우리가 복음의 자유를 회복했다면, 우리는 모든 면에서 그것에 따라 판단하고 다스려야 한다.4

큰 틀에서 봤을 때 루터의 주장은 교리와 의례에 관해서 초기 교회의 순수함으로 돌아가는 것 이상을 의미했다. 루터의 주된 공격 대상은 교회 중심주의와 스콜라 철학이었다. 그것은 종교적 삶에 강한 정치적 흔적을 남긴 교회 구조의 위계적인 원칙과 세속적인 관여에 반대하는 것이었으며, 또한 정치적으로 물든 사유 방식에 반대하는 것이었다. 교리와 교회의 본성에 대한 생각을 발전시키면서 루터는 결과적으로 이 두 주제 속에서 정치적인 요소들을 줄이는 방향으로 점차 나아갔다. 마침내 그는 정치적인 범주들이 대체로 제거된 종교적인 용어들을 만들어 내는 데 성공했다.5 하지만 역설적이게도 바로 이처럼 탈정치화된 종교적 사유가 후일 정치사상 발전에 심대한 영향을 미치게 된다. 반면에 가톨릭주의의 훨씬 더 정치적인 공식들은, 그것이 적대적 방식으로 미친 영향을 제외하면, 정치사상의 발전에 별다른 영향을 미치지 못했다.

정치사상사에서 루터의 중요성은 정치 신학에 대한 그의 공격에 그치지 않는다. 그는 권위, 복종, 정치 질서 등과 관련된 중요한 정치적 관념들을 정교화하기도 했다. 그것들은 루터의 정치적인 관념들이 그의 종교적 신념을 독특한 방식으로 전제하고 있다고 결론지을 수 있을 정도로 루터의 종교적 신념과 밀접하게 관련되어 있다. 그렇다고 해서 루터의 정치적인 관념들이 그의 종교적 전제들로부터 논리적으로 연역될 수 있다거나 양자가 하나의 통합된 체계 속의 각각 다른 부분을 구성한다는 것은 아니다. 오히려 교회로부터 제거한 권력과 정치적인 본을 세속 정부에 대한 개념화 과정에서 그가 다시금 주장하지 않으면 안 되었다는 의미에서, 그의 신학이 그의 정치적인 관념들을 '먹여 살렸다'는 것이다. 더 간단히 말하자면, 루터의 정치적 권위주의는 그의 종교적 사유에 내재한 반정치적, 반권위주의적 경향의 산물이었다는 것이다. 그의 정치사상의 모양새는 상당 부분 신학적 교리의 재구축이라는 기본적인 목적에 의해서 결정되었다. 하지만 우리가 이미 주목했듯이, 이런 재구축의 노력에 수반되었던 비판적 파괴의 결과 가운데 하나는 종교적인 범주들을 탈정치화하는 것이었다. 이것은 신학에 지대한 영향을 끼쳤을 뿐만 아니라, 또한 중요한 정치적 반향을 일으켰다. 교리와 교회론에 관련된 사안에서 거부되었던 정치적 요소들이 이제는 정치사상의 관심사와 훨씬 더 완전하게 일체화될 수 있었다. 비록 루터가 이런 사태를 의도하지는 않았지만 그 영향은 심원한 것이었다. 정치사상의 자율성을 위한 필수적인 전제 조건은 정치사상이 더욱더 진정으로 '정치적'이 되는 것이었기 때문이다. 이런 전개가 동일한 방향[종교의 탈정치화-옮긴이]을 지향하는 루터의 실천적 행위와 함께 이루어졌다는 사실은 정치사상의 독립성이 단순히 이론적인 관심사 이상의 것과 관련되어 있다는 점을 명백하게 보여 준다. 중세 신학과 철학의 틀이 제거됨으로써 생겨난 정치사상의 자율성은 중세 교회 제도들의 제약에 의해서 더는 방해받지 않게 된 민족적 정치권력의 자율성과 나란히 나아가게 되었다.

이 문제들을 다루기 전에 우선 해결되어야만 하는 난제가 하나 있다. 몇몇 논평자들은 루터의 사상이 시종일관 오로지 종교적인 관심에 의해 동기가 부여되었으며, 따라서 그의 세계관이 근본적으로 비정치적이었다고 주장했다. 근래의 어느 저자의 언급에 따르면, 루터는 "무엇보다도 신학자이자 설교자였다." 따라서 "그는 결코 일관된 정치철학을 발전시키지 않았으며, 서유럽에서 진행된 국민국가 형성의 바탕에 깔린 이론들을 거의 알지 못했다."[6] 루터의 사상 속에 담긴 신학적인 요소들의 우선성을 부정하는 것은 무모한 일이겠지만, 그렇다고 해서 정치가 [루터에게-옮긴이] 생소한 관심사였다고 결론짓는 것은 잘못이다. 루터 스스로는 자기 자신의 날카로운 정치적 통찰력에 대해 그처럼 겸허한 시각을 가지고 있지 않았다. 그는 자신의 저술이 나오기 전에는 "어느 누구도 세속적인 정부가 언제 생겼는지, 세속적인 정부의 직무는 무엇인지, 또는 세속적인 정부는 하느님을 어떻게 섬겨야 하는지를 가르친 적이 없었고, 들은 적도 없었으며, 또 알지도 못했다"[7]라고 선언했던 것이다. 이런 과장된 논조 아래에 깔린 것은 종교개혁가가 정치적인 숙고를 하지 않을 수 없다는 암묵적인 가정이었다. 당시 종교와 정치가 비정상적일 정도로 긴밀하게 상호 결합되어 있었다는 사실이 그로 하여금 정치에 대해서 생각하게끔 했으며, 심지어 종교적인 사안에 관해서도 정치적으로 사고하도록 강요했다. 정치적인 고려를 전적으로 도외시하고 종교개혁을 수행할 수 없다는 점을 루터는 이해했다. 그 점은 후일 그가 겪게 될 수많은 난관의 원천이었지만, 동시에 그의 탁월한 통찰력을 보여 주는 대목이기도 했다. 바로 이런 교훈을 많은 종파주의자들은 간과했기 때문에 커다란 대가를 치르지 않을 수 없었다. 루터의 정치사상이 안고 있는 문제점들은 정치에 대한 [루터의-옮긴이] 지나친 무관심의 산물이 아니라, 정치에 대한 경멸적인 관심과 열광적인 관심 사이에서 오락가락하면서 때로는 양자를 결합하기도 하는 루터의 정치적 태도가 지닌 '분열적인' 성격에서 비롯된 것이었다.

비록 16세기에 정치와 종교가 역사적으로 얽혀 있었다는 사실이 결코 적지 않을 정도로 루터의 정치의식에 영향을 끼쳤지만, 훨씬 더 커다란 영향력을 행사한 변수는 그가 공격했던 종교 제도들의 본성에 있었다. 1520년에 그가 제기한 위대한 반反교황적인 논박은 교회 제도에 맞선 것이었는데, 이 교회 제도가 16세기에는 조직화된 권력의 전형이었다. 따라서 교황권의 속성은 정치적인 어휘로 표현된 비난을 불러일으켰다. 그리고 교황권에 대한 정치적인 비난을 전개하는 단계에서 루터의 교회론은 중요한 정치적 요소들을 보유하고 있었다. 1520년에 쓰인 그의 저술들은 그 쟁점이 교회 정체가 지닌 권력 문제를 포함한다는 것을 그가 분명히 인식하고 있다는 인상적인 증거를 제공해 준다. 무엇보다도 그가 사용한 용어는 정치적인 함의가 풍부한 관용구들과 비유들로 가득 차 있었다. 루터는 사제들이 성사聖事를 집전하는 것이 성사에 대한 신자들의 충분한 참여의 "권리"*ius*를 부정한다는 점에서 "폭압적"*tyrannicum*이라고 공격했다. 교황제는 "로마의 폭정"*Romanam tyrannidem*, "로마의 독재"*Romana tyrannis*라고 비난받았다. 기독교인들은 거기에 "동의하기를 거부"해야 했다. 다음으로 "기독교인으로서 우리의 숭고한 자유"를 회복해야 한다는 요구가 제기되었다. "각자는 성사를 청하고 받는 데 있어서 자유롭게 선택할 수 있어야 한다. …… 폭군은 전제를 행하며 우리에게 오로지 한 가지만을 받아들이도록 강요한다."[8]

루터가 교황청이 자의적으로 새로운 신앙 조항과 의례를 제정했다고 하면서 교황제를 교회에 의한 폭정이라고 계속 비난함에 따라, 그의 정치적 어조는 더욱 명료해졌다. 교황제의 권위가 도전받았을 때, 교황청은 교황의 권력이 그 어떤 법률에 의해서도 구속되지 않는다는 주장으로 도피했다. 또한 세속에 대한 교황의 권리 주장은 교회의 영적인 사명을 위험에 빠지게 했을 뿐만 아니라, 세속적인 관할 영역과 영적인 관할 영역을 혼란스럽게 함으로써 또한 세속적 권위의 효율성도 손상시켰다.[9] 교황들은 세속 권력을 찬탈하면서 그것이 마치 그들의 영적인 사명인 것처럼 위장해 세속에 대한 권리를 주장했고, 동시에 영적인 책임들을 정치적으로 다룸으로써 자신들의 영적인 책임을 왜곡했다. 후자와 관련해서, 면죄부 판매, 성직 취임세, 교황청 관료들의 증가, 그리고 성직 임명에 대한 통제 등이 종교적인 고려에서가 아니라, 교황청의 정치적 권력 증대를 목적으로 삼아 이루어졌다. 교황은 "주교가 되기를" 그만두고 "독재자가 되었다."[10]

논쟁을 시작한 초기에만 해도 루터는 그 토대를 개혁한다면 교황제의 지속도 받아들일 태세가 되어 있었다. 그의 비판은 몇 가지 전제들, 곧 종교와 정치가 그리스도인들의 공동체*corpus christianum* 안에서 두 개의 구별되는 영역을 구성하며, 각각의 영역은 그 영역을 다스릴 고유한 형태의 권위를 필요로 하고, 지배형태는 종교적인 유형일 수도 있고 정치적인 유형일 수도 있겠지만, 두 가지 모두여서는 안 된다는 전제 위에 세워져 있었다. 비록 이 두 영역이 구별되었지만, 교황제의 개혁을 위한 루터의 구상도 그것이 기본적으로 교회에 대한 입헌적 통치를 요구하고 있었다는 점에서, 그리고 공의회주의적 발상*에 적지 않게 의존하고 있었다는 점에서 강한 정치적 색채를 띠고 있었다.[11] 교황은 전제군주의 역할에서 입헌군주의 역할로 바뀌어야 했다. 이후로 교황의 권력은 기독교의 근본 원칙들에 의해서 구속되어야 했으며, 교황은 더 이상 신앙에 관한 새로운 조항들을 제정할 수 없었다. 따라서 성서에 담겨 있는 가르침들이 기본법과 마찬가지로 동일하게 준수되어야 했으며, 그것은 교황의 권력을 제한하는 교리적 헌법의 기능을 수행했다.[12] 루터는 교황의 주장, 곧 그 같은 제도적인 조치는 부정한 손이 신성한 제도에 간섭하는 것을 허용하는 것이므로 신성모독에 해당한다는 주장에 대해 교황 제도 자체도 인간이 만든 것이므로 얼마든지 개선할 수 있다고 응수했다.

　　루터의 주장에 담긴 정치적인 요소는 자신이 지닌 권위의 한계를 인정지 않으려는 교황에 대처하기 위해 내린 처방에서 더욱 두드러지게 나타났

---

* [옮긴이] 공의회주의는 공의회의 결의가 교황권보다 우위에 있다고 주장하는 학설로 공의회우위설이라고도 한다. 좀 더 구체적으로 교황청 중앙 집권주의와 보편 교회 사이에 분열이 일어났던 14세기 무렵부터 교회의 위계적인 구조를 민주적인 구조로 바꾸려 했던 움직임을 말한다. 14세기 경 교황권과 황제권의 대결에서 프랑스 황제는 교황 반대자들을 결집하여 교황수위권을 부정하고 교회의 위계적 질서를 비판하면서 교회 내의 권력을 평신도에게 돌려줘야 한다고 주장했다. 그리고 교황·주교·신부도 그리스도로부터 그 직책을 받은 것은 아니라 일반 공의회로 대표되는 신자단의 위촉으로 직무를 집행하는 것일 따름이라며 교황청을 공격했다. 이 이론에 따르면 필요할 경우 교황을 폐위시킬 수도 있었다. 공의회주의의 가장 과격한 형태는 교황의 신적 기원을 부정한 마르실리우스와 교황이나 일개 공의회가 아닌 전체 교회만이 신앙의 오류에서 벗어날 수 있다고 주장한 오컴의 저술에서 나타났다. 이처럼 급진적인 이론은 이후 종교개혁을 불러온 요인 가운데 하나가 되었다. 교황 에우제니오 4세(Pope Eugene IV)는 바젤 공의회 이후 공의회주의자들을 누르고 교황권을 재확립했으나, 반대 세력이 소생할 것을 두려워하여 공의회 개최를 기피했다. 이로 말미암아 종교개혁이 일어났을 때 일정한 개혁을 시도할 수 있는 공의회를 적시에 개최하지 못하게 되었고, 이는 종교개혁의 급진성을 부추기는 결과를 낳았다.

다. 만약 교황이 계속해서 성서의 명백한 명령을 어긴다면, 그때에 기독교인들에게는 성서라는 기본법을 따르고 교황의 명령을 무시할 의무가 있었다.[13] 이것이 성서의 가르침에 어긋나는 것을 명령하는 세속 지배자에 대해서 후일 루터가 취한 입장과 동일한 것이라는 사실을 추가적으로 언급할 필요가 있다. 하지만 한 가지 특별한 점에서 루터는 세속 지배자에 대항해서 그가 제안한 어떤 조치들보다 더 과감한 조치를 [교황에 대항해서—옮긴이] 권고할 준비가 되어 있었다. 성서적이기보다는 좀 더 정치적인 논변을 통해 루터는 교황권에 대해 강제력을 동원해서라도 저항할 수 있다고 주장했다. "교회는 좀 더 큰 선을 이루는 것 외의 일에 그 어떤 권위도 가지고 있지 않다." 만약 교황이 개혁을 가로막으려 한다면, 그때에 "우리는 몸과 마음을 바쳐서, 그리고 전력을 다해서 그 권력에 저항해야 한다."[14]

비록 루터가 이러저러한 좀 더 급진적인 권고들을 나중에는 철회했지만,[15] 그의 사상의 정치적인 요소는 개혁을 향한 모든 노력이 교황에 의해 봉쇄되는 극단적인 상황에 대한 처방에서 정점에 도달했다. 세속적인 권위가 개혁의 과정을 주도할 권한과 책임을 가졌다는 것이다.

> 따라서 필요할 때에, 그리고 교황이 기독교인의 안녕을 해칠 때에, 전체 기독교 공동체의 진정한 구성원이라면 누구든 가능한 한 빨리 진정으로 자유로운 공의회를 구성하는 조치를 취하도록 하라. 공의회를 구성하는 일을 어느 누구도 세속적인 권위만큼 잘할 수는 없다. 그 이유는 그들이 특히 우리의 동료 기독교인이자 동료 사제이고, 우리만큼 경건하고, 또 모든 면에서 우리와 비슷한 권위를 지니고 있기 때문이다.[16]

이 시기 루터의 글에는 여전히 신랄함이 배어 있었지만, 공의회주의자들의 논변에 의존하면서 그 혁명성은 희석되었다. 그는 교황제의 순수성 회복을 위해 세속의 주도와 공의회주의적 개혁을 결합시키고자 했다. 루터는 교황의 수위권首位權 대신에 교회가 완전한 사회societas perfecta, 곧 구성원들의 공통의 영적 생활을 조율할 고유의 권위, 통치 및 절차를 가진 자족적인 사회라는 공의회주의자들의 오래된 관념에 부분적으로 의존했다. 본질적으로 아리스토텔레스적이고 정치적인 이 관념에 따르면, 교회는 자신을 괴롭히는 그 어떤 질병이나 불평을 치료하는 데 필요한 자원을 자기 자신 안에 가지고 있었다.

이런 공의회주의적 논변은 세속적인 권위에 대한 의존과 제도에 대한 불신이라는 루터 사상의 두 가지 참신한 측면을 모호하게 했다. 루터가 개혁의 주체로서 교회 공의회에 희망을 거는 한, 세속 지배자의 중요성은 부차적인 것으로 축소되었다. 하지만 일단 이 개혁의 수단이 봉쇄되었을 때, 자동적으로 선택은 세속 지배자로 좁혀졌다. 이 단계에 이르렀을 때, 교회가 완전한 사회라는 관념은 추락하게 되었고, 영적인 삶의 부활은 이제 외부의 행위자에 의해 좌우될 일로 여겨지게 되었다. 달리 말하면, 루터의 교회가 개념상 덜 정치적이 될수록, 세속적인 권위에 대한 의존이라는 점에서는 갈수록 정치적이 되었다.

루터가 공의회주의적 입장을 고수하는 한, 그리고 그가 교황제의 유용함을 어느 정도 인정하는 한, 교회에 대한 그의 이론이 지닌 혁명성은 약화될 것이었다. 하지만 일단 그가 교황 및 공의회와 관계를 끊는다면, '모든 신자가 사제'라는 교리가 핵심적인 중요성을 갖게 될 것이었고, 루터의 교회관은 더욱 분명해질 것이었다. 이런 두 가지 논리 전개, 즉 세속 지배자에 대한 의존과 루터의 교회에 대한 관념은 변증법적으로 상호 연결되어 있었다. 이는 루터가 종교적인 체험 속에서 '진정한 것'을 추구한 것이 그로 하여금 교회 제도를 버리고 세속 지배자의 정치적인 제도를 확대하도록 했다는 점에서 그러했다. 세속적인 권위에 대한 루터의 강조를, 그것밖에 의존할 데가 없는 개혁가의 절망스러운 처지 탓으로 돌리는 것은 단지 부분적으로만 옳을 따름이다. 또한 농민전쟁 중에 루터가 행한 극단적인 발언들을 그가 세속 군주의 절대적인 권력을 갑작스럽게 알아차린 데서 비롯된 것으로 보는 것도 정확하지 않다. 농민반란 이전에 이미 그가 세속적인 권위에 대한 긍정적인 견해를 가지고 있었음을 보여 주는 충분한 증거들이 존재한다. 세속적인 권력에 대한 강조는 오히려 그의 종교적 확신들 가운데에서 심화되어 가던 반정치적 급진성의 산물로 간주되어야 한다. 그것은 세속 통치자에게 '정치적인 것'에 대한 배타적인 권한을 부여함으로써, 그리고 교회의 정치적 성격과 조직적ecclesiastical 권력을 최소화함으로써, 온갖 종류의 권력이 세속적으로 독점되는 길을 열었다.

일단 이 점이 파악되고 나면, 루터의 이후 딜레마는 더 쉽게 이해될 수 있다. 루터는 종교개혁을 위한 투쟁 속에서 세속적 권력의 도움을 간구했는데, 그 세속적 권력이 새로운 유형의 제도적인 통제를 통해 종교를 위협하는 걷잡을 수 없는 형태를 띠기 시작했다. 이 딜레마의 원천은 그의 교회론과 정치적 권위에 대한 이론 사이에서 생겨난 불균형에 놓여 있었다. 초기에 그가 교황제에 반대했을 때, 그는 영적인 일을 다스리는 우두머리가 필요하다는 교황 옹호론자들의 핵심적인 논변을 부정하지 않았다. 그리하여 비록 그가 교황이라는 직분의 본성과 관련해서 교황 옹호론자들에게 동의하지는 않았지만, 그의 사유는 교회 제도가 세속 권력의 공격에 맞설 수도 있다는 의미에서 교회 제도의 독자성을 옹호하는 중세적 전통을 유지하고 있었다. 하지만 그의 관점이 교황제와 교회의 모든 위계 구조를 단호하게 거부하는 방향으로 성숙해 감에 따라, 영적 권위와 세속 권위가 서로 견제해야 한다는 관념은 자연스럽게 기각되었다. 종교적인 신앙과 종교 제도들 간의 연계는 끊어졌다. 이 단계의 루터 사상에서 교회 조직은 참된 신앙에 이르는 데 걸림돌로 여겨졌다. 루터의 교회관이 이런 식으로 전개되어 가면서, 정치적인 권위에 대한 그의 교리도 지배자의 기능과 권위를 더욱 확장하는 방향으로 서서히 변해 갔다. 이제 [세속의 – 옮긴이] 지배자는 종래 교황에게 속해 있던 종교적인 특권들 가운데 일부를 위임받게 되었다.17 따라서 종교적인 영역에서는 제도적인 권위가 침식되어 갔지만 정치적인 영역에서는 그것이 점차 강조되었다.

최대의 난관이 등장한 것은 바로 이 지점에서였다. 말년에 루터는 그가 이전에 최소화했던 필요성, 곧 종교적 조직의 필요성에 점점 더 많은 관심을 쏟기 시작했다. 하지만 실천적인 이유로 이 일은 그가 줄곧 칭송했던 세속 통치체의 권력에 의존하지 않고서는 성취될 수 없었다. 교회는 제도적인 취약성으로 말미암아 루터가 합리화한 세속적인 권력에 필적할 수 없었다. 그 최종 산물은 영토적으로 분산된 주州교회Landeskirche였다.

당시 루터가 정치적 권위를 높이 평가한 것은 교회에 대한 그의 관념과 밀접하게 연관되어 있었다. 교회에 대한 그의 관념은 또한 그의 종교관의 산물이었다. 따라서 루터의 종교관과 그것이 그의 교회론 및 정치론에 대해서 갖는 의미에 대한 언급이 어느 정도 필요하다.

루터의 신학에서 인간의 최고 소명은 신이 무상으로 주는 선물인 은총에 대해 준비하는 것이었다. 종교적인 체험은 신과 개인 간의 지극히 사적인 교제를 중심으로 전개되었다. 그 체험의 진정성은 이 관계가 아무런 제약 없이 직접적인 것이라는 데 달렸다. 따라서 의롭게 하는 신의 은총에 의해 인도되지 않는다면, 선한 일을 행하는 것은 헛된 일이었다. "선하고 경건한 일을 행하는 것은 결코 선하고 경건한 인간을 만들지 않는다. 하지만 선하고 경건한 인간은 선하고 경건한 일을 행한다."18 마찬가지로 교회의 위계질서 내의 직분들과 전반적인 성사聖事 체계는 쓸모없을 뿐만 아니라 위험한 것이었다. 그것들은 단지 신과 인간 사이의 중개물만 늘렸고 신앙의 대체물이 존재한다는 추측을 불러일으켰다. 요컨대, 신과 인간 사이에 있는 모든 것은 제거되어야 했다. 유일하게 참된 중재자는 그리스도와 성서뿐이었다.

이런 배경에서, 교황청을 둘러싼 "세 개의 장벽"이라는 루터의 유명한 비유는 그의 종교사상을 이끄는 지배적인 추동력, 곧 신과 인간 사이의 올바른 관계를 가로막는 모든 것을 제거하고 무너뜨리려는 열정을 상징적으로 보여 주었다. 이 "단순화 명령"이 지닌 중요성은 그 표현 방식의 다양성, 즉 그것이 종교적으로만 표현되는 것이 아니라, 정치적·지성적으로도 표현된다는 데에 있다. 지성적으로 그 명령은 중세의 철학 전통에 대한 거의 전적인 거부의 형태를 취했다. 그것은 무지몽매한 거부가 아니라, 수 세기에 거쳐 철학이 성서의 의미를 왜곡했으며 진위가 불분명한 교황청의 주장들을 뒷받침했다는 깊은 확신으로부터 흘러나오는 거부였다.19 아리스토텔레스의 영향은 유해하다고 선언되었으며, 아퀴나스가 기독교화한 아리스토텔레스주의는 "유감스러운 기반 위에 구축된 유감스러운 상층 구조"라고 비난받았다.20 루터는 가히 "철학의 바벨탑"이라고 할 만한 상황, 곧 실체와 우연적인 존재들에 관한 끝없는 정교한 논쟁들을 참아 내지 못했으며, 성서의 소박한 지혜와 하느님의 말씀으로 돌아갈 것을 호소했다.21 또한 이런 연관 속에서 그의 급진주의는 전통적인 지식의 본체*corpus*—교부들의 가르침, 공의회의 결정들 및 교회법 학자들의 교리들로 대표되는—로부터 등을 돌렸다. 중세 교회의 교리, 공식적인 신학, 그리고 철학이 정치적인 요소들로 가득 차 있었음을 상기할 때에 그 공격의 의미를 가장 잘 파악할 수 있다. 루터가 철학자들, 교회법 학자들, 그리고 신학자들을 한데 묶은 것은 우연에 의해서가 아니라, 일종의 탁월한 직감에 의해서였다. 왜냐하면 그들 각각이 어느 정도 정치적인 개념들을 체화하고 있었는지는 대체로 정도의 문제에 불과했기 때문이다. 이런 시각에서 봤을 때, 루터의 공격은 종교사상과 정치사상 간의 동맹 관계를 해체하는 효과가 있었다.

성사聖事에 대한 루터의 이론과 아퀴나스와 같은 중세 신학자들의 이론 간의 대조는 루터의 사상이 보여 주는 이런 경향에 대한 하나의 중요한 시사점을 제공해 준다. 성사에 관한 아퀴나스의 논의에서 가장 두드러진 한 가지 측면은 그것이 지닌 이중적인 정치적 특성이었다. [그가 사용한-옮긴이] 언어와 개념들은 강렬한 정치적 이미지를 떠올리게 했으며, 성사의 본질은 교회와 사제직의 정치적인 성격이 강화되는 방향으로 규정되었다. 아퀴나스는 성사가 한낱 기호나 상징 정도로 이해되어서는 안 되며, 이 성사를 받는 참여자에게 일정한 인호印號*를 각인하는 권력의 한 형태*vis spiritualis*이고, 영혼을 조형하는 은총은 주입된 은총*gratia infusa*으로 이해되어야 한다고 선언했다. 또한 성사의 '권력적 속성'은 사제의 역할에 대해서도 중요한 함의를 가졌다. 신품성사神品聖事는 일정한 사람들이 다른 사람들과 맺는 필수적이고도 유익한 불평등을 확립했다. 사제직의 우월성은 평신도들의 종교적 완성에 필수적이라는 것이었다. 또한 신품성사는 사제에게 축성할 권한, 곧 미사 중에 성체를 상징하는 빵과 포도주에서 기적적인 변화가 생기도록 자신의 신성한 능력을 사용할 권력*potestas*을 가져다주었다. 이렇게 은총은 오로지 성사를 통한 은총에 국한되었으며, 인간을 의롭게 하는 것도 오로지 이것뿐이게 되었다.22

그러나 루터의 관념 속에서 이런 정치적인 측면들은 제거되었다. [루터에게-옮긴이] 은총은 어떤 중개 의례의 비인격적인 힘에 의해서 관리되거나 주입되는 그 무엇이 아니었다. 그것은 신이 무상으로 주는 선물, 곧 회개하는 죄인에게 내려지는 용서와 화해의 약속이었다. 의미심장하게도 루터는 성사의 수를 줄였다. 제거된 것들에는 신품성사와 그것에 수반되는 위계제적 요소들도 포함되었다. 이어지는 논의에서 우리는 루터교 목사에게 일어난 정치적 지위의 하락을 좀 더 상세히 살펴볼 것이다. 여기에서는 단지 성

---

* [옮긴이] 세례, 견진 등의 성사에서 개인이 받는 영적 감명에 대한 상징이다.

사와 신자에게 내려진 은총의 상태 사이의 관계에 대한 루터의 교리 속에 이것이 예고되어 있었다는 점만을 언급하는 것으로 충분하다. 믿음에 의해 의로워짐을 주장함으로써 성사 속에서 권력의 요소가 가진 중요성은 약화되었고, 성사의 정치적인 색채는 실질적으로 제거되었다. 중세 정치 신학의 묘비명을 확정하는 것으로 여겨질 수 있는 멜란히톤Philipp Melancthon의 몇 마디 말은 이 점을 분명하게 보여 주었다.

> 성사는 의롭게 하는 것이 아닙니다. …… 그러므로 여러분은 성사 없이도 의롭게 될 수 있습니다. 오로지 믿으십시오.23

루터 사상의 탈정치화 경향들 가운데 두 번째 사례는 신의 왕국에 대한 그의 관념에서 나타난다. 기독교의 초기부터 성서 주석가들은 신이 지닌 권력의 본성과 그리스도의 통치를 규정하고자 정치적인 개념들에 의존했다. 그리고 에우세비우스로까지 거슬러 올라가서 우리는 일신론과 군주정이 서로를 정당화하는 주장을 발견하게 된다. 그러나 루터는 이 모든 경향에 저항했다. 신의 왕국과 이 세상의 왕국 사이에 분명하게 경계선을 그을 것을 거듭 주장하면서, 루터는 사실상 두 영역 사이에 그 어떤 손쉬운 경계 이동도 막는 쐐기를 박아 넣었다. 한편에는 하느님의 말씀과 그리스도의 성령을 진심으로 사모하고 믿음으로 실천하는 기독교인들로 이루어진 신의 왕국이 있었고, 다른 한편에는 비기독교인들과 신앙심이 약한 신자들을 다스리는 이 세상의 왕국이 있었다. 이 세속 정부가 강제적이고 억압적인 힘으로 제약을 가해서 그들을 적당한 범위 안에 붙들어 두는 것이 필요했다.24

비록 이 두 영역 간의 대립이 몇 가지 방식으로, 곧 각 영역에서의 대조적인 삶의 방식을 통해, 각 영역의 지배적인 윤리를 통해, 그리고 각 영역이 추구하는 목적을 통해 표명되었지만, 이 연구에 특별히 적절한 하나의 측면이 있었다. 그것은 오직 하나의 왕국, 곧 이 세상의 왕국만이 통상적인 왕국의 의미와 연결되는 정치적인 속성을 보유한다는 것이었다. 오로지 이 왕국에만 억압적인 권력, 강제에 의해서 뒷받침되는 법, 그리고 그 밖의 모든 통치의 요소들이 있다는 것이었다. 반면에 그리스도의 통치에 대한 루터의 관념은 그 어떤 중요한 정치적 특성도 가지고 있지 않았다. 처음부터 루터는 그리스도의 소명이 분명하게 비정치적이라고 주장했으며, 나아가 이런 생각을 교회 안에서의 사제와 주교의 역할에 관한 논의에까지 적용했다.25 그리스도의 왕국이 지닌 비정치적 성격은 강제와 법이 기독교인에게 불필요하기 때문에 가능했을 뿐만 아니라, 위계적 원칙의 폐기가 신자들 간의 권력과 권위를 구분하는 근거를 파괴했기 때문에도 가능했다.26 권력을 사용해서 인간을 구원받도록 재촉하거나 강요할 수 없다는 루터의 강력한 경고는 이런 생각의 정점을 표현하는 것이었다. 심지어 신의 왕국에서도 중심적인 것은 '하느님의 말씀'이었지 '하느님의 권력'이 아니었다.

> 천국으로 가는 길을 보여 줄 수 없는 한, 어느 누구도 영혼에 명령해서는 안 되며, 명령할 수도 없다. 이 일은 어떤 인간도 할 수 없으며, 오로지 하느님만이 하실 수 있다. 그러므로 영혼의 구원에 관해서는 하느님의 말씀 외에 그 어떤 것도 배우거나 받아들여서는 안 된다.27

3. 제도에 대한 불신

철학의 권위에 반대한, 그리고 몇 세기에 걸친 해석을 통해 공들여 확립된 역사적인 지혜에 관한 가톨릭적 관념에 반대한 이 반란의 한 가지 산물은 종교적 원시주의라는 두드러진 경향이었다. 이 종교적 원시주의는 철학적인 복잡화에 반대하여 단순 소박한 믿음을 주창했고, 원시 기독교로의 회귀를 내걸고서 '선조들의 지혜라는 우상들'을 깨뜨릴 각오가 되어 있었다. 루터 사상의 이런 측면들은, 그가 '오직 성서로'*sola Scriptura*와 '오직 믿음으로'*sola fide*라는 전투 구호로 중세적 교회관을 직접 공격했을 때, 추가적인 의미를 갖게 되었다. 다시금 강조점은 신자와 신앙의 대상 사이에 놓인 '장벽들'을 제거하는 데에 놓였다. 위계적인 교회 조직 전체가 그 내부에 있는 권한과 기능상의 세밀한 등급들과 함께 없어져야 했다. 성서의 소박한 의미는 평균적인 사람에 의해서도 얼마든지 이해될 수 있기 때문에, 성직자 제도는 불필요한 것이었으며, 신자들 사이에는 어떤 구별도 있을 수 없었다.

> 말씀에 관해서, 그리고 성사에 관해서 우리는 모두 똑같은 권위를 가진다. 물론 어느 누구도 교회 구성원들의 동의나 다수의 요청 없이는 말씀과 성사를 관장할 권리를 갖지 못한다. (왜냐하면 어떤 것이 모두에게 공통적이라면, 어떤 사람도 혼자서는 그 일을 자기에게 맡길 권한이 없고, 따라서 우리는 교회의 요청을 기다려야만 하기 때문이다) ……주교가 축성할 때, 그는 단순히 구성원 모두가 똑같은 권위를 갖는 전체 회중을 대표해 그 일을 행하는 것에 불과하다. 회중은 그 구성원들 가운데 한 명을 선출해서 그에게 다른 사람들을 대표해서 이 권위를 행사하도록 명령할 수 있다.28

만인사제설萬人司祭說 속에 함축된 급진적 평등주의는 신자들 간에 형성된 어떤 필연적인 관계로부터 부과된 것이 아니었다. 그것은 오히려 루터의 확신, 곧 신앙은 오로지 개별적인 노력에 의해서만 획득될 수 있으며, 따라서 신자가 지닌 '기독교인으로서의 자유'는 외적인 것에 의해서 구속되어서는 안 된다는 확신으로부터 생겨난 것이었다. [루터에 따르면 – 옮긴이] 신앙은, 성직자에 의해서건 정치적인 주체에 의해서건 간에, 그 어떤 외부의 주체에 의해서도 만들어지거나 주입될 수 없었다. 신앙은 신을 향한 개인의 내면적인 지향이었다.29 신앙에 대한 보상은 보이지 않는 그리스도인들의 교제, 곧 그리스도가 다스리는 신비스러운 몸에 참여하는 것이었다.

> 기독교인들 사이에 윗사람은 없으며 그리스도만이 홀로 위에 계신다. 모두가 평등하고 동일한 권리, 힘, 재산 및 명예를 가지고 있으며 그 누구도 다른 사람보다 위에 있으려 하지 않고 서로 낮추려고 하는 곳에서 어떤 종류의 권위가 있을 수 있겠는가? 이런 그들의 특성과 본성이 상급자를 두는 것을 허락하지 않아서 누군가 그렇게 하고자 해도 그런 사람들이 있는 곳에서는 누구도 권위를 세울 수 없을 것이다. 어느 누구도 상급자가 되려고 하지 않으며 될 수도 없기 때문이다.30

그렇다면 '참된' 교회는 직분들의 어떤 물리적인 결합 속에 위치해 있어서도, 어떤 위계적인 제도와 동일시되어서도 안 된다. 교회는 단순히 "하나의 신앙으로 결합된 마음들"로 이루어지며, "이 하나됨은 그 자체로 교회를 만들기에 충분하다."31

교회에 대한 이런 관념에는 앞에서 아우구스티누스와 관련해서 논의했던 하나의 주제와 놀랄 만큼 유사한 측면이 있었다. 그것은 교회의 사회적인 본성을 강조하는 관념이다. 교회는 자발적이며 즐거운—"이제 너희 사랑하는 기독교인들아 함께 기뻐하라"*nun freut euch lieben Christen gemein*—그리고 거의 강제가 없는 사회로 나타난다. 그런 관념은 "모든 것을 모두가 공동으로 갖는" 성도들의 비가시적인 사회에서 정점에 이른다.32 이런 조건에 대한 변증법적인 대립물은 사회를 지배와 권력으로 다스리는 세속 정부이다. 따라서 한편에는 정부 없는 사회가 있었고, 다른 한편에는 진정한 사회나 동료 관계가 없는 정부가 있었다. 신자들의 동료 관계에 대한 이런 강조는 권력에 대한 반감에 뿌리를 두고 있었는데, 그런 분위기는 루터가 제시한 교회-사회의 기본적인 특성들 가운데 하나였다. 또한 그것은 새로운 교회론에서 비정치적인 경향을 다시 한 번 강조하는 것이었다.

교회-사회에 대한 루터의 이론에는 몇 가지 참신하고 광범위한 함의가 담겨 있었다. 루터는 한 사회가 가시적으로 지시를 내리는 '우두머리'의 권력 없이도 자기 정체성을 가질 수 있을 뿐만 아니라, 그 사회적인 본성을 완성하려면 우두머리가 없어야 한다는 급진적인 명제를 제시한 셈이었다. 한 사회가 우두머리 없이도 단단하게 엮이고 응집할 수 있다는 이런 주장은 고대와 중세의 대부분의 사상이 공유했던 가정, 곧 어떤 사회나 질서도 추동력의 핵심적인 원천으로 지시를 내리는 우두머리를 전제한다는 가정에 반하는 것이었다. 루터는 한 사회가 위계적인 원칙에 의존하지 않고도 그 사회의 자기 정체성을 강화하고 표현할 수 있다고 주장했는데, 이것 또한 마찬가지로 고대와 중세의 관념을 뒤흔드는 것이었다. 플라톤과 아리스토텔레스 시대로 거슬러 올라갈 정도로 오랜 기간에 걸쳐 철학자들은 '낮은' 자가 '높은' 자에게 복종하고 '열등한' 자가 '우월한' 자에게 복종하지 않으면 어떤 종류의 질서라도 결코 올바를 수 없다고 주장했다. 이같이 오랫동안 유지된 신념에 반대해서 루터는 기독교적인 구성원됨에 관한 급진적인 관념을 복원했다. 즉 기독교인이 된다는 것은 일단 어떤 사람보다도 더 높은 지위를 차지하는 것이지만, 동시에 그런 지위를 차지한 사람은 마찬가지로 그런 지위를 차지한 그의 동료와 평등한 조건에 들어간다는 점을 의미했다.

> …… 우리는 왕이나 제후로부터 세례를 받은 것이 아니요, 백성들로부터 세례를 받은 것도 아니다. 우리는 그리스도로부터, 하느님으로부터 직접 세례를 받았다.[그러므로-옮긴이] 우리는 또한 왕이나 제후, 혹은 백성이라고 불리지 않고, 기독교인이라고 불린다.33

하지만 이런 조건의 평등은 권리를 주장함에 있어서나 보유한 권리에 있어서 평등하다는 후일의 민주주의 사상에서와 같은 의미를 지니지 않았다. 오히려 그것은 무엇인가 더 선동적이며 더 위협적인 것을 의미했다. 즉

"그 누구도 다른 사람보다 위에 있으려 하지 않고 서로 낮추려고 하는" 상호 섬김의 평등을 의미했던 것이다.34

일인 지배와 위계 제도라는 두 가지 원리가 교회에 적용되는 한 루터는 이것들을 거부했으며, 그것은 또한 특정한 형태의 정치적인 이미지가 파괴되어 가는 중요한 단계를 나타냈다. 사회가 거대한 피라미드 모양을 하고 있으며, 거기에서 각 층에 부여된 권력이 그 층의 넓이에 반비례한다는 관념은 기각되고, 그 대신 이상적으로 모든 구성원이 평등한 평준화된 사회의 모습으로 대체되었다. 이런 변화는 새로운 교회에서 사제직의 역할에 관한 문제를 제기한다. 만약 루터가 교황제의 어떤 요소들을 슬그머니 다시 도입해야 할 필요를 느꼈다면, 사제에 관한 그의 교리 속에 그 흔적이 남게 되었을 것이다. 신자들이 평등하다고 해서 훈련받은 사제가 필요 없게 되는 것은 아니라고 루터는 한결같이 주장했다. 그러나 그렇다고 해서 그것이 그가 교회에 어떤 정치적인 요소를 재도입하려고 했음을 예시豫示하는 것은 아니었다. 사제직은 루터가 강조한 것처럼 권력이나 권위를 지칭하는 것이 아니라, '직분' 곧 일종의 제한된 기능을 나타내는 것이었다.35 이것은 중세의 사제가 목사minister, 곧 말씀을 시행하고 해설하며 설명하는 대리인으로 변함을 의미했다.36 이 같은 옛 지위의 상실은 목사와 회중 사이의 관계를 급격히 변화시켰다. 목사는 중세의 사제와 달리 자신의 권위를 수 세기에 걸친 오랜 전통에서 신비적으로 이끌어 낼 수 없었다. 그 직분에서 신비를 벗어 버린 채 목사는 여러 지체 가운데 첫 번째primus inter pares로서 자신의 회중을 대면했다. 직분은 더 이상 강력한 교회 제도의 대표자에 의해서 신성화되지 않았다. 직분은 동등한 신자들pares의 동의로부터 생겨났다. 목사는 동의의 산물이지 권위의 산물이 아니었기 때문에 그를 선출한 사람들에 의해서 직분을 박탈당할 수 있게 되었다.37

하지만 루터는 목사직을 탈정치화하면서도 거기에 회중과 관련한 몇

256

가지 폭넓은 함의를 집어넣었다. 그 함의는 16세기와 17세기의 급진적인 종파들의 사상 속에서 채택되고, 그것을 매개로 해서 민주주의 이론에 결정적인 영향을 미치게 된다. 달리 말하면, 루터는 몇 가지 정치적 요소, 특히 위계적인 교회 구조에 관한 관념 속에 깔려 있던 정치적 요소들을 자신의 교회 이론에서 몰아냈지만, 결국 다른 정치적인 요소들을 채택하게 되었다. 예를 들면, 신자들 간의 평등과 목사 역할의 최소화에는 신자들이 진리를 알아볼 수 있는 능력을 지니고 있다는 가정이 깔려 있었다. 그 가정은 아리스토텔레스가 시민들의 판단 능력을 옹호하면서 채택한 가정과 유사한 것이었다.

> ⋯⋯ 우리 각각은, 그리고 우리는 모두 사제이다. 왜냐하면 우리가 모두 하나의 신앙, 하나의 복음을 가지며 동일한 성사를 받기 때문이다. 그렇다면 무엇이 옳은 신앙이고 무엇이 그른 신앙인지를 시험해 보고 판단할 권한이 우리에게 부여되어서는 안 될 이유가 무엇이겠는가?38

이로부터 교황이 교리의 최종 해석자라는 주장을 상징적으로 표현하는 '두 번째 장벽'이 제거되어야 한다는 루터의 요구가 뒤따르게 되었다. 루터가 직감적으로 감지한 것처럼, 교황의 지위는 일종의 기독교화된 플라톤주의, 곧 진리를 둘러싼 분쟁이 오로지 특별한 지성을 부여받은 한 사람에 의해서만 해소될 수 있다는 주장에 기초하고 있었다.39 이런 '귀족적 인식론'에 반대해서 루터는 '민주적' 인식론을 제기했다. 이 인식론은 신학자들의 온갖 정교한 주의주장들과 반대되는 평범한 사람들의 '단순 소박한 신앙'에 상응하는 것이었으며, 또한 종교적인 가르침을 판단할 회중의 권리와 능력 모두를 확언하는 것이었다.40 루터가 이런 입장을 취했던 것은 한편으로 그가 신과 개인의 영혼 사이에서 이루어지는 직접적인 교섭의 우선성을 확신했기 때문이었고, 다른 한편으로 개인의 양심이 외부의 대리인에 의해 강제되어서는 구원에 이를 수 없음을 또한 확신했기 때문이었다. 비록 루터가 평균적인 신자들의 능력에 대한 자신의 낙관적인 생각을 나중에 바꾸기는 했지만, 그의 초기 언급들은 회중교회주의congregationalism*에서 정점에 이르게 되는 경향에 강력한 자극을 주었다. 또한 루터의 초기 언급들은 정치사상에 대해서도 심원한 함의를 지녔다. 응집력 있는 종교적인 동료 관계가 어떤 위계 조직의 도움 없이도 결정하고 행동할 수 있다는 이런 개념 속에는 진리를 표현할 수 있는 공동체라는 한 발 더 나아간 관념이 잠재해 있었다. 이 관념은 일반 시민들이 도달한 집합적인 판단이 우월하다는 식의 아리스토텔레스적 관념을 넘어서는 무언가를 표상했다. [진리를 표현할 수 있는 공동체라는 - 옮긴이] 루터적 관념은 판단과 관련된 것이 아니었다. 그것은 우발적인 사안들이 아니라 근본적인 진리들과 관계를 맺는 것이었다. 그것은 다양한 재능과 경험의 산물이 아니라, 한 몸을 이루는 성도들에게 공통으로 존재하는 본유적인 지식의 산물이었다.[41]

4. 정치적 질서의 지위

비록 루터가 초대 교회에서 나타났던 사도들의 단순 소박함을 동경했

---

* [옮긴이] 회중교회주의는 16세기 말과 17세기 초에 잉글랜드 개신교 교회에서 일어난 운동으로 각 회중이 지교회(支敎會) 이상의 권위로부터 독립해 자체 문제에 대해 독자적인 결정을 하는 권리와 의무를 강조한다. 종교개혁의 와중에 회중교회주의자들은 신자라면 누구나 하느님께 직접 예배를 드리고 교통할 수 있다는 '만인사제론'을 실천하는 데 주력했다. 또한 이들은 신자 집단이 지역이 아니라 공동의 생활양식으로 교제를 맺는다는 이상을 실천한다. 이들은 참된 신앙을 하느님과의 사적인 교류로 보며, 예배에서 선포되는 설교를 성사보다 우위에 둔다.

지만, 그렇다고 해서 무정부 상태에 가까운 교회 조직 형태가 실제의 회중에게 부적절한 처방이라는 사실을 보지 못한 것은 아니었다. 왜냐하면 교회의 구성원들은 그 은총과 신앙의 상태가 다양하기 때문이었다. 초기 저술에서 이미 그는 '가시적인' 교회와 '비가시적인' 교회를 정교하게 구분하기 시작했다. 전자는 신앙의 연약함으로 말미암아 조직적인 구조의 가시적인 형태가 필요한 기독교인들로 이루어진다. 이때 교회의 통일성은 인간적인 기예를 통해서 외부적으로 이루어져야 했다. '비가시적인' 교회는 그와 대조적으로 교회의 통일성을 조직이나 규제와는 거의 독립적인 신앙에서 도출했다.[42]

만년에 루터는 심지어 비가시적인 교회를 위해서도 '구분의 표식'이 지니는 가치를 더욱 절감하게 되었다.[43] 하지만 이것보다 더 의미심장한 것은 가시적인 교회를 단속하고 일정 정도 종교적인 일률성을 보장하기 위해 그가 세속 권위에 점점 더 많이 의존하게 되었다는 점이다. 사태가 이렇게 전개됨에 따라, 정치적 권위에 대한 루터적 관념은 결정적인 중요성을 갖게 된다. 왜냐하면 교회 조직이 지닌 권력을 스스로 부정한 종교는 이제 종교 제도의 전통적인 제약으로부터 자유로운 정치적 지배자들과 맞서게 되었고, 또한 그들의 도움을 요청하지 않을 수 없게 되었기 때문이다. 바야흐로 세속 권위가 작동하게 된 새로운 이론 구도를 제대로 평가하려면 정치 질서와 통치자의 직분에 대한 예전 기독교인들의 태도에 관해 언급할 필요가 있다.

초창기부터 정치에 대한 기독교인들의 태도는 세상으로부터의 이탈을 지향하는 지속적인 충동으로 말미암아 복잡하게 나타났다. "나의 왕국은 이 세상에 속한 것이 아니다"라는 성서의 훈계는 후일 아우구스티누스에 의해서 신의 도시와 지상의 도시라는 긴장된 상징으로 체계화되었다. 비록 아퀴나스가 정치적 질서와 신적 질서 간의 편안한 화해를 이루고자 인상적인 노력을 기울였지만, 신비주의자들과 수도자들은 기독교 내의 반세속주의적*incivisme* 흐름을 웅변적으로 증거하면서 존속했다.

　루터의 경우에 이탈의 충동은 상당히 다른 형태를 취했다. 아우구스티누스가 교회를 개인의 구원을 돕는 핵심 도구로 여기면서 교회에 의존하고 국가에는 단지 질서의 수호자 역할을 부여하며 그 지위를 격하한 반면, 루터는 기독교인의 영혼이 조직화된 교회의 폭정에서 벗어날 수 있도록 도와줄 것을 세속 권력에 요청할 필요성을 느꼈다.[44] 아우구스티누스와 루터가 정부에 서로 다른 역할을 부여한 한 가지 근본적인 이유는 각자가 처한 상이한 역사적 상황 속에서 발견될 수 있다. 아우구스티누스의 사유에는 기독교 시대의 초기 몇 세기에 공통적이었던 천년왕국에 대한 희망이 깊게 물들어 있었다. 미래를 지향하는 시간관을 채택하는 것이 그에게는 자연스러웠다. 비록 아우구스티누스가, 초기 기독교인 가운데 일부가 임박했다고 예상했던 것과는 대조적으로, 천년왕국의 도래 가능성을 낮춰 잡기는 했지만, 구원의 약속을 잉태한 미래라는 관념은 그의 사상 속에 선명한 요소로 남아 있었다.[45]

　아우구스티누스와 루터 사이에 가로놓여 있는 천 년이라는 시간은 기독교적 낙관론을 약화시키는 효과를 갖지 않을 수 없었다. 아우구스티누스에게는 손짓하는 미래였던 것이 루터에게는 신자들에게 일정한 체념을 요구하는 끝없는 현재가 되었다. ['열광적인' 천년왕국설과 대비되는—옮긴이] 루터의 차분한 천년왕국설은 역사에 대한 그의 두드러진 반감에 중요한 방식으로 영향을 미쳤다. 단순 소박한 사도 시대 이후로 역사는 말씀의 퇴락에 대한 기록이 되어 버렸다. 그 결과 이 기간에 축적된 신학적·교회적 유산은 제거되어야 했다. 이런 신념을 바탕으로 루터의 시간관은 기독교를 좀 더 원초적인 형태의 완전한 모습으로 되돌려야 한다는 급박함을 반영하고 있었다. 루터의 시간관은 먼 과거에 존재했던 진정한 기독교적 요소들을 회복하려는 급진주의의 일환이었다.

이런 시간관의 차이는 아우구스티누스와 루터의 정치사상이 지닌 몇 가지 중요한 차이와 밀접하게 연관되어 있었다. 비록 아우구스티누스가 정치적 질서의 자율성과 자족성이라는 고전적인 관념을 잘라 냈지만, 정치적 질서를 어중간한 상태로 놓아두지는 않았다. 정치적 질서는 창조의 전체 질서ordo에 통합되어 있는 한 부분이었고 총체적인 조화를 보존하기 위해 일익을 담당했다. 아우구스티누스에게 신적 질서라는 관념은 다양한 것들의 정교한 혼합 이상을 상징했다. 그것은 완전함을 역동적으로 지향하는 조화concordia였다. 따라서 의미와 지시로 가득 찬 우주에 통합되어 있는 정치 질서는 뿌리 깊은 안정성, 곧 창조의 본성 그 자체로부터 도출되는 지속성을 획득했다. 따라서 정치 공동체는 비록 역사의 정점에서 사라질 운명이었지만 그전까지는 사물의 고유한 본질 속에 각인된 완전함을 성취하는 일에 참여했다.

그러나 루터는 아우구스티누스적 질서ordo 개념에서 상당히 벗어났다. 아우구스티누스에게 질서는 전체 창조 속에 내재하는 하나의 원리로 작동했다. 그러므로 심지어 비기독교도들의 결사를 포함한 그 어떤 결사도 그것이 평화와 안정을 보장하는 한 가치가 있었다. 반면에 루터는 다음과 같이 '질서'를 내재적인 원리에서 실제적인 활력을 갖추지 못한 형식적인 원리로 축소했다.

> 질서는 외면적인 것이다. 질서는 아무리 훌륭하더라도 잘못 사용될 수 있다. 그렇게 되면 질서는 더 이상 질서가 아니라 무질서이다. 그러므로 그 자체로는 어떤 질서도 이제껏 교황의 질서가 가지고 있다고 여겨져 왔던 것과 같은 어떤 본질적인 가치를 갖지 않는다. 하지만 모든 질서는 제대로 사용되면 고유한 생명, 가치, 힘, 그리고 미덕이 있다. 그렇지 않을 때에 질서는 무가치하고 어느 것에도 적합하지 않다.46

더 넓은 의미의 맥락에서 기능하는 지지支持 원리로서의 질서관을 버림으로써 루터는 정치 질서에서 그보다 포괄적인 전체로부터 흘러나오는 도덕적인 지지대를 제거했다. 정치적 질서와 신적 질서가 통합되지 않은 것은 정부에 대한 루터의 관념 속에서 상당한 긴장을 낳았다. 정치적 질서는 불확실하고 불안정하며 전복되기 쉬운, 매우 허약한 성취물처럼 보였다. 동시에 이 질서가 훼손되기 쉽다는 사실은 강력하면서도 억압적인 권위에 대한 필요를 창출했다. 달리 말해서, 신적인 원리에 의해 뒷받침되었던 것은 정치적 질서 자체가 아니라, 신적으로 도출된 질서를 떠받치는 세속적인 권력이었다. 아우구스티누스 이래로 그 어떤 사람보다도 자신이 세속적인 정부를 더 높게 칭송했다고 주장한 것은 루터의 근거 없는 허풍이 아니었다.[47] 정치 질서를 우주적인 맥락에서 빼내어 버린 이상 세속 정부를 칭송하는 일은 필수적이었다. 정치적인 권위 안의 신성한 요소는 지지 원리로부터 억압적이고 강제적인 원리로 불가피하게 변형되었다.

세속 권위에 대한 루터의 집착은 그의 사상 전개 과정에서 특별한 단계의 산물이 아니라, 타락한 인간 세상이 근본적으로 무질서하다는 확신 속에 뿌리를 내리고 있었다. 질서는 다음과 같은 인식을 기초로 삼아서 부과되어야 했다.

> 어느 누구도 세상을 피 흘리지 않고서 다스릴 수 있다고 생각하지 않도록 하라. 통치자의 칼은 붉어야 하고 핏빛이어야 한다. 왜냐하면 세상은 악할 것이며 악할 수밖에 없고, 칼은 세상의 악에 대한 하느님의 회초리이며 복수이기 때문이다.[48]

의미심장하게 루터는 제거되어야 할 첫 번째 '장벽'으로서 세속적인 영역에 대한 교황의 권리 주장을 끄집어냈다. 여기에서 그의 논리는 그가 종교적 이론화 과정에서 보여 준 것과 똑같은 충동을 보여 준다. 즉 신자들이 교황의 간섭을 받지 않고 자유롭게 성서에 접근할 수 있도록 보호받아야 하듯이, 세

262

속의 통치자 역시 질서를 세우려고 노력할 때에 방해받지 않아야 한다.

> …… 기독교 세계의 사회적인 공동체*corpus*는 그것을 구성하는 여러 기능 가운데 하나로 세속 정부를 포함한다. 이 정부는 비록 세속적인 임무를 수행하지만 영적인 지위를 갖는다. 세속 정부는 방해받지 않고서 자유롭게 전체 사회의 모든 구성원에게 작동해야 한다. 누군가 죄를 지었을 때나 그 밖의 다른 필요가 있을 때에 세속 정부는 처벌하고 강제해야 한다. 이 일은 교황이나 주교 및 사제와 상관없이, 곧 그들이 마음속으로 이 일을 비난하거나 파문하는 것과 상관없이 이루어져야 한다.[49]

루터가 기독교인들의 공동체*corpus christianum*라는 중세적 개념을 유지했는지에 대한 오랜 학문적인 논쟁은 오히려 그 개념의 내용에 그가 도입한 심대한 변화를 이해하는 것을 가로막는 데 일조했다.[50] 세속 권위에 대한 강조는 다른 교리적 변화들을 수반했으며, 그 변화들은 세속 권위를 더욱 높이는 것이었다. 모든 신자가 사제라는 관념으로 성직자 지배 체제를 무너뜨림과 동시에, 루터는 통치자의 지위에 사제적인 위엄을 부여함으로써 그 지위를 높였다. 즉 통치자들 역시 "사제요 또한 주교"라는 것이었다.[51] 성직자와 평신도 간의 선명한 구분은 지워졌으며, 사제와 농민은 세속적인 관할 영역에서 동등한 위치에 놓이게 되었다.[52] 기독교 세계의 영토는 새로운 수탁자에게 넘어갔다. 곧 군주들이 "기독교 공동체가 부과한 직분으로서, 그리고 그 공동체의 이익을 위해서 …… 자신의 직분을 수행한다"라는 것이었다. "각각의 공동체, 의회, 그리고 행정부는 교황이나 주교의 인지나 동의와 상관없이 하느님의 뜻에 어긋나고 인간의 영혼과 육신에 해로운 것은 무엇이든지 폐지하고 방지할 권위를 갖는다."[53]

정치적 권위에 부여된 역할의 실천적인 의미는 정치적 권위가 종교개혁에 대해서 갖게 된 더 확장된 위임이나 책임에 놓여 있기보다는 오히려 교황 제도가 신성함과 권력을 상실한 가운데 이제 정치적 권위가 그 권력을 행사해야 한다는 데에 놓여 있었다. 오직 세속 통치자만이 그의 권력을 신에서 도출했다. 반면에 교황의 권력은 엄밀하게 말하면 인간적인 고안에 의해서, 혹은 더 나쁘게 말하면, 적그리스도의 간계에 의해서 생겨난 것이었다.

5. 균형추 없는 정치 질서

정치적인 권위에 대한 루터의 시각은 결코 하나의 관점으로 시종일관한 것이 아니었다. 쟁점이 일차적으로 종교적이냐 정치적이냐에 따라 그의 시각은 달라졌다. 세속 정부는 종교개혁을 진전시키는 데 도움을 주도록 요청받았을 때에, 적극적이고 건설적인 행위 주체처럼 보였다. 그러나 좀 더 세속적이고 정치적인 역할과 관련해서 본질적으로 부정적이고 억압적인 행위 주체로 나타났다. 세속 정부는 종교의 영역에서는 개혁을 주도할 유일한 대안으로, 정치의 영역에서는 무정부 상태에 대한 유일한 대안으로 취급되었다.[54] 정치적인 권위에 대한 이 두 시각을 한데 묶는 연결 고리는 통치자들이 그들의 임무를 완수하려면 이전에 존재하던 제약들로부터 풀려나야 한다는 루터의 요구였다. 우리는 이미 교황제에 대한 루터의 공격과 관련해서 이 점을 살펴보았다. 그리고 그 점은 루터가 정부의 세속적인 활동을 고찰할 때에 다시 등장했다. 종교적인 사안에 만연해 있던 것과 동일한 혼란과 복잡성을 사회의 법률들 속에서도 발견했기 때문에, 루터는 다음과 같이 단순하고 급진적인 특성을 지닌 해결책을 옹호했다.

…… 정치체는 단순히 규칙과 규정에 따라서는 제대로 지배될 수 없다. 만약 행정관이 슬기롭다면, 그는 법의 명령을 따를 때보다는 상황에 따를 때에 더 잘 다스릴 것이다. 만약 그가 그다지 현명하지 않다면, 그는 법적인 조치들을 어떻게 사용해야 하는

지를, 그리고 그것들을 당면한 사안에 어떻게 적용해야 하는지를 모를 것이기 때문에 도리어 위험한 결과만을 가져올 것이다. 따라서 공적인 업무에 관해서 일정한 법률을 공포하는 것보다는 선량하고 현명한 사람이 통제권을 갖게 하는 것이 더 중요하다. 이런 부류의 사람들은 스스로 최선의 법률이 될 것이며, 모든 종류의 문제에 대해 기민하게 반응할 것이고, 또한 그 문제들을 공평하게 해결할 것이다. 만약 신법神法에 대한 지식이 타고난 총명함에 수반된다면, 문서화된 법률은 불필요할 뿐만 아니라 오히려 해로울 것임이 분명하다.55

자기 자신의 양심 이외에 통치자에게 유일한 제약은 목사의 권고였다. 그러나 목사가 더 이상 강력한 교회 기구의 대표자로서 발언하지 않기 때문에, 이런 제약의 효율성은 미심쩍을 수밖에 없었다.

몇몇 논평자는 루터가 결코 세속적인 권위를 자연법과 이성의 명령으로부터 해방시킬 의도를 갖지 않았음을 입증했다. 그러나 그것은 단지 루터가 마키아벨리가 아니라는 것을 입증할 뿐이다. 왜냐하면 오로지 통치자의 권력만을 다른 모든 경쟁적 제도보다 위에 있는 것으로 격상하고, 다른 강력한 권력기관에 대한 충성을 비난하게 될 때에 자연법은 단순히 도덕적인 훈계의 집합에 불과한 것이 되어 버리기 때문이다.

이제 상황은 루터가 해방시키려고 노력했던 두 개의 실체들[세속 통치자와 회중-옮긴이]이 충돌하기에 충분할 정도로 무르익게 되었다. 한편에는 경쟁적인 제도들의 압력으로부터 제약받지 않는 세속 통치자가 있었고, 다른한편에는 성직자 제도의 도움과 인도를 받지 않으면서 신의 은총을 추구하는 기독교인들의 회중이 있었다. 하지만 루터는 전자가 결코 후자에게 위협이 되지 않을 것처럼 종종 서술했다. 진정한 신자는 그리스도만이 홀로 다스리는 신의 왕국에 속한 신민이었다. "그러므로 세속의 칼과 법은 기독교인들 사이에서 어떤 할 일도 찾을 수 없다. 기독교인들은 세속의 법과 교리가 요구할 수 있는 것보다 더 많은 것을 스스로 행하기 때문이다."56 만약 모든 사람이 진정한 기독교인이 될 수 있다면 세속 정부는 불필요할 것이었다. 정부는 엄청나게 많은 수의 불의한 자들과 회개하지 않는 자들의 존재에 의해서 정당화되었다. 강제가 없는 상황에서 이런 사람들은 서로 다투게 될 것이고 사회는 혼란에 빠질 것이기 때문이었다. "이런 이유로 하느님은 두 개의 정부를 세우셨다. 성령에 의해서 기독교인과 신실한 사람을 그리스도 아래에 있게 만드는 영적인 정부와, 비기독교인들과 사악한 사람들에게 제약을 가하여 설령 그들 자신의 의지에 어긋나더라도 적어도 겉으로는 그들이 평화를 지킬 필요가 있도록 하는 세속 정부이다."57

루터가 그 성격을 빈번히 비난하기도 했던 세속 통치자가 심지어 그들의 제한된 범위를 넘어서 성서에 어긋나는 명령을 내린다고 할지라도 그것이 진정한 기독교인들에게 어떤 실제적인 해를 가할 수는 없었다. 정부, 법, 사회적인 관습은 사람의 물질적인 재산에 영향을 끼칠 수는 있어도 결코 영혼의 핵심에 영향을 끼칠 수는 없기 때문이었다.

> 우리가 내면의 영적인 인간을 고찰하고, 그가 명목상으로나 실질적으로 자유롭고 독실한 기독교인이 되기 위해 어떤 속성을 갖추어야 하는지를 살펴볼 때, 그 이름이 무엇이건 간에, 어떤 외적인 것도 그를 자유롭게 하거나 경건하게 만들 수 없다는 점은 분명하다. 왜냐하면 그의 경건함과 자유, 그리고 더 나아가 그의 죄인됨과 노예 상태란 육체적인 것도 아니요 외적인 것도 아니기 때문이다.58

그렇다면 '기독교인의 자유'는 외적인 의존을 끊고 자신의 영혼을 온전히 신에게 복종케 하는 신자들이 향유하는 상태였다. 물론 기독교인은 그의 사회적·정치적 의무가 요구하는 것보다 더 많은 것을 행하겠지만, 그렇다고 해서 그의 궁극적인 구원이 이 세상과 관련된 것은 결코 아니었다. 이세상에서 그가 선행을 베푸는 것은 그의 신앙의 결과이지, 그의 신앙이 결코 그가 행한 선행의 결과일 수는 없었다. "여러분은 천상의 왕국을 가지고 있습니다. 그러므로 여러분은 지상의 왕국을 누구든 그것을 가지길 원하는 사람에게 맡겨야 합니다."[59]

루터는 기독교인의 자유에 관한 교리를 농민전쟁 동안의 경험에 비추어 수정했다. 그 당시 제기된 기본적인 질문은 무법 상태의 확산이 결국 신자들의 평화를 잠식하고 그 결과로 그들이 구원을 얻는 것을 방해하게 될 것인지 여부였다. 당시의 사태는 루터로 하여금 신의 왕국과 이 세상의 왕국 간의 구분을 약화하도록 압력을 가했다. 만약 반란을 일으킨 농민들이 이기게 된다면, "두 왕국은 모두 파괴될 것이고 세속 정부뿐만 아니라 하느님의 말씀도 사라질 것이며, 그것은 독일의 영원한 파괴를 초래할 것이다 ……."[60] 만약 신의 왕국과 이 세상의 왕국 모두에게 루터가 시인한 것처럼 질서에 대한 공통의 필요가 있었다면, 그때에 진정한 신자는 기독교인의 자유에 관한 교리가 제시하는 것처럼 정치적 질서에 무관심할 수 없었다. 종교와 정치는 두 왕국에 대한 이론이 시사했던 것보다 더 밀접하게 서로 엮여 있었기 때문이다. 결국 루터의 정부론은 다음과 같이 귀결되었다. 즉 세속 권위는 진정한 신자를 위해 외적인 평화를 보장할 수 있지만, 결코 신자의 내면적인 덕에 영향을 끼칠 수는 없었다. 정부는 "선한 사람들이 외적인 평화와 보호를 누릴 수 있도록 하기 위해, 그리고 악한 사람들이 두려움조차 느끼지 않고 평온 속에서 자유로이 악을 행할 수 없도록 하기 위해" 존재했다.[61]

그러나 루터가 정부에 관한 교리를 복종 및 양심의 자유라는 문제와 연결 지으려고 했을 때, 루터의 사상 속에서는 일정한 혼란들이 생겨나기 시작했다. 어떤 때에 그는 세속 권위가 신자들의 양심을 강제할 수 없다고 주장했다. 그리고 이런 논변은 외적인 것들이 기독교인들의 자유에 영향을 끼칠 수 없다는 그의 가르침과 일치했다. 다른 때에 그는 정부가 양심을 강제해서는 안 된다고 주장했다. 이것이 논리적으로 의미하는 바는 양심의 자유가 일차적으로는 언젠가 다시 교회로 돌아올 의롭지 못한 사람들에게 유용하다는 것이었다.

똑같은 어려움이 성서의 가르침에 어긋나는 통치자의 명령에 복종할 필요가 없다는 점을 루터가 용인했을 때에도 다시 나타났다.62 하지만 이런 어려움은 오로지 진정한 신자에게만 관련된 것이었다. 왜냐하면 진정한 신자만이 성서에 의해 인도되는 양심을 가지기 때문이었다. 동시에 오로지 진정한 신자만이 외적인 행동에 의해 해를 입을 수 없는 양심을 소유하기 때문이었다.

모순적인 요소들은 이와 동일한 일반적인 주제와 관련하여 루터의 가르침의 다른 측면에도 존재했다. 초기에 그는 세속 통치자가 교황에 대항해서 강제력을 사용할 것을 촉구했지만, 세속 통치자에게는 [신민들이 - 옮긴이] 어떤 이유로도 저항해서는 안 된다는 주장을 줄곧 유지했다. 그렇게 정치적 권위는 정치적인 이유든 종교적인 이유든 그 어느 것에 근거해서도 종교적 권위에 저항할 수 있었다. 반면에 종교적 권위는 종교적인 이유든 정치적인 이유든 그 어느 것에 근거해서도 정치적 권위에 결코 저항해서는 안 되었다. 루터 사상의 최종적인 모순은 농민전쟁 시기에 루터가 반란을 일으킨 농민을 죽일 권한을 누구든지 갖는다고 주장했을 때 드러났다. 그리하여 어느 누구나 반란자를 살해할 수 있었지만, 어느 누구도 폭군을 살해할 수 없다는 결과가 초래되었다.63

6. 단순 소박함의 열매

루터는 후대의 논자들에 의해서 정치적 절대주의의 명분을 조장했다는 이유로 빈번히 비판받아 왔다. 예를 들어서 피기스John Neville Figgis는 루터를 마키아벨리와 짝짓고서 그들의 사상을 동전의 양면으로 취급했다.[64] 이런 시각은, 비록 그것이 루터가 세속 통치자를 이전의 제약으로부터 지나치게 많이 풀어 주었다는 점을 강조한 면에서는 옳지만, 문제를 일차적으로 도덕적이고 종교적인 제약의 측면에서 바라보려는 경향이 있다. 실제로 루터는 군주의 과도함을 견책할 수 있는 기독교인의 권리를 일관되게 지지했으며, 바로 루터 자신의 저술들이 그가 그 조언을 준수한 정도를 잘 보여 준다. 만약 우리가 루터 사상의 근본적인 약점을 찾고자 한다면 그가 제도의 중요성을 제대로 평가하지 못했다는 데에서 찾아야 한다. 종교적 단순 소박함에 대한 그의 강박관념은 루터로 하여금 정치적 제약으로 기능하는 종교적 제도의 역할을 간과하도록 했다. 종교적 조직의 약화가 가져올 사회적인 결과는 루터 자신의 시대에도 명백했다. 정치적·사회적 위기의 순간에 그는 어떤 효율적인 종교 조직에도 중재자로서 행동하도록 호소할 수가 없었다. 농민전쟁 동안에 그는 비록 모든 잘못이 전적으로 어느 한편에만 있는 것이 아님을 확신했지만, 평화의 모든 대의를 오직 군주에게 위임할 수밖에 없었다. 루터는 이런 곤경을 타개하려고 시도하면서도, 다음과 같은 언급에서 드러나듯이, 단지 기독교의 윤리가 정치 질서의 논리와 무관한 것처럼 보이게 하는 데에만 성공했을 뿐이다. "자비에 대한 가르침은 이 세상의 왕국에 속하는 것이 아니라 …… 하느님의 왕국에, 그리고 기독교인들 사이에 속한다."[65]

단순 소박함에 대한 추구는 루터가 정치제도를 고려할 때에도 그 영향력을 발휘했다. 여기에서 루터는 권위를 거부하기보다 권위를 받아들이는 형식을 취했다. 권위·질서·사회계급에 대한 몇 가지 순진한 생각들로부터 루터는 복잡한 고려 사항에 따라 결코 수정되지 않는 매우 단순한 정치적 교리를 만들었다. 그것은 본질적으로 군주에게 온정주의적 지배의 바람직함을 인식시키기 위해서, 그리고 신민들에게 불복종의 사악함을 인식시키기 위해서 고안되었다. 루터의 종교적인 가르침이 자기 자신을 온전히 신의 자비에 내맡겨 버리는 신도의 일률적인 관계를 강조한 것과 마찬가지로, 정치적 질서[에 대한 가르침 –옮긴이] 역시 치자와 피치자 간의 일률적인 관계를 제외한 거의 모든 관계를 도외시했다. 두 경우 모두에서 인간의 도덕적인 무능함과 악함이 종속의 원천이었다. 하지만 정치적인 상급자와 하급자 간의 관계는 매우 특이하게도 대부분 종교적인 가치에 의해 침윤되지 않은 채 남아 있었다. 종교적인 고려는 오직 그 관계의 극단적인 경우에서만 등장했다. 즉 통치자는 신으로부터 그의 권위를 받았으며, 신민은 신의 명령에 따라 어떤 정치적 상황에서도 통치자에게 복종해야 한다는 것이었다. 루터는 정치 질서 속에 존재할 수 있는 그 밖의 다른 복잡한 관계에 대해 그 어떤 단서도 달지 않았다. 정치적인 관계 역시 종교적인 관계와 마찬가지로 제도화된 관계이기보다는 인격화된 관계였다.

이런 생각들은 정치사회에 관한 중세의 개념을, 공통의 관여 속에 한데 엮인 하나의 통합체라는 관념이 지닌 모든 풍성한 의미와 함께 소멸시켰다. 루터의 사상 속에는 신민을 마치 자기 몸의 일부처럼 *sicut propria membra* 여기는 아퀴나스의 이상적인 군주에 해당하는 것이 없었다.[66] 그 대신에 루터의 통치자는 구약성서에 나타나는 신의 이미지, 곧 분노하고 복수하는, 그러나 자식을 염려하는 아버지의 마음으로 그의 진노를 누그러뜨리는, 그런 신의 이미지를 가지고 있었다. 정치적인 권위와 그것이 다스리는 사회 사이에 점증하는 이런 소외는 사회 자체가 더 이상 신비스러운 몸이라는 관념으로 채색된 범주로 파악될 수 없다는 사실에 의해서 더욱 심화되었다. 동료 관계에 기초한 사회에 대한 약속은 오직 교회-사회에만 남겨졌다. 나아가 그리스도에 대한 공통의 사랑이 더욱 완벽한 교회-사회의 구성원됨에 배어 있었으며, 이는 일종의 내면적인 역동성을 창조했다. 이 자기 발생적 운동의 능력은 거룩하지 못한 사회에는 결여되어 있었다. 정치사회는 사랑으로 가득하기는커녕 공동생활의 여하한 가능성마저도 훼손하고 전체의 통일된 행동을 가로막는 갈등으로 가득 차 있었다. 스스로 행동을 창출할 수 없는 정치사회의 무능력은 세속 통치자의 오만한 지위를 정당화했다. 그의 절대적인 권력은 부패한 사회에 대한 논리적인 치유책이었다. 부패한 사회는 긴급한 통제를 필요로 했지만 그 통제를 스스로 실행할 수 없었기 때문이다. 사회에 대해 외부적이며 사회보다 상위에 있는 세속 통치자의 지위는 단지 심각한 갈등에 대해 오직 몸서리치는 것밖에 할 수 없는 사회의 병폐를 극적으로 표현한 것이었다.

이런 맥락에서 기독교인의 자유에 대한 루터의 교리와 그의 종교적인 이유에 근거한 불복종의 옹호는 세속의 통치자에 맞서 불균형을 시정하는 데 거의 아무것도 하지 못했다. 이 두 관념 속에는 정치적인 내용이 빠져 있었다. 의무는 정치적인 관계로부터 단절되어 오로지 종교적인 쟁점에 대해서만 적용된 반면, '진정한' 자유는 신앙의 내적인 상태로 변형되었다. 정치적인 사안에 관해서 사람들은 이유를 불문하고 복종해야 했다.

지금까지의 논의는 루터에 의해서 제기된 문제가 그가 정치와 종교적 가치를 분리해서 생긴 것이 아니라, 기독교 윤리가 정치적으로 부적절하게 됨에 따라 생긴 것이라는 결론에 이르게 한다. 루터는 사랑, 친절, 자비와 같은 기독교의 가치가 사회와 정치에 긍정적인 영향을 끼칠 것이라고 확신했다. 그러나 그는 그 가치들이 가정 및 이웃 관계와 같은 기초적인 차원에서 발생하는 문제들과는 다른 [복잡한-옮긴이] 문제들을 다루는 데에서도 힘을 발휘할 수 있다는 점을 보여 주지는 못했다. 기독교 윤리가 친밀한 개인들 사이의 관계에는 잘 적용될 수 있을지 몰라도, 복잡한 정치적 질서에 의해서 창조된 관계에는 부적합할 수도 있었다. 루터는 정치적인 관계를 일률적인 형태로 축소했기 때문에 이런 난점을 인식하지 못했다. 기독교의 가르침이 정치적으로 부적절하다는 점을 루터 자신도 어렴풋이는 감지했다. 『무역업과 고리대금업에 관하여』*On Trading and Usury*(1524)라는 논고에서 루터는 그 주제에 관한 기독교의 엄격한 가르침을 주장함으로써 자신의 논변을 시작했다. 그러나 그는 곧바로 사회 구성원이 대부분 기독교인으로서 행동하지 않는 한, 기독교 윤리는 별 유용성을 갖지 못한다는 점을 시인했다. 그의 해결책은 기독교적 논변을 포기하고, 그 대신에 정부의 강제력에 호소하는 것이었다. 루터는 인간이 세상을 복음으로 다스리려고 하면 오히려 이 세상이 혼돈에 빠질 것이라는 언급으로 자신의 주장을 마무리했다.67

기독교의 가르침이 지닌 정치적 유효성에 대한 이런 의문은 많은 초기 종교개혁가들의 사유에 특징적으로 나타나는 근본적인 모호성에 그 뿌리를 두고 있었다. 그들은 종교적인 측면에서 가장 비타협적이고 급진적인 개혁을 옹호했지만, 정치적인 측면에서는 침묵을 강요했다. 예를 들어, 루터는 기독교인들 간의 어떤 위계적인 구분도 격렬하게 거부했지만, 사회적인 위계를 자연적이고 필수적인 것으로 가정했다.68 그는 개인의 양심이 갖는 신성불가침성을 설득력 있게 옹호했지만, 농노제를 주저함 없이 받아들였다. 그는 농민들의 일부 불만이 정당하다는 것을 인정했지만, 농민들에게 물질적인 것에 너무 많은 가치를 부여하지 말라고 권고했다. 그는 종교적 권위의 모든 형태에 대해 기꺼이 근본적인 의문을 제기했지만, 통치자의 덕성과 동기를 의심할 때에도 정치제도에 대해서만큼은 전혀 의심하지 않았다. 그의 사상은 반란과 수동성의 인상적인 결합을 보여 주었다.

제6장

칼빈 : 프로테스탄티즘의 정치적 교육

만약 당신이 서쪽으로 걸어가고 있다면 …… 당신은 북쪽과 동쪽, 그리고 남쪽을 잃
게 된다. 만약 당신이 조화를 받아들인다면 당신은 혼돈의 모든 가능성을 잃게 된다.

— 로렌스D. H. Lawrence

1. 질서의 위기와 시민성의 위기

　루터가 물려주고 종교개혁의 급진적인 종파가 키워 낸 정치적 문제의
중심에는 질서에 대한 관념과 시민성이라는 서구 전통의 점증하는 위기가
놓여 있었다. 교황제에 대한 초기 종교개혁가들의 비판도 실제로는 지금껏
개별 신자들의 행동을 지배하던 수많은 제도의 통제와 전통의 제약으로부
터 신자들을 해방시킬 것을 요구하는 것이었다. 중세 교회는 많은 것을 의
미했지만, 무엇보다도 그것은 통치의 체계를 의미했다. 물론 언제나 성공
적이었던 것은 아니지만, 중세 교회는 확실한 기율 규범을 통해 구성원들
의 행동을 통제하려 했고, 물질적·정서적 헌신을 통해 그들을 하나의 통일
체로 묶으려 했으며, 또한 세계역사상 그 어떤 것보다 더 인상적인 제도화
된 권력 구조를 통해 모든 종교적인 노력을 경주하고자 했다. 본질적으로

교회는 인간의 행동을 일정한 이미지에 맞춰 주조하고자 고안된 합리화된 제약들의 집합이었다. 그런 교회를 적그리스도의 대리인이라고 비난하는 것은 인간의 행동을 지금껏 그것을 형성해 온 질서로부터 해방시키는 작업이 되었다. 이런 해방적 경향을 고무한 것은 바로 초기 종교개혁가들의 위대한 이념들 가운데 하나였던 이념, 곧 교회가 신앙이라는 끈으로 한데 묶여 있으며 구원을 향한 공통의 열망 속에서 하나가 된 동료 관계라는 관념이었다. 공동체에 대한 이런 강조는 초기 기독교와 관련해서 이미 논의된 주제, 곧 '정치적' 형태에 대한 '사회적' 형태의 우월성, 외부로부터 강제된 규범에 예속된 사회에 대한 구성원들의 자발적 결합의 우월성이라는 주제가 후일 심화된 버전이었다.

> 코무니카레*communicare*는 이 동료 관계에 참여하는 것을, 혹은 다른 말로 성사에 참여하는 것을 의미한다. 왜냐하면 그리스도와 모든 성도들은 하나의 영적인 몸이기 때문이다. 그것은 마치 한 도시의 거주자들이 하나의 공동체이자 하나의 몸이며, [그곳에서─옮긴이] 각 시민이 타인의 지체이며 전체 도시의 지체인 것과 마찬가지이다. …… 이 몸 안에서 우리는 모두 형제요 자매이며, 그보다 더 친밀한 관계를 생각할 수 없을 정도로 친밀하게 결합되어 있다. …… 어떤 형제 관계도 이처럼 가깝지는 않다.[1]

문제는 이 동지 관계*Genossenschaft*라는 관념에 교회가 다스리는 몸*corpus regens*이라는, 다시 말해서 활력을 갖춘 권력 구조에 의해 결합된 사회라는 보완적인 관념이 없다는 것이었다. 그것이 의미하는 바는 강제력의 진지하고 지속적인 적용 없이도 사람들이 질서 정연하게 공동체에서 살도록 변화될 수 있으며, 그들이 사회적이지만 정치적이지는 않은 집단의 구성원이 될 수 있고, 또한 정치적 사회의 구성원으로서 그들이 수행하는 '다른' 역할이 본질적으로 열등한 활동이라는 것이었다. 이런 경향의 가장 극단적인 형태를 우리는 루터의 종교개혁과 같은 시대에 전개된 재세례파 운동에서 찾아

볼 수 있다. 재세례파는 오염된 세상 한복판에서 교회의 순수성을 지키는 일에 강박적으로 매달렸다. 그들은 이런 목적을 이루고자 자신들의 공동체를 세상과 분리했고 정치적 질서에 대한 어떤 의무도 부정했다. 달리 말해, 그들의 친교communion가 지닌 '사회적' 본성은 '정치적인' 외부와의 접촉을 피함으로써 유지될 것이었다.

이런 맥락에서 볼 때, 재세례파가 뮌스터Münster에서 수립한 단기간의 폭력적인 독재는, 비록 비폭력을 추구하는 재세례파의 이상과 독재가 모순되었지만, 이 운동의 기본적인 세계관과는 친화성을 가지고 있었다.2 뮌쩌 Thomas Muentzer의 추종자들은 이 세상에 대한 동일한 혐오, 곧 재세례파의 좀 더 평화적인 버전에 존재하는 것과 동일한 반정치적 충동에 사로잡혀 있었다. 그러나 뮌쩌의 추종자들은 악을 거부하고 세상으로부터 도피하려고 하는 대신에, 17세기 청교도 운동의 일부 과격파 세력들과 동일한 방식으로 대응했다. 즉 그들은 부패한 세상을 극복하고자, 세상의 사악한 요소들을 뿌리 뽑고자, 그리고 세상을 성도들의 순수한 교제라는 이미지에 따라 다시 만들고자 "신성한 폭력"을 동원해서 싸웠다.3 평화로운 방식이든 유혈이 낭자한 방식이든 간에 반정치적인 성향은 이들의 심성에 공통적이었다.

우리가 이미 살펴본 것처럼 루터는 가시적인 교회가 [다양한 은총의 상태에 있는-옮긴이] 구성원들이 한데 섞여 있기 때문에 결함 있는 사회이며, 따라서 그들을 훈련할 기율 장치를 필요로 한다는 점을 깨달았다. 하지만 루터 사상의 역설은 한편으로 그가 정치제도와 인간적인 속성들을 의심하고 종종 경멸했지만, 다른 한편으로 교회-사회를 사랑, 신앙, 예배 중에 임하는 그리스도에 의해 결합된 일종의 자발적인 통일체와 동일시했다는 점에서 비롯되었다. 따라서 루터는 비록 정치적 질서가 의심스럽더라도 그것으로 하여금 거룩한 공동체를 단속할 것을 요청하지 않을 수 없었다. 이런 역설의 원인은 교회를 본질적으로 '사회적인' 통일체로 간주한 그의 교회관에 있었다. 교회는 일종의 형제 관계였기 때문에 권력, 지배, 권위를 만들어 낼 수 없었다. 그러므로 세속적인 정부는 교회와 독립적으로, 그러나 그 대신에 종교적인 후광 없이, 질서를 부여하는 효과적인 기율의 유일한 구현체가 되었다. 세속적인 정부는 사회를 응집시키는 주요한 힘이었다. 정치적인 영역은 실천적으로 매우 중요했지만 기독교적 덕의 영역이 아니라 강제와 억압의 영역이었다. 통치자는 공동체가 지향하는 공통의 목적을 위한 대리인이기보다 세속적인 의식을 관장하는 일종의 대제사장과 같았다. 간단히 말해서, 정치적 질서에 대한 적대감 역시 루터의 세계관의 일부였다.

이 같은 관념의 결말은 질서와 시민성에 관한 모든 전통을 위태롭게 하는 것이었다. 이런 관념들은 비록 종교적인 언어의 옷을 입고 있었고 또한 종교를 진지하게 받아들이는 청중들을 대상으로 하고 있었지만, 추종자들에게 일정한 태도를 각인시키지 않을 수 없었고, 그런 태도는 또한 그들의 정치적 행동과 세계관에 심대한 영향을 끼칠 것이었기 때문이다.

이처럼 점증하는 위기의 와중에서 칼빈은 시민성으로부터의 도피를 막는 사상 체계를 제시했다. 정치적인 차원에서 칼빈은 정치 질서에 대한 신망을 회복시키려 했고, 프로테스탄트들에게 인간 본성의 정치적인 면을 깨닫게 하려 했으며, 정치적 교육의 기초를 가르치려고 했다. 이런 목적을 달성하기 위해 칼빈은 정부가 억압의 강력한 원동력이며 정치적 질서가 기독교인에게는 불필요하다는 루터의 가르침과 결별해야 했다.4 종교적인 측면에서 칼빈의 교회론은 교회-사회가 그곳에서의 삶을 조절할 제도적인 구조를 갖지 않을 때 불완전하고 비효율적일 것이라는 원리를 체계적으로 정교화한 작업이었다. 신자들이 모인 공동체만으로는 충분하지 않았다. 권력이라는 추가적인 요소가 그 집단의 단합과 연대를 보장하기 위해 필요했다. 루터파와 재세례파가 직면했던 난관들은 교회 정체라는 본질적으로 정치적인 치료책을 통해 극복되어야 하는 것이었다. 재세례파 공동체가 세상

276

으로부터 [성공적으로-옮긴이] 도피한 것처럼 보였지만 결국 내부의 무질서로 말미암아 소란을 겪었다면, 루터파 교회는 갈수록 정치적인 압력에 취약해졌다. 그리하여 전자는 회중 민주주의congregational democracy의 혼란에, 후자는 정치적인 간섭에 시달렸다. 이런 문제들에 대처하기 위해 칼빈은 다음과 같은 사항들을 제안했다. 최선의 교회 정체는 자급자족을 목표로 해야 하지만, 그렇다고 해서 정치사회에서의 삶으로부터 교회 자신을 분리해서는 안 되었다. 최선의 교회 정체는 교회의 구성원들이 교회의 일에 적극적으로 참여하도록 한다는 종교개혁의 원리를 따라야 하지만, 그렇다고 해서 그들에게 그 일을 긴밀하게 주재할 권한을 위임해서는 안 되었다. 최선의 교회 정체는 교회에 강력한 리더십과 지침을 제공해야 하지만, 그렇다고 해서 교황을 복원해서는 안 되었다. 이런 식으로 해결책을 모색해 가면서 칼빈은 교회 정부에 대한 정치 이론을 만들어 냈다.

칼빈이 '종교개혁의 종료'를 주관했다고 결론짓는 것은 과도하겠지만,5 구조와 조직에 대한 칼빈의 강조, 곧 종교개혁에 의해서 해방된 충동들의 통제에 대한 그의 강조가 운동의 새로운 국면을 열었다는 점은 부인할 수 없다. 개인은 종교적 질서와 정치적 질서라는 이중의 질서 속으로 재통합될 것이었고, 그 질서들은 공동의 통일체 속에서 연결될 것이었다. 종교적인 의무들과 제약들, 그리고 그것들에 대응하는 정치적인 의무들과 제약들 간의 단절은 복원될 것이었고, 기독교적인 덕과 정치적인 덕은 서로 좀 더 가깝게 다가갈 것이었다. 그러나 이렇게 등장하게 된 질서는 '신정神政 체제'가 아니라, 순전히 종교적이지도 않고 순전히 세속적이지도 않은, 양자가 혼합된 통합적 공동체였다.

2. 칼빈 사상의 정치적 특성

칼빈의 작업이 지닌 복원적 성격은 교회에 대한 그의 이론에서 가장 분명하게 드러났다. 초기 종교개혁가들의 반제도적 성향이 가장 두드러지게 드러난 영역이 바로 교회였기 때문이다. 칼빈의 이론에서 교회는 가시적인 교회와 비가시적인 교회라는 두 측면을 모두 가지고 있었다. 비가시적인 교회를 루터는 "모든 성도의 사회, 곧 전 세계에 퍼져 있는, 그리고 모든 시대에 존재하는 사회, 그러나 단 하나의 교리와 그리스도의 유일한 성령에 의해 하나로 결속된" 사회로 정의했다.6 반면에 가시적인 교회는 인간의 연약함에 대한 용인으로서 이 땅에 세워졌다. 가시적인 교회는 '많은 위선자'와 신앙의 정도가 다른 다양한 구성원을 포함하므로, 이 교회가 존속하려면 말씀의 설교와 성사의 집행보다 더 확실한 표식이 필요했다. 가시적인 교회는 보편적으로 편재하는 것이 아니라 특정한 장소에 있었다. 그 교회의 통일성은 은총에 의해서 자동으로 보장되는 것이 아니라 분명하고 확실한 직분들의 구조를 필요로 했다. 그러므로 가시적인 교회의 조화는 자연 발생적인 것이 아니라 기율의 계산된 산물이었다. 요컨대 가시적인 교회는 인간 본성의 연약함에 맞춰 고안된 차선의 형태에 속하는 교회 정체였다. 이처럼 가시적인 교회와 비가시적인 교회는 그 완전성의 측면에서 불균형적이었다. 그러나 그렇다고 해서 더러운 것을 피하려는 마음에서 [덜 완전한 -옮긴이] 가시적인 형태의 교회를 포기하는 것이 결코 정당화되지 않는다고 칼빈은 반복해서 경고했다. 그는 "[가시적인 -옮긴이] 교회로부터의 이탈은 하느님과 그리스도를 부인하는 행위"이며 "범죄적인 불화"라고 선언했다.7 모든 불완전한 정체政體가 개선될 수 있다고 아리스토텔레스가 믿었던 것과 마찬가지로 칼빈 역시 모든 가시적인 교회가 현명한 조치를 통해서 개혁될 수 있다고 믿었다.

그런 조치가 목표로 삼아야 하는 것은 통일성이었다. 이것이 사회를, 그것이 가시적이든 비가시적이든 간에, 종교적이든 세속적이든 간에, 사회가 아닌 것과 구별해 주는 표식이었다. 하지만 사회적인 유대는 각각의 유형에 따라서 다르게 표현되었다. 예를 들어, 비가시적인 교회의 통일성은 인간적인 기예의 산물이 아니라 구원받을 자를 미리 예정해 놓은 신의 비밀스러운 선택의 결과였다. 성도들의 독특한 운명은 그들이 사회생활을 한다는 사실로 말미암아 손상되지 않았다. 성도들은 교제를 통해 보편적인 사회를 형성했다. 그들을 공동체로 묶는 것은 그리스도에 대한 공통의 사랑이었다.[8]

가시적인 교회의 경우에도 그리스도는 충성의 구심점, 곧 지속적이고도 궁극적인 헌신의 대상으로서 기능했으며, 이 헌신으로부터 전체의 통일성이 도출되었다. 신자들의 사회를 보존하는 힘은 그리스도의 몸을 위해 신탁통치를 행하는 교황이라는 통제의 중심으로부터 생산되지 않았다. 가시적인 교회를 통합하는 힘은 신비스러운 성령에서 왔으며, 이 성령은 그리스도와 함께 신비스러운 몸의 형성에 동참하는 구성원들을 통해서 구현되었다.[9] 성체성사를 통해 사회는 통합의 상징을 보유했으며, 그 상징은 사회의 핵심에 놓여 있는 신적인 요소뿐만 아니라 구성원들의 공통된 정체성을 함양하는 사랑이라는 지속적인 원칙을 또한 가리켰다. 그 성사는 거기에 참여하는 자들이 그리스도와 공유하는, 그리고 그리스도를 통해서 공유하는 공동선을 의미했다. 그리고 그리스도에 대한 그 공통의 사랑은 참여자들로 하여금 이 공동선을 그들의 동료와 나누지 않을 수 없도록 강제하는 작동 원칙이 되었다. 그들은 서로 사랑하지 않고서 그리스도를 사랑할 수 없었으며, 그리스도를 해하지 않고서 서로 해할 수 없었다.[10]

가시적인 사회의 통합에 이바지하는 두 번째의 주요한 결속 기제는 교리적인 것이었다. 목사의 지속적인 설교와 완전한 모습을 닮아 가려는 구성원들의 끈질긴 노력을 통해서 성서의 가르침은 인간 행동의 가장 은밀한 영역을 관통하여 주입될 수 있었다.

비가시적인 사회가 그 존재를 확립하는 데는 말씀의 설교와 성사의 집행만으로 충분했지만, 구성원들이 가진 신앙과 비신앙의 상태가 다양한 가시적인 사회는 추가적인 도움이 필요했다. 비가시적인 사회와 달리 가시적인 사회에는 공통의 운명이라는 통일성이 결여되어 있었다. 따라서 가시적인 사회는 강제적인 구조를 수단으로 삼아 통일성을 창출해야만 했다. 조금 다르게 말하자면, 성사와 말씀이 가시적인 교회에 '사회적인' 통일성을 제공하지만, 그것들이 교회 정부, 곧 구성원들의 이질적인 본성을 다루는 데 필요한 권력의 요소를 제공할 수는 없었다. 어떤 이는 구원받도록 예정되었고 어떤 이는 지옥행이 예정되었는데, 구성원들 간의 이런 이질성이 통일성을 갖게 되는 것은 오로지 그것을 통제할 제도들의 명확한 집합, 곧 교회 정체에 의해서만 가능했다. 이 교회 정체는 말씀을 전하고 강제하며, 질서를 세우고, 응집성을 촉진하며, 교회가 내리는 결정의 규칙성을 보장하기 위해 고안된 것이었다. 요약하자면, 가시적인 교회는 권력이라는 적절한 수단을 갖추고 있어야 했다.

가시적인 교회가 제도, 법, 교회를 다스릴 성직자들을 필요로 하는 한, 그 교회는 인간적인 기예의 영역에 속했으며, 교회 입법자는 가시적인 교회를 잘 정돈되고 통제된 교회로 만들어야 했다. 비록 가시적인 교회가 견고 선택받은 자들로 이루어진 비가시적인 사회의 완전함에는 도달할 수 없었지만, 자기 나름의 특별한 탁월성을 추구할 수는 있었다. 이와 동시에 교회를 세우는 사람은 그와 같은 거창한 기획을 집행하는 과정에서 전적으로 자유롭지 못했다. 그는 성서의 훈계와 거룩하게 제정된 제도에 의당 바쳐야 하는 경외감에 의해 제약받았다. 교회를 세우는 자가 스스로 교회에 대한 관념이나 교회의 목적을 창조한 것은 아니었다. 그가 맡은 과제는 단지 인간의 보잘것없는 기예가 허락하는 한에서 우주를 다스리는 신의 질서를 모방하는 것이었다. 그것은 다양성을 질서 정연한 조화 속에, 개별성을 공동선 속에 섞는 것이었으며, 전체가 살아 있는 몸과 같이 통일성을 가지고서 기능하도록 제도와 교회의 직분을 정비하는 것이었다.[11]

교회의 구조, 즉 교회의 '체제'constitution와 '직분'에 관심을 기울이는 과정에서 칼빈은 로마 교회가 언제나 실천했었지만 초기 종교개혁가들이 거의 늘 잊고 있었던 것을 재발견했다. 그것은 다른 모든 사회와 마찬가지로 종교적 사회도 제도적인 뒷받침을 받아야 한다는 것이었으며, 또한 제도는 권력의 집적물이라는 것이었다. 많은 종교개혁가는 중세 교회의 '세속적인 권력'을 비난하려는 열정에 사로잡힌 나머지 또 다른 종류의 권력, 곧 종교적 사회의 권위를 표현하는 데 더 적합한 양식인 '영적인' 권력이 존재한다고 믿는 것처럼 보였다. 예를 들면, 루터는 언제나 '영적인' 권력과 '세속적인' 권력이라는 두 가지 형태의 권력 간의 선명한 대조를 이끌어 냈다. 그리고 양자 사이에 어떤 공통 요소가 존재한다는 점을 단호하게 부정했다.[12] '영적인' 권력은 스스로 생겨나는 그 무엇이었다. 그것은 신자들의 양심에 대한 권고의 형태로 가시화되었다. 그것은 설교와 기율이라는 목사의 기능을 통해 나타나는 영향력이었다. '영적인' 권력이 어느 정도 '내향적'인지는 파문 또는 출교를 결정하는 교회의 권력에 관한 루터의 가르침에서 가장 잘 드러났다. 첫 번째로 그는 구성원을 교회에서의 동료 관계와 성사에서 배제하는 데 이 권력을 이용할 수는 있지만, 어떤 시민적 자격을 박탈하거나 처벌할 수는 없다고 주장했다.[13] 또한 루터는 출교가 개인을 "외부적이고 신체적인, 그리고 가시적인 동료 관계"에서 배제할 수는 있지만, 그것이 "내적인 영적 동료 관계에 속한 진리와 의로움"에 영향을 미칠 수는 없다고 주장했다. "진리와 의로움이 [그것과 비교할 때에-옮긴이] 열등하기 짝이 없고 외적인 동료 관계를 위해서 양보될 수는 없으며, 그것은 심지어 출교당하는 경우에도 결코 양보될 수 없다."14 그리하여 종교의 제도적인 형태보다 종교적인 진리와 신앙이 더 우월하다는 루터의 믿음은 '영적인' 권력 개념을 중세 교회에서의 의미와 다른 것으로 만들었다. 영적인 권력이라는 개념은 명령적·강제적·최종적인 성격을 포기했고, 후일 홉스가 "유령 같은" 형태라고 부를 그런 형태를 취하게 되었다.

그러나 칼빈은 제도적인 삶을 재발견함으로써 두 가지 유형의 권력이 대립하는 것으로 간주하는 시각과 그 밑에 깔려 있는 가정을 거부했다. 시민적 정부와 교회 정부는 종류의 구별을 상징하는 것이 아니라, 단지 대상의 구별을 상징할 뿐이었다. 따라서 그 두 정부의 본성은 대립적이기보다는 유비적이었다. 시민적 정부가 시민사회에서의 삶과 맺는 관계와 동일하게 필연적인 관계를 영적인 정체政體는 교회에서의 삶과 맺었다.15 교회의 통치자들 역시 "좋은 정부가 갖춰야 할 규칙과 법"에 정통해야 했다. 왜냐하면 그런 지식은 어떤 종류의 질서를 보존하는 데에도 필수적이기 때문이었다. 칼빈은 질서를 "모든 혼동, 야만성, 완고함, 소요, 불화를 제거한 잘 규제된 정체"라고 정의했다. 따라서 질서는 시민적 정체는 물론 종교적 정체의 핵심적인 목표였다.16

칼빈이 보기에 질서란 한 번 수립되었다고 해서 그 자체의 완전함이라는 동력에 의해 유지되는 자기지속적인 상태가 아니었다. 질서는 끊임없는 권력의 행사를 필요로 했다. 마치 우주의 질서가 활동하는 신에 의해서 보존되듯이 인간의 질서도 그 단결이 유지되려면 일관된 강제력으로 뒷받침되어야만 했다.17 어디든 질서가 있는 곳이면 그곳에는 권력이 있었다. 따라서 종교적 질서를 뒷받침하는 권력의 종류가 '영적인'이라는 형용사를 수반할지 모르지만, 이 형용사가 그 권력을 시민적 질서에 현존하는 권력과 근본적으로 다른 종류의 강제로 변형하는 것은 아니었다. 다른 말로 하면, 영적인 권력은 종교적인 목적에 적용된 권력의 특화된 측면을 구성하는 것이지, 영화靈化된 측면을 형성하는 것이 아니었다.

주지하다시피 칼빈은 종종 세속적인 권력과 영적인 권력 간의 선명한 대립을 주장하는 것처럼 보였다. 그는 양자를 혼동하는 것을 "유대교적 어리석음"이라고 선언했다. 영적인 통치는 "속사람"the inner man 및 영생을 위한 준비와 관련이 있었다. 반면에 시민적 통치는 "외형적인 행실" 및 "현세의 관심사"를 규제했다.18 그렇다고 하더라도 우리가 칼빈의 구별을 조금 더 자세히 살펴본다면, 그 두 권력 간의 차이가 실질적인 차이가 아니라 적용상의 차이라는 점을 분명히 알 수 있다. 『기독교 강요』Institutes 속의 매우 시사적인 구절들에서 칼빈은 두 질서를 "영적인"과 "세속적인"이라는 말로써 구분하는 것이 "통상적"이라고 언급했다. 물론 이런 구분도 충분히 적절하긴 하지만, 그는 "하나는 영적인 왕국이요, 다른 하나는 시민적 혹은 정치적 왕국"이라고 부르는 것을 더 선호했다.19 "영적인"과 "세속적인"이라는 말 사이의 통상적인 비하적 대비를 피하고 그것들 각각을 왕국regnum이라고 선언할 때에 칼빈은 강제적인 요소가 두 통치에 모두 공통적이라는 사실을 지적하고 있었던 것이다. 그것들 사이의 차이는 대상이나 관할 영역의 범위에 있을 따름이었다.

영적인 권력이 종류상의 차이를 뜻하지 않는다는 점은 다른 방향으로부터 추가적으로 입증되었다. 칼빈으로 하여금 일차적으로 이 두 권력을 구분하도록 한 주요 동기 가운데 하나는 오랫동안 논쟁이 되었던 것이었다. 칼빈은 영적인 권력이나 세속적인 권력에서 권력 자체를 부정하는 사람들에 맞서서 권력을 옹호하고자 노력했다. 한편으로 일부 급진적인 종파들은 '기독교인의 자유'라는 이름으로 참된 신자는 정치적 권위의 명령으로부터 전적으로 면제된다고 가르쳤다. 다른 극단에는 '군주에게 아첨하는 자들'이 있었는데, 칼빈의 눈에는 그들도 마찬가지로 위험해 보였다. 그들은 세속 행정관들의 권력이 영적인 권력의 통합성을 파괴할 수 있을 정도로 강한 것처럼 과장했다. 첫 번째 극단에 반대해서 칼빈은 모든 사람을 위한 시민적 질서의 가치, 특히 기독교인들에게 명령할 시민적 질서의 권리를 옹호했다. 다른 극단에 반대해서 칼빈은 교회의 독립적인 권력과 독자적인 관할 영역에 대한 교회의 주장을 긍정했다. 요컨대, 두 권력에 대한 칼빈의 구분은 각각의 권력을 보존하고 영적인 권력이 단지 비실체적인 신념의 한 형태일 뿐이라는 생각을 반박하려는 의도에서 비롯된 것이었다.

더욱이 칼빈이 영적인 정부를 "신앙심과 하느님에 대한 예배를 통해 양심을 형성하는" 수단으로 정의하고, 시민적 정부를 "인간성과 시민성의 의무를 가르치는" 질서로 정의했을 때, 칼빈이 의미한 것은 정치적인 정부가 오로지 '외적인' 행동만을 통제하는 반면, 영적인 정부는 오로지 양심에만 관여한다는 것이 아니었다. 우리가 나중에 주목할 것처럼, 시민적 정부도 양심에 관여하되, 다만 다른 종류의 양심에 관여했다. 시민적 정부는 '시민적 양심' 혹은 고대인들이 '시민적 덕성'이라고 불렀던 것을 형성하고 증진할 적극적인 의무가 있었다. 그 반면에 영적인 정부는 설교하고 가르치는 기능을 통해 시민적 예절을 갖추는 것을 돕고 '무례함'을 바로잡도록, 요컨대 '외적인' 행실에 영향을 미치도록 요구받았다. 이 모든 고려 사항이 가리키는 결론은 "말하자면, 인간에게는 두 가지 세계가 존재하는데 그 각각의 세계는 다양한 통치자와 다양한 법률에 의해 지배될 수" 있다는 것이었다.[20] 갈빈은 인간을 이 두 세계 모두에서 각종 제약에 종속되고 권력에 의해서 통제되는 질서의 피조물로 여겼다.

칼빈은 교회의 권력을 세 가지 측면으로 나누었다. 첫 번째 측면은 교리에 대한 권력으로서 그 권력은 "첫째로 율법과 선지자들의 예언서 속에 담긴 것, 그리고 둘째로 사도들의 글 속에 포함된 것 외에는 …… 그 어떤 말씀도 교회에서 하느님의 말씀으로 인정을 받아서는 안 된다"라는 명령에 의해서 제한되었다.[21] 하지만 교회가 구성원과 맺는 관계 속에서 교리에 대한 권력은 좀 더 적극적인 측면을 가지고 있었다. 진리의 불변의 요체를 설교하고 해설하는 권력은 공통의 충성 대상을 구성원들 앞에 제시함으로써 공동체의 집합적 정체성을 강화하기 위한 방법이었다.

이 주제와 밀접하게 연관되어 있는 것은 성서의 해석이 교회의 적절한 성직자들에게 엄격하게 국한된다는 칼빈의 주장이었다. 모든 사람의 손에 성서를 되돌려 주어야 한다는 종교개혁의 원칙에는 통일성에 대한 위협이 현존했는데, 이 위협이 성서 해석권에 관한 칼빈의 생각에도 어느 정도 영향을 미쳤다. 칼빈도 잘 인지하고 있었듯이 모든 사람에게 성서 해석권이 주어지면 신자의 수만큼 많은 하느님에 관한 사적인 이미지가 생겨날 수 있었다. 따라서 하나의 일률적인 공적 진리가 우선하고 그 진리의 해석권이 성직자에게 집중된다는 칼빈의 주장은 종교적인 목적뿐만 아니라 사회적인 목적 또한 지니고 있었다. 그것은 사적인 비전의 해체적인 효과에 맞서 믿음의 공동체적 기초를 보존하는 것이었다.[22]

교회 권력의 두 번째 측면은 법을 제정하는 권력에 집중되었다. 이런 권력에 대한 논의에서 칼빈은 가장 섬세하고도 법률적인 논변을 전개하는 면모를 보여 주었다. 그는 입법권 그 자체를 없애지 않으면서도 그 권력을 교황이 사용하는 것을 막을 수 있기를 원했다. 교황의 입법권과 관련하여 칼빈은 교황제가 신자들에게 불필요한 두려움을 자아내는 새로운 신앙의 규범들을 제정함으로써 입법권을 남용했다고 주장했다. 달리 말하면, 교황들이 개인적인 양심의 신성함을 침해했다는 것이다. 칼빈의 논변이 전개되는 과정에서 양심의 자유에 대한 요구는 거의 주권적 불가침성으로 포장되기에 이르렀다. 기독교인들의 양심을 오류와 미신이라는 짐으로부터 자유롭게 함으로써 그리스도의 가르침을 더 쉽게 받아들일 수 있게 하려고 그리스도가 보내어졌으므로, "자유로운 판단에 맡긴 대수롭지 않은 사안에 관해서는" 어떤 권위도 신자와 성서의 약속 사이에 새로운 장벽을 법률로써 세울 수 없다는 것이었다. "우리의 양심은 사람과 관계된 것이 아니라, 오직 하느님과 관계된 것이다."23

로마 교황청의 주장을 물리친 후, 칼빈은 오직 양심에 관한 교리를 수정함으로써만 그가 구상한 교회에 적합한 입법권을 모색할 수 있었다. 이런 목적에 적합한 출발점은 양심이 아니라 질서였다. "모든 인간 사회에서 공동의 평화를 보장하고 화합을 유지하려면 모종의 통치 형태가 필수적이다." 통치의 본성은 그 활동을 "품위 있고 질서 정연하게" 수행하기 위해 "모종의 확립된 형식" 혹은 절차를 필요로 했다. 하지만 "사람들의 풍습이 다양하고, 사람들의 마음이 각양각색이며, 사람들의 판단과 기질이 너무도 서로 이질적"이어서 그 어떤 형태가 정착되기 어려웠다. 이 같은 무정부적 힘들을 극복하려면 법률과 조례가 '일종의 결속 수단'으로서 필요했다. 일단 이 통제 수단이 확립되고 나면 그것은 교회의 질서를 보존하기 위해 없어서는 안 될 중요한 역할을 담당했다. "교회에서 그런 수단들이 제거되어 버리면 교회는 우왕좌왕하게 되고 결국 와해되어 허공으로 완전히 사라져 버릴 것이다." 따라서 입법권이 신자들의 구원에는 필수적이지 않을지 몰라도 종교적 사회의 보존에는 근본적이었다. 칼빈이 교회의 입법권을 구출한 것은 개인의 양심을 위해서가 아니라 해방된 양심이 방황하지 않을 수 있도록 공동체를 수호하기 위해서였다.24

교회가 가진 권력의 세 번째 측면이자 '주요한 측면'은 사법권이었다. 이 권력은 "오직 영적인 정체를 보존하고자 마련된 질서"였다.25 그 권력의 범위는 회중 가운데 가장 미천한 사람에서부터 가장 높은 정치 관료에게까지 미쳤다. 이 사법권의 중요성은 다음과 같은 사실, 곧 이 권력이 질서의 가장 근본적인 문제, 이른바 구성원들의 기율을 다룬다는 사실에서 비롯되었다.

어떤 사회도, 어떤 가정도 …… 기율 없이 적절한 상태로 보존될 수 없다면, 그 어떤 사회보다도 질서가 더 잘 유지되어야 할 교회에서 기율은 더욱 필수적이다. 그리스도의 구원의 교리가 교회의 영혼이라면 기율은 구성원들을 서로 연결하고 각자를 제자리에 있게 하는 인대 역할을 한다. …… 그러므로 기율은 그리스도의 교리에 반항하는 순종치 않는 자들을 억제하고 누그러뜨리는 고삐 또는 무기력한 자들에게 자극을 주는 박차와도 같고, 때로는 심하게 타락한 자들을 그리스도의 성령에 깃든 온화함으로 자비롭게 벌주는 아버지의 회초리와도 같다.26

기율에 대한 칼빈의 강조는 그가 해방된 양심을 통제할 또 다른 방법을 파악했다는 것을 분명히 보여 준다.27 기율이라는 수단을 통해서 신자는 제약과 통제의 맥락으로 다시 편입될 것이었고, 다시 질서의 피조물로 조형될 것이었다. 이런 작업은 매 순간 신자의 외적인 행실을 정교하게 규제함으로써, 그리고 종교적 사회의 기본적인 교의를 신자에게 가르침으로써 완수될 것이었다. 그리고 이 포괄적인 통제의 체계를 지탱하는 것이 바로 출교라는 최고의 제재였다. 칼빈의 체계에서 출교는 단순히 [신과의 내적인 끈과 대조되는, 성도들 간의 - 옮긴이] 외적인 유대의 단절 이상을 의미했다. 다음의 언급에서 보듯이 내쫓긴 자들은 희망 없는 삶, 곧 동료 관계의 범위 바깥에서 삶을 살도록 선고받았다.

…… [교회개] 우리를 잉태하여 낳고, 교회의 젖으로 우리를 기른다는 점을 우리가 이해하지 못한다면, 또한 우리가 이 사멸할 육체를 벗고 "천사들처럼 되기"까지 교회가 줄곧 보살핌과 다스림으로써 우리를 지키지 않는다면, 우리가 생명으로 들어갈 다른 방법은 없다. …… 우리는 인생이 끝나는 날까지 계속해서 교회의 지도와 기율 아래 있어야 한다. …… 교회의 품을 떠나서는 죄가 사면될 것이라는 희망도 구원에 대한 소망도 가질 수 없다. …… 교회를 떠난다는 것은 언제나 치명적으로 위험한 일이다.28

교회의 사법권이 강제력의 측면에서 국가의 처벌권에 비견될 수 있음을 비록 칼빈이 부인하기는 했지만, 쫓겨날 것을 이미 두려워하는 신자를 신앙의 공동체로부터 내쫓을 수 있는 권력이 시민적 통치자의 수중에 있는 가장 강력한 무기보다 어떤 방식으로든 열등한 것이라고 단정하기는 어려울 것이다. 이 권력을 특징짓는 엄격함은 칼빈의 사상 속에 존재하는 어떤 '가톨릭적인' 경향 탓이 아니라, 정치적인 경향 탓이었다. 왜냐하면 그것은 질서의 문제가 결정적이라는 그의 확신을 증명해 주기 때문이었다. 칼빈의 논리에 따르면 해결책은 프로테스탄트들을 질서의 피조물로 재주조하고 자, 혹은 더 정확하게 말해서, 그들을 기독교적인 시민성의 이미지에 맞추고자 교회의 적극적인 권력 행사를 요구하는 것이었다.

교회의 역할에 관한 칼빈의 관념과 루터의 관념 간의 차이는, 단순히 [신-신자라는-옮긴이] 루터의 좀 더 단순한 관계와 다르게 칼빈이 신-교회-신자라는 삼자 관계를 기꺼이 복원하려고 했다는 데 있지 않았다. 두 사람의 교회관이 갖는 진정한 차이는 칼빈이 공동체에 대한 예전의 관념, 곧 공동체가 덕을 가르치는 학교이자 개인의 완전함을 실현하기 위해 필수적인 매개체라는 관념을 재포착하려 했다는 데서 비롯되었다. 예를 들어, 만약 우리가 어머니-교회라는 칼빈의 상징을 플라톤의 『크리톤』에 나오는 구절, 즉 소크라테스가 자신을 존귀하게 길러 준 폴리스를 배반하느니 독배를 마시겠다고 선언하는 대목과 비교해 본다면, 거기에서 우리는 두 사람의 사고방식에서 나타나는 놀라운 유사성을 발견할 수 있다. 물론 이런 유사성에 대한 지적을 통해 칼빈이 16세기 프랑스 인문주의의 대표자로서 공동체에 대한 고전적인 관념을 어느 정도 모방하는 차원에서 부활시키려는 의도를 갖고 있었다고 말하려는 것은 아니다. 그것이 가리키는 바는 단지 칼빈의 교회-사회에 대한 관념이 오랜 지적 전통의 정점에 서 있었다는 것이다. 이 전통은 기독교의 초창기로까지 거슬러 올라가게 되는데, 바로 그 시기에 덕의 수호자로서의 공동체라는 관념이 정치적 맥락에서 종교적 맥락으로 이식되었던 것이다. [그때부터 - 옮긴이] 도시가 아니라 교회가 인간의 개선을 위해 불가결한 매개체, 곧 인간 운명을 좌우하는 상징이 되었다. 즉 [그런 의미에서 - 옮긴이] "시간의 종점에 이르기까지 교회는 세상의 박해를 감당하고 하느님의 위로를 받으면서 지상의 이방인으로서 나그넷길을 갈 것이다"라고 아우구스티누스는 기술했던 것이다.29

칼빈은 종교적 사회가 더 우월한 덕을 지니고 있다는 기독교적 관념을 계속해서 유지했지만, 그 관념을 중세의 교회관이나 루터파의 교회관과는 다른 방식으로 재구성했다. 공동체를 수평적인 동료 관계community-in-fellowship로 보는 루터파의 이념을 채용함으로써 칼빈은 중세의 지배적인 전통에서 벗어났고, 또한 그 공동체를 권력 구조 안에 둠으로써 루터로부터도 벗어났다. 최종적으로 칼빈이 제시한 교회는 단순한 공동체 이상의 그 무엇이어야 했으며, 동시에 기독교화된 폴리스 이상의 그 무엇이어야 했다. 가장 깊은 차원에서 교회는 신비스러운 몸으로서 결합되었지만, 칼빈은 이 신비로운 기초의 맨 위에 이 세상과 구별되는 삶의 양식을 구성하고 강제할 일련의 제도를 세웠다. 그 전체가 단단하게 결합되어 있는 모습은 고대의 폴리스를 상기시켰지만, 기초를 이루고 있는 신비라는 요소는 고전적인 공동체에는 완전히 낯선 초월적인 경향을 연상케 했다. 교회는 신의 승리를 선포하는 것이었다. 여기에서 칼빈은 전통적인 기독교의 믿음을 따르고 있었다. 교회는 폴리스라는 시공간의 제약을 받는 완전함이 아니라, 영원성 속에서의 완전함을 지향했다. 교회 - 사회에서 시민권을 갖는다는 것은 어떤 직분에 참여하는 것이 아니라, 궁극적으로 역사를 초월하는 순례의 길에 참여하는 것을 의미했다.

비록 칼빈이 공동체 생활과 교회라는 제도에 높은 가치를 부여했지만, 제도적 수단들이 궁극적인 목적으로 부상할 위험성에 둔감했던 것은 아니다. 이런 가능성에 대한 안전장치로서 그는 교회의 권력이 제한되어야 하며, 성서의 권위가 교회의 권위 위에 있고, 신앙이 인간과 제도 양자 위에 있음을 다음과 같이 주장했다.

> 우리가 마땅히 갖추어야 할 덕목은 겸손이다. 겸손한 자는 가장 낮은 자로부터 [높은 자에게까지—옮긴이] 각자의 지위에 맞게 존경을 표하며, 최고의 영예와 존경을 교회에 바친다. 하지만 교회는 교회의 우두머리인 그리스도에게 종속되어 있다. 우리가 마땅히 해야 할 일은 복종이다. 복종은 우리로 하여금 우리의 웃어른과 윗사람에게 귀를 기울이도록 하면서 하느님의 말씀에 대한 온갖 복종을 시험한다.30

3. 교회 정부의 정치 이론

칼빈은 자신에 대한 비난, 곧 그가 교황제에 대한 공격을 감행하는 한편, 그 이면에서는 새로운 위계질서를 다시 도입하려 했다는 비난에 특별히 민감했다. 그는 교회의 어떤 직분도 성서로부터 독립적인 권위를 주장할 수 없으므로『기독교 강요』에 묘사되어 있는 교회가 결코 위계적일 수 없다고 주장함으로써 이런 비난에 맞서고자 했다. 그의 정의에 따르면 위계질서는 자의적인 질서라는 말과 같은 뜻이었다. 직분으로 구성된 명확한 체계는 그것이 분명하게 집중되어 단 한 명의 권위에서 정점에 이르지 않는 한 그 자체로 나쁜 것은 아니었다. 간단히 말해서, 칼빈은 반反위계적이기보다는 반反군주제적이었다.

칼빈이 구상한 주요 직분 가운데 가장 중요한 두 가지는 목사직과 장로직이었다. 제네바의 체계에서 장로는 세속적인 시민 의회에 의해 선출된 평신도였다. 선택된 수의 목사들과 함께 장로들은 교회 기율을 담당하는 최고 기관인 당회堂會, the Consistory를 구성했다.31 말할 것도 없이 목사들은 가장 강력한 행위자였으며 전체 체계의 신경 중추였다. 첫 번째 단계에서 그들은 동료 성직자들에 의해서 후보자로 추천되어야 했으며, 그다음에 의회의 심의를 통과해야 했다. 이 절차를 통과한 사람들의 이름은 동의나 거부를 묻기 위해 회중에게 회부되었다. 이런 절차는 칼빈의 기획 속에서 회중이 차지하는 역할을 훌륭하게 예시해 준다. 회중은 의회의 결정을 비준할 수도 있고 거부할 수도 있었지만, 정책을 직접 수립할 수는 없었다. 칼빈은 교회의 활동과 결정을 일차적으로 제도적인 산물로 간주했다. 교회의 활동과 결정은 지정된 절차의 산물이요, 일정하게 임명된 성직자와 대행자들의 행위가 빚은 결과였다. 무엇보다도 이런 방법들은 교회 업무에서 질서와 규칙성이 관철되는 것을 보장했다. 그것들은 대중이 통제하는 경우에 생길 수 있는 혼란과 무질서에 대한 대안이었다. 칼빈이 구상한 교회의 여러 요소 가운데 대중적인 참여에 그나마 해당하는 것은 우리가 '사회적' 차원 혹은 성사聖事의 차원이라고 부를 수 있는 것에 있었다. 교회의 구성원들은 교회에서 '정치적' 결정을 내림으로써가 아니라, 성사라는 상징과 말씀의 설교를 통해 공동체가 공유하는 친밀성을 향유했다.

칼빈의 체계 속의 이런 측면들은—물론 루터의 체계에서도 종종 암시되었던 것이지만—몇몇 종파의 이념, 곧 교회의 성직자들이 공동체의 대리인들이며 따라서 소환될 수 있고 출교나 제명과 같은 교회의 몇몇 권력이 전체 구성원들에 의해서 행사되어야 한다는 이념과 선명한 대조를 이루었다. 칼빈에게 교회의 권력은 '부분적으로는' 목사에게, 그리고 '부분적으로는' 교회의 위원회들councils에 부여되어 있었다. 하지만 교회의 성직자들은 비록 회중의 일부 구성원들에 의해서 선출되었을지라도 공동체의 대리인으로 간주되어서는 안 되며, 만물을 창조한 하느님 말씀의 도구instrumentorum artifex로만 간주되어야 했다.[32]

회중의 역할은 대부분 실속이 없는 것이었지만, 공통의 사회적 목적—

"신자들을 한 몸으로 묶는 중요한 끈"33 —을 상징하는 목사직은 강화되었다.

> 여기에서 교회의 목사들이 …… 부여받아야 할 최고의 권력*summa potestas*은 이것이
> 다. 즉 하느님의 말씀으로 모든 일을 담대히 확신을 갖고 행하는 것, 세상의 모든 권
> 세, 영광, 지혜, 교만을 꺾어서 하느님의 위엄에 복종시키는 것, 그리고 하느님의 권
> 능에 힘입어 고하를 막론하고 모든 사람들을 다스리고 …… 유순한 자들을 가르치
> 고 권면하며, 반역하고 완악한 자들을 꾸짖고 책망하고 억제하며, 묶어야 할 때에는
> 묶고 풀어 주어야 할 때에는 풀어 주며, 그리고 필요할 때에는 천둥 번개와 같이 호통
> 치는 것이다. 그러나 이 모든 일을 하느님의 말씀 안에서 행하는 것이다.34

이 마지막 구절—"이 모든 일을 하느님의 말씀 안에서"—이 칼빈에게
결정적인 조건이었다. 왜냐하면 그 구절은 개방적인 위임이었던 것들을 일
종의 제한된 권력으로 변형시켰기 때문이다. 비록 목사직이 칼빈의 기획에
서 핵심적인 위치를 차지했지만, 그렇다고 해서 무제한적인 가능성을 보유
한 직책은 아니었다. 목사직은 무제한적 가능성이라는 전통, 곧 권력의 보
유자들이 피치자라는 수동적인 무리를 자유롭게 빚어내되, 오직 인간이라
는 질료가 지닌 순응성의 정도에 의해서만 제약된다는 전통에 속하지 않았
다. 어떤 측면에서 볼 때, 조직된 공동체에서 직분이 차지하는 역할에 대한
칼빈의 관념은 철인 통치자라는 플라톤적 전통으로 방향을 바꾼 것이었다.
철인 통치자는 영원한 진리의 객관적인 대행자로서 그 진리를 단지 섬길
뿐이지 결코 만들어 내지 않았다. 목사라는 직분 역시 이상적으로는 그 직
분을 현재 담당하고 있는 사람의 개인적인 성향에 영향을 받지 않았다. 성
서를 객관적으로 가르치는 것에서 벗어난 목사는 자신의 직분을 더럽히는
것이었다. 목사는 "그 어떤 것이라도 그들 자신의 것을 가져와서는 안 되고
오직 주님의 입에서 나오는 말씀만을 말하라"라는 명령을 받았다.35 그래
서 목사는 자기를 생각하지 않는 플라톤적인 조물주로서, 곧 말씀에 봉사

하는 데만 헌신하는 장인匠人으로서 일해야 했다. 목사의 권력은 인격적인 것이 아니라 제도적인 것이었다.36

그렇다 해도 이 핵심적인 직분에 관한 칼빈의 관념에 부가된 조건들은 목사직을 어떤 점에서 플라톤적 전통에서 벗어나게 했다. 플라톤적 통치자는 덕, 지식, 권력이라는 단절되지 않은 삼위일체를 상징했다. 만약 완벽한 지식이 완벽한 덕이라면, 이것들은 반드시 완벽한 권력과 결합해야 했다. 하지만 칼빈이 생각하는 목사는 이 세 가지에서 모두 불충분했다. 선택된 자들은 덕을 상징했지만, 목사가 목사라는 이유로 이 집단에 속한다는 보장은 없었다. 성서에 대한 더 많은 지식을 목사가 보유하고 있을지라도, 이 지식이 완벽한 지식을 표상한다고 주장하는 것은 불경스러운 일이 되었을 것이다. 그리고 비록 목사가 회중에 대해서 좀 더 커다란 권력과 영향력을 보유했지만, 독점적인 권력을 소유한 것과는 거리가 멀었다. 요컨대 목사는 지도자였지 지배자가 아니었다. 목사직은 우두머리가 없는 공동체에서, 곧 지시하고 통제할 단일의 중심인물이 없는 공동체에서 가능한 가장 높은 직분이었을 뿐이다.

목사직에 대한 이런 개념에 칼빈의 교회론이 지닌 여타 요소들, 곧 회중의 수동적인 역할과 제도적 구조에 대한 반복적인 강조와 같은 것들이 부가될 때, 그리고 이것들이 다시금 성서의 객관성에 대한 그의 한결같은 신념과 결합될 때, 칼빈의 근본적인 동기는 분명해진다. 그것은 교회와 교회의 성직자들을 말씀의 전파를 위한 사심 없는 도구로 만들어야 한다는 것이었다. 이런 핵심적인 생각에 너무나 사로잡힌 나머지, 칼빈은 궁극적으로 교회를 일종의 굳건한 화강암으로 쌓아 올린 구조물, 곧 비인격적인 기념비로 우뚝 세우게 된다. 교회의 구조는 인간의 자유재량이라는 위협을 예상하고 거기에 대응하도록 구축되었다. 무언가 제멋대로이고 변덕스러운 영혼과 같은 인간적인 요소가 자신의 고유한 개체성을 주장하고자 제도적인 절차에서 벗어나려고 하는 곳이라면 어디에서든지, 성서라는 엄격한 척도를 지니고서 매복해 있는 칼빈이 기다리고 있었다.

칼빈의 교회관이 보여 주는 반대 측면은 제도적인 차원에 대한 프로테스탄트의 재발견을 특징적으로 보여 주었다. 이 주제에 관한 생각을 발전시키는 과정에서 칼빈은 권력의 본성, 직분의 기능, 공동체의 유대 및 구성원의 역할과 같은 주제를 포함하여 온갖 주제들을 다 건드렸다. 이런 문제들의 총합은 교회 정체에 관한 이론 이상의 것을 형성했다. 그것은 정치 이론의 주요 요소들을 아우르는 포괄적인 진술이었다. 여기에 질서 정연한 사회와 그 정부에 관한 비전이 있었다. 여기 성사의 신비와 말씀의 설교 속에 새로운 상징, 곧 사회를 응집시키는 일련의 새로운 지지^{支持} '신화'가 놓여 있었다. 여기 교회가 부과하는 엄격한 기율 속에 구성원들에게 공통의 세계관을 갖게 하고 그들에게 공동선을 가르치는 창조의 손이 있었다. 그리고 여기 구원에 대한 약속 안에 구성원들의 특수한 의지들이 지향해야 할 바를 완성하는 목표가 있었다. 이 모든 것이 전하는 핵심적인 전언은 인간에게 확고하게 수립된 질서가 반드시 필요하다는 것이었다.

4. 정치적 질서의 복원

칼빈의 종교사상에서 정치사상으로의 이행은 급작스러운 것이 아니었다. 그의 종교적 저술들을 조형한 것과 동일한 분석 범주와 사유 양식들이 그의 정치 이론에서도 발견된다. 칼빈에게 정치사상과 종교사상은 연속된 논의의 영역을 형성했다. 두 사상을 통합하는 주된 요소는 질서에 관한 일반적인 관념이었으며, 그것은 종교사회와 정치사회 양자에 공통적인 전제였다. 이 세계관의 통일성은 강조할 만한 가치가 있다. 왜냐하면 그것이 초기 종교개혁가들의 세계관과 선명한 대조를 이루기 때문이다.

루터와 재세례파의 사유에서 정치적인 범주와 종교적인 범주는 어떤 내적인 연결에 의해서 결합되는 것은 고사하고, 변증법적인 긴장의 자세를 취하며 서로 마주 보고 있었다. 초기 종교개혁가 가운데 많은 사람이 갖고 있었던 정치적 질서에 대한 적대감은 그들의 정치적 사유방식과 종교적 사유방식 간에 일종의 단층선을 만들었다. 그들이 교회의 본성이나 신자들의 거룩한 생활을 묘사했을 때, 그들이 사용한 단어들과 개념들은 거룩한 동료 관계로 결합해 있고 조화로운 삶을 사는 좋은 사회의 모습을 떠오르게 했다. 하지만 그들이 시선을 돌려 이 세상의 왕국을 고려할 때에는 범주들이 급격하게 전환되었고 이미지는 어두워졌다. 왜냐하면 언어와 개념들이 더 이상 신의 은총으로 충만한 교회를 다루는 것이 아니라, 신의 무시무시한 복수의 무기인 국가를 다루고 있었기 때문이었다. 사랑, 형제애, 평화와 같은 교회의 삶에 내재한 힘들이 정치사회를 대면하면 막연한 희망 속으로 점차 사라져 버렸다. 세속적인 왕국의 일부분인 정치사회는 갈등과 폭력이 표면 아래에서 굉음을 내는 영역, 곧 언제라도 유혈참사와 무질서가 분출할 준비가 되어 있는 영역이었다. 자연스럽게 정치적 권위는 평화를 강제하고 세상의 위협으로부터 기독교인을 보호하도록 고안된, 압제의 강력한 엔진—"쳐 죽여라, 쳐 죽여라," 루터는 농민전쟁 기간에 군주들에게 이렇게 권고했다—으로 그려지곤 했다. 그런 정부는 덕을 목표로 하지 않고, 사람들이 서로 극심하게 다투지 않도록 막는 것을 목표로 했다. 인류가 홉스식의 자연 상태를 실제로 포기한 적은 결코 없었다는 것이다. 이런 견해에 따르면, 인간의 본성과 질서를 위해 필요한 것들 사이에는 어떤 극단적인 긴장이 지속적으로 존재했다. 정치사회는 죄를 범한 인간이 권위에 의해서 부과된 제약들에 참을성 없이 반발하고 그 제약을 깨뜨릴 기회를 호시탐탐 노리는, 그런 '타락한 본성'의 상태를 그 특징으로 했다.

그러나 그런 상象은 기독교적 우주론과 기독교적 사회론 사이의 결정적인 부조화를 드러내는 것이었다. 전자는 모든 창조물에 조화로운 질서를 부여하는 전능한 신을 제시했지만, 후자는 무지몽매하고 무질서한 대중들이 금방이라도 무정부 상태에 빠질 것 같은, 그리고 마치 신의 자비로운 질서 바깥으로 버려질 것 같은 불안에 떠는 것처럼 사회를 그려 냈기 때문이다. 일부 초기 종교개혁가들의 사유 속에서 정치사회는 우주적인 법이 통용되지 않는 영역으로 비유되곤 했다. 그러나 세속 정부의 권력은, 비록 세속 정부의 도덕적 지위가 축소되기는 했지만, 심지어 종교적 책임을 떠맡을 정도로까지 강화되기도 했다.

칼빈이 수행한 작업은 초기 종교개혁가들의 이중적인 비전에 의해서 만들어진 몇 가지 대립물을 화해시키는 것이었다. 그는 기독교의 우주론과 사회론 간의 갈등을 해소해야 했으며, 정치적 질서의 도덕적 지위를 다시 확립해야 했다. 그러나 그 작업은 정치적 질서가 종교적 사회에 대한 대체물이 되지는 않도록 해야 한다는 조건에서 진행되어야 했다. 그는 두 가지 형태의 사회 간의 흑백이 뚜렷한 대조를 완화해야 했다. 이 두 사회를 어느 정도 조화롭게 만들기 위해 칼빈이 채택한 전반적인 방법은 두 사회를 모두 질서라는 일반적인 원칙에 복속된 것으로서 다루는 것이었다. 질서는 두 사회가 사회로서 기긴 문제들이 준거로 삼아야 하는 공통의 중심이 되었다. 정치사회는 좀 더 넓고 질서 정연한 틀로 복원됨으로써 불확실한 상태에서 벗어나야 했으며, 기독교적 우주론의 일부가 될 것이었다. 칼빈에게 신의 다스림은 그의 영역 안에서 발생하는 모든 것에 대한 신의 총체적인 명령에서 드러났다. "하느님의 명시적인 명령 없이는 단 한 방울의 비조차 내리지 않는다."[37] 또한 신의 지배는 역사와 사회로까지 확장되었다. 신은 사악한 자를 벌하고, 의로운 자를 높이며, 믿는 자를 보호함으로써 인간사에 대한 심판을 관장했다. 따라서 신이 갖는 권력의 충만함은 우발성이나 우연과 같은 파괴적인 영향력을 배제했다. 신은 "가장 정교한 질서 속에서 모든 움직임 하나하나를 규제하고, 그것들이 적절한 목적을 향해 나아가도록 지도한다."38

이 신성한 영역의 일부로서 시민적 정부는 더 이상 억압의 단순한 대행자 혹은 "완전히 부패하여 기독교인과는 아무런 관계도 없는 것"으로 간주될 수 없었다.39 그것은 신이 계약을 맺은 피조물들을 보존하고 개선하고자 스스로 고안한 것이었다. 정부는 교육의 주체로 그 지위가 격상되었는데, "이를 통해서 개인은 다른 사람들과의 교류에서 반드시 지켜야 할 의무, 곧 인간과 시민으로서의 의무에 대해서 교육을 받았다."40 그런데 정부의 기능이 단순한 억압 기능 이상이 된다면, 그때 인간의 본성은 명백히 무질서를 향한 억누를 수 없는 경향 이상의 그 무엇인가를 가지고 있어야 한다. 비록 칼빈이 인간의 본성을 낮게 평가했다는 점에서는 그 어떤 종교개혁가들에게도 뒤지지 않지만,41 우리는 그가 중요한 자질을 인간의 본성에 추가하고 있음을 발견한다. 모든 사람의 마음에는 "동료 시민에 대한 정직과 질서를 추구하는 일반적인 성향"이 담겨 있었다. 그것들은 "사회를 소중히 여기고 보존하려는 본능적인 성향"을 나타냈다.42

질서를 추구하도록 운명 지어진 피조물로 인간을 그렸던 과거의 정치적 전통으로 돌아감으로써, 칼빈은 자신의 목적에 맞게 정치사회를 인간의 그 어떤 바람직한 경향들이 실현된 상태로 다시금 개념화할 수 있었다. 정치사회는 제어할 수 없는 인간성을 잘라서 복종의 본에 억지로 뜯어 맞추는 프로크루스테스의 침대이기는커녕, 이제 인간의 개선을 위해 신성하게 세워진 주체의 지위로 격상되었다. "이 땅의 모든 것에 대해 왕들이나 다른 통치자들이 갖게 된 권위는 인간이 지닌 사악함의 결과가 아니라, 하느님의 섭리와 거룩한 명령의 결과이다."43 정부는 "빵이나 물, 태양, 공기와 마찬가지로 인류에게 필수적일 뿐만 아니라, 그것들보다 훨씬 더 훌륭한 것이다."[44]

정치사회의 지위가 복원되고 인간에게 정치적 본성이 다시 부여됨에 따라 정치적 질서의 목적 또한 더 높은 존엄성을 누리게 되었다. 행정관의 직분은 단순히 삶의 보존을 목표로 하는 데 그치지 않고 "거룩함, 순결, 절제라는 규칙들을 통해 이웃과의 관계에서 인간의 삶을 규제하기 위해 법률을 제정하는 것"을 목표로 했다.[45] 이런 목적을 추구함으로써 정치적 질서는 종교적 사회가 가진 더 높은 목적과 연결되었다. 그렇지만 이런 통합이 정치적 질서의 본래적 모습이나 독특함을 지우지는 못했다. 정치적 질서는 여전히 수행해야 할 고유의 역할을 가지고 있었다. 정치적 질서는 인간에게 다른 곳에서는 얻을 수 없는 유형의 시민성과 기율을 공급했다.

칼빈이 사회에 기독교적인 이미지를 새겨 넣으려 했다거나 독특하게 정치적인 속성들을 사회에서 몰아내려고 했다는 비난은 그의 기본적인 의도에 비추어 볼 때 그다지 공정하지 못하다. 만약 사안이 단순히 '더 높은' 가치와 '더 낮은' 가치라는 용어로 분석된다면, 정치사회가 기독교라는 '더 높은' 목적—신의 더 큰 영광을 위하여—을 증진해야 한다고 칼빈이 믿었다는 사실은 부정될 수 없다. 훌륭한 시민이 되는 것은 그 자체로 목적이 아니었다. 사람은 더 나은 신자가 되기 위해 좋은 시민이 되었다. 그렇지만 정치사회의 목적은 정치사회가 기독교적 사명을 갖는다고 해서 충족되는 것이 아니었다. 정부는 '신심'뿐만 아니라 '예의 바름'을, '경건'뿐만 아니라 '평화'를, '경외'뿐만 아니라 '절제'를 북돋기 위해 존재했다. 다른 말로 해서, 정부는, 물론 그 가치들이 기독교적으로 채색될 수는 있지만, 반드시 기독교적이지 않은 가치를 증진하기 위해 존재했다. 그 가치들은 질서를 위해 필요한 가치들이었으며, 그렇기 때문에 그 자체로 인간의 존속을 위한 전제 조건이었다. 그러므로 시민적 정부는 질서를 유지케 하는 가치들을 증진시키기 위한 것이었다. 그것은 인간을 시민화*civilize*('문명화'의 의미로 받아들여도 좋을 것이다-옮긴이)하는 것이었다. 혹은, 칼빈의 용어로 말하면, "우리의 삶을 사람들의 공동생활에 필요한 방식으로 규제하고, 우리의 행위 규범을 시민적 정의에 맞게 형성하는 것"이었다. 이로부터 다음과 같은 결론이 뒤따랐다. 영적인 영역과 정치적인 관할 영역이 올바르게 구성되었을 때, 이 두 개의 질서는 "어떤 측면에서도 결코 서로 충돌하지 않는다."[46]

정치적 질서에 대한 종파적인 적대감을 비난하는 인상적인 문구에서 칼빈은 정치사회의 가치를 요약하고, 기독교적인 질서에서 그것이 갖는 중요한 역할을 강조했다.

> 저 영적인 통치는—심지어 이제 이 땅 위에서도—우리 가운데서 천상의 왕국의 서막을 열며, 또한 덧없이 사멸할 인생 속에서 영원토록 썩지 않을 복락을 맛볼 수 있게 해 준다. 그러나 이 세속적인 통치 양식의 목적은 하느님에 대한 외적인 경배, 순수한 교리 및 신조를 조성하고 유지하며, 교회의 체제constitution를 온전하게 수호하고, 우리의 행실을 인간 사회에 맞추며, 우리의 행위 규범을 시민적인 정의正義에 부합하도록 만들고, 우리를 서로 화목하게 하며, 공동의 평화와 평온을 유지하고 보존하는 것이다. 내가 공언하건대, 지금 우리 안에 존재하는 하느님의 왕국이 현세의 삶을 소멸시킨다면 이 모든 일이 필요 없을 것이다. 그러나 우리가 참된 나라를 사모하면서 이 땅에서 순례자의 길을 가야 하는 것이 하느님의 뜻이고, 또한 세속적인 통치의 도움이 이 땅에서 우리의 여정에 필수적이라면, 사람들로부터 그런 도움을 빼앗는 것은 인간답게 살 기회를 박탈하는 것이다.[47]

교회에 대한 칼빈의 논의에 매우 두드러지게 나타나는 통일성과 응집성이라는 가치는 또한 정치 공동체에 관한 그의 관념 속에서도 분명히 나타났다. 그러나 정치적 질서의 통일성은 신비스러운 몸의 통일성이 아니었다. 정치적 통일성은 기독교인들의 신비적인 연대성에서 자양분과 지지를 얻을 것이었다—"기독교인들은 하나의 정치체일 뿐만 아니라, 신비스럽고 영적인 그리스도의 몸이다."⁴⁸ 그러나 응집성의 좀 더 직접적인 원천은 정치사회 그 자체에 있을 것이었다.⁴⁹ 사회 안에서 질서 정연한 삶을 지향하는 인간의 내재적인 본능에서 비롯되는 일종의 자연스러운 통일성이 있었고, 사회의 제도들에 의해서 유도될 수 있는 일종의 인위적인 통일성이 있었다. 사회의 온전한 통일성은 자연과 기예가 연합하여 일구어 내는 산물이었다. 개별 구성원들에게 그것은 질서 속에서의 교육, 즉 시민화된[또는 '문명화된'-옮긴이] 삶을 뒷받침하는 동시에 인간의 기본적인 본능 가운데 하나를 충족시켜 줄 일련의 시민적 습관의 획득을 의미했다.

비록 시민적 법률과 정치적 제도들이 안정과 질서를 위한 두 가지 주요 요소였지만, 소명의 체계 또한 안정과 질서라는 동일한 목적에 이바지했다. 직책과 의무라는 용어로 명확하게 정의되고 등급별로 배열된 사회적 위계는 단지 우주를 떠받드는 신성한 원리의 시민적 대응물일 따름이었다. 지위와 신분의 고하를 구별하는 것은, 분열적인 요소이기는커녕, 불가피할 뿐만 아니라 기독교 사회에 오히려 이로운 것이었다. 그런 위계질서는 인간이 '우주적인 혼란'에 빠지지 않도록 신이 세운 것이었다. 그것은 개개인에게 일종의 사회적 지도地圖, 곧 "일생 동안 불확실성 속에서 헤매지 않을 수 있도록 하는" 방향 감각을 제공했다.⁵⁰

질서 정연한 공동체 내에서 온전한 구성원이 될 수 있게 하는 인간에 대한 교육은 별도의 다른 원천으로부터 더욱 촉진되었다. 교회 생활은 고도로 사회적이었다. 동료 관계를 한데 묶는 사랑이라는 요소를 통해 교회 생활은 강력한 응집력을 보유했으며, 그 영향력으로 말미암아 사회적 위계가 지닌 날카로운 경직성이 완화되었다. 사랑은 개개인의 사적인 선善들을 전체 사회를 위한 공동선으로 엮어 내는 기본적인 융합력이 되었다.

……[사람 몸의] 어떤 지체도 자기를 위해서 힘을 보유하지 않고, 자기의 사적인 용도

를 위해서 활동하지도 않는다. 모든 지체는 자기 힘을 다른 지체들 사이에 불어넣으며, 그로부터 온몸이 공통으로 얻는 편익 외에 어떤 다른 이득도 얻지 않는다. 그리하여 신실한 사람은 어떤 능력이 있든지, 그의 형제들을 위해 그 능력을 보유하며, 어떤 경우에도 그 자신의 사적인 이익이 교회의 공통된 교화에 대한 충심 어린 관심에 어긋나지 않도록 배려한다. …… 하느님이 우리에게 준 것이 무엇이건 간에, 그것은 우리로 하여금 우리의 이웃을 도울 수 있게 한다. 그리고 우리는 그 능력을 관리하는 집사에 불과하며, 따라서 언젠가 우리가 짊어진 그 책무에 대해 결산해야 한다.[51]

5. 정치적 지식

오직 정치적인 질서 속에서만 획득할 수 있는 종류의 덕이 있다는 칼빈의 주장은 여전히 또 다른 문제들을 제기했다. 만약 덕이 지식을 함축한다면—그리고 칼빈은 고대인들과 마찬가지로 정말 그렇다고 생각했다—정치적 지식을 갖는 것은 가능한가, 그리고 만약 그렇다면 그 지식은 얼마나 믿을 만한가?

칼빈은 그 같은 형태의 지식이 존재한다는 것에 동의했다. 그것은 '세속적인 지식', 곧 '전적으로 현세의 삶과 관련된,' 그리고 '어떤 의미에서는 그 범위 내에 국한된' 지식의 영역에 자리 잡고 있었다. 지식의 최고 유형은 '천상의 지식'인데, 그것은 "하느님에 대한 진정한 지식, 참된 의義를 이루는 방법 및 천상의 왕국이 지닌 신비"에 관련된 것이었다.[52] 정치적 지식의 열등함은 부분적으로는 그 지식이 저급한 것을 대상으로 삼은 결과였고, 부분적으로는 이성이라는 불완전한 도구에 의존한 결과였다. 이성은 다른 인간 본성과 마찬가지로 타락에 의해서 도저히 회복될 수 없을 정도로 부패했다. 그러나 거기에는 중요한 특징이 하나 있었다. 아담의 불복종이 갖는 부패 효과가 부분적일 뿐, 결코 전체적이지 않다는 것이었다. 인간의 합리적인 이해는 훼손되었지만 완전히 소멸하지는 않았다. "그 본성이 부패하고 타락한 상태에 있기는 하지만 인간의 본성 속에는 계속해서 약간의 불꽃이 반짝이는데, 이는 인간이 이성적인 피조물임을 …… 증명해 준다." 비록 이성이 인간을 영적인 재생이나 "영적인 지혜"로 이끌지는 못할지라도, 이성은 정치사회에 있는 인간에게 유용하게 봉사했다.53

이성과 정치적인 삶 사이에 자연적인 연관성이 있다는 증거는 인간이 가진 '시민사회를 향한 본능적인 성향'에서 발견될 수 있었다. 칼빈은 "이것이 현세의 구조 속에 이성의 빛을 가지지 않은 사람이 없다는 강력한 논거"라고 선언했다.54 인간은 합리적이기 때문에 사회적인 것이 아니라, 사회적이기 때문에 합리적이었다. 더욱 중요한 것은 그가 이성이 정치적 진리를 이끌어 낼 수 있다고 주장했다는 점이다. 칼빈은 그 주장을 고대 이교도 저자들의 저술을 통해 뒷받침했다. 루터는 악의에 가득 차서 과거의 정치철학을 '매춘부와 같은 이성'이라고 비난하면서 그것을 비텐베르크의 헤라클레스(루터를 지칭한다-옮긴이)가 청소해 주기만을 가만히 앉아서 기다리는 아우게이아스Augeas 왕의 지저분한 마구간에 비유했다. 그러나 다음과 같은 언급이 보여 주듯이 칼빈은 이성과 정치 간의 고전적인 관계와 고대 철학자들의 명성을 일정하게 복원하는 방향으로 나아갔다. "시민적 질서와 정체政體의 그토록 정의로운 원칙들을 수립한 고대의 입법자들에게 진리의 빛이 있음을 부정해야 할 것인가?"55 만약 사람들이 자연적인 이성을 영적 구원의 수단으로 변환하려고 시도한다면, 자연적인 이성이 사람들을 기만할 것이라는 데에는 칼빈 역시 강하게 동의했다. 하지만 이것이 십계명의 두 번째 석판에 담겨 있는 내용*과 같은 기독교의 가르침들에 들어 있는 정치

---

* [옮긴이] 부모 공경을 명령하는 계명 이후의 계명들을 통상 두 번째 석판에 새겨져 있는 계명

적 지혜와 자연적인 이성의 정치적 통찰 간에 존재하는 일종의 친족 관계를 부정하지는 않았다. 두 가지 유형의 지혜는 모두 신의 뜻을 공통의 기원으로 가지고 있었다. 따라서 이성의 원칙들은 무無에서 인간이 발명한 것으로 간주해서는 안 되며, 신이 "모든 사람의 마음에 새긴" 도덕적인 명령에서 연역된 것으로 간주해야 했다.

> 사람은 본성적으로 사회적인 동물이므로homo animal est natura sociale, 타고난 본능에 따라서 사회를 육성하며 보존하는 경향도 가지고 있다. 따라서 우리는 정직함과 시민적 질서에 관한 몇 가지 일반적인 가르침이 모든 사람의 지성에 새겨져 있음을 본다. 그렇기 때문에 모든 인간의 결사가 법에 의해 다스려져야 한다는 것을 인식하지 못하는 사람은 하나도 없으며, 자신의 지성에 이런 법률들의 원칙을 갖고 있지 않은 사람 역시 하나도 없다. 그렇기 때문에 민족과 개인들 사이에 법을 인정하는 보편적인 합의가 존재하며, 이것이 바로 교사나 입법자 없이도 본성에 의해서 우리 안에 뿌려져 있는 씨앗이다.56

그러나 양심이라는 이 보편적인 도덕법이 그 어떤 일관성을 가지고 인간의 행동을 비추기에는 너무 어두워서 신은 십계명으로 양심을 보충했다. 십계명은 "자연법 속에서 너무 모호했던 것을 …… 더욱 확실하게" 선포했다.57 그렇게 도덕법이 십계명에 의해서 보완되었을 때, 도덕법은 "모든 인류에게 똑같은" 자연적 형평의 기독교적인 버전으로 기능할 수 있었다. 그것은 공동체에 올바른 질서를 불어넣는 기준, 곧 "모든 법의 범위, 규칙 및

이라고 한다. 다만 그것들이 몇 번째 계명인지에 대해서는 교파에 따라서 이견이 있다. 다양한 견해 가운데 아우구스티누스의 주장을 따르는 가톨릭과 루터파는 일곱 가지의 계명이 새겨져 있다고 하며, 칼빈파의 경우는 여섯 가지 계명이 새겨져 있다고 주장한다. 하지만 양자 모두 두 번째 석판에 새겨져 있는 내용이 부모에 대한 공경, 살인의 금지, 간음의 금지, 도적질의 금지 등 인간적인 관계에서 요구되는 의무과 덕에 관한 계율이라는 점에서는 견해를 같이 한다.

목적"이 될 것이었다.58

칼빈이 도덕법에 부여한 자격 조건들은 정치에 관한 완벽한 지식이 기독교의 가르침과 별도로 성취될 수 없다는 그의 확신에 부합했다. 기독교의 지혜를 결여했을 때 정치적 지식은 단지 그 자체의 제한된 완성도만을 지녔다. 칼빈의 체계에서 정치적 이성의 불충분성은 정치적 질서 그 자체에 의해서 추구되었던 제한된 목적에 논리적으로 부응했다. 정치사회의 위상은 좀 더 낮게 조정되었다. 왜냐하면 정치사회가 목표로 하는 덕이 이차적인 등급의 덕이었기 때문이다. 인간의 주된 목적은 신을 아는 것이었고, 이 목적을 달성하기 위해서 인간은 새로워져야 했다―"우리 자신으로부터 벗어나서", "우리의 낡은 마음을 버리고, 새로운 마음을 가져야 했다." 하지만 "새로운 인간"을 만드는 작업은 정치적 질서에 부여되어 있지 않았다. 정치적 질서의 업무는 인간에게 시민성과 질서의 습관을 갖게 하는 것이었다. 그것은 영혼을 치료할 수 없었다. 합리적인 지식이 천상의 지식보다 더 낮은 것이고 시민사회의 목적이 종교사회의 목적보다 열등한 것과 마찬가지로 시민적 덕은 기독교가 가르치는 완벽한 덕 아래에 있었다.

하지만 이런 가치상의 구별에 주목하더라도 그 가치들을 대립물로 환원하지 않는 것이 중요하다. 칼빈은 시민적 정체가 잘 구성되기 위해 기독교적 기초가 없어서는 안 된다고 믿었다. 그러나 정체가 그 자체로 본질적인 가치를 지닌다는 점에 관해 그는 어떤 모호함도 남기지 않았다.

6. 정치적 직분

정치와 교회에 관한 칼빈의 사유의 일관성은 시민 행정관의 직분 및 의

304

무에 대한 논의에서 가장 분명하게 증명되었다. 목사직에 대한 칼빈의 관념을 형성했던 것과 동일한 충동이 행정관직에 관한 관념 속에서 다시 드러났다. 시민적 통치자를 묘사하기 위해 그가 사용했던 언어—"거룩한 사제", "하느님의 대리인", "하느님의 사제"—역시 칼빈이 정치적 직분을 그 자체로 묘사하기보다는 목사직에 대한 정치적인 유비를 창조하는 데 더 관심이 있었다는 확실한 인상을 남겼다. 두 가지 경우에서 모두 칼빈은 한결같이 비인격적인 속성을 가진 직분의 체계, 곧 제도에 집중했다. 두 경우에서 모두 그 직분을 맡은 사람의 개인적인 특성은 직분 그 자체에 흡수되었다. 행정관과 목사 모두에게 더 높은 목적에 봉사하는 사심 없는 도구가 될 것과 성문법에 복종할 것이 요구되었다. 목사는 자신의 직책을 수행하거나 말씀을 설교할 때에 자신의 것은 어느 것도 덧붙이지 말고, 오로지 "하느님의 입"*la bouche de Dieu*이 될 것을 요구받았다. 이와 마찬가지로, 행정관 역시 시민법과 관련해서는 탈인격화될 것을 요구받았다. "법은 말 없는 행정관이며, 행정관은 말하는 법이다."59

이 두 직분 간의 유비는 다른 방식으로도 이루어졌다. 양자는 인상적인 신비한 매력에 의해 둘러싸여 있었는데, 그 신비는 각각의 사회 속에서 불복종을 무력화하는 것에는 물론 직분의 보유자를 경외하게 하는 것에도 그 목적을 두었다. 이 두 요소가 모두 정치적 복종에 관한 칼빈의 이론에 필수적이었다. 그 이론적 교리가 두드러지게 강조하는 것은 통치자에 대한 적극적이고 긍정적인 충성이었지, 단순히 통치자의 명령에 기꺼이 복종하려는 태도가 아니었다.60 통치자를 향한 신민들의 공경은 두려움이 아니라 양심에 뿌리내려 있어야 했다. 그러나 그와 동시에 신민들의 충성은 행정관 개인이 아니라 그의 직분을 향해 있어야 했다. 시민적 헌신은 제도적인 것이지 인격적인 것이 아니었다. 근본적인 차원에서 이 제도적인 충성은 사회의 광범위한 목적, 곧 정치 질서에 의해서 보장되는 시민화된(또는 '문명화된'-옮긴이] 목적으로 이어졌다. 질서의 구조를 약화시키는 사람은 "비인간적인 괴물", "모든 형평과 올바름의 적이요, 인간다움을 전혀 모르는 적"으로 분류되었다.[61]

칼빈에게 행정관은 단순한 권력이 아니라 사회의 항구적인 목적을 상징했다. 행정관의 기능은 질서와 "절제된 자유"를 보존하는 것, 정의와 올바름을 집행하는 것, 그리고 평화와 경건을 증진하는 것이었다.[62] 그는 특정 집단, 계급, 혹은 지역의 이익이나 의견을 대변하지 않았으며, 그가 봉사하지만, 그렇다고 그가 고안해 낸 것은 아닌, 일련의 목적들의 대변자 입장에 서 있었다. 그리고 이 목적 가운데 어느 것도 질서 없이는 가능하지 않기 때문에, 행정관의 기본 업무는 이 조건이 유지되도록 보장하는 것이었다. 질서의 절박한 중요성은 칼빈에게서 다음과 같은 시인을 이끌어 냈다. 즉 심지어 폭군조차도 "그들의 폭정 속에 모종의 정당한 통치를 보유하고 있다. 인간들의 사회를 공고히 하는 데 어떤 점에서든 도움을 주지 않는 폭정은 있을 수 없다."[63] 폭군은 그가 단순히 권력을 가지고 있다는 사실만으로도 질서라는 명분과 연결되었다. 응집성과 통일성을 이루는 대가로 권력의 적극적인 사용이 용인되었는데, 이 최소한의 조건은 폭군에 의해서도 성취될 수 있었다. "모든 것이 합법적으로 허용되는 무책임한 군주 아래에서 사는 것이, 자유가 전혀 없는 폭군의 지배 아래 사는 것보다 더 나쁘다는 옛말에는 상당한 진리가 담겨 있다."[64] 그러므로 아무리 합법적인 통치자라도 그의 권력을 적극적으로 사용해야 한다. 예레미야Jeremiah가 "공평과 정의를 행하라"라고 촉구하지 않았던가?

비록 칼빈이 묘사한 충성 관계가 어떤 차원에서는 본질적으로 정치적인 통치자와 피치자 간의 관계였지만, 다른 차원에서 그 관계는 정치적인 것을 넘어서 신과의 관계 속에서 치자와 피치자 모두를 포괄했다. 통치자는 신성한 직분의 일시적인 보유자였고, 부여받은 책무를 신실하게 이행할 책임을 신에게 지고 있었다. 다른 한편, 신민들에게는 신성하게 권위를 부여받은 대행자의 명령에 복종할 의무가 있었다. 따라서 충성은 정치적이면서 동시에 종교적인 의무였다. 인간적인 차원에서 충성은 사회의 시민화된 [또는 '문명화된'-옮긴이] 목적을 뒷받침했고, 궁극적인 차원에서 충성은 신과의 올바른 관계를 추구하는 것이었다.65

폭군의 경우에는 어떤 의미에서 종교적인 요소가 지배적이었다. 폭군은 죄지은 공동체를 징계하기 위해 신이 보낸 진노의 대행자였다. 폭군의 등장은 백성들 사이에 의당 집합적인 죄책감을 불러일으켜서 그들로 하여금 자신들이 저지른 죄에 대한 양심을 찾도록 할 것이었다.66 이때 시민과 폭군 간의 관계는 정치적인 범주가 아니라 "거룩한" [종교적-옮긴이] 범주에 속했다. 왜냐하면 폭군과 신민을 연결하는 죄라는 개념이 결코 정치적인 개념이 아니기 때문이다.67 칼빈은 폭군에 대한 복종을 그럴 듯하게 만들려고 했지만, 그의 추론이 낳은 결과는 폭정의 이례적인 속성을 강조하는 것이었고 그것을 정상적인 정치적 관계로부터 고립시키는 것이었다. 폭군이 "백성의 죄를 벌하기 위해" 보내진 거룩한 도구로 격상되었을지 모르지만,68 바로 이 사명이 폭군을 본질적으로 비정치적인 인물로 만들었다. 죄는 신학적인 관계였지 정치적인 관계가 아니었기 때문이다.

폭군을 통상적인 정치적 관계 바깥에 두려는 이 경향은 칼빈이 복종의 문제를 고려하기에 이르렀을 때 다시 불거졌다. 폭군에게 복종함에 있어서 충성스러운 신민은, 사회의 일반적인 목적에서 도출되는 의무보다 신에 대한 의무를 이행하는 것으로 간주되었다. 그러나 [폭군에 대한-옮긴이] 복종은 양심의 명령에 의해서, 즉 또 다른 정치 외적인 요소에 의해서 제한되었다. 비록 양심이 개인과 신 사이에 직접적인 관계를 창출했지만, 그리고 그렇게 함으로써 양심이 신민과 통치자 간의 정치적인 관계를 우회했지만, 그렇다고 하더라도 그것은 폭군의 무제한적인 권리 주장에 강력한 위협이 되었다. 양심은 본질적으로 종교적인 개념이었고 종교적인 논쟁으로부터 생겨났다. 하지만 양심은 그 근본적인 의미를 잃지 않으면서도 정치적으로 유익하게 이용될 수 있었다. 왜냐하면 어떤 의미에서 양심은 권력에 대한 반응이기도 했기 때문이다. 양심은 통치 질서 속의 강제 대상인 개인과 관계가 있었다. 양심을 지키는 것이 교황의 권력에 의해서 위협을 받든지 아니면 시민적 권력에 의해서 위협을 받든지 간에, 양심이 신과 맺는 구원 관계는 유지되었다. 어떤 의미에서 칼빈이 주창한 '양심의 법정'은 '정치적인' 것에서 벗어난 개인을 가리켰지만, 다른 의미에서 명백히 그 양심의 법정은 정치적으로 관여하는 시민을 위해 고안된 것이었다. 엄격하게 종교적인 논거에서, 성서에 어긋나는 명령에 불복종하는 시민은 칼빈이 보기에 단지 신에 대한 그의 의무를 이행하는 것일 뿐만 아니라, 통치자로 하여금 그의 직분의 진정한 본성을 깨닫게 하는 것이었다. 칼빈의 저항 개념은 정치제도의 온전한 가치를 일시적인 관직 보유자의 오류로부터 지키고자 고안된 사심 없는 봉사의 개념이었다.[69]

비록 성서의 명령이 정치적 명령보다 앞선다는 명제 속에 어떤 새로운 것은 없었지만, 칼빈은 종교적 저항의 정치적 함의에 대해 대부분의 종교 개혁가보다 훨씬 더 예민한 감수성을 드러냈다. 바로 이 점으로 말미암아 칼빈은 종국적으로 종교적이기보다는 정치적인 동기에서 저항 이론을 공식화하게 되었다. 칼빈은 신분이 높은 자들이나 특별히 임명된 행정관들이 "왕들의 폭력과 잔인함에 반대"하는 것을 용인했다. 그들의 지위로 말미암아 이 대행자들은 인민의 자유를 보호하는 적극적인 의무를 지녔다.

> 만약 그들이 왕들과 공모하여 비천한 사람들을 억압한다면, 그들의 위선은 사악한 배반 행위라는 비난을 면치 못할 것이다. 왜냐하면 그들은 하느님의 명령에 의해서 자신들이 인민의 보호자로 임명된 것을 알면서도 인민의 자유를 사악하게도 저버렸

기 때문이다.70

말년에 칼빈은 대관식 선서와 한 나라의 법률이 자의적인 지배자에 맞서 옹호될 수도 있는 일종의 동의 체계를 형성한다는 생각을 받아들이는 방향으로—물론 주저하면서—선회하기 시작했다.

> …… 폭정에 대한 어떤 치유책은 허용될 수 있다. 그것은 예를 들어서 적절히 임명된 행정관이나 신분이 높은 자들이 공영체를 돌볼 때에 해당한다. 그들은, 만약 군주가 어떤 불법적인 일을 시도할 경우에, 군주로 하여금 그의 의무를 이행하게 하고 심지어 군주를 강제할 수 있는 권력을 가져야 한다.71

이 가운데 두 가지 측면은 강조될 만한 가치가 있다. 첫째, 신분이 높은 자들과 군주 아래에 있는 행정관들에게 신성한 책임이 주어졌다는 칼빈의 선언은 통치자의 지위를 다른 모든 직분 위로 격상시킨 루터의 경향과 대조된다. 루터가 견제 기구로서 신분제의 정당성에 관해 강력한 회의를 표명한 것은 이와 부합하는 것이었다.72 반면에 칼빈은 "왕을 에워싼 신성함"을 무너뜨림으로써 그 시대 사람들이 대부분 존중했던 유일한 자격증명서인 신의 임명으로 무장한 경쟁자를 만들어 냈다. 칼빈의 저항 이론이 지닌 두 번째 중요한 측면은 저항하는 기관들이 봉사하는 엄격히 정치적인 목적, 곧 '인민의 자유' 수호, '공영체의 보호'와 같은 목적에 대한 언급이다. 이런 언급은 충성 이론에 균형을 맞추는 대응물을 제공하는 효과를 발휘했다. 인간이 정치 질서에 의해서 뒷받침되는 시민화[또는 '문명화'—옮긴이]라는 목적을 지키기 위해 권위에 순종하는 것과 같은 이유에서, 공동체의 특정 기관들은 그 질서를 지키기 위해 때로 불복종해야 했다.

이런 고려 사항들 가운데 어느 것도 칼빈의 사유에서 종교적인 동기의 최고성이나 영적인 가치들이 차지하는 우선성을 부정하는 방향으로 작동하지 않았지만, 이런 고려들은 그로 하여금 정치적인 복잡성을 재발견하도록 했다. 칼빈은 당대의 그 어떤 종교개혁가들보다도 정치 공동체에서 작동하는 관계의 다원성과 의무의 다양성에 극도로 민감했다. 종교개혁가들 대부분의 일반적인 경향은 정치의 다양한 복잡성을 통치자와 피치자 간의, 혹은 이들 양자와 신 간의 단순한 연결로 축소하는 것이었다. 그러나 칼빈은 이와 같은 단순한 설명을 피했고, 그 대신에 통치자, 인민, 법의 삼자 관계를 강조했다. 통치자와 시민을 연결하는 고리는 직접적인 것이 아니라, 법이라는 매개체를 통해서 생겨났다.73 통치자의 관점에서 보면, 그것은 통치자의 직분에 의무의 요소를 하나 더 추가하는 효과를 가졌다. 통치자는 인민에 대해, 신에 대해, 법에 대해, 그리고 올바르게 수립된 사회에 적합한 목적들 전반에 대해 책임을 져야 했다. 이 의무들의 총합이 일정한 전제를 형성했으며, 칼빈의 체계 속에서 그 전제는 저항 행위를 하나의 논리적인 가능성으로 만들었다. 저항 행위는, 후대의 많은 논평자들이 그렇게 생각했던 것과 같은 우발적인 지리적 조건의 소산은 아니었다.

7. 권력과 공동체

교회와 시민사회에 대한 칼빈의 개념은, 한데 묶어서 생각할 때, 제도화된 공동체라는 관념의 프로테스탄트적 재발견을 그 특징으로 했다. 응집력 있는 종교적 결사라는 관념을 창조한 것은 16세기 초 프로테스탄티즘의 탁월한 성과였다. 하지만 종교적인 동료 관계에 필수적인 제도적 구조를 공급하는 일에 실패함으로써 동료 관계는 내부로부터의 해체와 외부로부터의 침식에 의해 위협받았다. 초기 종교개혁가들의 제도에 대한 적대감은 종교적인 감성이 교회 중심주의에 의해서 질식되는 것을 방지하려는 소망에 의해 고무된 것이었지만, 그들은 교회 역시 이 세상에 얽매여 있기 때문에 강력하게 조직된 경쟁적인 제도들의 위협에 직면해야만 한다는 사실을 제대로 깨닫지 못했다. 칼빈의 입장이 지닌 강점은 신자들의 공동체가 존속하기 위한 전제 조건이 강력하게 구조화된 교회 정부라는 점을 깨달았다는 데 있었다. 즉 제도에 관한 생각이 공동체에 관한 생각과 결합되어야 한다는 것이었다.

유사하게, 초기 종교개혁가들이 정치 질서에 무관심을 표명하거나 아니면 그것을 오로지 억압적인 기제로 간주했던 반면에, 칼빈은 정치적 질서의 가치를 거듭 주장했으며 그것의 본질이 강제에 있다는 점을 부정했다. 요컨대, 강력한 교회와 정치사회의 존엄성에 대한 칼빈의 강조는 이중적인 목적, 즉 교회를 이 세상 속에서 안전하게 만드는 것 그리고 교회를 위해서 세상을 안전하게 만드는 것이라는 목적을 품고 있었다. 프로테스탄티즘이 다시금 세상을 지향하도록 함으로써 칼빈은 프로테스탄티즘에서 가톨릭의 아퀴나스에 비견되는 지위를 차지하게 된다. 아퀴나스처럼 칼빈은 정치 질서를 은총의 질서와 재통합하려고 노력했다. 하지만 아퀴나스와 달리 칼빈은 교회가 자신의 본성을 왜곡하지 않고서도 시민사회의 질서에 이바지할 수 있다는 점을 보여 주는 추가적인 과업을 수행했다. 교회에 의해서 창조된 에토스는 시민화하는*civilizing*[또는 '문명화하는'—옮긴이] 에토스, 곧 해방된 프로테스탄트를 질서와 기율 아래에서의 삶에 익숙하게 하는 에토스였다. 칼빈의 체계에서 교회는 불편한 긴장을 해소하는 기제가 되었다. 그 긴장이란 인간이 부분적으로는 그리스도에 의해서 지배받는 신앙의 사회에 거주하면서 동시에 세속적인 권위에 의해서 지배받는 시민사회에 거주하는 분리된 존재라는, 초기 종교개혁의 신념에 의해 조장된 것이었다. 두 갈래로 갈라진 인간의 존재를 해결하려는 과정에서 칼빈은 중세적 관념의 형식이 아니라 실질, 곧 인간 존재가 영적인 수준에서 살건 혹은 '물질적인' 수준에서 살건 간에 우선적으로 사회적인 존재이자 질서 정연한 존재라는 관념으로 복귀했다. [영적인 수준에서 물질적인 수준으로 이행하든 혹은 그 역이든 간에−옮긴이] 어떤 갑작스런 이행도 인간 존재의 양 측면을 분리하지는 못했다. 왜냐하면 인간 존재의 그 두 측면에서 인간은 모두 제도가 행사하는 권력과 제약, 그리고 시민성의 삶에 익숙해진 피조물이기 때문이었다.

이런 노력의 결과로 프로테스탄티즘은 그것이 이전에 결여하고 있었던 심화된 정치적 이해를 갖게 되었을 뿐만 아니라, 가톨릭주의의 정치적 세련성과 비교했을 때, 좀 더 동등한 기초 위에서 이 새로운 운동을 자리매김할 수 있게 되었다. 프로테스탄티즘이 처음으로 정치적 반란을 일으켰을 때부터 가톨릭주의는 줄곧 자신이 시민사회의 요구에 더 적합하다고 주장해 왔다. 어떤 의미에서 이 주장은 심층적으로 타당한 것이었다. 교회의 통치 아래 신자들은 교회의 기율에 의해서 집행된 '시민적' 행동의 본에 익숙해졌고, 따라서 시민사회에서의 구성원으로서 살아갈 준비가 되어 있었다. 일단 이 사실이 인정된다면, 시민적 통치자들에 대해 거의 무조건 복종할 것을 요구한 초기 종교개혁가들의 단호한 주장이 가톨릭주의의 정치적 우위를 극복하기 위한 미숙한 노력에 불과했다는 점을 어렵지 않게 이해할 수 있다. 하지만 그 노력이 미숙한 이유는 시민성의 습관이 매우 쉽게 형성될 수 있다고 가정했기 때문이다. 칼빈의 기여는 교회에 필요한 시민성의 습관이 시민적 삶에도 또한 본질적이라는 것을 그가 알았다는 점이다. 두 사회 모두 동일하게 질서를 본질적으로 필요로 했다. 칼빈의 체계 내에서 종교적 질서와 시민적 질서를 맞물리게 하는 것은 바로 인간에게 지배적인 두 가지 충동을 만족시키는 것, 곧 하나는 종교적인 충동이었고, 다른 하나는 사회적인 충동이었는데, 이 둘은 질서에 대한 필요로 결합되었다.

질서에 대한 칼빈주의적 개념의 두 요소는 장래에 영향을 끼칠 급진적인 함의를 지니고 있었다. 그 첫 번째 요소는 사회가 우두머리 없이도 얼마든지 제대로 조직되고, 기율되고, 단결될 수 있다는 관념이었다. 비록 모든 프로테스탄트들이 종교사회가 교황의 군주적 지배 없이도 번창할 수 있다고 믿었다는 점에서 필연적으로 반反군주제적이었지만, 칼빈은 유일하게 교황을 대체할 제도를 묘사할 수 있었다. 이 신념들이 정치적으로 적용되는 것은 17세기의 영국 내전에서이지만, 세속적 군주제에 대한 혐오는 칼빈 자신의 저술 속에 이미 분명하게 나타났다.74

또 다른 잠재적으로 폭발력 있는 관념은 공동체가 활동적인 구성원에 기초한다는 칼빈의 신념에 있었다. 참여로부터 비롯된 통일성은 교황의 단일한 의지에 의해서만 통일성이 보장될 수 있다는 교황주의 이론에 대한 칼빈주의적 대답이었다. 더 나아가 참여는 평등화를 수반하는 개념이었다. 사회가 목표로 하는 선善은 본성적으로 모든 참여자를 염두에 두기 때문이었다. 그리스도의 몸은 지체들 간의 어떤 가치상의 차이도 인정하지 않았다. 이런 참여의 개념을 정치적으로 살짝 비틀었을 때, [칼빈이 활동하던-옮긴이] 제네바로부터 푸트니Putney의 영국 수평파들과 레인버러Thomas Rainborough 대령의 다음과 같은 주장까지는 그리 먼 거리가 아니다. "영국에 사는 가장 가난한 사람일지라도 가장 부유한 사람과 마찬가지로 살아갈 인생을 가지고 있다. …… 정부의 지배 아래 살아야 하는 모든 사람은 무엇보다도 그 자신의 동의에 따라서 자신을 그 정부의 지배 아래 두어야 한다."75 이런 진전을 본질적으로 종교적인 관념들의 급진적인 변형으로 보는 것은 칼빈의 체계가 지닌 전체적 의미를 놓치는 것이 될 것이다. 칼빈의 체계는 정치적인 함의를 이끌어 내기 위해 어떤 '변형'도 필요로 하지 않았다. 왜냐하면 정치적인 요소가 처음부터 현존하고 있었기 때문이다. 칼빈이 질서의 중요성을 간파했던 바로 그 순간에 정치적인 주제는 그의 저술들의 본체에 통합되었으며 교회-사회라는 칼빈주의적 개념 속에서 온전히 표현되었다.

교회가 온전히 제도화되고 권력으로 무장한 통치 질서였던 만큼, 그것은 이미 정치사회의 특징 가운데 많은 것을 지니고 있었다.

만약 우리가 교회에 대한 칼빈의 관념이 어느 정도 정치 이론의 일종이라는 시각을 받아들인다면, 기독교와 서구 정치사상의 발전 산의 관계가 추가적으로 조명될 수 있다. 기독교의 가장 중요한 효과 가운데 하나는 이상적인 국가를 향한 고대의 추구를 포기하게 한 것이었다. 시간의 부식 작용에 의해 손상되지 않는 영원한 정체를 건설하려는 시도는 기독교 신앙에 따르면 반역죄, 곧 신의 전능함에 필적하려는 시도였다. 예를 들어 아퀴나스와 같은 논자가 최선의 정부 형태에 상당한 관심을 기울였지만, 이것은 정치적인 수단을 통해 인간을 총체적으로 쇄신하려는 플라톤적인 비전과는 크나큰 거리가 있었다. 플라톤과 아리스토텔레스에 의해서 기획된 절대적으로 최선인 사회의 진정한 기독교적 대응물은 아우구스티누스의 신국神國, City of God에서 발견될 수 있었다. 이상적인 사회는 역사 너머에 존재하지, 결코 역사 안에 존재하지 않았다. 그것은 초월적인 사회였지, 경험적인 사회가 아니었다. 이런 생각이 서구의 상상력에 미친 강력한 영향은 최선의 사회라는 고전적인 이념을 신의 왕국이라는 이념으로 영화靈化한 것이었다. 최선의 사회라는 낡은 관념은 매우 간헐적으로 모어Thomas More의 『유토피아』Utopia나 캄파넬라Tommaso Campanella의 『태양의 도시』City of the Sun에서 나타난 승화된 형식으로 다시 등장했을 뿐이다.

하지만 칼빈의 저술 속에서 최선의 사회라는 이념이 재등장했다. 그러나 그것은 고전적인 방식으로가 아니라, 독특하게 기독교적인 방식으로 재등장했다. 교회와 시민사회 양자는 모두 일정한 가치들을 체화하고 있는 사회질서로 간주되었다. 다만 교회는 몇 가지 점에서 더 나은 사회였다. 교회의 사명은 더 숭고했고, 교회에서의 삶은 더 사회적이었으며, 교회가 가르치는 덕은 더 높은 위엄을 지녔다. 다음의 구절이 보여 주듯이 성사가 부여하는 결속은 시민적 질서로는 결코 도달할 수 없는 통일성을 제공했다. "모든 사람이 주±로부터 받은 것을 모두와 똑같이 나눈다."76 반면에 시민사회에서는 "인간이 고유의, 구별되는 재산을 가지고 있어야 한다"라는 것이 필수적인 전제 조건이었다.77 시민사회가 외직인 경건함 이상의 선±을 결코 열망할 수 없었던 반면에, 교회 사회의 윤리적인 본, 곧 올바른 통치 *justum regimen*는 그리스도 안에서 추구될 수 있었다. 교회 사회는 구원과 회개를 목표로 했다. 이 사회야말로 '진정한 질서'였다. 반면 시민사회는 인간의 공적인 측면에만 관여했다. 요컨대, 전자는 좋은 사회였고, 후자는 필수적이기는 하지만 열등한 사회였다.

비록 교회가 국가와 비교해서 더 좋은 사회의 위상을 차지했지만, 교회 그 자체는 단지 실현할 수 있는 최선의 사회였지, 절대적으로 최선의 사회는 아니었다. 신자들의 가시적인 사회 너머에는 영원하고 비가시적인 교회, 곧 성도들의 순수한 교제가 있었다. 비가시적인 사회와 비교했을 때 가시적인 교회는 시간과 공간의 제약에 갇혀 있는 '육신의 것'이었다. 비록 최선의 사회가 인간에 의해서 지상에 실현될 수는 없었지만, 그렇다고 해서 그것이 인간이 성취할 수 있는 것과 전적으로 단절된 것은 아니었다. 올바르게 질서 잡힌 교회와 시민사회는 성도들의 삶에 영감을 불어넣는 동일한 교리를 따를 수 있었다. 그리고 만약 교회와 시민사회의 노력이 최선의 사회의 기준에 못 미치더라도, 그것들은 측량할 수 없는 가치의 일부분, 즉 속삭이듯 불멸성을 전하는 암시를 여전히 얻을 수 있었다.

마키아벨리의 정치사상으로 주의를 돌리기 전에 종교개혁가들에 대한 몇 마디 언급을 마지막으로 덧붙여 보자. 대부분의 설명에서 마키아벨리의 정치철학은 그 성격 면에서 놀라울 정도로 근대적이라고 묘사된다. 그리고 마키아벨리에게 생략된 것을 보통 홉스로부터 끄집어 냄으로써 보충한다. 그들은 함께 근대성의 상징으로 여겨진다. 이어지는 장들에서 이 두 저술가 모두에게서 나타나는 근대성의 요소를 해명하기 위한 시도가 이루어질 것이다. 하지만 여기에서 나는 단지 그들과 종교개혁가들 사이의 차이를 과장하는 것에 주의를 주고 싶다. 어떤 결정적인 점에서는 종교개혁가들이 마키아벨리나 홉스보다 더 미래지향적으로 행동하고 말했기 때문이다.

무엇보다도 루터, 츠빙글리Ulrich Zwingli, 칼빈과 같은 사람들은 사상가였을뿐만 아니라 활동가였다. 그리고 활동가로서의 역할을 그들은 마키아벨리와 홉스 모두가 [그 실현가능성에 대해-옮긴이] 의문을 품었던 행동 양식으로, 하지만 근대에는 일반화된 행동 양식으로 수행했다. 그들은 모두 대중운동의 지도자였으며, 지도자로서 처음으로 사회적 행동이라는 목적을 위해 대중들 사이에서 촉매 작용을 했다. 종교개혁의 지도자들을 이렇게 조명했을 때, 우리는 대중의 행동을 창출하고 고무하는 일에 그들의 기법과 교리가 얼마나 탁월하게 적응했는지를 이해할 수 있다. 예를 들어, '만인사제'라는 관념은 모든 형태의 종교적인 지위를 증오의 초점으로 삼음으로써 그것에 대한 추종자들의 적개심을 불러일으키는 데 놀라울 정도의 성공을 거두었다. 게다가 그것은 또한 신자들, 곧 미분화된 성격을 갖는 대중들 사이에서 고양된 평등감도 제공했다.

또한 종교적인 관념들을 몇 가지 기본적인 본질적 요소들로 단순화하려는 지속적인 시도, 합리적인 지식보다는 신앙이나 신념에 대한 강조, 성서를 제 나라의 언어로 번역한 것, 이 모든 것이 대중적인 행동을 위해 고안된 특성을 어떻게 보유하고 있는지를 생각해 보라. 기존 질서에 반대한 폭넓은 저항운동으로서 종교개혁이 갖는 정치적인 함의에 대해서도 생각해 보라. 저항의 성공은 대중을 기존 권위와 제도에 불만을 느끼도록 급진화하는 데에 달렸다. 대중을 이끄는 기예를 완성하는 것, 그리고 체계적인 신학과 대중적인 이데올로기 간의 경계를 흐리려는 경향을 생각해 보라—그것은 마치 플라톤이 수호자 계급을 통해 그가 조심스럽게 구별했던 두 역할, 곧 철인 통치자와 정치가를 결합하려고 시도했던 것과 흡사했다. 즉 철인 통치자에게는 공중이 진리의 요구에 맞춰 조형되어야 했고, 정치가에게는 진리가 공중의 정서와 욕구에 순응해야 했다.

마키아벨리아 홉스에게서는 이처럼 [근대적인─옮긴이] 관념들의 흔적을 좀처럼 찾을 수 없다. 그들이 통상적으로 근대 정치사상의 선구자로 여겨지지만, 이 점은 사실이다. 이런 측면에서 나타나는 그들의 실패는 마키아벨리와 홉스에 대해서뿐만 아니라, 근대의 정치적 사유에 대해서도 우리에게 시사해 주는 바가 크다. 예를 들어, 비록 홉스가 정치철학이 간단한 몇 개의 정리定理들로 축소될 수 있다는 희망을 종종 피력했지만, 그와 마키아벨리는 모두 정치적 지식에 적합한 엄격한 논증과 천박한 이해에 적합한 조야한 교리문답 간의 전통적인 구분에 여전히 충실했다. 그들은 여러 가지 점에서 매우 이단적이었지만, 정치철학이 결코 사회 구성원들의 공통된 지성에 호소하기 위해 재단된 지식이 아니라, 전체 사회의 선에 관련된 지식의 형태를 의미한다고 믿었다는 점에서 여전히 완고하게 정통적이었다.

홉스가 정치적 지식에 부여한 철학적 지위는 부분적으로 사유와 행동 간의 상이한 관계에 대한 그의 생각이 반영된 것이었다. 홉스와 마키아벨리는 정치철학을 정치적 대중운동의 취향과 조직적 요구에 맞게 일종의 대중적 이데올로기로 변환하려는 근대 정치 이론의 거대한 유혹에 영향을 받지 않았다. 어떤 집단을 위해 그들이 글을 썼는가 하는 관점에서 보면, 마키아벨리와 홉스는 전형적으로 전근대적이었다. 근대의 논자들은 이론과 실천 사이의 간극을 잇는 것에 관한 오래된 문제가 사회의 지배적인 집단에 호소함으로써 해결될 수 있다고 가정하는 경향이 있다. 근대에 이것은 대중적인 청중에게 호소하는 것을 의미한다. 루소가 인식했듯이 "그것은 더 이상 적은 수의 사람들에게 얘기할 문제가 아니라, 공중에게 …… 얘기할 문제이다."

이와 대조적으로 마키아벨리와 홉스가 채택하고 있는 스타일과 방법은 그들이 고도로 선별된 청중에게 말을 걸고 있다는 사실을 그들 스스로 강하게 의식하고 있었음을 보여 준다. 그들은 그들의 지적인 동료들에게 얘기했고, 권좌를 차지하고 있는 소수의 사람들에게 영향을 미치려고 노력했다. 즉 정치적 행동은 단 한 사람이나 소수에 의한 행동을 의미하며, 그 소수가 언젠가 귀를 기울일 희망이 있다고 그들이 믿었다는 점에서, 그들은 고대 및 중세의 전통과 함께 했던 것이다. 바로 이런 희망으로 말미암아 정치적 지식을 단순한 '믿음'의 대상이 아닌 '앎'의 대상으로 여기는 기획이 살아남게 되었다. 많은 근대의 정치 이론은 사뭇 다른 청중을 바라보았다. 근대의 정치 이론들은 보르지아Cesare Borgia나 크롬웰Oliver Cromwell과 같은 인물들을 찾아내지 않고, '대중들'을 찾아냈다. 보들레르Charles-Pierre Baudelaire의 표현으로 말하면, 근대의 정치 이론들은 건드려 주길 기다리는 "전기 에너지의 거대한 저장고"를 대중들 속에서 발견한다. 근대 정치 이론들의 열망은 잠자는 거인을 깨워서 그가 지지자로서의 역할이 아니라 적극적인 행위자로서의 역할을 하도록 촉발하는 것이다. 이런 접근은 정치적 행동뿐만 아니라 정치철학의 거대한 변형을 의미한다. 정치적 이념들은 알아야 하는 것이 아니라 믿어야 하는 것이 된다. 정치철학은 철학이 되기를 멈추고 대중 문학이 된다. 지식과 달리 신념은 공통의 심성 위에서 번성하기 때문이다. 이 점에서 홉스는 기망 없이 고전적이었고, 루터는 불길하게도 근대적이었다.

옮기고 나서*

이 책은 셸던 월린Sheldon S. Wolin(1922~)의 대표적 저작인 『정치와 비전 : 서구 정치사상사에서의 지속과 혁신』Politics and Vision: Continuity and Innovation in Western Political Thought(1960년 초판, 2004년 증보판)을 우리말로 옮긴 것이다. 원래 『정치와 비전』의 초판(1960)은 제10장 "조직(화)의 시대 그리고 정치의 승화"로 끝을 맺으며, 증보판은 제11장 "근대 권력에서 탈근대 권력으로"에서 제17장 "탈근대 민주주의 : 가상적인가 아니면 탈주적인가?"로 끝을 맺는 7개 장을 제2부로 추가하고 있다. 한글판은 760쪽에 달하는 원 저작의 방대한 분량을 고려해서 3권으로 나누어 출간할 예정이다. 제1장에서 제6장까지를 제1권으로, 제7장에서 제10장까지를 제2권으로, 증보된 제11장에서 제17장까지를 제3권으로 옮길 것이다. 3부작의 1권에 해당하는 이 책은 원 저작의 1장 '정치철학과 철학'부터 6장 '칼빈 : 프로테스탄티즘의 정치적 교육'까지를 담고 있다. 이 책의 우리말 옮김에는 강정인·공진성·이지윤이 참여했는데, 강정인이 옮긴이들을 대신하여 후기를 작성했다.

---

* 이 '옮기고 나서'를 집필하면서 『위키피디아』(Wikipedia)에 실린 셸던 월린의 소개문 그리고 James Wiley, "Sheldon Wolin on theory and the political," *Polity* (April 2006)의 논문에 의존한 바가 적지 않다.

1. 월린의 생애와 저술

월린은 현재 생존해 있는 미국의 대표적 정치사상가 가운데 한 명으로 꼽힌다. 그는 오벌린Oberlin 대학교를 졸업한 후 제2차 세계대전에 전투기 조종사로 참전했다. 1950년에는 하버드 대학에서 "보수주의와 헌정주의: 1760~1785년 기간의 영국 헌정 사상에 대한 연구"Conservatism and Constitutionalism: A Study in English Constitutional Ideas, 1760~1785라는 논문으로 박사학위를 취득했다. 학위를 받은 후 잠시 오벌린 대학교에서 강의하다가 1954년부터 1970년까지 미국 캘리포니아 주립 버클리 대학교의 정치학과에서 강의했다. 버클리 대학교에서 월린은 존 샤John Schaar와 긴밀한 관계를 유지하면서 학술 활동을 했으며, 두 사람 모두 1960년대 버클리 대학의 학생 운동에 커다란 영향을 미쳤다.

1970년 월린은 학내 분규로 말미암아 버클리 대학교를 떠나게 되었다. 그는 잠시 캘리포니아주립 산타 크루즈Santa Cruz 대학교에서 강의하다가, 1973년에 프린스턴 대학교 정치학과로 옮겨 1987년 은퇴할 때까지 그곳에 머물면서 정치사상을 연구하고 강의했다. 그는 버클리 대학교와 프린스턴 대학교에서 많은 제자를 키웠다. 프린스턴 대학교 재직 중에는 프린스턴 대학교 재단이 남아프리카 공화국의 인종 차별을 지원하는 기업에 투자하는 것을 중단하도록 촉구하는 교수들의 결의안을 통과시키는 데 앞장서기도 했다. 월린은 버클리, 프린스턴, 오벌린, 산타 크루즈 대학교 외에도 코넬 대학교와 옥스퍼드 대학교에서 강의를 한 바 있다. 은퇴한 후 그는 프린스턴 대학교의 명예교수로 있으며, 캘리포니아에 주로 머물고 있다.

월린은 존 샤, 노먼 제이콥슨Norman Jacobson 등과 함께 미국 정치사상학계에서 이른바 '버클리학파'를 창설한 것으로 알려져 있다. 이 학파는 정치의 사상화 또는 이론화 작업에서 독특하고 영향력 있는 스타일을 발전시켜 왔는데, 미국 정치사상학계에서 그 스타일은 월린이 버클리와 프린스턴 대학교에서 키운 많은 뛰어난 제자들에 의해 계승되고 있다. 그러나 옮긴이가 판단하건대, 버클리학파는 월린이 버클리 대학교에서 프린스턴 대학교로 떠나면서 시간적 또는 공간적 응집력을 상실하는 바람에, 시카고 대학교를 거점으로 한 레오 스트라우스Leo Strauss학파처럼 강력한 영향력을 결집하지 못하고, 월린의 사상적 입장에 동조하는 학자와 제자들의 느슨한 집단으로 남게 된 것 같다. 이런 사실은 월린의 지기였던 샤 역시 버클리 대학교를 떠나 은퇴할 때까지 산타 크루즈 대학교에 남게 된 사정과 무관하지 않을 것이다. 다만 버클리 대학교 시절 월린의 수제자이면서 샤와 결혼했던 한나 피트킨Hanna F. Pitkin은 계속 버클리 대학교에 적을 두고 제자들을 양성했다. 한편 보수주의적 사상가인 스트라우스는 줄곧 시카고 대학교에 머무르면서 여러 동료와 함께 제자들을 지속적으로 양성함으로써 자신의 학파를 미국 정치사상학계의 최대 학파로 자리 잡게 할 수 있었던 것 같다. 그러나 월린, 스트라우스와 거의 동시대에 활약한 한나 아렌트Hannah Arendt가 아무런 학파를 형성하지 않았음에도 사후에 지대한 영향력을 행사하고 있다는 점을 고려한다면, 옮긴이의 이런 해석이 타당하지 않을 법도 하다.

1980년대에 월린은 신보수주의 정책을 기조로 하는 레이건 행정부의 출범에 위기의식을 느끼고 당시의 미국 정치를 비판하고자 매우 학술적이기도 한 시사논평지 『민주주의』Democracy를 학문적 동료들과 함께 창간했다. 그러나 (전적인 이유는 아니지만) 보이지 않는 정치적 압력으로 재정난에 봉착하면서 잡지는 단명에 그치고 말았다. 한국의 독자들이 월린의 학문적 분위기를 이해하는 데 약간의 도움이 되게끔 1960년대에 버클리 대학에서 월린에게 배웠던 (현재 아리조나 대학교의 교수인) 테렌스 볼Terence Ball의 회고담을 인용해 보면 다음과 같다.

그[월린는 학자이자 정치사상가였다. (반쯤은) 초연한 관찰자이자 동시에 참여적인 비판가였다. (내가 1960년대 말에 버클리에서 그랬던 것처럼) 그와 함께 공부할 행운을 누렸던 이들에게 그는 우리를 분발시키면서도 겸허하게 만드는 전범과 기준을 제시했다. 그는 베버가 말한 것처럼 정치사상이 소명이며, 그것도 많은 희생을 요구하는 소명이라고 가르침으로써 우리를 분발시켰지만, 동시에 우리 중에 거의 대부분은 이 과제를 감당할 수 없다고 느꼈기 때문에 겸허해지지 않을 수 없었다.

현대 미국에서 서구 정치사상사에 관한 기념비적인 저작으로 인정받고 있는『정치와 비전』에서 월린의 기획은 정치사상과 정치사상사를 새롭게 해석하고자 하는 것이다. 그는 자신이 독특하게 제시한 '정치적인 것'the political 이라는 관점에서 철학·정치·문화 등 거의 모든 분야에서 관찰되는 새로운 현상과 경향들을 재사유하고 비판한다. 이 책의 출간과 함께 월린은 일약 세계적인 학문적 명성을 떨치게 되었다. 그 외에도 그는 1950년대 행태주의 혁명과 함께 미국 정치학계의 주류로 자리 잡게 된 실증주의적 정치학을 비판하는 논문, 제2차 세계대전 이후 미국 정치사상학계에 지대한 영향을 미쳐 온 시카고 대학의 레오 스트라우스의 정치철학적 입장을 비판하는 논문 등을 집필하면서, 정치사상 분야에 많은 활력을 불어넣었다. 월린이 단행본으로 출간한 대표적인 저술로는 다음을 들 수 있다.

『정치와 비전 : 서구 정치사상사에서의 지속과 혁신』*Politics and Vision: Continuity and Innovation in Western Political Thought* (1960년 초판, 2004년 증보판).
『버클리 학생 항쟁 : 사실과 해석』*Berkeley Student Revolts: Facts and Interpretations* (1965) 립셋(Seymour Martin Lipset)과 공편.
『버클리 반란 그리고 이를 넘어서 : 기술사회에서의 정치와 교육에 대한 평론들』*Berkeley Rebellion and Beyond: Essays on Politics and Education in the Technological Society*(1970) 존 샤와 공저.
『과거의 현존 : 국가와 헌정에 대한 평론들』*Presence of the Past: Essays on the*

State and the Constitution(1989).

『토크빌, 두 세계 사이에서: 정치적 삶과 이론적 삶을 사는 것』*Tocqueville between Two Worlds: The Making of a Political and Theoretical Life*(2001).

2. 『정치와 비전』을 중심으로 본 월린의 정치사상

옮긴이가 월린의 정치사상을 간략히 소개하기 전에 『정치와 비전』(2004 증보판)을 펴낸 프린스턴 대학교 출판부의 책 소개문을 인용하는 것이 좋을 듯하다. 책에 담긴 내용을 압축적으로 잘 요약하고 있기 때문이다.

이 책은 현대 정치사상에 대한 가장 위대한 저작 가운데 하나를 확장·증보한 것이다. 셸던 월린의 『정치와 비전』은 1960년에 출판된 이래 두 세대에 걸쳐 정치사상가들에게 영감과 가르침을 제공해 왔다. 새로운 증보판은 초판에서 다룬 플라톤에서 밀에 이르는 정치사상가들에 대한 10개 장을 그대로 놔둔 채 7개 장을 새롭게 추가한 것이다. 추가된 7개 장은 마르크스와 니체에서 롤즈와 탈근대주의자에 이르는 사상가들을 다루고 있다. 7개 장은 근대 권력의 엄청난 가능성과 위험을 사상가들이 어떻게 다루고 있는가를 보여 주고 있는데, 그 자체로 주요한 이론적 성찰을 담고 있다. 7개 장의 내용은 미국에서 경제적 권력이 정치적 권력을 위험할 정도로 압도하는 '전도된 전체주의'inverted totalitarianism라는 새로운 정치적 형태가 출현했다는 월린의 주장에서 그 정점에 이른다. 새로운 증보판을 통해 20세기 말 정치사상의 위상을 규정하는 데 이바지한 이 책은 미래 세대의 학자들에게 활력을 부여하고, 또 그들을 계몽하고 도발할 것이다.

원래 월린이 『정치와 비전』을 저술한 동기는 정치 분석이 단순히 객관적인 현실에 대한 중립적인 관찰로 구성되어 있다는 사고에 도전하기 위한 것이었다. 그는 정치사상가란 동시에 창조적인 비전에도 의존해야 한다고 주장한다. 월린은 위대한 사상가들이 기존의 정치 질서 바깥에 존재하는 선[또는 좋음]에 대한 모종의 비전에 따라 정치를 조형하고자 하는 동기에 의해 추동되어 왔다는 점을 보여 준다. 그가 말하는 것처럼 사상사란 선에 대한 가정(假定)들이 어떻게 변화해 왔는지를 보여 주는 궤적이라고 할 수 있다.

새로운 장들에서 월린은 40년 전에 그랬던 것과 마찬가지로 혼신의 에너지와 섬세한 안목을 발휘해 미세한 사안과 거대한 역사적 변천을 탁월한 솜씨로 다루고 있다. 이 저작은 뛰어난 재능과 치열한 사유의 산물로서 오랫동안 지속될 지적 성과물이다.

아래에서는 옮긴이가 이해한 수준에서 『정치와 비전』에 담긴 월린의 정치사상을 '정치'politics와 '정치적인 것'the political, '민주주의'에 대한 개념을 중심으로 설명하고, 현대 미국 정치에 대한 월린의 평가를 소개하도록 하겠다. 이어서 독자의 편의를 위해 이 책의 주요 내용을 장별로 간략히 요약하여 제시할 것이다.

월린에게 정치는 우리가 보통 이해하는 정치의 의미와 크게 다르지 않다. 그는 『정치와 비전』 제1장에서 '정치'를 다음과 같은 요소를 포함하는 것으로 정의한다. ① 집단들, 개인들 또는 사회들 사이에서 경쟁적 이득을 추구하는 데 집중된 활동의 형태. ② 변화와 상대적 희소성의 상황에서 일어난다는 사실에 의해 조건 지워지는 활동의 형태. ③ 이득의 추구가 의미심장한 방식으로 전체 사회 또는 그 실질적인 부분에 영향을 미칠 정도의 중요한 결과를 산출하는 활동의 형태. 이와 달리 '정치적인 것'에 대한 월린의 개념은 다분히 모호하기 때문에 그의 사상에 비판적인 자들의 주된 표적이 되어 왔다. 월린은 『정치와 비전』 곳곳에서 "진정으로 정치적인 것", "독특하게 정치적인 것", "진정한 정치적 문제들"이라는 표현을 사용하고 있는데, 그 역시 '정치적인 것'의 개념이 모호함을 인정한다. 그렇기 때문에 1장에서 월린은 "정치적인 것에 대한 명확한 관념을 보존하는 작업의 어려움이 이 책의 주제를 구성한다"라고 밝히고 있다. 그는 제1장에서 '정치적인 것'을 사회에 "공통적이거나 일반적인 것" 또는 "공적인 것"과 동의어로 파악한다. 그리고 제9장 "자유주의와 정치철학의 쇠락"에서 자유주의의 딜레마를 지적하며 끝맺는 구절에서는 정치적인 것을 "권위와 공동체"의 통일적인 파악으로 이해하며, 제10장의 "조직(화)의 시대 그리고 정치의 승화"에서는 "정치적인 것의 핵심적 준거"로서 국가를 지목하기도 한다.

월린은 '정치적인 것'에 대한 그 자신의 독특한 개념화에 의거해 정치에 대한 철학적·윤리학적·경제학적·사회학적 접근이 진정으로 정치적이지 않다고 주장한다. 이런 이유에서 플라톤 등의 정치철학은 정치적인 것을 철학이나 윤리학에 종속시키고자 했다고 비판받으며, 사회에 대한 비정치적 개념화에 의존해서 정치를 이론화하는 경제학이나 사회학적 접근 또는 신학적 접근(예를 들어 아우구스티누스의 접근) 역시 적절하지 못한 것이라고 비판받는다. 이런 월린의 입장에 따르면 정치적인 것을 사회과학적 입장에서 이론화하는 현대 미국의 실증주의적 정치학(행태주의 정치학 역시 포함)은 물론 정치를 윤리적 판단에 종속시키고자 하는 규범적 정치학(스트라우스의 정치철학) 역시 부적절하다. 다시 말해 현대 미국 정치학의 주류적 사고방식으로 자리 잡고 있는 규범적인 접근과 경험적인 접근의 이분법에 비판적이다. 두 입장 모두 '정치적인 것'을 제대로 이해하지 못하고 있다는 것이다. 이 점에서 월린은 '정치적인 것'의 독특한 지위를 강조하는데, 월린이 기존의 정치학을 비판하는 준거틀로서 제시하는 '정치적인 것'의 개념이 지극히 모호하다는 지적이 그의 비판자들에게 의해 제기되어 왔음은 앞에서 이미 언급한 바 있다.

또한 월린은 현대 서구에서 민주주의로 이해되고 있는 대의제 민주주의나 헌정적 민주주의가 진정한 민주적 정신을 질식시키고, 시민됨의 가치를 훼손한다고 주장한다. 이 점에서 월린은 현대 민주주의에 지극히 비판적인 급진 민주주의자라 할 수 있다. 그의 민주주의 개념은 시민들의 자발적이고 활기에 넘친 참여와 숙의를 중시하는 참여 민주주의이다. 이 점에서 월린은 펠로폰네소스 전쟁에서 아테네가 패배하기 이전까지 실현된, 예수 탄생 전(이른바 '기원전') 5세기경의 아테네 민주정과 17세기 영국 내전 당시 민주적 반란기의 경험, 19세기 미국 민중주의자들의 경험, 그리고 1960년대 미국 신좌파의 경험 등을 진정한 민주적 경험으로 중시한다. 월린에게는 아마 1980년 5월 광주 민주항쟁 기간에 시민들이 구성한 자치적 공동체, 곧 단명에 그친 '광주 공화국'의 경험 역시 1871년의 파리 코뮌과 마찬가지로 진정한 민주적 체험으로 이해될 법하다. 이런 맥락에서 본다면 참여 민주주의에 대한 월린의 비전은 제도화된 정치권 내에서 일어난 시민들의 질서정연한 참여에 기초한 것이라기보다는, 역사적으로 민중들(빈민, 노동자, 농민, 흑인, 여성 등) 또는 시민들이 기성의 제도 밖에서 자신들의 집단적인 생존을 타개하기 위해 분투하는 과정에서 겪는 (단편적인?) 체험에 기초한 것이다. 즉 그 비전은 그들이 투쟁하면서 정치 공동체에 공통적이고 일반적인 것에 관해 숙의하고, 그 숙의의 결과를 다시 집단적인 정치적 행위(action)로 옮길 때 일어나는 탈제도적 경험에 의해 영감을 받은 것이다.

이런 월린에게 미국은 물론 현대 서구의 선진 국가에서 실천되고 있는 (사회민주주의를 포함한) 넓은 의미의 자유민주주의가 만족스러울 리 없다. 따라서 고대부터 근대 정치사상까지를 다룬『정치와 비전』의 초판(1960년)에서는 당대의 정치에 관해 비교적 초연한 태도를 취하면서 비판적 언급을 삼갔던 반면, 2004년에 출간된 증보판의 제16장과 제17장에서는 현대 미국 민주주의의 실상을 신랄하게 비판하고 있다. 월린의 평가에 따르면 미국은 '초강대국 민주주의'superpower democracy라는 형용 모순적 실체로 변모하고 있으며, 신보수주의 정책 결정자들은 미국을 '전도된 전체주의' 국가─파시즘이 내포하는 많은 함의와 더불어─로 전환시키고 있다. 이런 비판으로 말미암아 월린은 미국 정치학계에서 강경 좌파hard-Left 또는 좌파 자유주의자left-liberal로 분류되기도 한다. 그러나 그는 '거대 국가'megastate에 구현된 정치적 자유주의의 과잉을 경고하는 예언자적 입장을 견지하기 때문에 정치사상사적으로 보수주의 또는 사회주의 전통에 속하는 것으로 이해되기도 한다.

이처럼 월린의 급진 민주주의적 비전은 민주주의를 정부 형태가 아니라 정치적 판단의 형태로 개념화하는데, 그 정치적 판단은 우리의 판단이 자유주의적 거대 국가의 포획에서 벗어날 때 비로소 얻어질 수 있는 것이다. 이 점에서 민주주의는 국가의 정치제도 바깥에 소재하는 존재 양식이며, 이런 인식은 민주주의를 정치적 자유주의의 결박으로부터 해방시킬 것을 요구한다. 이 점에서 월린은 자신이 제시하는 민주주의의 상을 '탈주적 민주주의'fugitive democracy로 명명한다. 월린은 '탈주적 민주주의'를 통해 민주주의의 재형성적 능력, 국지(지방)적이고 특수한 정치 참여 양식을 고무하고자 한다. 그는 이런 정치 참여를 통해 국가주의적 권력의 전체주의적 경향에 저항할 수 있다고 보는 듯하다. 그런데 사전에서 '퓨저티브'fugitive는 "도망치는, 탈주한, 망명의, 고정되지 않은, 변하기 쉬운, 일시적인, 덧없는, 그때뿐인, 즉흥적인"을 의미하는 낱말로서 그 의미가 명료하지 않고, 또 다분히 소극적인 냄새가 나기 때문에 적지 않은 비판을 받고 있다. '탈주적' 민주주의 개념이 시사하는 것처럼, 민주주의가 (다중의 집단행위에 의해 빈번히 발생할 수 있겠지만) 일회적이고 제도화되기 어려운 것이라면, 그의 민주주의 개념은 한나 아렌트의 '정치적 자유'의 개념에 근접하는 것으로 보인다. 아렌트는 『혁명론』 등 여러 저술에서 정치적 자유를 혁명이나 반란 또는 독립 투쟁의 과정에서 인간이 예외적으로 체험하는 진귀한 현상으로 개념화하기 때문이다. 또한 월린의 탈주적 민주주의 개념은 자신이 '정치적인 것'의 주된 준거로서 제시한 바 있는 (자유주의적) '국가'를 우회하거나 공격하는 것이기 때문에, 그 스스로도 비판한 적이 있는 탈근대 민주주의와 유사한 방향으로 흐르고 있다. 아무튼 월린의 '탈주적' 민주주의 개념에 관해서는 이미 적지 않은 논란이 제기되고 있기 때문에, 월린 역시 추가 작업을 통해 보완적인 이론화나 해명을 시도해야 할 것으로 생각된다.

아래에서는 독자의 이해에 도움이 되도록 이 책의 기본적인 내용을 장별로 간략히 요약해서 제시하도록 하겠다.

먼저 제1장 "정치철학과 철학"에서 월린은 정치철학을 다른 형태의 탐구 형식과 연결하고 구분하면서 정치철학의 특징을 조명한다. 아울러 정치철학의 일반적 특징을 철학에 대한 정치철학의 관계, 활동으로서의 정치철학이 갖는 속성, 그 주제와 언어, 관점 또는 비전의 각도, 그리고 전통이 작동하는 방식 등을 논하면서 밝히고 있다. 제1장은 정치철학이 무엇인가를 다양한 관점에서 조명하고 있기 때문에 정치철학에 관심을 갖는 사람이라면 모름지기 읽어 보아야 할 장이다. 다만 이 장에 서술된 내용은 매우 추상적이고 함축적이기 때문에 정치철학의 주요 주제와 철학자들의 정치사상에 익숙해진 연후에야 비로소 더욱 잘 이해할 수 있는, 가장 난해한 부분이라 할 수 있다. 그럼에도 정치사상을 전공하는 자라면 두고두고 여러 번 음미해 읽으면서 그 깊은 뜻을 헤아려 볼 만한 소중한 장이다.

제2장 "플라톤: 정치철학 대 정치"에서 월린은 고대 그리스의 철학자인 플라톤을 정치철학의 발명자로 제시하면서 그리스에서 정치철학이 탄생하게 된 역사적 배경을 간략히 서술하는 것으로 시작한다. 그는 정치철학의 출현 조건으로 정치 현상이 여타의 다른 현상들로부터 '분화'될 것, 독립된 사유의 형태로서 정치적 '설명'이 이루어질 것을 요구한다. 정치철학을 '정치에 대한 체계적인 성찰의 산물'이라고 할 때, 플라톤에 와서야 비로소 정치철학이 출현하게 되었다는 것이다. 그러나 월린은 플라톤에 이르러 정치

가 '독자적'인 현상으로서 '체계적'으로 인식되었지만, 동시에 플라톤의 정치철학에서는 '선의 이데아'라고 하는 철학적 비전이 정치를 조형하게 됨에 따라 정치(현상)의 자율성이 현저히 위축되었다고 해석한다. 이로부터 월린은 다양한 관점에서 '정치적인 것'이 과연 무엇인가라는 질문을 던지면서 플라톤의 정치철학을 비판한다. 월린의 비판은 서구 정치철학사에서 플라톤 정치철학에 내연內燃하는 정치와 철학의 원초적인 갈등을 이해하는 데 많은 도움이 된다.

제3장 "제국의 시대 : 공간과 공동체"에서 월린은 고대 그리스 문명을 붕괴시키고 등장한 로마제국 시대를 '정치적인 것'의 위기로 개념화하면서 로마 공화정과 제국 시대의 정치사상을 다루고 있다. 월린은 정치적 삶의 새로운 구현체이자 다양하고 이질적인 민족과 광대한 영토로 구성된 로마 제국과, 소수의 동질적인 시민으로 구성된 도시국가를 바탕으로 하여 출현한 그리스 사상의 정치적 기준 사이의 점증하는 괴리가 '정치적인 것'의 위기를 초래했으며, 그 위기가 기독교의 도래에 이르기까지 지속되었다고 해석한다. 이와 함께 월린은 로마 공화정이 제국으로 성장하는 과정에서 일어난 정치적 변화를 추적하면서 정치 공동체에서 용인될 수 있는 갈등의 한계, 이런 갈등을 봉합하고 규제하는 데 있어서 정치 제도가 수행하는 역할, 그리고 무엇보다도 이익에 근거하여 정치를 수행하는 것이 지닌 함의를 분석하고 있다. 이 장에서 월린은 스토아학파의 정치철학을 매우 비판적으로 검토하는데, 상당히 흥미로운 대목이다.

제4장 "초기 기독교 시대 : 시간과 공동체"에서 월린은 앞장의 논의를 이어받아 로마 제정 시기가 서구 정치사에서 사상적으로 가장 빈곤한 시기였다고 지적하면서, 그 원인을 스토아학파를 비롯한 헬레니즘 시대의 철학이 정치사상을 재건하는 데 실패했다는 점에서 찾는다. 대신 그는 세속의 정치·사회적 사안에 무관심한 것으로 알려진 기독교가 정치사상의 새로운

원천을 제공함으로써 역설적으로 정치사상을 재건하게 되었다고 주장한다. 그리고 그 원천은 기독교가 그 구성원들에게, 충만한 참여적 삶을 담고 있는 공동체에 대한 새롭고 강력한 이상을 성공적으로 부각시킨 데서 기인한다. 월린은 또한 기독교의 괄목할 만한 확산과 복잡한 제도적 형태로의 진화가 행동과 언어의 양 측면에서 '교회의 정치화'로 귀결되었으며, 이런 사태 전개가 기독교 본래의 의도와 달리 서구에서 정치에 관한 교육을 지속시키는 결과를 가져왔다는 점에 주목한다. 다시 말해 교회의 정치화를 통해 정치적 사유와 행동 양식이 보존되었다는 것이다. 월린이 해석하건대, 중세 기독교 시대가 남긴 아이러니한 유산은 기독교 사상가들이 대체로 정치사상의 전통적인 개념들을 독특한 기독교적 목표를 위해 봉사하도록 사용하는 데 만족하고 그 개념들 자체의 내용을 파괴하지 않았다는 것이다. 그리고 이 때문에 기독교 및 교회의 정치화와 함께 정치사상의 주요 개념과 범주들이 오히려 더 잘 보존될 수 있었다. 월린은 자신의 이런 논점을 초기 기독교 사상, 교회제도의 발전과 정치화 과정, 기독교의 로마 국교화 과정 및 아우구스티누스와 아퀴나스의 기독교 정치사상에 대한 해석을 통해 설득력 있게 제시하고 있다.

정치적인 것의 자율성을 새롭게 주장하고 주조함으로써 근대 정치학의 시조로 평가되는 마키아벨리의 정치사상을 7장에서 검토하기에 앞서, 월린은 5장과 6장에서 종교개혁을 추진하고 마무리한 대표적인 기독교 사상가인 루터와 칼빈의 정치사상을 상세하게 다루고 있다. 월린의 해석에 따르면 루터는 종교적 사유를 탈정치화하고자 하는 과정에서 교회적 정체(政體), 곧 중세의 교회에 대한 전면적인 공격을 감행함으로써 종교개혁에 불을 지폈는데 반해, 역설적으로 칼빈은 프로테스탄티즘에 새롭게 정치적·제도적 요소를 도입함으로써 종교개혁을 마무리지었다.

5장 "루터: 신학적인 것과 정치적인 것"에서 월린은 종교개혁의 도화선이 된 루터의 사상을 초기 교회의 순수함으로 돌아감으로써 종교적 체험의 진정성을 회복하려는 동기에서 비롯된 것으로 풀이한다. 이를 위해 루터는 조직화된 중세 교회의 권력 구조와 복잡하고 정교한 중세 신학, 곧 교회 중심주의와 스콜라 철학에 전면적인 공격을 가함으로써 종교의 탈정치화를 시도했다. 월린은 이런 루터의 사상적 궤적을 추적하면서, 루터가 추구한 '교회의 탈정치화'가 결과적으로 세속 권력의 강화와 민족적 특수주의의 출현으로 귀결되는 과정을 서술하고 있다.

6장 "칼빈 : 프로테스탄티즘의 정치적 교육"에서 월린은 초기 종교개혁의 급진적인 종파들이 수많은 제도적 통제와 전통적 제약으로부터 신자들을 해방시키는 데 지대한 공헌을 했지만, 그를 계기로 분출된 원심적 에너지로 말미암아 서구 사회가 질서와 시민성의 위기를 겪게 되었다고 진단한다. 다시 말해 극단적인 종파들이 자신들의 종교 공동체를 세상으로부터 분리시키고 정치 질서에 대한 어떠한 의무도 부정함으로써, 일종의 정치적 아노미 상황이 초래되었던 것이다. 따라서 월린이 정교한 해석을 통해 보여 주는 칼빈의 사상적 공헌은 그처럼 점증하는 위기의 와중에서 그가 프로테스탄트 신자들이 시민성으로부터 도피하는 것을 방지하는 사상체계를 제시했다는 것이다. 칼빈은 정치적인 차원에서 정치 질서에 대한 신망을 회복시키고, 프로테스탄트들에게 인간 본성의 정치적인 면을 깨닫게 함으로써 정치적 교육의 기초를 가르치려고 했다. 종교적인 측면에서 칼빈의 교회론은, 교회-사회가 교회 안에서의 삶을 조절할 제도적인 구조를 갖지 않을 때 불완전하고 비효율적이라는 통찰을 체계적으로 정교화한 작업이었다. 칼빈은 신자들이 모인 공동체만으로는 충분하지 않고, 권력이라는 추가적인 요소가 그 집단의 단합과 연대를 보장하기 위해 필요하다는 점을 깨달았던 것이다. 따라서 칼빈은 최선의 교회 정체政體는 교회의 구성원들이 교회의 일에 적극적으로 참여하도록 해야 한다는 종교개혁의 원리를 따르면서, 동시에 교회에 강력한 리더십과 지도력을 제공해야 한다고 주장했다. 그 결과 칼빈의 기독교 사상에서 개인은 종교적 질서와 정치적 질서라는 이중의 질서 속으로 재통합되었고, 그 질서들은 공동의 통일체 속에서 연결되었다.

3. 학문적 삶의 편린들 :
월린 및 버클리 대학 정치학과와 맺은 인연을 회상하며

월린의 『정치와 비전』을 한글로 옮겨 출간하자는 제의를 후마니타스 출판사에서 받았을 때, 나는 최종 결정을 내릴 때까지 수락과 거부 사이를 오가면서 무척 망설였던 것으로 기억한다. 무엇보다도 책을 옮기는 데 소요될 많은 시간을 고려할 때, 나 자신의 연구에 상당한 차질이 예상되었기 때문이다. 이제 내게 얼마 남지 않은 학문적 여정을 감안한다면 학자로서 자신의 연구에 더 많은 시간을 바치는 것이 바람직하다고 여겨졌다. 이 책의 3분의 1 정도의 번역을 마치고 최종적으로 탈고하면서 잠시 한숨을 돌리기는 했지만, 앞으로 남아 있는 분량을 생각할 때에는 아직도 나 자신의 결정이 과연 현명한 것이었는지 선뜻 확신이 서지 않는다. 다만 우리나라의 많은 독자가 이 책을 읽고 정치사상이 실로 일생을 바쳐 연구할 가치가 있는 학문이며고 깨닫게 된다면, 옮긴이로서 다소의 위안을 발견할 것이다.

많은 독자가 일상적으로 느끼고 있을 수도 있겠지만, 정치사상의 가치를 역사적 실례를 통해 강조하기 위해 최근에 김용민·황태연 교수와 함께 엮은 『서양 근대 정치사상사 : 마키아벨리에서 니체까지』(근간)의 '서문'에서 내가 서술한 요지를 추려서 아래와 같이 인용하는 것으로 정치 및 정치사상의 의미에 대한 내 생각의 일단을 갈음하고자 한다.

역사적으로 모든 위대한(?) 문명이나 제국, 국가는 나름대로 독창적인 정치사상 또는 정치 제도를 발전시켰다. 중화주의와 서구중심주의에 젖어 살아 온 우리에게 친숙한 사례를 들자면, 유교를 비롯한 제자백가를 탄생시킨 중국의 고대 문명과 오늘날 보편적 정치 제도이자 정치사상으로 자리 잡은 '민주주의'는 물론 소크라테스, 플라톤, 아리스토텔레스 등 위대한 정치철학자들을 탄생시킨 고대 그리스 문명을 대표적으로 거론할 수 있다. 고대 로마 역시, 사상적인 면에서는 그리스보다 다소 부진했지만, 제도적인 면에서 공화정과 로마법이라는 불멸의 유산을 통해 세계사에 심대한 영향력을 행사해 왔다. 근대 서구 문명을 보더라도 그런 예를 쉽게 찾을 수 있는데, 이를테면 영국이 유럽의 다른 국가들에 비해 우위를 점하게 된 것은 무엇보다도 근대의 자유주의적인 정치사상과 정치 제도를 가장 앞서서 발전시켰다는 사실과 무관하지 않다. 한편 유럽인들이 아메리카 대륙을 탐험하고 남북 아메리카에서 거대한 식민지 제국들을 건설했지만 그중에서도 독립한 후에 강력한 국가로 발전해 20세기 세계 정치를 호령하게 된 나라는 오직 미국뿐이라는 사실 역시, 미국이 부상하게 된 데는 민주주의라는 위대한 정치 제도가 중요한 변수로 작용했음을 부정할 수 없다는 점에서, 또 하나의 예를 제공한다.

이런 역사적 실례는 주어진 정치 공동체가 참된 번영을 누리기 위해서는 그 공동체가 지닌 사회적·경제적·문화적 역량 또는 인적·물적 잠재력을 고도화할 수 있는 정치의 발전과 이를 견인할 수 있는 정치사상의 발전이 꼭 필요하다는 사실을 보여 준다. 이처럼 정치의 발전과 정치사상의 성숙이야말로 21세기 한국 사회가 당면한 최대의 과제라는 사실을 우리는 매일 접하는 정치 관련 보도를 통해 일상적으로 확인하고 있다. 일찍이 동서고금의 많은 정치사상가들이 확인했듯이, 어떤 소리도 더하지 않으면서 단원들의 악기에서 뿜어져 나오는 다양한 소리를 교향악으로 완성하는 오케스트라의 지휘와 마찬가지로, 정치야말로 실질적으로 공동체에 보태는 것이 없는 것처럼 보이면서도 공동체의 모든 역량을 최종적으로 완성하는 고도의 집단적이고 정신적인 활동이기 때문이다.

앞서 언급한 것처럼 『정치와 비전』을 번역하자는 제의를 받았을 때 나는 무척 망설였다. 그런데 결국 그 제의를 받아들여 이렇게 출판을 앞둔 상황에서 돌이켜보니, 공교롭게도 내가 1979년에 월린이 한때 몸담고 있던 버클리 대학교 정치학과로 유학을 떠나 8년을 보내면서 정치사상 분야에서 박사학위를 받게 된 인연이 다른 무엇보다 결정적인 동기가 아니었나 하는 생각이 든다. 내가 버클리 대학교에 머물고 있던 시절, 1960년대 학생 운동의 진원지로서 버클리의 명성은 미국 사회의 보수화와 함께 어느 정도 쇠퇴하고 있었다. 하지만 그렇다 하더라도 학교 정문 근처에 있는 스프라울 홀Sproul Hall 앞에는 미국 정치에 주요한 이슈가 터질 때마다 학생들의 다양한 집회가 열리곤 했다. 특히 버클리 시市의 지방 정치는 미국의 많은 다른 도시와 달리 전국 정당인 민주당이나 공화당이 별로 영향을 미치지 못하고 버클리 시에만 있는 지방 정당이나 무소속의 급진적인 정치인들이 장악하고 있었기 때문에, 미국 사회의 주류 분위기와는 달리 급진적인 정치적 상황을 연출하곤 했다. 하여 버클리 시는 미국으로부터 독립되어 있다는 의미에서 종종 '버클리 공화국'으로 호칭되기도 했으며, 또 '버서클리'Berserkley*라 불리기도 했다.

당시 버클리 대학의 정치학과는 미국의 여느 일반 대학과 마찬가지로

---

* 영어로 '버서크'(berserk)는 '맹렬한' 또는 '광포한'이라는 뜻을 지니고 있다. 또한 '버서커'(berserker)는 북유럽 전설에 나오는 '광포한 전사'를 지칭한다. 따라서 '버서클리'는 '광포한 도시'라는 의미로 해석된다.

보수적인 성향의 교수들이 주류를 이루고 있었다. 이런 사실은 정치학의 세부 분야인 미국 정치, 비교 정치, 국제 정치, 방법론, 지역 정치 분야에서 일반적으로 관찰되었다. 다만 정치경제학을 담당하던 인도계 정치학자 다스 굽타J. Das Gupta 교수가 예외적으로 상당히 진보적이었던 것으로 기억된다. 하지만, 이런 일반적인 경향과 달리 정치사상 분야의 강의를 담당하는 한나 피트킨, 노먼 제이콥슨, 마이클 로긴Michael Rogin, 폴 토마스Paul Thomas 교수는 모두 매우 진보적인 성향의 학자들이었다. 그렇지만 이 가운데 나는 오직 피트킨과 제이콥슨 교수로부터만 강의를 들었다. 박사학위 종합시험을 보려면 여러 분야의 강의를 골고루 들어야 했기 때문에 어느 정도 선별적일 수밖에 없었기 때문이다.

제이콥슨 교수로부터는 '정치와 문학'이라는 세미나를 들었다. 선생의 강의를 통해 나는 정치학자이지만 동시에 문화적 감수성을 키웠다. 게다가 그 세미나에는 학생이 오직 두 명뿐이어서, 수강생들이 많은 다른 수업과 달리 말을 하지 않고는 배길 수 없었다. 그 수업은 내가 본격적으로 말문을 연 최초의 수업으로 기억된다. 그 수업의 주제는 '정치와 진리'였다. 그 수업의 유산으로 나는 한국에 돌아와 정치와 진리에 관해 두 편의 논문을 발표하게 되었다. 하나는 재미소설가 김은국의 『순교자』를 정치와 진리의 관점에서 검토한 글이었고, 다른 하나는 1991년 5월 투쟁을 정치·죽음·진실의 관점에서 분석한 글이었다. 피트킨 교수로부터는 서구 정치사상사에 관한 과목 두 개를 들었다. 나는 서구 정치사상사를 본격적으로 공부하는 데 관심이 있었기 때문에 종국적으로 피트킨 교수가 내 학위논문의 지도교수가 되었다. 피트킨 교수는 엄격한 편이고, 제이콥슨 교수는 자상한 편이었기 때문이, (두 분을 내가 임의로 결혼시켜서는 안 되겠지만) 나는 엄모자부嚴母慈父를 둔 셈이었다.

원래 내성적인 성격인 데다 수업계획서에 따라 부과된 과제물을 읽는

데 급급했던 나로서는 미국 대학원생들과도 별로 교류를 하지 않았기 때문에 정확히 언제, 어떤 이유로 윌린 교수와 샤 교수가 버클리를 떠나게 되었는지 알지 못했다. 다만 1960년대 신좌파 운동의 거센 파고와 함께 '자유연설 운동'Free Speech Movement으로 일컬어지는 학생운동이 버클리 대학을 휩쓸었으며, 당시 급진적 입장을 대변하던 윌린과 샤 교수가 학교 당국 또는 정치학과 교수들과의 분규로 학교를 떠나게 되었다는 정도만을 알고 있었다. 그렇다 하더라도 정치사상 분야에서 박사 종합시험을 공부하는 대학원생들에게, 윌린의 『정치와 비전』은 세바인George H. Sabine의 『정치사상사』와 함께 필독서였다. 나 역시 당시 사상 전공 대학원생들이 많이 읽던 아렌트의 『인간의 조건』, 『혁명론』 및 『과거와 미래 사이』와 더불어, 윌린의 『정치와 비전』을 탐독했다. 미국에서 처음으로 정치학을 공부하게 된 내게 윌린의 『정치와 비전』을 읽고 이해하는 작업은 엄청난 도전이었다. 그 딱딱하고 난해한 책을 읽으면서 나는 엄청난 좌절감을 느끼곤 했다. 그리고 윌린이 쓴 유명한 논문을 찾아서 읽기도 했는데, 대표적으로 기억나는 것은 『사회과학 국제백과사전』에 나온 정치사상을 소개하는 논문, "패러다임과 정치사상," 그리고 "소명으로서의 정치사상"이었다. 책보다 비교적 쉽게 쓰인 세 논문은 종국적으로 내게 정치사상이란 무엇인가를 깊게 각인시켜 주었다.

아렌트, 윌린, 그리고 내 지도교수였던 피트킨의 주요 저술들은 내가 정치사상을 공부하는 데 가장 주요한 자양분이 되었다. 그런데 나는 한나 아렌트의 명성이 전 미국에 드리워져 있다는 점을 알고 있었지만, 어느 정도 시간이 지날 때까지도 그가 이미 별세했다는 사실은 잘 모르고 있었다. 그리고 당시 유명한 정치사상가들 가운데서는 마이클 왈쩌Micahel Walzer와 존 롤즈를 제외하고는 거의 읽지 않았다. 기이한 경험인지 모르지만, 스트라우스의 저술에 관해서도 별로 읽은 기억이 없다. 단지 그가 보수적인 학자라는 점만 어렴풋이 알고 있었으며, 윌린이 마키아벨리에 관한 논문의 각주에서 그를 비판적으로 언급한 정도만을 기억하고 있었다. 많은 학생들이 그렇겠지만, 나 역시 내가 존경하는 교수나 저자들이 비판적으로 언급한 학자에 대해서는 막연히 부정적인 편견을 품게 되었던 것 같다. 아무튼 내게 큰 영향을 준 이 세 명의 학자들로 말미암아 나는 참여민주주의에 관한 깊은 신념commitment을 갖게 되었으며 그것을 주제로 박사학위 논문을 쓰게 되었다. 이런 사실이 내가 독재정권 아래서 신음하던 한국을 뛰쳐나와 정치학을 전공하게 된 동기와도 관련이 있음은 물론이다.

박사 논문을 쓰는 과정에서 피트킨 교수의 남편인 샤 교수를 배로우즈 홀Barrows Hall 연구실에서 뵌 적이 있었다. 그는 내 논문에 상당한 관심을 보이면서, 당시 일본에 있으면서 서양 정치사상을 강의하던 버클리 출신의 더글라스 루미스C. Douglas Lummis 교수를 소개했다. 덕분에 나는 그와 서신을 몇 번 교환한 적이 있는데, 그는 당시 자신이 집필하고 있던 『급진 민주주의』라는 책의 원고를 내게 보내 주기도 했다. 그 책은 최근 국내에서도 한글로 옮겨 출간되었다.

박사 논문의 초고가 어느 정도 마무리되었을 즈음, 한 번은 피트킨 교수와 한국의 학생운동을 화제로 이야기를 나누게 되었다. 그때 피트킨 교수는 만약 한국이 민주화된다면 더 이상 운동이 불필요하다고 생각하느냐고 불쑥 물었다. 나는 그렇지 않다고 답변했다. 민주주의란 영구 진행형 또는 영구 혁명이기 때문에 이른바 민주화가 되더라도 운동이 지속되어야 한다고 믿었기 때문이다. 당시의 이런 생각은 지금도 변함이 없으며, 운동의 정치는 그 자체가 참여 민주주의의 일환이고 정치 공동체의 건강과 활력을 유지하기 위해 지속적으로 필요하다고 생각한다. 아마 이런 신념은 월린의 탈주적 민주주의 개념과 맞닿아 있기도 하며, 또 버클리학파가 내게 심어 준 지속적인 유산으로 생각된다.

피트킨 교수에 관해 잊지 않고 두고두고 감사하게 기억하는 것은 내 박사 논문 초고는 물론 수정본에 대해 매 쪽마다 상세하게, 비판적인 논평을 두 번이나 해 준 사실이다. 영어도 서툰 논문을 처음부터 끝까지 읽으면서 해 준 세심하고 자상한 논평, 그것도 내 원고의 여백에 갈겨 쓴 글씨가 아니고 읽기 쉽게 또박또박, 빼곡하게 쓴 글씨로 이루어진 논평은 죽을 때까지 잊지 못할 것이다. 게다가 연필로 쓰다가 지우고 다시 쓴 흔적들은 실로 감동적이었다. 선생이 느끼기에 (진지했는지는 모르지만) 학문적 실력은 물론 영어마저 엉성하다고 느꼈을 법한 외국인(그것도 한국인?) 제자를 거두어 그토록 열심히 논평해 준 것은, 내게는 너무나 과분한 대우였다.* 나는 선생의 이런 대우를 내 개인에 대한 사랑보다는 학문에 대한 사랑에서 우러나온 것으로 받아들인다. 그리고 그 기억을 감히 잊지 못하기에, 아니 잊지 않기 위해 한국에 돌아와 강의하면서 지난 20년 동안 대학원생들의 논문을 정성껏 논평하고자 노력해 왔다.** 그러면서 피트킨 교수처럼 실력이 탁월하지 못하기 때문에 내 논평이 부족하다고 부끄러움을 느끼곤 했다. 학생들의 잘못된 논리 전개나 사유에 대해 내가 능숙하게 지적하고 대안을 제시할 수 있었더라면, 나 역시 선생처럼 제자들에게 학문적으로 많은 도움을 줄 수 있을 터인데 하면서.

　그처럼 자상한 논평은 물론 흠잡을 데 없는 처신을 통해서도 은사 피트킨 교수는 내게 '생각하는 법'을 가르쳐 주었다. 일례로 내가 한국에 잠시 다녀온 후에 선물을 드린 적이 있었는데, 한번은 안심처였고, 다른 한번은

---

* 심지어 피트킨 교수는 박사 논문 초고의 처음 80쪽 정도에 관해 논평하면서, 문법적으로 또는 철자에서 잘못된 부분을 찾아서 죄다 바로 잡아 주었다. 그 후에 선생은 더 이상 참기 어려웠는지, "나는 전문 편집자가 아니야"(I am not an editor by profession)라고 기재한 다음, 내게 전문적 편집자를 찾아 영어를 다듬을 것을 종용했다.
** 내리사랑이라고 할까! 다만 일부 학생들이 보기에 가끔 읽기 어려운 글씨로 논평한다는 점에서 내가 선생의 친절함에 필적하지 못하고 있다는 것은 여기서도 자명하다.

'하회탈'이었다. 선생은 엄하게 야단을 치셨지만, 마지못해 받으셨다. 그런데 연구실 책상 옆에 장식으로 걸려 있는 탈을 볼 때마다, 나의 비리를 공개적으로 고발하고 있는 것 같아서 낯이 뜨거워지곤 했다. 종국적으로 내가 버클리에 유학 간 사실의 학문적 의미를 오직 피트킨 교수 한 분을 만나 지도를 받기 위한 운명적 만남으로 받아들일 정도로, 그분께 깊은 감사와 존경의 마음을 품고 있다.

1995~1996년에 미국 동부에 있는 대학에서 안식년을 보내면서 나는 "서구 정치사상을 연구하는 제3세계 학자의 딜레마"라는 제목의 영문 원고를 다소 두서없이 집필한 적이 있다. 1987년 유학을 마치고 한국에 귀국한 이래 서구 정치사상을 연구·강의하면서 느낀 내 고뇌의 일단을 차제에 정리하고자 하는 동기에서 쓴 것이었다. 궁극적으로 2004년에 펴낸 『서구중심주의를 넘어서』라는 책의 모태가 되기도 한 그 원고를 캘리포니아에 있는 피트킨 선생에게 보냈을 때, 선생은 내 주장을 반박하면서 편지의 말미에 "결국 우리는 모두 그리스인아!"After all, we are all Greeks!라는 문구를 남겼다. 2004년에 버클리에서 만났을 때에도, 내 표현 능력이 부족한 탓이었던지, 나의 서구중심주의 비판에 대해 선생은 선뜻 동의하지 않았다.* 하지만 내가 루미스의 "이데올로기로서의 영어회화"를 한글로 옮겨 『난 몇 퍼센트 한국인일까?』라는 책에 싣기 위해 그와 접촉하면서 서구중심주의에 대한 몇 편의 글을 보냈을 때, 의외로 루미스는 내 생각에 동의하면서 그가 2002년에 발표한 논문 "정치사상: 왜 보편적으로 보이지만 실제로는 그렇지 않은가"Political theory: why it seems universal, but isn't really를 보내 주었다. 그 논

---

* 그때 나는 은사들에게 빚지지 않은 무언가 새로운 생각을 드디어 개척하게 되었다고 자랑하고, 또 인정받고 싶었는지 모른다.

문을 읽으면서 얻은 통찰을 이미 출판된『서구중심주의를 넘어서』에는 반영할 수 없었지만, 그 논문은 내게 큰 격려가 되었다.

경위가 어떻든 내가 나의 은사들에게 내가 드디어 은사들과 다른 새로운 생각을 하게 되었다고 과시하고 싶어 한다는 사실만큼 그들에 대한 나의 지적인 빚—정치사상에 대한 나의 기본적인 골격이 월린, 피트킨, 아렌트 세 사람의 영향을 받으면서 주조되었다는 점—을 여실히 증명하는 것은 없는 것 같다.

4. 옮기고 나서

2005년 봄 무렵의 일이다. 후마니타스 출판사에 근무하면서 서강대 정외과 박사과정에 재학 중인 안중철이 연구실로 찾아와서 월린의『정치와 비전』을 한글로 옮겨서 펴내자는 제의를 했고, 앞서 언급한 대로 월린 및 버클리 대학교와 맺어 온 소중한 인연을 생각하면서 나는 그 제의를 받아들였다.

2005년 가을부터 본격적인 번역 작업에 들어갔다. 1권은 정치사상 방법론에 해당하는 1장부터 칼빈의 정치사상에 관한 6장까지 포함시키기로 했다. 2장에서 다루는 플라톤 사상은 과거에 번역하여『플라톤의 이해』(1991)에 포함시킨 적이 있기 때문에 원문을 대조하면서 손질하는 작업으로 충분할 것으로 예상되었다. 그런데 루터에 관한 5장과 칼빈에 관한 6장은 기독교에 대한 나의 지식이 얕기 때문에 다소 부담스러웠다. 다행히 독일 베를린의 훔볼트 대학에서 스피노자의 정치사상에 관한 연구로 박사학위를 마치고 귀국한 지 얼마 안 되는 공진성 박사가 한글로 옮겨 보지 않겠느냐는 나의 제의를 선뜻 수락해서 전체적인 작업은 순조롭게 출발하였다. 나는 내가 맡은 분량에 관해 2006년 11월경에 작업을 대충 마무리했고, 공진성 박사 역시 12월경에 완료했다. 번역의 통일성을 기하기 위해 나는 공 박사가 옮긴 부분을 검토한 후에 수정과 보완이 필요한 사항을 제안했고, 공 박사는 그것을 참고로 해 최종 원고를 마무리했다. 이제 박사학위를 취득한 공박사는 사실상 동료가 되었기에 내가 이렇게 평하는 것이 어쭙잖게 여겨지기도 하겠지만, 나는 공 박사가 번역한 루터와 칼빈 부분을 보면서 탄복하지 않을 수 없었다. 번역 문장이 너무나 깔끔하고 정확했기 때문이다. 나는 공 박사 정도의 나이에 그 정도의 실력과 솜씨를 갖추지 못했던 것으로 생각된다.

더욱이 공 박사와 함께 일하는 과정에서 나는 공 박사가 독일에서 갈고 닦은 라틴어 실력으로 말미암아 뜻하지 않게 부담을 덜게 되었다. 월린의 책에는 라틴어 단어나 문장이 적지 않게 등장했는데, 공 박사가 해석을 도와주어 쉽게 해결할 수 있었으니 든든한 원군을 얻은 셈이었다. 번역의 문체에 관해서는 공 박사와 나 사이에 때로 건설적인 의견 충돌이 있기도 했는데, 공 박사가 제기한 주장의 엄밀함을 통해 문장 작성법에 관해 그가 일가견을 가지고 있다는 점을 발견한 것 역시 의외의 소득이었다. 다만 나는 내가 번역한 분량이 더 많다는 점 그리고 과거 공 박사의 지도 교수라는 권위를 내세워 압박하면서 내 입장을 밀어붙였다. 후일 공 박사가 이 책을 나 대신 수정하면서 스스로의 문체로 되돌려 놓을 수 있는 기회가 오기를 기대하면서, 내 고집을 앞세운 점에 대해 양해를 구하고자 한다.

본문에 나오는 그리스어 해석에 관해서는 서울대학교 철학과에서 박사학위를 취득한 후 지금은 영국의 케임브리지 대학교에서 헬레니즘 시대의 철학을 연구하고 있는 강철웅 박사로부터 도움을 받았다. 유구한 정치사상사에서 정치사상이 철학으로부터 학문적인 도움을 받아 온 역사를 개인적인 체험을 통해 재확인한 셈이 아닌가 싶다. 아울러 지난 15년 동안 늘 그랬던 것처럼, 지금은 은퇴한 서강대 영문과의 안선재 교수로부터 영어 원문에 관한 해석이 막히는 부분에 대해 자상한 지도를 받았다. 안선재 교수는 영어는 물론 그리스어, 라틴어, 기독교 철학, 서양 중세사 등에 관해서도 조예가 깊기에 그분으로부터는 항상 다방면에서 지도를 받아 왔고, 이번에도 그 경험을 되풀이했다. 최근에는 구글 검색을 통해서 번역이 어려운 부분을 더욱 신속하고 수월하게 해결해 주셨다. 그분의 부담을 덜어드리려고 해도, 그분의 자상함 때문에 형성된 의존심이 예전의 타성을 지속시키는 것이 아닌가 싶다.

후마니타스 출판사는 독자들의 편의를 위해 옮긴이 주를 가급적 많이 달아 줄 것을 주문하는 편인데, 사실 이런 주문은 한글로 옮기는 일도 힘겨운 내게 무척 부담스러운 일이었다. 다행스럽게도 서강대 정외과 박사 과정에 재학 중인 이지윤이 특유의 인터넷 검색 솜씨를 발휘해서 옮긴이 주를 다는 작업을 매우 효율적으로 해결해 주었다. 이런 식으로 언급하면 쉬운 일처럼 들리겠지만, 실상 이지윤은 무척 많은 시간을 투입하면서 세세한 일에 신경을 썼을 것이다. 남의 떡이 커 보인다는 말도 있지만, 남이 하면 쉬운 일처럼 보인다는 점을 최근에야 비로소 깨닫기 시작한 것 같다. 나아가 이지윤은 원고 전체를 원문과 주의 깊게 대조해 가면서 빠뜨리거나 잘못된 번역을 지적하고 바로잡아 주었다. 부드럽지 못한 번역 문투를 매끄럽게 다듬는 데도 많은 공을 들였다. 최종 단계에서는 출판사와 번역에 참가한 우리 사이에서 오가는 원고를 세 번 정도에 걸쳐서 엄밀하게 검토하면서, 문장을 다듬고 바로잡기 위해 엄청난 노력을 기울였다. 아마 출판사의 편집자들은 물론 옮긴이들을 통틀어 이지윤이 가장 여러 번 원고를 읽고 검토했을 것이라 짐작된다. 그의 이 모든 노고를 생각해 볼 때, 그의 헌신적인 도움이 없었더라면 현재의 질보다 훨씬 저급한 상태에서 책이 나왔을 것이라는 생각이 드는 것은 물론이다.

　아울러 후마니타스 출판사의 안중철을 포함한 편집자들이 이 책 원고를 꼼꼼히 검토하고 편집해 주었다. 원고를 마무리하는 과정에서 우연히 발견한 사실인데, 후마니타스 출판사의 안중철은 물론 공진성 박사와 이지윤 모두 서강대 정외과 출신으로 내게서 석사 논문 지도를 받은 적이 있다는 것이다. 그렇게 보면 이 책은 서강대 정치외교학과를 통해 인연을 맺게 된 나와 제자들이 번역부터 출간까지 합작함으로써 이루어진 소중한 결실이 아닌가 싶다.

　과거에 마키아벨리의 『군주론』을 옮긴 후 그 책을 부모님께 헌정한 적이 있다. 자신의 저작도 아니고 외국 고전을 한글로 옮긴 책을 부모님께 헌정하는 것이 특이한 일이기는 했지만, 그 이유는 한편으로는 그 책을 한글로 옮길 때, 연남동에 있는 부모님 자택에서 주로 작업하면서 부모님의 보살핌을 때늦게까지 누린 데 대한 감사의 표시이기도 했고, 다른 한편으로는 『군주론』에 나오는 비교적 장황한 마키아벨리의 '헌정사'에 영향을 받았기 때문이기도 했다. 그런데 나는 아직도 부모님 두 분이 모두 살아계신 행운을 누리고 있다. 건강이 다소 나빠지셨는데도 자주 찾아뵙지 못하는 불효를 저지르고 있기는 하지만 말이다.

　이 책은 미국에서 나를 학문적으로 키워 주신 버클리 대학의 은사님들에게 헌정하고자 한다. 물론 나는 월린 선생에게는 직접 배운 적이 없고 다만 사숙(私淑)했을 뿐이지만, 그분을 은사로 생각하는 마음에는 추호의 동요도 없다. 사실 월린 교수를 흠모한 나머지 한때 프린스턴 대학으로 옮겨서 그에게 논문 지도를 받고 싶다는 생각을 한 적이 있으며 그런 의향을 피트킨 교수에게 내비친 적도 있었다. 여러 은사 가운데 월린과 피트킨 교수는 아직 살아계시지만, 제이콥슨 교수는 몇 년 전에 타계했다. 2004년 2차 안식년 기간에도 버클리에 방문하여 피트킨과 제이콥슨 선생을 만나 뵈었는데, 두 분 모두 쇠약해지신 것을 발견했다. 나는 한국에서 정치학을 전공한 적이 없는데, 두 분은 미국에서 나를 학문적으로 직접 키운 분들이기에, 앞에서도 언급한 것처럼, 내게는 학문적인 부모인 셈이었다(입양의 추억?). 그때 두 분을 만나면서, 직접 말을 꺼내지는 않았지만, 어쩌면 마지막 해후일 것이라는 예감이 들었고, 그윽한 반가움과 진한 아쉬움이 교차했다. 세월은 어쩔 수 없는 것 같고, 내게도 그런 세월이 바야흐로 다가오고 있다. 피트킨 선생은 버클리 대학의 명예교수로 있으면서 매년 봄 학기에는 강의를 하고, 가을부터 겨울 사이에는 네바다 사막에 있는 거처에서 남편인 샤 교수와 시간을 보내면서 연구를 한다고 말씀하셨다. 제이콥슨 선생은 오래전에 재혼을 한 뒤 얻은 장성한 딸에 관해 즐겁게 이야기하면서 내내 표정이 밝았다. 딸아이가 야구를 좋아해서 야구도 열심히 한다고 했다. 제이콥슨 선생으로부터 월린 선생의 소식도 들었다. 캘리포니아에 거주하고 있는데, 학문적으로 탁월한 업적을 성취했고 여러 가지 상을 수상했음에도 매우 우울하게 지낸다고 했다. 나중에 귀국하여 『정치와 비전』의 '전도된 전체주의'와 '탈주적인 민주주의'에 관한 그의 서술을 읽으면서 월린 선생의 우울함을 이해할 것도 같았다. 버클리 대학과 맺은 인연의 소중함과 나를 학문적으로 키워 주신 세 분 은사님을 회상하면서, 이 책을 그분들께 바친다. 생물학적 재생산은 아니지만 문화적 재생산을 통해 나는 그분들의 뜻을 이어받고 있다고 고백하면서.

2007년 11월
서강대학교 다산관 연구실에서
옮긴이들을 대신하여 강정인

주석

증보판 서문

1 "The Love Song of J. Alfred Prufrock," in *The Complete Poems and Plays* (New York: Harcourt, Brace, 1930), p. 4.

2 '이념형'이라는 개념은 베버와 매우 밀접하게 연관되어 있다. 베버는 이념형이라는 개념의 가치가 우리에게 "역사적 현상이 이론적으로 구축된 유형에 수렴하는 정도를 결정하는 것"을 가능하게 하는 데 있다고 서술했다. 이념형이란 일정한 유형의 "합리적 일관성"을 온전히 정교화한다는 특별한 의미에서 "이념적"이다. 이념형은 결코 완전하게 구현되지 않지만, 그것은 "역사적으로 중요한 방식"으로 수렴될 수 있다. "Religious Rejections of the World and Their Directions," in *From Max Weber: Essays in Sociology*, ed. and trans. H. H. Gerth and C. Wright Mills (New York: Oxford University Press, 1946), pp. 323, 324.

3 Ibid., pp. 323-324. 강조는 원저자의 것임.

4 다음을 보라. Alex Callinicos, *Against the Third Way* (Oxford: Polity Press, 2001). 캘리니코스는 지구화가 미합중국의 정치적 권력을 증대시키려는 미국의 야심에 의해 주로 추진되는 것으로 본다. 다음의 책은 유용한 논문들을 담고 있다. *Social Democracy in Neoliberal Times: The Left and Economic Policy since 1980*, ed. Andrew Glyn (Oxford: Oxford University Press, 2001).

5 이 글을 쓰는 현재, 연방정부에 인터넷과 모든 이메일 통신을 감시할 수 있는 권력을 부여하기 위해 의회에 제출된 법안이 일시적으로 유보되었다. "Proposal Offers Surveillance Rules for Internet," *New York Times*, July 18, 2000, sec. A, p. 1.; Anthony Lewis, "A Constitutional Challenge for Britain," ibid., July 22, 2000, sec. A, p. 27.

6 사실상 외교 문제에 대한 국가의 독점이라는 원칙에는 영국의 동인도회사와 허드슨 베이 사(Hudson Bay Company)[북아메리카 캐나다 지역의 식민지 경영을 담당했던 영국 회사 – 옮긴이]의 예에서 입증된 것처럼 역사적으로 수많은 예외가 있었다.

7 이것은 부시(George W. Bush) 행정부의 두드러진 특징이 되었는데, 2003년 미국 정부가 사담 후세인 정권에 대한 선제공격으로 시작한 전쟁에 뒤이어 추진한 이라크 전후 복구 계획에서 대기업들이 담당한 역할에서 그 완성된 표현을 볼 수 있다.

제1장 | 정치철학과 철학

1 물론 어떤 종류의 진리는 소통 불가능하다는 플라톤의 한탄도 있다. 그런 진리에 관해서는 무엇을 말하든지 그것은 여하한 철학적 가치를 지니고 있지 않다고 말할 수 있다. 고대의 철학자들이 발견했다고 전해지는 이른바 비밀스러운 교의에 대해서도 마찬가지다. 비전(祕傳)의 교의들은 철학적 가르침이 아니라 종교적 교설의 형태로 수용될 수 있다.

2 Gorge Orwell, *England, Your England* (London: Secker and Warburg, 1954), p. 17; Aquinas, *Summa Theologiae* Ia, IIae, q. 21, art. 4, ad 3 um.

3 제도가 모종의 좀 더 높은, 비인격적인 작용인(또는 대행자, agency)을 표상한다는 관념을 경계하는 것이 중요하다. 제도란 조직적인 양식 안에서 일정한 기능을 수행하는 사람들의 일정한 집단이다.

4 Suzanne Langer, *Philosophy in a New Key* (New York: Mentor, 1952), pp. 58-59.

5 *Protagoras* 321-325 (Jowett translation). 프로타고라스의 신화가 플라톤 자신의 생각을 표현하는가에 대한 문제는 다음의 저작에서 다루고 있다. Ronald B. Levinson, *In Defense of Plato* (Cambridge: Harvard University Press, 1953), pp. 293-294; W.K.C. Guthrie, *In the Beginning* (London: Methuen, 1957), pp. 84 ff.

6 R. Carnap, *The Logical Foundations of Probability* (Chicago: University of Chicago Press, 1950), chap. 1; 그리고 C. G. Hempel, "Fundamentals of Concept Formation in Empirical Science," *International Encyclopedia of Unified Science* 2, no. 7 (1952): 6 이하에 나오는 논의를 참조하라.

7 Hesiod, *Works and Days*, trans. Hugh G. Evelyn-White (London: Heinemann, 1929), pp. 263-265, 275-285. 또한 다음을 보라. Sir John Myres, *The Political Ideas of the Greeks* (New York: Abingdon Press, 1927), pp. 167 ff. 그리고 블라스토스(Gregory Vlastos)의 탁월한 다음 두 논문을 참조하라. "Solonian Justice," *Classical Philology* 41 (1946): 65-83과 "Equality and Justice in Early Greek Cosmology," ibid., 42 (1947): 156-178.

8 필자의 용례와 비슷한 의미에서 "정치 형이상학"이라는 구절을 최초로 사용한 저술로는 다음을 보라. Pierre S. Ballanche, *Essai sur les institutions sociales dans leur rapports avec les idées nouvelles* (Paris, 1818), p. 12.

9 *Leviathan* 2,21, p. 137 in the Oakeshott edition (Oxford: Blackwell).

10 *Second Treatise of Civil Government* 57. 경계의 비유를 포함한 동일한 논변이 린지(A. D. Lindsay)의 영향력 있는 저술 *The Modern Democratic State* (London: Oxford University Press, 1943), 208쪽에 제시되고 있다. 17세기 의회의 법률가였던 존(Oliver St. John)의 연설에 나타난, 공간의 정치적 구조화 문제에 대한 다음과 같은 성찰은 참조할 만하다. 그 "정체와 정

부"가 없다면 잉글랜드는 "단지 지구상의 땅 한 조각으로서 많은 사람이 일시적으로 머무는 곳이지만, 사람을 구분하는 아무런 계급도 없고, 소지물 이외에는 아무런 재산도 없는 장소에 불과"하다. Margaret Judson, *The Crisis of the Constitution* (New Brunswick, N. J.: Rutgers University Press, 1949), 354쪽에서 재인용. 16세기 사례로는 더들리(Edward Dudley)의 언급을 참조할 만하다. "화합의 이 뿌리는 영역, 도시, 타운 또는 동료 관계에서 발견되는 좋은 합의와 순응 그리고 모든 사람이 자신의 사무실, 방, 또는 자신이 처한 상황에서 자신의 의무를 수행하는 데 만족하는 것과 다르지 않다. 그리고 남을 비방하거나 경멸하지 않는 것이다." *The Tree of Commonwealth*, ed. D. M. Brodie (Cambridge: Cambridge University Press, 1948), 40쪽을 참조하라.

11 Lionel Robbins, *The Theory of Economic Policy in English Classical Political Economy* (London: Macmillan and Company and St. Martin's Press, 1952), 12쪽에 인용된 벤담의 말.

12 *Dr. Faustus*, trans. H. T. Lowe-Porter (London: Secker and Warburg, 1949), p. 301.

13 이런 상상적인 요소는 그것이 현재적 현실에서 솟아오르려는 시도라기보다는 기존의 현실을 변형된 가능성으로 보고자 하는 시도라는 점에서 유토피아주의와 동일한 것이 아니다. 예를 들어 이 점은 보댕에게 명백하다. 그는 어떤 유토피아적 목표도 부인했지만, 그의 저작이 16세기 프랑스에 대한 기술(記述)이라고는 결코 말할 수 없다. 대신 그것은 당시의 경향을 미래로 투영하려는 시도였다.

> 질서 정연한 정부의 진정한 이미지를 얻거나 또는 적어도 그것에 접근하려는 우리의 시도에서 우리는 좀 더 높은 목표를 추구한다. 이는 우리가 플라톤이나 영국의 대법관이던 모어가 상상한 바 있는 순전히 이상적이고 실현 불가능한 공영체(commonwealth)를 서술하고자 하는 의도 때문이 아니다. 우리는 우리 자신을 가능한 최대한도로 실천 가능한 정치적인 형태로 국한하고자 한대[Jean Bodin, *Six Books of the Commonwealth*, ed. M. J. Tooley (Blackwell: Oxford, n.d.), p. 2].

이런 사안에 대한 가장 훌륭한 분석은 자신의 '신화'를 유토피아적 사고와 구별하려고 했던 소렐(Georges-Eugene Sorel)의 시도에서 발견된다. *Réflexions sur la violence*, 10th ed. (Paris: Rivière, 1946), 46쪽 이하를 참조하라.

14 *Biographia Literaria* (Everyman), chap. 4 (p. 42), chap. 12 (p. 139), chap. 14 (pp. 151-152). 또한 다음의 논의를 보라. Basil Willey, *Nineteenth Century Studies* (London: Chatto and Windus, 1949), pp. 10-26.

15 *Laws* 706 (Jowett translation).

16 *Henri Comte de Saint-Simon, Selected Writings*, ed. and trans. F. M. H. Markham (New York: Macmillan, 1952), p. 70.

17 이 점에서 예를 들어 하이젠베르크(Werner Karl Heisenberg)가 피력한 현대적인 견해는 과학을 정치 이론과 훨씬 유사하게 취급한다.

근대 과학을 위협하는 위험은 단순히 좀 더 많은 실험을 통해서 피할 수 있는 그런 것이 아니다. 왜냐하면 우리의 복잡한 실험들은 더 이상 있는 그대로의 자연과는 아무런 관련이 없고, 대신 우리 자신의 인지 활동에 의해 변화되고 변형된 자연과 관련이 있기 때문이다 [Erich Heller, *The Disinherited Mind* (New York: Meridian, 1959), 33쪽에서 재인용].

18 Alfred N. Whitehead, *Adventures in Ideas* (New York: Macmillan, 1933), p. 54.

19 프랑스어로 새로운 아이디어를 표현하는 데 따르는 어려움과 관련해서 19세기 역사가인 르낭(Joseph-Ernest Renan)의 흥미로운 항의성 분석이 있다.

프랑스어는 단지 명료한 아이디어의 표현에만 적응되어 있다. 하지만 가장 중요한 법칙들, 곧 생명의 변형을 지배하는 법칙들은 명료하지 않다. 그 법칙들은 우리에게 어슴푸레한 빛 속에서 나타난다. 따라서 프랑스인들은 오늘날 다원주의로 알려진 원리를 가장 먼저 인지했지만, 그것을 받아들이는 데에서는 가장 늦은 국민으로 판명되었다. 프랑스인들은 그 모든 것을 매우 완벽하게 보았다. 하지만 그것은 그들의 언어 습관과 잘 정리된 어법의 궤도 밖에 놓여 있었다. 그런 식으로 프랑스인들은 귀중한 진리들을 곧잘 무시해 버렸다. 그것들을 인식하지 못했기 때문이 아니라 그것들을 무용한 것으로 또는 표현 불가능한 것으로 생각하고 단지 팽개쳐 버렸던 것이다[Edmund Wilson, *To the Finland Station* (New York: Anchor, 1953), p. 38].

20 Letter to Vettori, December 10, 1513, in *The Prince and Other Works*, ed. Allan H. Gilbert (New York: Hendricks House, 1941), p. 242.

21 *Process and Reality* (New York: Macmillan, 1929), p. 31.

22 W. K. C. Guthrie, *The Greeks and Their Gods* (Boston: Beacon Press, 1955), p. 28.

23 Thucydides, *The Peloponnesian War* 1.140; Polybius, *Histories* 37.4, 38.18, 8; Sallust, *Bellum Catilinae* 8.1. 운명(*fortuna*)의 고전적인 개념에 대한 논의로는 다음을 보라. David Grene, *Man in His Pride: A Study in the Political Philosophy of Thucydides and Plato* (Chicago: University of Chicago Press, 1950), pp. 56 ff.; Charles N. Cochrane, *Christianity and Classical Culture*, rev. ed. (London: Oxford University Press, 1944), pp. 456 ff.; W. Warde Fowler, "Polybius' Conception of Tyché," *Classical Review* 17, pp. 445-459.

24 Augustine, *De Civitate Dei* 4.18, 6.1, 7.3; 그리고 다음의 저작도 참조하라. Cochrane, *Christianity and Classical Culture*, pp. 474 ff.

25 Calvin, *Institutes of the Christian Religion* 1.4.11.

26 T. S. Eliot, *Four Quartets* ("Burnt Norton" I, II), in *The Complete Poems and Plays*

(New York: Harcourt, Brace, 1952), pp. 117, 119.

제2장 | 플라톤 : 정치철학 대 정치

1 전(前)과학적인 사유 방식에 대한 유용한 논의로는 다음을 참조하라. H. A. Frankfort et al., *Before Philosophy* (London: Pelican, 1951), pp. 11-36, 237-262; F. M. Cornford, *From Religion to Philosophy* (London: Arnold, 1912); Hans Kelsen, *Society and Nature* (Chicago: University of Chicago Press, 1943) pp. 24 ff., 233 ff.

2 F. M. Cornford, *Before and After Socrates* (Cambridge: Cambridge University Press, 1920), pp. 8 ff.; Werner Jager, *Paideia*, trans. Gilbert Highet, 2nd ed., 3 vols. (New York: Oxford University Press, 1945), 1:150 ff.

3 관련된 단편들은 다음 두 사람이 번역했다. Kathleen Freeman, *Ancilla to the Pre-Socratic Philosophers* (Oxford: Blackwell, 1952), frag. 26 (pp. 55-56), frag. 35 (pp. 56-57); John Burnet, *Early Greek Philosophy*, 4th ed. (London: Black, 1948), pp. 197-250; F. M. Conford, *The Laws of Motion in Ancient Thought* (Cambridge: Cambridge University Press, 1931), 31-32쪽의 언급 또한 참조하라.

4 Burnet, *Early Greek Philosophy*, p. 143.

5 Ibid., frag. 43 (p. 136).

6 Freeman, *Ancilla to the Pre-Socratic Philosophers*, frag. 2 (p. 24), frag. 14 (p. 32).

7 "그런데 그리스 사상에서 사회적 요소와 우주론적 요소의 관계는 항상 쌍무적이었다. 즉 우주가 정의(*dikē*)·관행(*nomos*)·운명(*moira*)·조화(*kosmos*)·평등(equality)과 같은 정치적 관념의 용어로 이해된 것처럼, 정치적 구조 역시 우주의 영구적인 질서로부터 도출되었던 것이다." Werner Jaeger, *The Theology of the Early Greek Philosophers* (New York: Oxford University Press, 1947), p. 140. 이와 유사한 언급이 Burnet, *Early Greek Philosophy*, 151쪽에도 나온다.

8 *Phaedo* 96-97; Conford, *Before and After Socrates*, pp. 3-8.

9 *Phaedo* 98-99.

10 번역은 Sir Ernest Barker, *Greek Political Theory: Plato and His Predecessors* (London: Methuen, 1918), 83쪽 이하에서 재인용했다. Freeman, *Ancilla to the Pre-Socratic Philosophers*, frag. 44 (147-149쪽)에도 같은 구절에 대한 번역이 있다. 좀 더 자세한 논의와 참고를 위해서는 T. A. Sinclair, *A History of Greek Political Thought* (London: Routledge, 1951), pp.

70-73을 참조하라. 호의적인 해석으로는 E. A. Havelock, *The Liberal Temper in Greek Politics* (London: Cape, 1957), 255쪽 이하를 보라.

11 *Statesman* 258c. 번역본으로는 Yale University Press(New Haven, 1952)에서 나온 스켐 프(J. B. Skemp)의 것을 사용했다. 『정치가』에 관한 모든 인용은 이 번역본에 의존할 것이다. 이보다 일찍 정치가를 정의하고자 한 시도에 관해서는 *Gorgias* 452-453을 참조하라.

12 *Statesman* 276b; *Republic* 4.427.

13 *Statesman* 305e.

14 *Gorgias* 508 (Jowett translation).

15 *Statesman* 271d.

16 Ibid. 269C.

17 Ibid. 272A.

18 *Laws* 712A (Jowett translation).

19 *Statesman* 292d.

20 Ibid. 297b.

21 *Epistle VII*, in L. A. Post, *Thirteen Epistles of Plato* (Oxford: Clarendon Press, 1925), 326a-b.

22 *Three Philosophical Poets* (Cambridge University Press, 1944), p. 139. 또한 이와 동일 한 사유 방식을 따르는 소렐의 언급은 *Réflxions sur la violence*, 208-212쪽을 보라. 이를 Plato, *Sophist* 235C와 비교해 보라.

23 *The Laws of Plato*, trans. A. E. Taylor (London: Dent, 1934), 5.746; *Republic* 6.503.

24 *The Republic of Plato*, trans. Francis Macdonald Cornford (London: Oxford University Press, 1945), 6.484 (『국가』에서의 모든 인용은 이 번역본을 사용할 것이다); *Laws* 12.962.

25 *Laws* 1.644E-645.

26 *Euthydemus* 292B-C (Jowett translation); *Laws* 6.771. 정치철학의 진지한 성격을 잘 부각 하고 있는 글로는 Leo Strauss, *Natural Right and History* (Chicago: University of Chicago Press, 1953), 120쪽 이하를 참조하라.

27 *Statesman* 297b; *Laws* 1.650.

28 *Republic* 6.491-496; *Laws* 6.780a; 7.788a, 790a; 10.902-04; 11.923.

29 *Republic* 6.496D.

30 *Euthydemus* 305B-306D.

31 *Statesman* 295a-b; 293a.

32 플라톤 사상의 이런 측면은 니체에 의해서 포착되었다. H. J. Blackham, *Six Existentialist Thinkers* (London: Routledge, 1952), 24쪽에 인용된 언급을 보라. 철학이 총체적인 질서를 부여하는 학문이라는 플라톤의 견해에 관해서는 *Republic* 531D, 534E와 *Sophist* 227B를 보라.

33 *Gorgias* 466-470.

34 *Plato's Cosmology; the Timaeus of Plato*, trans. F. M. Cornford (New York: The Library of Liberal Arts, No. 101, 1957), 28a-b. 출판사의 허락을 얻어 재인용함.

35 일반적으로 F. M. Cornford, *Plato's Theory of Knowledge* (New York: Humanities Press, 1951)에 나오는 논의를 보라. Sir David Ross, *Plato's Theory of Ideas*, 2nd ed. (Oxford: Clarendom Press, 1951)는 이 주제에 관한 플라톤 사상의 변화를 강조하고 있다. 비판적인 분석으로는 K. R. Popper, *The Open Society and Its Enemies*, 2 vols. (London: Routledge, 1945), vol. I. 특히 제3~4장을 참조하라. 포퍼의 견해에 대한 반박으로는 Ronald B. Levinson, *In Defense of Plato* (Cambridge: Harvard University Press, 1953), 18, 454, 522, 595-596, 627-629쪽을 보라.

36 *Statesman* 269d; *Theaetetus* 181B-183C; *Philebus* 61E.

37 *Laws* 7.797, 6.772, 8.846.

38 Ibid. 4.706 (Jowett translation).

39 *Republic* 5.461.

40 소피스트들에 관해서는 W. Jaeger, *Paideia*, 1, 286-331쪽과 Mario Untersteiner, *The Sophists*, trans. Kathleen Freeman (Oxford: Blackwell, 1954)을 보라.

41 *Laws* 4.715 (Taylor translation).

42 *Epistle VII* 325e.

43 *Philebus* 63e-64a.

44 *Republic* 4.421; 5.465; *Laws* 4.715; 10.902-904; 11.923. 이 구절들은 플라톤의 형상의 본질에 관한 다음 논의와 비교해 보아야 한다. *Philebus* 65A; *Gorgias* 474; *Timaeus* 31C.

45 *Republic* 6.500.

46 Ibid. 7.540.

47 Ibid. 7.521.

48 Ibid. 7.520.

49 *Gorgias* 506 (Jowett translation).

50 Ibid. 513; *Republic* 4.426.

51 *Gorgias* 517. 이 점에서 플라톤의 시인에 대한 견해와 정치꾼에 대한 비난에는 암묵적인 유사성이 있다. 후자와 마찬가지로 시인은 진정한 지식을 가지고 있지 못하며, 따라서 그는 단지 다중을 즐겁게 하는 것을 재생산할 수 있을 뿐이다. *Republic* 10.602A.

52 *Republic* 6.500.

53 Ibid. 1.342.

54 니체의 『비극의 탄생』(*The Birth of Tragedy*)에 나오는 유명한 아폴로적 정신과 디오니소스적 정신의 논의를 보라. Guthrie, *The Greeks and Their Gods*, pp. 183 ff.; Jane Harrison, *Prolegomena to the Study of Greek Religion*, 3rd ed. (New York: Meridian, 1955), p. 439.

55 비유에 관한 플라톤의 관념에 대해서는 『정치가』(277a-279a)를 보라. 직조공의 비유는 『정치가』에 두드러지게 나타난다. 예술가에 대한 비유는 특히 『국가』에 현저하다. 의술에 대한 비유는 위 두 대화편과 『법률』에 자주 등장한다. 의술에 관해서는 Jaeger, *Paideia*, 3, 3-45, 215-216쪽을 보라. 예술 일반에 관해서는 Rupert C. Lodge, *Plato's Theory of Art* (London: Routledge, 1953)를 참조하라. 플라톤이 비유를 사용하는 것에 내재하는 한계에 관한 논의로는 Renford Bambrough, "Plato's Political Analogies," in *Philosophy, Politics, and Society*, ed. Peter Laslett (Oxford: Blackwell, 1956), 98-115쪽을 보라. 또 이 주제에 관한 탁월한 연구로는 Richard Robinson, *Plato's Early Dialectic*, 2nd ed. (Oxford: Clarendon Press, 1953), 202쪽 이하를 보라.

56 *Statesman* 311c.

57 *Republic* 3.399; 4.410A; 8.564, 568; *Statesman* 293d, 309a; *Laws* 5.735.

58 *Statesman* 310a.

59 Ibid. 309a.

60 *Republic* 7.540.

61 Ibid. 6.500.

62 *Laws* 4.708. 이민의 통제에 관해서는 ibid. 5.736을 보라.

63 Ibid. 3.684; 5.736.

64 Ibid. 4.709-712. 디오니시우스와 플라톤의 관계를 논의한 것으로는 Ludwig Marcuse, *Plato and Dionysius: A Double Biography*, trans. Joel Ames (New York: Knopf, 1947)와 Jaeger, *Paideia* 3, 240쪽을 참조하라.

65 *Republic* 5.463-464.

66 *Philebus* 51; *Republic* 7.527. 수학과 정치학의 관계에 대한 논의로는 Robert S. Brumbaugh, *Plato's Mathematical Imagination* (Bloomington: Indiana University Press, 1954), 47쪽 이하와 Maurice Vanhoutte, *La Philosophie politique de Platon dans les "Lois"* (Louvain, 1953), 44쪽을 참조하라.

67 *Laws* 5.747.

68 Ibid. 2.664E. 플라톤이 인간사의 변화무쌍함을 억누르고자 하는 생각으로 노심초사했다는 해석을 입증하는 데 몰두한 나머지 포퍼는 '운동'에 관한 설명에도 플라톤이 관심을 두었다는 점을 완전히 간과하고 있다. *The Open Society and Its Enemies*, vol. 1, 제3~4장에 나오는 포퍼의 논의를 보라.

69 *Protagoras* 326B; *Republic* 3.401.

70 *Laws* 5.738, 744-745; 6.757-758; 6.773, 775; 8.816, 828; *Republic* 3.396-397, 400, 414. 또한 [인간의 - 옮긴이] 재생산 과정에서 리듬을 교란시키는 것이 어떻게 사회적 해체를 가져오는지에 관한 플라톤의 언급에 관해서는 같은 책 8.546을 주목하라. 아울러 근대 사회학자의 다음 구절과도 비교해 보라.

> 사회의 통일성과 사회의 독특한 특성(personality)을 만들어 내는 집단적인 정서와 관념을 정기적으로 유지하고 재확인할 필요를 느끼지 않는 사회란 있을 수 없다. 이제 이런 정신적인 재활성화는 오직 친목회, 집회 및 회의를 통해 이루어질 수 있는데, 거기서 개인들은 서로 긴밀히 결합함으로써 공동으로 그들의 공통된 정서를 재확인한다. 그런 식으로 의식(儀式)이 발생하는데, 그것은 그 목적, 곧 그것이 산출하는 결과 또는 그런 결과를 얻고자 사용되는 과정에서 정규적인 종교의식과 다르지 않다[Emile Durkheim, *The Elementary Forms of the Religious Life*, trans. J. W. Swain (London: Allen and Unwin, 1915), p. 427. Free Press, Glencoe, Ill의 허락을 얻어 재인용함].

71 *Laws* 7.809 (Taylor translation).

72 *Republic* 4.420-421, 427; 5.465.

73 하지만 여기에 제시된 것과 유사한 정치적 행위의 이론에 관한 윤곽이 『정치가』(284e)에 제시된 '두 번째 유형의 척도'에 대한 플라톤의 논의에 잠재되어 있다는 점을 주목해야 한다. 그러나 유감스럽게도 그 논의는, 플라톤이 행위의 문제를 오로지 '과잉', '결핍' 및 '중용'의 범주로 파악하는 성향 때문에, 불완전한 채로 남아 있다.

74 *Statesman* 293a-c; 296a-e.

75 *Crito*, 50-53 (Jowett translation).

76 *Republic* 1.342, 345-346; 9.591.

77 Erwin R. Goodenough, "The Political Philosophy of Hellenistic Kingship," *Yale Classical*

Studies, vol. 1(1928): 55-102, 86쪽에서 재인용.

78 Eusebius, *De Laudibus Constantini* 1.6; 3.4-5; 5.1. 그리고 다음의 글에 인용된 문헌들도 참조하라. George H. Williams, "Christology and Church-State Relations in the Fourth Century," *Church History* 20 (1951): 3-33.

79 *The Commonwealth of Oceana*, ed. Henry Morley (London, 1887), pp. 71, 173.

80 *Social Contract* 2.7.

81 통치자와 신민의 관계에 관한 헬레니즘 시대의 관념에 대한 구디너프(Erwin R. Goodenough)의 논의("The Political Philosophy of Hellenistic Kingship," pp. 90-91)와 다음의 글에서 나타난 '노동조합적 의식'에 관한 레닌의 유명한 언급을 비교해 보라. Lenin, "What Is to Be Done?" in *Selected Works*, 12 vols. (London: Lawrence and Wishart), vol. 2, pp. 62-66, 98-107, 151-158.

82 권력에 대한 플라톤의 태도에 대해서는 다음을 보라. *Gorgias* 470, 510, 526; *Laws* 3.691, 693, 696; 4.713-714; 9.875.

83 이 점에 관해서는 Michael B. Foster, *The Political Philosophies of Plato and Hegel* (Oxford: Clarendon Press, 1953), 18쪽 이하의 논의를 보라. 포스터(Michael B. Foster)의 접근법에 대한 비판적인 언급으로는 H. W. B. Joseph, *Essays in Ancient and Modern Philosophy* (Oxford: Clarendon Press, 1935), 114쪽 이하를 참조하라.

84 *Republic* 7.521.

85 Ibid. 철학자의 비정치적 성격에 관해서는 *Theaetetus* 173A-E를 보라.

86 지식과 에로스의 문제에 대한 논의로는 다음을 참조하라. F. M. Cornford, *The Unwritten Philosophy*, ed. W. K. C. Guthrie (Cambridge: Cambridge University Press, 1950), pp. 68-80; Jaeger, *Paideia* 2, pp. 186 ff.; Levinson, *In Defense of Plato*, pp. 81 ff.

87 Anders Nygren, *Agape and Eros*, trans. Philip S. Watson (Philadelphia: Westminster Press, 1953), 특히 166쪽 이하를 보라. 토마스주의적 입장에서 쓰인 것으로는 다음을 보라. M. C. D'Arcy, *The Mind and Heart of Love* (New York: Meridian, 1956), pp. 62-96.

88 *Republic* 9.590.

89 *Politics* 3.2.15. 1276a; 3.2.7. 1276b.

90 *Politics* 3.11. 1281b 6-9; 3.13. 1283a 1-4; 3.13. 1283b 9-12. 이는 아리스토텔레스가 어떤 선으로부터 나오는 주장이 다른 선으로부터 나오는 주장보다 우월하며 탁월한 덕성을 가진 개인에게 전권을 부여해야 한다고 생각했던 사실을 부정하는 것이 아니다. 그러나 또한 그런 인간이 진정한 문제를 제기할 만큼 빈번히 출현할 것인가에 관한 의문을 제기하는 긴 논증 끝에 비로소 마지막 결론이 내려졌다는 점은 의미심장하다. 어떤 권리 주장이 다른 것에 비해 우월한 가치를 지니는가에 대한 문제는 아마 아리스토텔레스가 견지한 기여의 이론에 의해 만족스

럽게 해결되지 못할 것이다. 하지만 모든 권리 주장이 평등하다는 전제에서 시작하는 근대 민주주의 이론이 우월성을 가지고 있다고 보는 것도 어렵다. 민주적 접근에 내재하는 문제는 정치 질서에 부과된 분배의 역할이 경쟁하는 권리 주장들을 평등하게 취급해야 한다는 원칙과 상충한다는 것이다.

91 *Ethics* 1.7. 1097b 11-12.

92 Ibid. 1.3. 1094b 12-29; 1.1.7. 1098a 20-34(trans. W. D. Ross), in *The Basic Work of Aristotle*, ed. Richard McKeon (New York: Oxford University Press, 1941).

93 *Physics* 2.1. 193b 15-16 (trans. R. P. Hardie and R. K. Gaye in the McKeon ed.).

94 W. L. Newman, *The Politics of Aristotle* (Oxford: Clarendon Press, 1887), 1, 21-24쪽의 논의를 보라.

95 *Politics* 3.14. 1286a-1286b. 여기서의 논변은 훌륭한 통치자는, 진정한 의사와 마찬가지로, 법에 의해 제약을 받아서는 안 된다는 플라톤의 주장에 반대하는 것이다. 아리스토텔레스는 통치자도, 다른 전문가와 마찬가지로, 그 자신의 정념에 의해 영향을 받을 수 있다는 상식적인 견해를 취했다. 그런 통치자는 그 지위에 적합하지 않다는 플라톤의 답변을 아리스토텔레스는 경솔한 논리라고 다음과 같이 공박했다. "통치자가 자신의 기예를 배반했다는 점을 발견하는 것이 공동체에 어떤 실제적인 이득이 되는가?" 나아가 아리스토텔레스는 기예에 대한 비유를 거부한다. *Politics* 3.16. 1287a 18-1287b 8.

96 *Politics* 2.2. 1261a, 18-39, 7.13. 1332a 15.

97 *Ethics* 5.5. 130b 30.

98 미국 헌법 재판과 관련된 자료들이 여기에 적절하다. 연방최고법원은 오랫동안 '합리적인' 입법상의 분류 문제와 씨름해 왔다. 또한 흑백 인종에 관한 "분리하지만 평등한" 시설을 둘러싼 인종 분리 문제를 다룬 소송 사건들도 모두 매우 적절한 사례라 할 수 있다.

99 Strauss, *Natural Rights and History*, p. 11.

100 *Politics* 3.13. 1283a 21-1283b.

101 Ibid. 2.5. 1263b.

102 Ibid. 1.2. 1253a.

103 *Statesman*, 310a, 310e.

104 A. T. Quiller-Couch, ed., *The Poems of Matthew Arnold, 1840-1867* (London: Oxford University Press, 1930), p. 272.

105 *Republic* 1.348 ff.

106 *Laws* 3.691 (Jowett translation).

107 *Statesman*, 298a-300d.

108 *Republic* 8.546.

제3장 | 제국의 시대 : 공간과 공동체

1 *Politics* 3.1276 a5.

2 *Annals* 3.54 in *The Complete Works of Tacitus*, ed. M. Hadas (New York: Random House, 1942). 타키투스로부터의 모든 인용은 이 번역본에서 옮긴 것이다.

3 공간에 대한 그리스인들의 의식을 강조한 것으로는 다음을 참조하라. Julius Kaerst, *Geschichte des Hellenismus*, 3rd ed., 2 vols. (Leipzig: Teubner, 1927), 1:10-11, 28 ff.; Victor Ehrenberg, *Aspects of the Ancient World* (Oxford: Blackwell, 1946), pp. 40-45.

4 *Republic* 5.469b-470; *Politics* 1265a, 1324 a19 b34, 1333b.

5 이 경험에 대한 최근의 가장 훌륭한 논의로는 다음을 참조하라. J. A. O. Larsen, *Representative Government in Greek and Roman History* (Berkeley and Los Angeles: University of California Press, 1955). 또한 다음을 참조하라. Sir Ernest Barker, *From Alexander to Constantine* (Oxford: Clarendon Press, 1946), pp. 65-82.

6 그런데 아리스토텔레스가 두 권의 논저, 곧 왕정에 관한 것과 식민지에 관한 것을 집필한 것으로 믿어지고 있다는 사실을 덧붙여야겠다. 하지만 이 책들은 유감스럽게도 유실되었다. 아리스토텔레스가 다양한 민족들을 화해시키고 대체로 평등하게 취급하는 알렉산더의 정책을 의식적으로 거부했다는 켈젠(Hans Kelsen)의 논변에 대해서는 다음을 참조하라. "Aristotle and Hellenic-Macedonian Policy," *International Journal of Ethics* 48 (1937-1938), pp. 1-64. 또한 다음의 논의를 참조하라. Werner Jaeger, *Aristotle*, trans. Richard Robinson (Oxford: Clarendon Press, 1934), pp. 117-123.

7 다음의 논의를 참조하라. Jaeger, *Paideia*, 3: 71-83, 263-289; Victor Ehrenberg, *Alexander and the Greeks*, trans. Ruth Fraenkel von Velsen (Oxford: Blackwell, 1938), pp. 61-102 ("Aristotle and Alexander's Empire"); Kaerst, *Geschichte des Hellenismus*, 1: 138-153.

8 *Panegyricus* 16. 이소크라테스에 대한 일반적 이해를 위해서는 다음을 참조하라. Ernest Barker, *Greek Political Theory, Plato and His Predecessors* (London: Methuen, 1918), pp. 100-105; T. A. Sinclair, *A History of Greek Political Thought* (London: Routledge, 1952), pp. 133-139. 좀 더 자세한 논의로는 다음을 참조하라. Jaeger, *Paideia*, 3: 46-155; G. Mathieu, *Les idées politiques d'Isocrate* (Paris, 1925).

9 *Panegyricus* 173-174.

10 To Philip, 127 in *Isocrates*, trans. G. Norlin and L. Van Hook, 3 vols. (Cambridge: Harvard University Press, 1928-1945).

11 Sir William W. Tarn, *Alexander the Great*, 2 vols. (Cambridge: Cambridge University Press, 1948), especially vol. 2, apps. 22, 24, 25. W. W. Tarn and G. T. Griffith, *Hellenistic Civilization*, 3rd ed. rev. (London: Arnold, 1952), chap. 11. 알렉산더가 스토아 사상에 영향을 받지 않았다는 탄(W. W. Tarn)의 논변은 피쉬(M. H. Fisch)에 의해 비판되었다. M. H. Fisch, "Alexander and the Stoics," *American Journal of Philology* 58 (1937): 59-82, 129-151. 이에 대한 반론은 동일한 잡지에 실린 다음 논문에 게재되었다. "Alexander, Cynics and Stoics," 60 (1939): 41-70. 윌킨(Ulrich Wilcken) 역시 탄의 입장에 비판적이다. Ulrich Wilcken, *Alexander the Great*, trans. G. C. Richards (New York: MacVeagh, 1932), p. 221. 또한 다음을 보라. A. D. Nock, "Notes on Ruler-Cult," I-IV, *Journal of Hellenic Studies* 48 (1928): 21-42; E. R Goodenough, "The Political Philosophy of Hellenistic Kingship," *Yale Classical Studies* 1 (1928): 5 ff. 구디너프의 입장을 중대한 점에서 수정한 논문으로는 다음을 참조하라. Louis Delatte, "Les Traités de la Royauté d'Ecphante, Diotogène et Sthénidas," *Bibliothèque de la Faculté de Philosophie et Lettres de l'Université de Liège* 97 (1942). 이 시기에 대한 일반적 서술로는 다음을 참조하라. Barker, *From Alexander to Constantine*, pt. 1.

12 이에 대한 일반적 소개로는 다음을 참조하라. Michael Grant, *Roman Imperial Money* (London: Nelson, 1954), p. 8 and passim.

13 Goodenough, "The Political Philosophy of Hellenistic Kingship," pp. 91 ff.

14 Tacitus, *History* 4. 74.

15 Epictetus, *Discourses* 3.3, trans. E. P. Matheson, in *The Stoic and Epicurean Philosophers*, ed. W. J. Oates (New York: Random House, 1940).

16 일반적인 사항은 다음을 참조하라. T. A. Sinclair, *A History of Greek Political Thought*, chaps. 12-14; M. M. Patrick, *The Greek Sceptics* (New York: Columbia University Press, 1929), especially pp. 137 ff.; A. J. Festugière, *Epicurus and His Gods*, trans. C. W. Chilton (Oxford: Blackwell, 1956); N. W. De Witt, *Epicurus and His Philosophy* (Minneapolis: University of Minnesota Press, 1954), especially chaps. 10, 14; D. R. Dudley, *A History of Cynicism* (London: Methuen, 1937); Tarn and Griffith, *Hellenistic Civilization*, pp. 325 ff.; Barker, *From Alexander to Constantine*, pts. 3-4; E. Bevan, "Hellenistic Popular Philosophy," in *The Hellenistic Age* (Cambridge: Cambridge University Press, 1923), pp. 79-107; Kaerst, *Geschichte des Hellenismus*, 1:471 ff.

17 Festugière, *Epicurus and His Gods*, 28쪽에서 인용.

18 Epictetus, *Discourses* 3.13.

19 Authorized Doctrine 31. 다음을 보라. De Witt, *Epicurus and His Philosophy*, p. 295.

20 다음의 저작들은 스토아학파에 대한 유용한 논의를 담고 있다. E. V. Arnold, *Roman Stoicism* (Cambridge: Cambridge University Press, 1911)은 비록 많은 점에서 낡은 면이 있지만, 여전히 유효하다; M. Pohlenz, *Die stoa*, 2 vols.(Göttingen: Vandenhoeck and Ruprecht, 1948-1949); Barker, *From Alexander to Constantine*, pp. 19 ff.; G. H. Sabine and S. B. Smith, eds., *Cicero on the Commonwealth* (Columbus: Ohio State University Press, 1929)는 스토아학파의 교리에 대해 우호적인 설명을 담고 있다.

21 Cleanthes, *Hymn to Zeus*, cited from Arnold, *Roman Stoicism*, p. 85.

22 Seneca, *Epistulae morales* 95.52.

23 Epictetus, *Discourses* 1.9, trans. P. E. Matheson.

24 *Meditations* 4.4.

25 다음의 서술을 참조하라. Emile Bréhier. *Chrysippe et l'ancien stoicisme* (Paris: Presses Universitaires, 1951), pp. 209 ff., 261 ff.

26 E. Gilson, *Les Métamorphoses de la Cité de Dieu* (Louvain: Publications Universitaires de Louvain, 1952), pp. 6-7.

27 *Meditations* 4.23.

28 로마인들의 덕에 대한 간략하고 일반적인 논의로는 다음을 참조하라. R. H. Barrow, *The Romans* (Pelican, 1949), pp. 22 ff.; W. Warde Fowler and M. P. Charlesworth, *Rome* (London: Oxford University Press, 1947), pp. 37 ff.; M. P. Clarke, *The Roman Mind* (London: Cohen And West, 1956), pp. 89-107, 135 ff. 좀 더 상세한 논의로는 다음을 보라. Sir Samuel Dill, *Roman Society from Nero to Marcus Aurelius* (New York: Meridian, 1956), pp. 291 ff., 411 ff. 제국 시대에 주조된 화폐에 새겨진 덕의 문양에 대한 논의로는 다음을 참조하라. Grant, *Roman Imperial Money*, pp. 166 ff.

29 H. H. Scullard, *Roman Politics, 220-150 B.C.* (Oxford: Clarendon Press, 1951), p. 223. 또한 아그리콜라(Agricola)가 자신은 "당시 로마인으로서, 특히 원로원 의원으로서"는 의당 좀처럼 원하지 않을 법했던, 철학에 대한 강렬한 사랑을 젊은 시절에 키우게 되었다고 언급하는 대목에 대해서는 타키투스의 『아그리콜라』(*Agricola*) 4를 보라.

30 *De Legibus*, trans. C. W. Keyes (Cambridge: Harvard University Press, 1928), 3.19.45.

31 *De re publica*, trans. C. W. Keyes (Cambridge: Harvard University Press, 1928), 2.1.2.

32 *The Histories*, trans. W. R. Paton (Cambridge: Harvard University Press, 1923), 6.10. 그리고 폴리비우스가 플라톤의 이상 국가를 다소 경멸적으로 배척한 것에 관해서는 같은 책

6.47을 보라.

33 *Laws*, trans. R. G. Bury (Cambridge: Harvard University Press, 1926), 3.702 E.

34 *The Histories* 6.2 (Paton translation).

35 정치에 대한 아리스토텔레스의 좀 더 관용적인 입장 이외에도 정치적인 클럽의 활동을 승인한 이소크라테스의 언급에 대해서는 다음을 참조하라. Isocrates, *Panegyricus*, 79-80.

36 Scullard, *Roman Politics, 220-150 B.C.*, pp. 8-30; Lily Ross Taylor, *Party Politics in the Age of Caesar* (Berkeley and Los Angeles: University of California Press, 1949), pp. 62 ff.

37 Scullard, *Roman Politics, 220-150 B.C.* 이외에도, 탁월하면서도 도발적인 분석에 대해서는 다음을 참조하라. Ronald Syme, *The Roman Revolution*, 2nd ed. (Oxford: Clarendon Press, 1952). 다음의 저작도 참조하라. Taylor, *Party Politics in the Age of Caesar*; M. Gelzer, *Caesar, der Politiker und Staatsmann*, 3rd ed. (Munich: Caltwey, 1941). 몸젠 (Christian Matthias Theodor Mommsen)의 *History of Rome*은 19세기 중반 독일의 정치관을 로마 공화정 후기의 정치에 투영했음에도 불구하고 '정치적인 것'에 대한 강렬한 의미 때문에 여전히 읽을 가치가 있다.

38 다음에서 인용한 것이다. Taylor, *Party Politics in the Age of Caesar*, p. 7; Syme, *The Roman Revolution*, p. 12.

39 *De officiis* 1.16.

40 Ibid. 2.8-9.

41 Ibid. 2.21.

42 *De re publica* 1, 2; *De officiis* 1.43.

43 *De re publica* 1.32.49 (Keyes translation).

44 *Bellum Catilinae*, trans. J. C. Rolfe (Cambridge: Harvard University Press, 1921), 53.5-6.

45 "…… 공영체는 인민의 재산이다. 그런데 인민이란 어떤 방식으로든 함께 모이게 된 모든 유형의 인간 집합을 의미하는 것이 아니라 정의에 대한 합의 및 공동선을 위한 협력과 함께 모이게 된 다수 사람들의 집단을 의미한다." *De re publica* 1.25.39-26.41.

46 *Pro Sestio* 97-99. 또한 다음을 참조하라. Hermann Strasburger, *Concordia Ordinum* (Leipzig: Noske, 1931); Cochrane, *Christianity and Classical Culture*, pp. 58 ff. 비판적인 논평으로는 다음을 참조하라. Syme, *The Roman Revolution*, pp. 15-16, 81, 153-154.

47 *De officiis* 2.21.

48 *Annals* 3.66.

49 *De legibus* 1.25.39, 32.49.

50 Sallust, *Bellum Catilinae* 52.11.

51 *Bellum Catilinae* 38.3-4 (Rolfe translation). 또한 다음을 참조하라. Syme, *The Roman Revolution*, pp. 153 ff.; C. Wirszubski, *Libertas as a Political Idea at Rome during the Late Republic and Early Principate* (Cambridge: Cambridge University Press, 1950), pp. 31 ff.

52 *Pharsalia* 1.670.

53 *The Histories* 6.2, trans. W. R. Paton. 폴리비우스의 사상과 시대적 배경의 관계에 대한 탁월한 논의로는 다음을 참조하라. Kurt von Fritz, *The Theory of the Mixed Constitution in Antiquity* (New York: Columbia University Press, 1954).

54 *De Domo Sua* 33.

55 Wirszubski, *Libertas as a Political Idea*, 9-15쪽 및 거기에 인용된 문헌을 참조하라.

56 Tacitus, *Annals* 3.26; Seneca, *Epistulae morales* 90.4 ff.

57 Tacitus, *Annals*의 2.33과 3.54를 비교하라.

58 *Aeneid* 1.286 ff.; *Georgics* 1.500 ff. 아우구스투스에게 바쳐진 헌사에서 이전에 알렉산더를 숭배하고자 사용되었던 예전의 형식과 어투의 흔적을 발견하는 것은 놀라운 일이 아니다. Syme, *The Roman Revolution*, 305쪽 및 거기에 인용된 문헌을 보라.

59 *De Clementia*, trans. J. W. Basore (Cambridge: Harvard University Press, 1928), 1.1. 2-3.

60 Ibid. 1.4.1. 황제가 정치사회 위에 우뚝 솟아오르게 된 정도는 가격통제와 관련된 디오클레티아누스(Diocletian) 황제 칙령의 서두에서 볼 수 있다(기원후 303년). "인류의 부모인 우리가 인간이 오랫동안 희구했지만 성취하지 못한 구제를, 우리의 선견지명에서 나온 치유책으로 베풀기 위해 미래를 바라보는 것은 지극히 합당하다." M. P. Charlesworth, "The Virtues of a Roman Emperor," *Proceedings of the British Academy* 23 (1937): 105-133, 111쪽에서 재인용.

61 Ibid., p. 121. 정치적인 주제와 종교적인 주제의 뒤섞임에 대한 상세한 논의로는 다음을 참조하라. M. P. Nilsson, *Greek Piety*, trans. H. J. Rose (Oxford: Clarendon Press, 1928), pp. 85, 118-124; E. Peterson, "Der Monotheismus als politisches Problem," in *Theologische Traktate* (Munich: Hochland-Bucherei, 1951), pp. 52 ff.; Barker, *From Alexander to Constantine*, pt. 3, chap. 3; Goodenough, "The Political Philosophy of Hellenistic Kingship"; Delatte, "Les Traités de la Royauté d'Ecphante, Diotogène et Sthénidas"; 후기 로마 시대의 통치자 숭배가 이미 그리스 시대에 예비된 것이라는 점을 강조하는 논의로는 다음을 참조하라. M. P. Charlesworth, "Some Observations on Ruler-Cult Especially in Rome," *Harvard*

Theological Review 28 (1935): 5-44. 또한 동일한 저자에 의한 다른 흥미로운 논의로는 다음을 보라. "Providentia and Aeternitas," ibid., 29(1936): 107-132. 크리소스톰(Dio Chrysostom)의 *On Monarchy*와 플리니우스(Pliny the Younger)의 *Panegyric on Trajan*에서 관련된 많은 구절을 발견할 수 있다.

62 Charlesworth, "the Virtues of a Roman Emperor," 121쪽에서 재인용.

63 *Politics* 1327b.

제4장 | 초기 기독교 시대 : 시간과 공동체

1 John 18:36; Romans 12-2; 1 Corinthians 7:31.

2 Daniel 7:9, 13, 27. 또 다음을 보라. Hans Lietzmann, *A History of the Early Church*, 4 vols. (London: Lutterworth Press, 1949-1951), 1:25 ff.; Rudolf Bultmann, *Primitive Christianity in Its Contemporary Setting* (New York: Meridian, 1956), pp. 35-40, 59-93; G. F. Moore, *Judaism*, 3 vols. (Cambridge: Harvard University Press, 1927-1930), 1:219 ff.

3 Colossians 3:11; Matthew 4:2-11; Galatians 3:28. 또한 다음을 보라. J. Lebreton and J. Zeiller, *The History of the Primitive Church*, trans. E. C. Messinger, 4 vols. (London: Burns, Oates, and Washbourne, 1942-1947), 1:42-43. 『시편』 17장은 강력한 바리새인 민족주의와 함께 메시아-왕에 대한 서술을 담고 있다. 구세주적 인물에 대한 탈정치화가 "십자가의 스캔들"(scandal of the Cross)에 대한 유대인들의 반응에 기여했을 법도 하다. 유대인들에게 메시아는 종교적 약속의 실현뿐만 아니라 왕의 출현을 의미했다. 여기서 왕이란 선택된 백성들을 최고의 정치적인 번영으로 인도할 정치적 인물을 뜻했다. 따라서 자칭 메시아가 무력하고 버림받은 상태에서 로마인들에 의해 십자가형에 처해졌을 때, 유대인들이 그런 인물을 유대 전통에 따른 정치적으로 승리하는 영웅과 동일시하는 것은 매우 어려운 일이었다. Lebreton and Zeiller, 1:58-59에 나온 논의를 참조하라.

4 Luke 13:32-33. 그리고 Oscar Cullmann, *The State in the New Testament* (New York: Scribner's, 1956), 24쪽 이하에 나온 논의를 참조하라. 로마 국가에 대한 기독교인들의 적개심에 대해서는 다음을 보라. A. J. and R. W. Carlyle, *A History of Mediaeval Political Theory in the West*, 6 vols. (London: Blackwood, 1903-1936), 1:91-97.

5 2 Peter 3:13.

6 1 Peter 1:4-13, 4:7-8; Barnabas 15:1-9; John 7:7, 14:17, 16:2, 33; Epistle to the Hebrews 1:10, 11:15-16; *Didache* 9-10(기독교 개종자들에 대한 초기의 교리문답 교훈집으로서 아마도 2세

기 경 이후에 집필된 것으로 보인다).

7 Romans 13.

8 Colossians 1:16. Cullmann, *The State in the New Testament*, 50쪽 이하에 나온 논평도 참조하라. 다음 역시 참조하라. G. B. Caird, *Principalities and Powers: A study in Pauline Theology* (Oxford: Clarendon Press, 1956).

9 Romans 13:1-5.

10 Cullmann, *The State in the New Testament*, pp. 50 ff.

11 Romans 12:2.

12 1 Peter 2:9.

13 *Apologeticus* 39; *De Corona* 13.

14 *De Idololatria* 18, 19.

15 *Epistle to Diognetas*, in Henry Bettenson, ed., *The Early Christian Fathers* (London: Oxford University Press, 1956), p. 74(앞으로 이 책은 Bettenson, *Fathers*로 간단히 인용하겠다). 이 서한은 보통 2세기나 3세기에 집필된 것으로 보지만, 그 저자와 일자가 확실하지는 않다.

16 *Contra Celsum* 3.28 (Bettenson, *Fathers*, 312쪽에 수록). 학술적으로 탁월한 편집본으로는 채드윅(Henry Chadwick)(Cambridge: Cambridge University Press, 1953)에 의한 것이 있다. 또한 다음을 보라. Jean Daniélou, *Origen*, trans. W. Mitchell (New York: Sheed and Ward, 1955), especially pp. 40 ff.

17 1 Corinthians 12:12.

18 초기 교회의 성체성사에 대한 논의로는 다음을 보라. Lietzmann, *A History of the Early Church*, 1:238.

19 다음을 보라. Ibid., pp. 63, 124, 150 ff.; 2:124 ff.

20 Colossians 1.24에 대한 해석은 C. H. Dodd, *The Meaning of Paul for Today* (New York: Meridian, 1957), 74쪽에 나온 것을 따른 것이다.

21 1 John 3:14.

22 Virgil. *Eclogue* 4; *Aeneid* 1.286 ff., 6.852 ff.; Horace, *Odes* 1.12; Tacitus, *History* 4.74; Seneca, *De Clementia* 1.3. 또한 Barker, *From Alexander to Constantine*, pp. 210-214에 나온 칙령 모음을 보라.

23 Horace, *Odes* 1. 35(W. S. Marris translation), in *The Complete Works of Horace*, ed. C. J. Kraemer, Jr. (New York: Random House, 1936), p. 177.

24 *Apologeticus* 39. 이를 *De Idololatria* 18, 19와 비교해 보라.

25 *Apologeticus* 31.

26 예를 들어 다음을 보라. Commodian, *Carmen apologeticum* 889-890, 921-923. 거기에는 세계에 그토록 오랫동안 고통을 끼쳐 온 로마 —"전 세계의 나머지가 신음하고 있는 동안 로마 는 환호했다"—가 마침내 파괴되고 말 것이라는 데 대한 흡족한 기쁨이 덧붙어 있다.

27 Jerome, *Epistle* 60 and 123.

28 Walter Ullmann, *The Growth of Papal Government in the Middle Ages* (London: Methuen, 1995), 101-108쪽에 나온 논의와 거기서 인용된 문헌을 참조하라. 바우머(Franklin L. Baumer)가 집필한 몇 편의 논문에 많은 자료가 나와 있다. "The Conception of Christendom in Renaissance England," *Journal of the History of Ideas* 6 (1945): 131-156; "The Church of England and the Common Corps of Christendom," *Journal of Modern History* 16 (1944): 1-21; "England, the Turk, and the Common Corps of Christendom," *American Historical Review* 50 (1944): 26-48. 간명한 요약으로는 다음을 보라. Denys May, *Europe: The Emergence of an Idea* (Edinburgh: Edinburgh University Press, 1957).

29 *Two Letters Addressed to a Member of the Present Parliament on the Proposals for Peace*, in *Burke, Select Works*, ed. E. J. Payne (Oxford: Clarendon Press, 1904), p. 70.

30 예를 들어 다음을 보라. Barbara Ward, *The West at Bay* (New York: Norton, 1948); Arnold Toynbee, *The World and the West* (London: Oxford University Press, 1953); Christopher Dawson, *The Revolt of Asia* (London, 1957).

31 그리고 다음을 보라. 1 Timothy 2:1-2.

32 *Epistle to the Hebrews* 12:28.

33 Romans 13:4.

34 G. F. Reilly, *Imperium and Sacerdotium according to St. Basil the Great* (Washington, D.C.: Catholic University Press, 1945), 45쪽에서 재인용.

35 하르나크(Adolf Harnack)의 저서, *The Constitution and Law of the Church in the First Two Centuries*, trans. F. L. Pogson and ed. H. D. A. Major (New York: Putnam, 1910)는 위대한 역사가의 입장에서 초기 교회의 정치적 측면을 흥미롭게 인지하면서 성찰하고 있다. 이 책은 주로 조옴(Rudolf Sohm)의 선구적 저작인 *Kirchenrecht*, 2 vols. (Munich and Leipzig: Duncker and Humblot, 1892, 1923)에 대한 응답으로 집필되었는데, 조옴의 저작은 주로 법 학적이고 정치학적인 개념을 통해 초기 교회의 발전 과정을 분석하고 있다.

36 *Contra Celsum* 3.30. Barker, *From Alexander to Constantine*, 440-441쪽에 나온 번역을 다소 수정한 것이다.

37 예를 들어 다음을 보라. Irenaeus, *Adversus Haereses* 3.24.1.

38 Ignatius, *To the Ephesians* 13; *To the Magnesians* 7. 위 두 인용문에 대한 번역은 Bettenson,

Fathers, 55, 58쪽에서 따온 것이다.

39 *To the Ephesians* 6; *To the Smyrnaeans* 8 (Bettenson, *Fathers*, pp. 54-55, 67).

40 *De Catholicae ecclesiae unitate* 5; *Epistle* 66.7.

41 Cyprian, *Epistle* 33.1 (Bettenson, *Fathers*, p. 367); 또한 Irenaeus, *Adversus Haereses* 3.2-3 (ibid., pp. 123-126)도 보라. 역사적 측면에서 사도적의 승계 원칙을 논의한 것으로는 다음을 참조하라. C. H. Turner, "Apostolic Succession," in *Essays on the Early History of the Church and Ministry*, ed. H. B. Swete, 2nd ed. (London: Macmillan, 1921), pp. 93-214.

42 이 문제에 대해서는 다음의 저작들이 유용한 논의를 담고 있다. Lietzmann, *A History of the Early Church*, vol. 2, chaps. 8-12; S. L. Greenslade, *Schism in the Early Church* (New York: Harper, 1953); W. H. C. Frend, *The Donatist Church* (Oxford: Clarendon Press, 1952); G. G. Willis, *Saint Augustine and the Donatist Controversy* (London: SPCK, 1950); L. Duchesne, *Early History of the Christian Church*, 4th ed., 2 vols. (London: Longmans, 1912), vol. 2, chap. 3.

43 *De Monogamia* 7.

44 *The Writings of Cyprian*, ed. Alexander Roberts, 10 vols. (Edinburgh: Ante-Nicene Library, 1886-1907), 2:200-201에 수록된 빌타의 케킬리우스(Caecilius of Bilta)의 연설에서 인용.

45 *De Exhortatione* 7.

46 Monsignor R. A. Knox, *Enthusiasm* (New York: Oxford University Press, 1950)에 제시된 논의는 재치 있고 생생하지만, 종파 분리주의자와 이단자들이 제도주의에 항의할 만한 부득이하고도 납득할 말한 이유가 있었다는 점을 완전히 인식하지는 못했기 때문에 일정한 결함이 있다. Greenslade, *Schism in the Early Church*, 204쪽 이하에서 전개된 논의는 영국 국교도의 관점에서 집필된 것으로 훨씬 현명한 판단을 내리고 있는바, 이 글에서 내가 정치적 갈등의 유용성을 주장한 것과 다분히 동일한 논거에서 그런 논쟁으로부터 일정한 이득이 있었다는 점을 인정하고 있다.

47 나음을 보라. Tertullian, *De Pudicitia* 21 (in Bettenson, *Fathers*, pp. 183-184).

48 Greenslade, *Schism in the Early Church*, p. 172 and n. 12에서 재인용.

49 Bettenson, *Fathers*, 370쪽에 수록된 Cyprian, *Epistle* 595.

50 이런 논점에 대해서는 다음을 보라. G. G. Willis, *Saint Augustine and the Donatist Controversy*, 특히 chaps. 3-4; Frederick W. Dillistone, "The Anti-Donatist Writings," in *A Companion to the Study of St. Augustine*, ed. Roy W. Battenhouse (New York: Oxford University Press, 1955), chap. 7; Hugh Pope, *Saint Augustine of Hippo* (London: Sands, 1937), chaps. 7-8.

51 Gregory Dix, *Jew and Greek, A Study in the Primitive Church* (London: Dacre Press,

1953), 21쪽 이하; Lietzmann, *A History of the Early Church*, 2:105 및 거기에서 인용된 문헌을 참조하라. 또한 이와 관련하여 흥미로운 것은 구약성서를 70인역 성서(Septuagint)[기원전 270년경에 완성된 가장 오래된 그리스어 번역 구약성서 - 옮긴이]로 번역한 것이 어떻게 해서 그리스어 성서에 정치적인 어조를 불가피하게 했느냐는 질문이다. 예를 들어 다음을 보라. Caird, *Principalities and Powers*, pp. 11-12. 케어드(G. B. Caird)는 이 책의 15쪽에서 다음과 같이 언급한다. "헬레니즘 시대의 유대인들이 70인 역 성서를 읽으면서 '권능을 지닌 주님'(Lord of the power)이라는 제목을 하느님의 섭리가 전반적으로 권력의 체계를 통해서 기능하며, 여기에는 통치를 담당한 자들도 포함되는 것으로 이해했다는 점에 주목하는 것은 흥미롭다."

52 Epistle to the Hebrews 1:8; 11:15-16, 33-34; 12:22-23, 28; 13:14.

53 Philippians 3:20. Barker, *From Alexander to Constantine*, 398-399쪽에서 나는 이 사례를 추출했다. 리츠만(Hans Lietzmann)은 *A History of the Early Church* (2:52)에서 성서의 이 구절을 "우리가 시민권을 가진 우리의 집은 천국에 있다"라고 번역했다. 또한 다음을 참조하라. Dodd, *The Meaning Paul for Today*, p. 17 n. 7. *Adversus Marcionem* (3.24)에서 테르툴리아누스가 이 구절을 사용한 용례 역시 매우 시사적이다.

54 *Epistle* 227.

55 *Contra Celsum* 4.5. Lactantius, *Divinae Institutiones* 1.3.

56 Origen, *De Principiis* 3.5.6 (Bettenson, *Fathers*, pp. 292-293); Tertullian, *Adversus Praxean* 3; Athanasius, *Contra Gentes* 43; *De Incarnatione* 17; *Expositio Fidei* 1. 기독교적 관념과 개념의 정치적인 측면에 대한 논의로는 다음을 참조하라. K. M. Setton, *Christian Attitude towards the Emperor in the Fourth Century* (New York: Columbia University Press, 1941), pp. 18-19 and passim; 매우 훌륭한 논문으로는 G. H. Williams, "Christology and Church-State Relations in the Fourth Century," *Church History* 20 (1951), no. 3, pp. 3-33, and no. 4, pp. 3-26; E. H. Kantorowicz, *Laudes Regiae*, in *University of California Publications in History* 33 (1946).

57 *Apologeticus* 38.3; *De Idololatria* 19.

58 Greenslade, *Schism in the Early Church*, 37쪽에서 재인용.

59 Cyprian, *Epistle* 55, 71.1, and 74.4-5. Bettenson, *Fathers*, 374쪽도 참조하라.

60 Greenslade, *Schism in the Early Church*, 19쪽에서 재인용.

61 같은 책, 56-57, 124쪽에서의 논의는 이런 종교적 문제를 의식적으로 정치적 문제로 비유하지 않고 있지만, 바로 그 사실로 말미암아 그의 언급이 몇 구절만 바꾸면 쉽게 정치적 사안에 적용될 수 있다는 점은 더더욱 인상적이다. 이 사안에 대한 기본적인 글로는 아우구스티누스의 *De Baptismo*를 참조하라.

62 성 바실리우스의 언급은 *Imperium and Sacerdotium*, 42쪽에 수록되어 있다. 미친개에 대

한 언급은 Ignatius, *To the Ephesians* 7에 나온다.

63 Romans 13:3-4.

64 *Adversus Haereses* 5.24.

65 *De Cultu Feminarum* 2.2.

66 Cyprian, *Epistle* 4, 69; *De Unitate* 23.21.

67 *Epistle* 93, in *St. Augustine, Letters*, trans. Sister Wilfrid Parsons (New York, 1953), 10:59, in the series *The Fathers of the Church*. 박해 문제에 대한 아우구스티누스의 가장 중요한 언급은 *Epistle* 87, 97, 185에서 발견된다. 또한 관련된 것으로는 다음을 참조하라. *Contra Epistulam Parmeniani* 1.7-13. 다음의 문헌들 역시 이 문제에 대한 유용한 논평을 담고 있다. J. N. Figgis, *Political Aspects of St. Augustine's "City of God"* (London: Longmans, 1921), lectures 3, 4; J. E. C. Welldon, ed., *St. Augustine's "De Civitate Dei,"* 2 vols. (London, 1924), 2:647-651; Willis, *Saint Augustine and the Donatist Controversy*, pp. 127-143; Gustave Bardy, *Saint Augustin*, 7th ed. (Paris, 1948), pp. 325 ff.; Gustave Combès, *La doctrine politique de Saint Augustin* (Paris, 1927), pp. 330 ff.

68 *Epistle* 185.

69 권력에 대한 아우구스티누스의 '현실주의적' 인식은 인간의 본성에 관해 많은 점에서 아우구스티누스와 견해를 같이 하는 후일의 기독교인들에게 매력적인 것으로 판명되었다. 니버 (Reinhold Niebuhr)의 다음 논문을 참조하라. "Augustine's Political Realism," in *Christian Realism and Political Problems* (New York: Scribner's, 1953), pp. 119-146.

70 *Epistle* 93, in St. Augustine, *Letters*, 10:74-75.

71 *Vita Constantini* 3.1; *De Laudibus Constantini* 14; *Praeparatio Evangelica* 1.4도 참조하라. 에우세비우스에 대한 탁월한 논의로는 F. D. Cranz, "Kingdom and Polity in Eusebius," *Harvard Theological Review* 45 (1952), 47-66쪽을 참조하라. 또한 다음도 참조하라. Peterson, "Der Monotheismus als politisches Problem," pp. 88 ff.; N. H. Baynes, "Eusebius and the Christian Empire," in *Byzantine Studies and Other Essays* (London: Athlone Press, 1955), pp. 168 ff.

72 *De Civ. Dei* 14.28 (Dods translation).

73 Ibid. 12.21, 15.4, 19.13, 26. Combès, *La doctrine politique de Saint Augustin*, pp. 76-77; Sir E. Barker, "St. Augustine's Theory of Society," in *Essays on Government* (Oxford: Clarendon Press, 1946), pp. 243-269. F. E. Cranz, "St. Augustine and Nicholas of Cusa in the Tradition of Western Christian Thought," *Speculum* 28 (1953), 297-316쪽은 기존 사회에 대한 아우구스티누스의 인정을 최소화하는 경향이 있다. 동일한 저자에 의한 아우구스티누스의 초기 사상에 관한 탁월한 연구로는 다음 논문을 보라. "The Development of

Augustine's Ideas on Society before the Donatist Controversy," *Harvard Theological Review* 46 (1954), pp. 255-316. 또한 이 주제에 대한 매우 적절한 자료로는 다음을 보라. C. Dawson, "St. Augustine and His Age," in *A Monument to Saint Augustine* (London: Sheed and Ward, 1930). 이 논문이 수록된 책은 몇 개의 유용한 논문을 포함하고 있는데 다르시 (D'Arcy) 신부가 아우구스티누스의 철학에 관해 집필한 논문도 그중 하나이다.

74 다음의 세 저작은 아우구스티누스의 용어에 대한 유용한 분석을 담고 있다. R. H. Barrow, *Introduction to St. Augustine, The City of God* (London: Faber, 1950), pp. 20 ff.; R. T. Marshall, *Studies in the Political and Socio-Religious Terminology of the De Civitate Dei* (Washington, D. C., 1952); H. D. Friberg, *Love and Justice in Political Theory: A Study of Saint Augustine's Definition of the Commonwealth* (Chicago, 1944).

75 *De Civ. Dei* 19.13. 질서(*ordo*)의 원리에 관한 좋은 논의로는 다음을 보라. Gilson, *Les Métamorphoses de la Cité de Dieu*, pp. 154-155; Barker, "St. Augustine's Theory of Society," pp. 237 ff.; Barrow, *Introduction to St. Augustine, The City of God*, pp. 220 ff.

76 *De Civ. Dei* 11.18, 22; 12.2, 4. 질서(*ordo*)와 사랑의 관계는 많은 저작에서 조심스럽게 분석된 바 있다. Gilson, *Les Métamorphoses de la Cité de Dieu*, pp. 217-218; John Burnaby, *Amor Dei* (London: Hodder and Stoughton, 1938), especially pp. 113 ff.; T. J. Bigham and A. T. Mollegen, "The Christian Ethic," in Battenhouse, *A Companion to the Study of St. Augustine*, pp. 371 ff.; Anders Nygren, *Agape and Eros*, trans P. S. Watson (Philadelphia: Westminister, 1953), pp. 449 ff.

77 *De Civ. Dei* 19.13.

78 아우구스티누스적인 시간의 개념을 다룬 방대한 문헌들이 있다. 다음의 것들이 유용하다. Gilson, *Les Métamorphoses de la Cité de Dieu*, pp. 246 ff.; Julse Chaix-Ruy, *Saint Augustin, Temps et histoire* (Paris, 1956); H. I. Marrou, *L'Ambivalence du temps de l'histoire chez Saint Augustin* (Montreal and Paris, 1950)은 시간의 사회적 함의를 강조하기 때문에 특히 유용하다; J. F. Callahan, *Four Views of Time in Ancient Philosophy* (Cambridge: Harvard University Press, 1948), chap. 4는 이 문제를 좀 더 정연한 접근 방식으로 다루고 있다. 러셀(B. Russell)은 *A History of Western Philosophy* (New York: Simon & Schuster, 1945), 352-355쪽에서 아우구스티누스적인 시간관을 높이 평가하고 있는데, 이 점은 다소 놀랍다. 아우구스티누스의 *Confessions*, bk. 11, and *Ep.* 137에도 이와 관련된 구절이 나오는데, 이 구절 역시 고려되어야 한다.

79 Cicero, *De Divinatione* 1.27.

80 *De Civ. Dei* 11.6; *Ep.* 137, passim.

81 자신의 저작 *Christ and Time* (Philadelphia: Westminster Press, 1950)에서 쿨만(Oscar Cullmann) 교수는 초기 기독교인들이 어떻게 예수의 강림을 시간선의 중앙이라고 보았는지를

서술하고 있다. 예수를 통해서 과거는 완성되었고, 이후에 지속될 모든 것은 결정되었던 것이다. *Meaning in History* (Chicago: University of Chicago Press, 1949), 182쪽 이하에 나오는 뢰비트(Karl Löwith)의 시간에 대한 논의 역시 대체로 쿨만을 따르고 있다. 일반적으로는 다음을 보라. R. L. P. Milburn, *Early Christian Interpretations of History* (London: Black, 1954); 아울러 크러스트(A. H. Chroust)의 다음 두 논문도 참조하라. "The Metaphysics of Time and History in Early Christian Thought," *New Scholasticism* 19 (1945): 322-352; "The Meaning of Time in the Ancient World," ibid., 21 (1947): 1-70.

82 Gelasians 1:26; Epistle to the Hebrews 11:1; Romans 8:24; *De Civ. Dei* 12.13-14, 19.4; *De Doctrina Christiana* 2. 43-44. 다음의 논의도 보라. R. E. Cushman, "Greek and Christian Views of Time," *Journal of Religion* 33 (1953): 254-265; H. Scholz, *Glaube und Unglaube in der Weltgeschichte* (Leipzig, 1911), pp. 137 ff. 아우구스티누스의 역사철학에서 '진보'의 문제는 다음의 논문에서 조심스럽게 검토되고 있다. T. Mommsen, "St. Augustine and the Christian Idea of Progress, the Background of the City of God," *Journal of the History of Ideas* 12 (1951): 346-374. 아우구스티누스의 초기 견해에 대해서는 다음의 논의를 참조하라. Cranz, "The Development of Augustine's Ideas on Society before the Donatist Controversy," pp. 273 ff. 추가적인 자료로는 다음을 보라. Löwith, *Meaning in History*, chap. 9; J. Pieper, *The End of time*, trans. M. Bullock (New York: Pantheon, 1954), passim. 역사에 대한 아우구스티누스의 접근은 전반적인 종합과 역사적 현상의 다양한 성격에 대한 감수성을 결합시키고 있는데, 이는 벌린(Isaiah Berlin)의 두 저작인 *The Hedgehog and the Fox* (New York: Simon and Schuster, 1953)와 *Historical Inevitability* (London: Oxford University Press, 1954)에 제시된 시사적인 범주에 포섭될 수 없는 흥미로운 사례이다. 아우구스티누스가 역사철학을 어느 정도 가지고 있었느냐는 문제는 H. Scholz, *Glaube and Unglaube in der Weltgeschichte*, *Vorrede*에서 다루어지고 있는데, 숄츠(H. Scholz)는 아우구스티누스가 그런 철학을 정교화하지 못했다고 주장한다. 또한 다음을 참조하라. Gilson, *Les Métamorphoses de la Cité de Dieu*, pp. 37 ff.; Cochrane, *Christianity and Classical Culture*, chap. 12.

83 *De Civ. Dei* 19.17.

84 Ibid. 1.29.

85 Ibid. 19.21. 키케로의 개념 규정에 대한 아우구스티누스의 논의는 지속적인 논쟁의 주제가 되어 왔다. R. W and A. J. Carlyle, *A History of Mediaeval Political Theory in the West*, 1:165 이하는 아우구스티누스가 국가에 대한 개념 규정을 하면서 정의(正義)의 개념을 제거했다는 견해를 피력했다. 그러나 피기스(J. N. Figgis)는 *Political Aspects of St. Augustine's "City of God,"* chap. 3에서 이런 주장을 부정했다. 이 문제에 대한 사려 깊은 요약으로는 다음을 보라. C. H. McIlwain, *The Growth of Political Thought in the West* (New York: Macmillan, 1932), pp. 154-160. 질송은 아우구스티누스가 키케로의 텍스트를 "왜곡해서" 해석했다고 지적한다. *Les Métamorphoses de la Cité de Dieu*, pp. 38-39 n.1.

86 *De Civ. Dei* 19.21.

87 Ibid. 19.24.

88 Ibid. 19.24.

89 Cicero, *Ad. Fam.* 5.12; Caesar, *De bello civili* 3.68.1.

90 *De Civ. Dei* 5.24; *De Doctrina Christiana* 1.23. 또한 아우구스티누스가 죄와 인간의 자만심 그리고 그것들이 권력의 행사를 왜곡하는 효과에 대해 언급한 것으로는 다음을 보라. *De Musica* 6.13-15, 40-41, 48, 53; *De Libero arbitrio* 1.6, 14. Barrow, *Introduction to St. Augustine, The City of God*, 230쪽 역시 약간의 유용한 언급을 담고 있다.

91 *Political Aspects of St. Augustine's "City of God"*, 78쪽과 84쪽 이하에서 피기스는 아우구스티누스를 중세의 후기 사제주의(sacerdotalism)의 선구자로 보려는 경향이 있다. *Augustinische Studien* (Gotha, 1887)에서 로이터(H. Reuter)는 예정설이 교회의 권력에 미친 함의를 지적하고 있다. *History of Dogma*, 7 vols., translated from the third German edition by J. Millar (London: Williams and Norgate, 1896-1899), 5:140-168에서 하르나크 역시 예정설이 교회 권력을 약화시킨 효과를 지적하지만, 아우구스티누스가 교회의 이론적 입장을 강화시켰다고 결론짓는다.

92 Battenhouse, *A Companion to the Study of St. Augustine*, pp. 184-185; Willis, *Saint Augustine and the Donatist Controversy*, pp. 113 ff. 아우구스티누스 저작에서 관련된 구절로는 다음을 보라. *De Baptismo* 1.10, 15-16; 4.1; 3.23; 3.4.

93 "Saint Augustine and the Primacy of the Roman Bishop," *Traditio* 4 (1946): 89-113에서 그라보프스키(S. J. Grabowski)는 아우구스티누스가 교회의 최고성 교리를 일관되게 고수했다고 결론 내린다. 또한 다음을 보라. E. Troeltsch, *Augustine, die christliche Antike und das Mittelalter* (Munich and Berlin, 1915), pp. 26 ff.

94 *De Doctrina Christiana* 1.13; *De Civ. Dei* 5.17, 19.15.

95 *De Civ. Dei* 6.26; 12.1, 9; 14.9, 28; 16.3, 4; 17.14; 19.5, 10, 23.

96 Ibid. 12.1

97 *De Regimine Principum* 1.1.

98 *Rights of Man*, pt. 11, chap. 1.

99 *Principles of Social and Political Theory* (Oxford: Clarendon Press, 1951), pp. 2-4.

100 Friedrich Engels, *Origins of the Family, Private Property, and the State* (Moscow, 1948), pp. 241-242. 근대의 사회학자들이 이 구분을 약간 상이한 논거에서 유지해 왔다는 점은 언급할 필요가 있다. 예를 들어, *Fundamental Concepts of Sociology*, trans. Charles P. Loomis (New York: American Book Company, 1940)에 나오는 퇴니스(Ferdinand Tönnies)의 이분법적 구별인 공동사회(*Gemeinschaft*)와 이익사회(*Gesellschaft*)를 보라. 마찬가지로 *The Division of Labor in Society*, trans. George Simpson (Glencoe: Free Press, 1974), bk. 1,

chaps. 2-3에 제시된 뒤르켐(Emile Durkheim)의 '기계적 연대'(*solidarité méchanique*)와 '유기적 연대'(*solidarité organique*)의 대비, *The Modern State* (Oxford: Clarendon Press, 1926), 451쪽 이하에 나오는 맥키버(Robert M. MacIver)의 '공동체' 개념을 보라.

101 *De moribus ecelesiae* 30.63.

102 민족주의적 정서와 종교적 정서의 혼합은 루소가 코르시카를 위해 제안한 헌법에서도 명백히 발견된다. 각각의 시민은 다음과 같은 맹세를 해야 한다.

전지전능한 하느님의 이름으로 성서 위에 손을 얹고, 나는 여기서 신성하고 취소할 수 없는 서약에 따라 나의 몸, 나의 재산, 나의 의지, 나의 모든 힘과 함께 나 자신 그리고 나의 모든 피부양자들을 코르시카 민족에 전적으로 속하기 위해 코르시카 민족에게 바칠 것입니다 [C. E. Vaughan, *The Political Writings of Jean-Jacques Rousseau*, 2 vols. (Cambridge: Cambridge University Press, 1915), 2:350].

103 여기서 기본적인 저작은 H. de Lubac, *Corpus Mysticum*, 2nd ed. (Paris, 1949)이다. 나는 또한 다음의 훌륭한 저작에 의존했다. E. H. Kantorowicz, "Pro Patria Mori in Mediaeval Political Thought," *American Historical Review* 56 (1951): 472-492와 같은 저자의 *The King's Two Bodies* (Princeton: Princeton University Press, 1957), chap. 5. 좀 더 추가적인 자료로는 다음을 보라. A. H. Chroust, "The Corporate Idea and the Body Politic in the Middle Ages," *Review of Politics* 9 (1947): 423-452; G. B. Ladner, "Mediaeval Thought on Church and Politics," ibid., pp. 403-422.

104 *Summa Theologiae* II, III, q. 69, art. 5. 나는 영국의 도미니크회 신부들이 번역한 대본을 사용했다. *The "Summa Theologiae" of Saint Thomas Aquinas*, 22 vols. (New York: Benziger Brothers, 1913-1927), 17.175.

105 Sir John Fortescue, *De Laudibus Legum Anglie*, ed. and trans. S. B Chrimes (Cambridge: Cambridge University Press, 1949), chap. 13; Kantorowicz, "Pro Patria Mori in Mediaeval Political Thought," pp. 486 ff.; E. Voegelin, *The New Science of Politics* (Chicago: University of Chicago Press, 1952), pp. 42-46.

106 *The Political Writings of Jean Jacques Rousseau*, 1:437

107 Rousseau, *The Social Contract*, ed. G. D. H. Cole (Everyman), bk. 1, chap. 8, pp. 18-19.

108 Joseph Mazzini, *The Duties of Man and Other Essays* (Everyman), pp. 56-58.

109 이에 대한 수많은 예들이 다음의 저작들에서 발견된다. E. Lewis, *Medieval Political Ideas*, 2 vols. (London: Routledge and Kegan Paul, 1954), 2:387, 391, 421, 425; O. von Gierke, *Political Theories of the Middle Ages*, trans. F. W. Maitland (Cambridge: Cambridge

University Press, 1900), pp. 30 ff.; W. Ullmann, *Medieval Papalism* (London, 1949), chaps. 4-5; *The Growth of Papal Government in the Middle Ages* (London: Methuen, 1955), passim; B. Tierney, *Foundations of the Conciliar Theory* (Cambridge: Cambridge University Press, 1955), passim.

110 *Summa Theologiae* IIIa, q. 75, art. I; IIIa, q. 73, art. 3; IIIa, q. 8, art. I; q. 67, art. 2; q. 73, art.1, ad 3; q. 73, art. 3-4; q. 65, art. 3, ad 1. 토마스주의적 공동선에 대한 개념의 역사적 배경에 대한 일반적이고 훌륭한 논의로는 다음을 참조하라. I. T. Eschmann, "A Thomistic Glossary on the Principle of the Pre-eminence of the Common Good," *Mediaeval Studies* 5 (1943): 123-165.

111 *Summa Theologiae* IIIa, q. 65, art. 1.

112 Ibid. IIIa, q. 65, art. 3, ad 2; q. 65, art. 4; q. 73, art. 8, ad. 1; q. 73, art. 11, ad 1; III (Suppl.), q. 34, art. 3.

113 Ibid. III (Suppl.), q. 34, art. 2, ad 2.

114 Ibid. III (Suppl.), q. 34, art. 1.

115 Ibid. I, q. 108, art. 2, in *The Basic Writings of Saint Thomas Aquinas*, ed. A. C. Pegis, 2 vols. (New York: Random House, 1945). 이 점과 관련해서 정부 일반에 대한 아퀴나스의 논의가 고려되어야 한다. *Summa Theologiae* I, q. 103; also III *Contra Gentes* I.

116 *Summa Theologiae* Ia, IIae, q. 93, art. 3 (Pegis edition).

117 Ibid. IIIa, q. 64, arts. 5, 6, 8; q. 65, art. 1; q. 78, art. 1; q. 82, arts. 5, 6.

118 Ibid. Ia, IIae, q. 93, art. 1; IIIa, q. 78, art. 1.

119 Ibid. IIIa, q. 82, art. 6. 중세 정치사상에서 '대표'의 관념은 다음의 저작들에서 검토된 바 있다. Gierke, *Political Theories of the Middle Ages*, pp. 61 ff.; Voegelin, *The New Science of Politics*, passim; Tierney, *Foundations of the Conciliar Theory*, pp. 34-48, 125-127, 176-186, 235-237; G. Post, "Plena Potestas and Consent in Medieval Assemblies," *Traditio* 1 (1943): 355-408.

120 Lewis, *Medieval Political Ideas*, 2:578에서 재인용.

제5장 | 루터 : 신학적인 것과 정치적인 것

1 *Defensor Pacis* 1.12.

2 여기에는 어느 정도의 설명과 정당화가 필요하다. 16세기에 진행된 정치사상의 세속화가, 단지 잘 알려진 예만을 들더라도, 존(John of Paris), 마르실리우스, 그리고 뒤부아(Pierre Dubois)와 같은 사람들의 글 속에서 이미 전조를 드러냈다는 점에 대해서는 의문의 여지가 없다. 하지만 나는 일정한 지적 경향의 기원이란 어떤 관념의 최종적인 충격과는 사뭇 다른 등급의 문제들을 제기하기 때문에, 곧장 16세기로 넘어가는 것도 정당화된다고 느꼈다.

3 *Reformation Writings of Martin Luther*, ed. Bertram Lee Woolf (London: Lutterworth, 1952), 1: 345. 지금까지 두 권이 나왔다. 이후로 이 책은 Woolf로 인용될 것이다.

4 Ibid. 1:303.

5 비록 전적으로 종교적인 쟁점에만 초점을 맞추고 있지만, 루터가 사용하는 용어에 대한 훌륭한 분석이 럽(Gordon Rupp)의 탁월한 저작인 *The Righteousness of God* (New York: Philosophical Library, 1953), 81쪽 이하에 나타난다.

6 Harold J. Grimm, "Luther's Conception of Territorial and National Loyalty," *Church History* 17 (June 1948): 79-94에서 82쪽. 실질적으로 동일한 논점이 다음의 글에서 제기되었다. John W. Allen, *A History of Political Thought in the Sixteenth Century*, 2nd ed. (London: Methuen, 1941), p. 15; Preserved Smith, *Life and Letters of Martin Luther*, 2nd ed. (Boston: Houghton Mifflin, 1914), pp. 214, 228; 그리고 James Mackinnon, *Luther and the Reformation*, 4 vols. (London: Longmans, 1925-1930), 2:229. 슈비버트(Ernest G. Schwiebert)는 루터가 본질적으로 신학자로서 글을 썼지만, 그의 정치적인 생각들은 주로 중세의 원천들로부터 비롯되었다고 주장한 바 있다. "The Mediaeval Patterns in Luther's Views of the State," *Church History* 12 (June 1943): 98-117을 보라.

7 *Works of Martin Luther*, ed. Charles M. Jacobs, 6 vols (Philadelphia: Muhlenberg Press, 1915 1932), 5:01. 이후로 이 책은 Works로 인용될 것이다.

8 "…… Cuique suum arbitrium petendi utendique relinqueretur, sicut in baptismo et potentia relinquitur. At nunc cogit singulis annis unam speciem accipi eadem tyrannide ……" *D. Martin Luther Werke* (Weimar Ausgabe, 1988-), 6:507 (이후로 이 책은 *Werke*로 인용될 것이다); Woolf, 1:223-224.

9 Woolf, 1:127-228, 162.

10 Ibid., 1:224.

11 루터는 제르송(Jean Gerson), 다일리(Pierre D'Ailly), 그리고 디트리히(Dietrich of Niem)의 글을 읽었으며, 또한 그들을 흠모했다. 루터는 상대적으로 늦은 시기에 비로소 오캄(William of

Occam)의 교황 비판적 저술들을 접했던 것으로 보인다. 이 사안에 대한 일반적인 논의로는 다음을 참조하라. Mackinnon, *Luther and the Reformation*, 1:20-21, 135; 2:228-229; Rupp, *The Righteousness of God*, 88; R. H. Fife, *The Revolt of Martin Luther* (New York: Columbia University Press, 1957), pp. 104 ff., 203-244.

12 Woolf, 1:224-225; *Works*, 1:391; *Luther's Correspondence and Other Contemporary Letters*, ed. Preserved Smith and Charles M. Jacobs, 2 vols (Philadelphia: Muhlenberg Press, 1918), 1:156.

13 Woolf, 1:121.

14 Ibid., p. 123; *Werke*, 2:447-449.

15 좀 더 상세한 논의로는 다음을 보라. Roland H. Bainton, *Here I Stand: A Life of Martin Luther* (New York: Mentor, 1955), pp. 115-116; Ernest G. Schwiebert, *Luther and His Times* (St. Louis: Concordia, 1950), pp. 464 ff.; Heinrich Boehmer, *Martin Luther: Road to Reformation*, trans. J. W. Doberstein and T. G. Tappert (New York: Meridian, 1957).

16 Woolf, 1:122, 167.

17 이와 관련하여 작센의 선제후(選帝侯) 요한(John)에게 보낸 루터의 편지는 의미심장하다. "교황의 금지령이 폐지되어서 모든 사람이 자신이 원하는 대로 행동하기 때문에, 하느님에 대한 두려움도, 기율도 사라져 버렸습니다. …… 그러나 이제 교황과 성직자들에 의한 강제적인 지배가 각하의 통치 속에서 끝이 나고, 모든 수도원과 재단들이 통치자인 각하의 수중에 들어옴에 따라, 이것들에 질서를 부여하는 임무와 어려움이 뒤따르고 있습니다." Smith and Jacobs, *Luther's Correspondence*, 2:383. 몇몇 경우에 루터는 통치자들이 교황의 통제로부터 풀려난 것을 개탄하기도 했다. *Works*, 4:287-289를 보라.

18 *Freiheit eines Christenmenschen* 23 (*Werke*, vol. 7).

19 루터가 오랫동안 스콜라 철학을 배운 것에 대해서는 다음의 논의를 보라. Mackinnon, *Luther and the Reformation*, 1:10-27, 50 ff.

20 Woolf, 1:225, 227-229; Smith and Jacobs, *Luther's Correspondence*, 1:60, 64, 78, 150, 169-170, 359.

21 루터가 성서와 하느님의 말씀을 구분한 것에 대한 분석으로는 다음을 보라. Rupert E. Davies, *The Problem of Authority in the Continental Reformers* (London: Epworth Press, 1946), pp. 31 ff.; Ernst Troeltsch, *The Social Teaching of the Christian Churches*, trans. O. Wyon, 2 vols (London: Allen and Unwin, 1931), 2:486. 성서의 "본래적" 의미에 대한 루터의 탐구와 관련해서 루터가 문헌학적 탐구를 수단으로 성서의 진정한 의미를 다시 파악하려고 노력한 로이힐린(Johann Reuchlin) 및 에라스무스(Desiderius Erasmus)와 같은 동시대 인문주의자들의 도움을 받았다는 점을 덧붙일 수 있을 것이다.

22 성사(聖事)가 기호 이상을 의미한다는 아퀴나스의 주장은 *Summa Theologiae* III, q. 60, art. 1-3에서 찾아볼 수 있다. 성사와 구원이 필연적으로 이어진다는 주장은 *S. T.* III, q. 61, art. 1에 개진되어 있다. 은총을 일으키거나 주입하는 권력 형태로서 성사가 수행하는 역할은 *S. T.* III, q. 62, arts. 1, 4에 묘사되어 있다. 이런 논점은 *S. T.* III, q. 63, art. 3과 q. 65, art. 3, ad 2에서 확장되는데, 여기서 아퀴나스는 성사가 영혼에 '인호'(印號)를 각인하는 방식을 강조하고 있다. 성사의 집행과 성직 사이의 관계는 *S. T.* III, q. 65, art. 3, ad 2; q. 67, art. 2, ad 1-2; q. 72, art. 8, ad 1에 정의되어 있다. 마지막으로, 교회의 지고성과 교황의 전권(*plenitudo potestatis*) 이라는 교리가 *S. T.* III, q. 62, art. 11의 성사에 관한 논의에 삽입되어 있다는 점은 의미심장하다.

23 J. S. Whale, *The Protestant Tradition* (Cambridge: Cambridge University Press, 1955), 58쪽에서 재인용. 나는 성사(聖事)를 취급하는 대조적인 형태에 관한 논의에서 이 탁월한 책에 빚지고 있다.

24 *Works*, 3:234-237, 4:265. 최근의 개괄적인 연구로는 다음을 보라. F. E. Cranz, "An Essay on the Development of Luther's Thought on Justice, Law, and Society," *Harvard Theological Studies* 19 (1959).

25 *Works*, 3:238-240, 426.

26 Ibid., pp. 252, 261-262.

27 Ibid., p. 252.

28 Woolf, 1:114, 318.

29 Ibid., p. 113.

30 *Works*, 2:262.

31 Ibid., 1:349.

32 *Werke*, 14:714.

33 *Works*, 3:252.

34 Ibid., p. 262.

35 Ibid.

36 Woolf, 1:115, 247, 249, 318, 367; *Works*, 3:326-328.

37 Woolf, 1:115, 117, 181; *Works*, 4:79, 82.

38 Woolf, 1:120; *Works*, 4:76-77.

39 Woolf, 1:119-120.

40 Ibid., pp. 227-229. 이런 의향은 루터의 *Letter to the Christian Reader* (1522)에서 다음과

같이 강조되었다. "…… 내가 스콜라 신학을 거룩한 신학, 곧 성서와 비교할 때, 스콜라 신학은 하느님의 갑옷으로 무장되지 않은 기독교 수도사들 앞에 놓이기에는 모든 면에서 너무나도 불경스럽고 헛되며 위험해 보인다." 그러고 나서 루터는 감탄조로 타울러(Johannes Tauler)와 『게르만 신학』(*Theologia Germanica*)[익명의 저자가 쓴 신비주의 저서 - 옮긴이]에 주의를 돌리면서 다음과 같은 희망을 피력했다. 신비주의자들의 영향 아래에서 "토마스주의자도, 알베르트주의자(Albertist)도, 스코투스주의자도, 오캄주의자도 이 땅 위에 남지 않게 될 것이며, 오직 하느님의 꾸밈 없는 자녀들과 그들의 기독교인 형제들만 남게 될 것이다. 학식의 산해진미로 배를 채운 자들은 소박한 말투에 혐오감을 갖지 말라. 또한 우리의 초라한 예배당의 조악한 지붕과 값싼 치장을 얕보지도 말라. 왜냐하면 그 내면에는 공주('하느님의 자녀'를 은유적으로 표현한 것 - 옮긴이)가 누리는 모든 영광이 있기 때문이다. 만약 우리가 분명히 유식하고 유창한 신앙심을 얻지 못한다면, 적어도 유창하지만 유치한 불경(不敬)보다는 배우지 못하고 유치한 경건을 선호하도록 하자." Smith and Jacobs, *Luther's Correspondence*, 2:135-136. Augustine, *Epistle* 138, 4-5와 비교해 보라.

41 공의회주의 이론은 종교적 공동체가 판단을 내린다는 관념을 강조했지만, 그 개념은 다음의 이유로 말미암아 약화되었다. 먼저 민족성의 발현이 기독교인의 보편적인 사회라는 생각을 실제적으로 무너뜨리고 있었다는 사실은 종교적 공동체의 판단이라는 관념을 위협했다. 그뿐만 아니라, 공의회주의자들 스스로가 위계적이고 군주제적인 사유의 범주를 포기하는 것을 원치 않았거나 포기할 수 없었다는 점도 그 개념의 약화를 초래했다. Lewis, *Medieval Political Ideas*, 2:369-377에 나오는 논의를 보라.

42 *Works*, 1:349-357.

43 *Works*, ibid., 361, 4:75, 5:27-87, 6:148과 비교해 보라. 루터의 교회론에 대한 문헌으로는 다음을 보라. Karl Holl, "Luther," *Gesammelte Aufsätze zur Kirchengeschichte* (Tübingen, 1923), 1:288 ff.; Troeltsch, *The Social Teaching of the Christian Churches*, 1:477-494; William A. Mueller, *Church and State in Luther and Calvin* (Nashville: Broadman Press, 1954), pp. 5-35; Wilhelm Pauck, "The Idea of the Church in Christian History," *Church History* 21 (September 1952): 191-213, at 208-210, 그리고 같은 저자의 *The Heritage of the Reformation* (Glencoe: Free Press, 1950), pp. 24-54; Lewis W. Spitz, "Luther's Ecclesiology and His Concept of the Prince as Notbischof," *Church History* 22 (June 1953): 113-141; John T. McNeill, "The Church in Sixteenth Century Reformed Theology," *Journal of Religion* 22 (July 1942): 251-269; Whale, *The Protestant Tradition*, chap. 7.

44 아우구스티누스의 이런 측면은 Cochrane, *Christianity and Classical Culture*, 359쪽 이하에서 탁월하게 묘사되어 있다. Voegelin, The New Science of Politics, 81-84쪽에도 몇 가지 관련된 언급들이 있다.

45 *De Civitate Dei* 20. 또한 다음을 보라. Scholz, *Glaube und Unglaube in der Weltgeschichte*, pp. 109 ff.

46 *Works*, 6:186.

47 Ibid., 5:81-82.

48 Ibid., 4:23. 이와 동일한 논점에 대해서는, 3:231-233; 4:28, 248-253, 266-269, 299 ff.; 5:38; 6:460을 보라.

49 Woolf, 1:117; Pierre Mesnard, *L'Essor de la philosophie politique au XVIe siècle* (Paris: Vrin, 1951), pp. 204-217.

50 Spitz, "Luther's Ecclesiology," 118쪽 이하에 이 문제에 관한 근래의 논의가 있다. 또한 거기에 인용된 참고문헌들을 참고하라. 추가로 Friedrich Meinecke, "Luther über christliches Gemeinwesen und christlichen Staat," *Historische Zeitschrift* 121 (1920): 1-22에 몇 가지 흥미로운 언급들이 있다.

51 Woolf, 1:114.

52 Ibid., pp. 114-115, 129-130, 141, 147, 226-227, 232, 275.

53 Ibid., p. 167.

54 *Works*, 3:235, 4:289-291.

55 Woolf, 1:298. 루터가 때에 따라서 관습법을 찬양했다는 것은 사실이지만, 그런 주장의 맥락을 자세히 살펴보면 그가 주장한 것은 관습법이 유익한 속박이라는 것이 아니라, 제국법보다는 관습법이 국지적 조건에 더 잘 적응되어 있었다는 것임을 알 수 있다. McNeill, "Natural Law in the Thought of Luther"는 루터의 저작 속에서 자연법과 이성이 차지하는 역할을 강조했지만, 다시금 그 맥락은 자연법과 이성 혹은 형평법이 통치자에게 기존의 법이나 관습의 폐기를 허용한다는 점을 주장하는 것이었다. 다른 말로 하면, 자연법은 루터의 사상 속에서 [통치자를―옮긴이] 제약하는 역할뿐만 아니라 자유롭게 하는 역할도 담당했다. Woolf, 1:187; *Works*, 6:272-273을 보라. 루터가 아퀴나스를 자기 입장에 대한 지지자로 인용한 몇 안 되는 경우 가운데 하나는 아퀴나스가 비상시에 무제한적인 세속 권력을 옹호한 논변이었다. *Works*, 3:263을 보라.

56 *Works*, 2:234.

57 Ibid., pp. 235-236.

58 Woolf, 1:357-358; *Works*, 3:235, 4:240-241; *Werke*, 1:640-643.

59 *Works*, 3:239-242, 248; 6:447 ff.; Woolf, 1:234, 357, 368-370, 378-379.

60 *Works*, 4:220; Smith and Jacobs, *Luther's Correspondence*, 2:320.

61 *Works*, 6:460; 3:231-232; 4:23, 28; Smith and Jacobs, *Luther's Correspondence*, 2:492.

62 *Works*, 1:271, 3:255-256.

63 Ibid., 1:262-264, 3:211-212, 4:226-228. 몇몇 주석가들은 루터가 황제에 대한 저항을 승인한 1531년의 공동 선언이 가진 중요성을 매우 강조했다. 하지만 그의 저작의 본체에 견줘 봤을 때 그 선언이 지닌 증거로서의 가치는 미미하다. 게다가 그 선언은 거의 대부분 멜란히톤의 작업이었던 것으로 보인다. 루터는 많은 번민과 검토 후에야 자신의 서명을 덧붙였다. 한 해 전에 그는 황제에게 반항하는 것에 대해 경고했었다. Mackinnon, *Luther and the Reformation*, 4:25-27을 보라.

64 J. N. Figgis, *Studies of Political Thought from Gerson to Grotius, 1414-1625*, 2nd ed. (Cambridge: Cambridge University Press, 1931), pp. 55-61.

65 *Werke*, 18:389.

66 *De Regimine Principum* 1.12.

67 *Works*, 4:16-22. 이 주제에 대해서는 다음의 논의를 보라. Benjamin N. Nelson, *The Idea of Usury* (Princeton: Princeton University Press, 1949), pp. 29 ff.

68 *Works*, 4:240, 308; 5:43 ff.

제6장 | 칼빈 : 프로테스탄티즘의 정치적 교육

1 *Works of Martin Luther*, ed. Charles M. Jacobs, 6 vols. (Philadelphia, 1915-1932), 2:10, 29-30. 이후로 이 편집본은 *Works*로 인용될 것이다. 루터의 사회 개념과 관련해서는 다음을 보라. Charles Trinkhaus, "The Religious Foundation of Luther's Social Views," in *Essays in Medieval Life and Thought*, ed. J. H. Mundy, R. W. Emery, and B. N. Nelson (New York, 1955), pp. 71-87.

2 F. H. Littell, *The Anabaptist View of the Church*, 2nd ed. (Boston: Starr King Press, 1958), 특히 chaps. 1(B), 2, 3을 보라.

3 "신성한 폭력"이라는 구절은 17세기 청교도 저술가 십스(Richard Sibbes)의 저술에서 등장하며, 그것은 Jerald C. Brauer, "Reflections on the Nature of English Puritanism," *Church History* 22 (1954): 99-108, 102쪽에서 인용되었다. 재세례파 사상의 일반적 성격으로는 다음을 보라. Robert Friedman, "Conception of the Anabaptists," *Church History* 9 (1940): 335-340; Harold S. Bender, "The Anabaptist Vision," *Church History* 13 (1944): 3-24; Roland H. Bainton, *The Reformation of the Sixteenth Century* (Boston, 1952), pp. 95 ff.; J. S. Whale, *The Protestant Tradition* (Cambridge, 1955), pp. 175 ff. 재세례파의 '평화적인' 형태와 '폭력적인' 형태 간의 밀접한 관계는 다음의 문헌에서 논의되고 있다. Lowell H. Zuck,

"Anabaptism: Abortive Counter-Revolt within the Reformation," *Church History* 26 (1957): 211-216.

4 *Works*, 5:81.

5 P. Imbart de la Tour, *Les origines de la Réformation*, 4 vols (Paris, 1905-1935), 4:53.

6 "Letter from Calvin to Sadolet," *Tracts Relating to the Reformation*, trans. Henry Beveridge, 3 vols. (Edinburgh, 1844), 1:37.

7 *The Institutes of the Christian Religion*, trans. John Allen, 2 vols. (Philadelphia: Westminster Press, n.d.), 2:281-283 (4.1.8-10). 이후로 이 책은 *Inst.*로 인용될 것이며, 별도의 언급이 없는 한, 모든 번역은 이 책을 따른다.

8 "우리의 우두머리이신 그리스도 아래에서 우리가 다른 모든 구성원과 하나로 단결되어 있지 않으면 장차 우리에게 주어질 유산곧 하늘의 왕국 – 옮긴이에 대한 어떤 소망도 가질 수가 없기 때문이다. ⋯⋯ 그러나 하느님께서 택하신 자들 모두는 그리스도 안에서 서로 연결되어 있는 데, 하나의 머리에 의지하면서 또한 한 몸으로 함께 자라나며, 한 몸의 각 지체들로서 서로 연결되고 결합되어 있다. 이들은 하나의 신앙, 소망, 자선으로 살아가면서 동일한 성령에 의해 진정으로 하나가 되었다. 이들은 영생이라는 동일한 유산 상속자로 부르심을 받았을 뿐만 아니라 유일하신 하느님과 그리스도 안에 함께 참여하도록 부르심을 받았다. ⋯⋯ 성도들이 그리스도와의 교제 속에서 단결할 때 그것은 하느님께서 그들 각자에게 어떤 은혜를 주시든지 그것들을 서로 나누는 원리 위에서 이루어진다." *Inst.*, 2:271-272 (4.1.2-3).

9 *Commentaries on the Epistle of Paul the Apostle to the Romans*, trans. John Owen (Edinburgh, 1849), p. 458. 이후로 이 책은 *Commentaries on Romans*로 인용될 것이다. 이와 동일한 논점에 대해서는 다음을 보라. Josef Bohatec, *Calvins Lehre vom Staat und Kirche* (Breslau, 1937), p. 271.

10 "⋯⋯ 형제들이 우리 몸의 지체들이므로 마치 우리 몸을 보살피듯 그렇게 우리 형제들의 몸을 보살펴야 하며, 또한 우리 몸의 어떤 부분에 고통을 느끼게 되면 그 고통이 다른 모든 부분에 퍼지듯이 형제가 어떤 재앙에 피해를 받으면 그에게 깊은 염민이 점을 느껴야 미명히터." *Inst.*, 2:696-697 (4.17.38). 또한 보충적인 유대가 구성원을 '교회라는 사회' 속으로 입문시키는 세례성사에 의해서 제공되었다. Ibid., pp. 583, 611 (4.15.1, 4.16.9).

11 *Commentaries on Romans*, pp. 458-459.

12 *Works*, 4:234-237. 그리고 다음을 보라. The Augsburg Confession (1530), pt. 2, art. 7, in *The Creeds of Christendom*, ed. Philip Schiff, 3 vols. (New York, 1877), 3:58 ff.

13 *D. Martin Luthers Werke* (Weimar Ausgabe, 1888), vol. 30, pt. 2, pp. 435, 462.

14 *Works*, 2:37-38, 52.

15 칼빈이 종교적인 제도들과 정치적인 제도들 사이에서 끌어낸 유비들에 주목하라. *Inst.*,

2:483 ff. (4.11).

16 *Inst.*, 2:477-483 (4.10.27-29, 4.11.1).

17 Ibid. 1:52, 218, 220, 232 (1.2.1, 1.16.1-3, 1.17.1). 이 구절들의 요점은 신이 "게으르게 졸 거나 하지" 않으며 "쉼 없이 행동하며 관여한다"라는 것이다.

18 Ibid., 2:89-90, 770-771 (3.19.14, 4.20.1).

19 *Calvini Opera*, ed. G. Baum, E. Cunitz, and E. Reuss, 59 vols. (Braunschweig, 1863-1900), 2:622-623, 4:358 (*Inst.*, 3.19.15). 이 전집은 *Corpus Reformatorum*의 일부이며, 이후로 이 책들은 *Opera*로 인용될 것이다.

20 *Inst.*, 2:90 (3.19.15).

21 Ibid., pp. 422-423 (4.8.8).

22 Ibid., 1:74 (1.5.11).

23 Ibid., 2:452-453 (4.10.5).

24 Ibid., 4.10.27. 여기에서 나는 베버리지(Henry Beveridge)의 번역을 따랐다. 2 vols (Grand Rapids, Mich.: Eerdmans, 1953), 2:434.

25 Ibid., p. 439 (4.11.1) (Beveridge translation). 칼빈은 유대인의 사법기관인 산헤드린(Sanhedrin) 으로까지 거슬러 추적함으로써, 그리고 동시에 그 기관의 광범위한 권위를 이용함으로써 의식 적으로 사법권을 확장하려고 노력했다.

26 Ibid., pp. 493-504 (4.12.1).

27 Pierre Mesnard, *L'Essor de la philosophie politique au XVIIe siècle*, 2nd ed. (Paris, 1952), 283쪽 이하에 나오는 논의를 보라.

28 *Inst.*, 2:273-274 (4.1.4). 출교라는 궁극적인 권력이 특별히 교회의 상위 성직자의 손에, 곧 목사와 장로회의에 있었다는 사실에 주목하는 것은 중요하다. 그 권력은 특히 행정관과 회중의 권한을 벗어나 있었다.

29 *De Civitate Dei* 18.51.

30 *Inst.*, 1:35-36 (Ded. Epist.), 86-87 (1.7.1-2); 2:417-419 (4.8.2-4); "Letter to Sadolet," *Tracts*, 1:50.

31 Herbert D. Foster, "Calvin's Program for a Puritan State in Geneva," *Collected Papers of Herbert D. Foster* (privately printed, 1929), p. 64; Emile Doumergue, *Jean Calvin. Les hommes et les choses de son temps*, 7 vols (Lausanne, 1899-1928), 5:188 ff.; Mesnard, *L'Essor de la philosophie politique au XVIIe siècle*, pp. 301 ff.; E. Choisy, *L'état chrétien calviniste à Genève au temps de Theodore de Beze* (Geneva, 1902); 칼빈주의에 대한 우

호적인 일반적 개관뿐만 아니라 제네바에서의 경험에 대한 근래의 논의에 관해서는 John T. McNeill, *The History and Character of Calvinism* (New York, 1954), chaps. 9-12를 보라.

32 칼빈에 대한 두메르그(Emile Doumergue)의 대가다운 저작은 칼빈의 교회론이 강력한 '대의제적' 요소를 포함하고 있다는 주장을 정력적으로 옹호하고 있다. 그러나 두메르그의 주장은 교회의 직분자가 무엇을 그리고 누구를 대표하는가를 묻지 못함으로써 약화된다. 그 대신에 그는 칼빈이 특정 교회 성직자들에 대한 회중의 승인을 규정한 몇몇 구절들을 가리키는 것으로 만족한다. 여기에서 어려움은 선출제가, 특히 그것이 소환권을 동반하지 않을 때, 대표제와 동일한 것이 아니라는 점이다. 따라서 비록 칼빈이 목사들이 교회의 대표체(*Opera*, 14:681)를 형성한다고 선언했지만, 그가 의미한 바는 목사들이 성서에 의해 규정된 교회의 목적들을 대변한다는 것이었다. 칼빈의 언급은 목사가 회중을 이루는 구성원들의 의지나 독립적인 이익을 대표함을 의미하지 않았다. 따라서 칼빈의 교회론을 현대의 대의제 정부와 연결 지으려는 두메르그의 시도는 설득력이 없다. 그의 논의로는 다음의 저작을 보라. Doumergue, *Jean Calvin*, 5:158-162.

33 *Inst.*, 2:318-319 (4.3.2); 또한 317쪽(4.3.1)을 보라.

34 Ibid., p. 424 (4.8.9). 나는 번역을 약간 수정했다.

35 Ibid., p. 417 (4.8.2).

36 칼빈에 따르면, 목사직의 권위와 위엄은 "개인 그 자신에게 속하는" 것이 아니라, "그들이 임명받은 직분, 혹은 더 정확하게 말해서, 그들의 직무가 헌신하는 말씀에" 속한다. Ibid., p. 424 (4.8.9). 미국의 헌법학자들은 여기에서 19세기에 대법원이 사법심사 권한을 행사하면서 헌법을 해석할 때에 스스로 자임했던 역할의 선구자를 인지할 수 있을 것이다.

37 Ibid., 1:223 (1.16.4).

38 Ibid., p. 233 (1.17.1).

39 Ibid., 2:771 (4.20.2).

40 Ibid., p. 90 (3.19.25).

41 "우리가 만일 하느님이 태초에 창조하셨던 것과 같은 자연적인 순수함의 상태에 머물렀더라면, 정의의 질서는 필요하지 않았을 것이다. 각자가 자신의 마음 속에 법을 가지고 있어서, 어떤 제약도 우리를 제어하기 위해 필요하지 않았을 것이기 때문이다. 각자가 자기 자신의 규칙일 것이며 한마음으로 우리는 선한 일을 행했을 것이다. 따라서 정의는 인간의 이런 부패에 대한 치유책이다. 그러므로 인간의 정의에 대해 누군가 말할 때마다 우리는 그 안에 우리의 사악함이 반영되어 있음을 깨달아야 한다. 왜냐하면 우리가 공평함과 이성을 따르게 되는 것은 강제력에 의해서이기 때문이다." *Opera*, 27:409. 또한 *Opera*, 7:84, 49:249, 52:267과 Marc-Edouard Chenevière, *La pensée politique de Calvin* (Paris, 1937), pp. 93-94에 나오는 논의를 보라.

42 *Inst.*, 1:294 (2.2.13).

43 Ibid., 2:774 (4.20.4).

44 Ibid., p. 90 (3.19.15); 2:771 (4.20.2).

45 Ibid., 2:90 (3.19.15); pp. 772-773 (4.20.3).

46 Ibid., p. 772 (4.20.2).

47 Ibid. 번역을 약간 수정했다. *Opera*, 2:1094의 원문을 보라. 이 논점과 관련해서, 칼빈이 통상적인 주장을 어떻게 뒤집었는지, 그리고 인간이 신에 대한 복종에 익숙하게 되는 데 윗사람에 대한 복종이 일조한다는 것을 어떻게 주장했는지에 주목하는 것은 흥미롭다. *Inst.*, 2:433 (2.8.35).

48 Doumergue, *Jean Calvin*, 5:45에서 재인용.

49 신비스러운 몸에 대한 칼빈의 용법을 15세기 저술가 포오테스큐 경의 용법과 비교하라. Sir John Fortescue, *De Laudibus Legum Anglie*, ed. and trans. S. B. Chrimes (Cambridge, 1949), cap. 13. 성체성사가 정치적인 관념들에 미친 영향의 문제는 아직 총체적으로 탐구되지 못했다. 몇 가지 시사적인 논점들은 칸토로비츠(Ernst H. Kantorowicz)가 쓴 다음의 두 논문에서 발견된다. "Pro Patria Mori in Medieval Political Thought," *American Historical Review* 56 (April 1951): 472-492 그리고 "Mysteries of State: An Absolutist Concept and Its Late Medieval Origins," *Harvard Theological Review* 48 (January 1955): 65-91. Henri de Lubac, *Corpus Mysticum*, 2nd ed. (Paris, 1949)는 이 문제에 관한 필수적인 저작이다.

50 *Inst.*, 1:790-791 (3.10.6).

51 Ibid., p. 757 (3.7.5).

52 Ibid., p. 294 (2.2.13).

53 Ibid., pp. 295-296 (2.2.14-15); pp. 298-299 (2.2.17-18); p. 366 (2.5.19).

54 Ibid., p. 295 (2.2.13).

55 Ibid., p. 296 (2.2.15).

56 Ibid., p. 296 (2.2.13). 나는 번역을 약간 수정했다; *Opera*, 2:197의 원문을 보라.

57 *Inst.*, 1:397 (2.8.1).

58 Ibid., 2:789 (4.20.16).

59 Ibid., p. 787 (4.10.14). 이 구절은 Cicero, *De Legibus* 3.1.2에서 인용한 것이며, 통치자를 살아 있는 법으로 간주하는 고전적인 전통과 관계된다. Erwin R. Goodenough, "The Political Philosophy of Hellenistic Kingship," *Yale Classical Studies* 1 (1928), 55쪽 이하를 보라.

60 다음을 보라. Mesnard, *L'Essor de la philosophie politique au XVIIe siècle*, pp. 285-

289; Chenevière, *La pensée politique de Calvin*, p. 298.

61 *Opera*, 52:267.

62 *Commentaries on Romans*, p. 481.

63 Ibid., p. 480.

64 *Commentary on the Book of Psalms*, trans. James Anderson, 5 vols (Edinburgh, 1845-1849), 3:106; *Inst.*, 2:801-802 (4.20.27).

65 충성으로 봉사하는 숭고한 목적을 고려할 때 — "하느님은 인간이 뒤죽박죽 무질서하게 사는 것을 의도하지 않았다"(*Opera*, 51:800) — 칼빈이 계약이론에 적대적이라는 사실은 놀라운 일이 아니다. 이런 적대감은 그의 입장에서 통치자들을 그들의 의무로부터 풀어 주려는 어떤 욕망에서 기인하는 것이 아니라, 사회적 의무들이 조야한 물물교환적 협정의 대상이어서는 안 된다는 그의 믿음에 기인한다. *Inst.*, 2:801-802 (4.20.27).

66 *Inst.*, 2:805 (4.20.32).

67 *Ibid.*, p. 790 (4.20.16); p. 798 (4.20.24).

68 "Catechism of 1537," *Opera*, 22:74.

69 *Inst.*, 2:805 (4.10.32).

70 *Ibid.*, p. 804 (4.20.31); *Opera*, 4:1160.

71 *Opera*, 29: 557, 636-637; Chenevière, *La pensée politique de Calvin*, pp. 346-347.

72 *Works*, 5:51-52.

73 *Inst.*, 2:773, 787 (4.20.3, 14).

74 *Opera*, 43:374; 그리고 John T. McNeill, "The Democratic Element in Calvin's Thought," *Church History* 18 (September 1949): 153-171의 논의를 보라.

75 A. S. P. Woodhouse, ed., *Puritanism and Liberty* (Chicago: University of Chicago Press, 1938), p. 53.

76 *Commentaries on Romans*, p. 459.

77 *Inst.*, 2:272 (4.1.3).

찾아보기